中国科学院优秀教材

高等职业教育"十二五"规划教材

高职高专工商管理类精品教材系列

# 人力资源管理

### （第二版）

郭爱英　张立峰　主　编

韩　淼　陈伟娜

宋长生　谭在仁　副主编

科学出版社

北　京

# 内 容 简 介

本书共分十章,主要内容包括人力资源管理导论、岗位研究、人力资源规划、员工的招聘录用、绩效管理、薪酬管理、劳动关系与劳动争议处理、员工培训与开发、职业生涯规划、社会保障制度等。本书以人力资源管理的获取、保留、发展、调整等功能为主线编写,结构严谨,层次清晰;在内容编排上注重教学相长,各章均设置有知识目标、案例导入、案例分析和练习题等栏目,便于教学和自学,兼具理论上的先进性与实践上的适用性和可操作性。

本书适合高职高专人力资源管理相关专业学生使用,也可供各类管理干部学院和培训班的学生,政府部门、企事业单位的管理者,以及有心学习和更新人力资源管理知识的社会相关人士学习和参考。

**图书在版编目(CIP)数据**

人力资源管理/郭爱英,张立峰主编. —2 版. —北京:科学出版社,2011
(高等职业教育"十二五"规划教材·高职高专工商管理类精品教材系列)
ISBN 978-7-03-030051-5

Ⅰ.①人… Ⅱ.①郭… ②张… Ⅲ.①劳动力资源-资源管理-高等学校:技术学校-教材 Ⅳ.①F241

中国版本图书馆 CIP 数据核字(2011)第 009883 号

责任编辑:李 娜 王京伟 朱大益 / 责任校对:刘玉靖
责任印制:吕春珉 / 封面设计:东方人华平面设计部

*科 学 出 版 社* 出版
北京东黄城根北街 16 号
邮政编码:100717
http://www.sciencep.com
**铭浩彩色印装有限公司** 印刷
科学出版社发行 各地新华书店经销
*

2004 年 8 月第 一 版 开本:787×1092 1/16
2007 年 8 月修 订 版 印张:19 1/2
2011 年 3 月第 二 版 字数:462 000
2019 年 12 月第十三次印刷
定价:43.00 元
(如有印装质量问题,我社负责调换〈铭浩〉)
销售部电话 010-62134988 编辑部电话 010-62137374(VF02)

# 第二版前言

《人力资源管理》第一版于 2004 年 8 月出版后，受到广大高校师生和实际工作者的广泛欢迎和好评，被近 30 所高校（含高职高专院校）管理类专业（含人力资源管理专业）指定为教学用书，2007 年又被指定为人力资源管理专业专升本考试用书。在 2006 年中国科学院优秀教材评选中，本书荣获二等奖。2007 年进行了修订，至今已累计重印 8 次，产生了广泛影响。

广大师生在用书过程中，将发现的一些问题、意见及建议反馈于我们，使我们受到极大的鼓励和启发，也使我们坚定信心对本书进行进一步修订和完善。在此，我们向广大读者、给予指正的师生和同行致以衷心的感谢。

本书第一版出版以来的七年，是我国社会经济快速发展的七年，在此期间，人力资源管理理论及实践都取得了长足进展，胜任力模型逐步在企业人力资源管理实践中得以推行；新的劳动法律法规不断出台，如《中华人民共和国劳动合同法》（2008 年 1 月 1 日）、《中华人民共和国合同法实施条例》（2008 年 9 月 18 日）、《中华人民共和国就业促进法》（2008 年 1 月 1 日）、《中华人民共和国劳动争议调解仲裁法》（2008 年 5 月 1 日）、《劳动争议仲裁办案规则》（2009 年 1 月 1 日）等；社会保障制度领域更是发生了巨大变化，各种新制度新方案层出不穷，其间具有代表性的诸如新型农村合作医疗保障体系推行、新型农村社会养老保险开始试点、新医改方案全面启动、城镇职工医疗保险改革深化、事业单位职工养老保险制度改革开始试点、社会优抚制度变革、《社会保险法》实施（2010 年 10 月 28 日通过，2011 年 7 月 1 日起施行）等。

为了保持本书的前沿性，使读者们比较系统地学习新内容、新知识，占领知识的前沿阵地，在科学出版社的大力支持下，我们紧密结合我国人力资源管理的实践，对该书进行了重新修订、完善。部分章节如绩效管理、劳动合同、劳动关系及劳动争议、社会保障等内容进行了较大程度的增删。

尽管我们在编写过程中力求准确、全面，但由于在理论研究、实践经验及写作水平方面的局限，难免存在一些不妥甚至错误，恳请各位专家、同仁和广大读者批评指正。

# 第一版前言

迈入 21 世纪，世界已然进入知识经济时代。在这个时代，人成为经济发展、社会前进的最关键的资源。一个国家的繁荣、民族的昌盛，都必须依赖于本国的人力资源。当前，人类比以往任何时候对自身的认识更加深刻、清醒。我国已经加入WTO，这为经济的全面高速发展提供了有利的契机。作为一个发展中国家，我国与发达国家相比国力尚处于劣势。如何充分挖掘自身的潜力，发挥自身的优势，尽快赶超发达国家，这已经成为我国目前面临的最严峻、最重大的课题。而尽快开发我国丰富的人力资源是解决问题的重要方面。

20 多年的改革开放实际上是在解决如何调动人的积极性这一问题，因此，可以说中国经济体制改革的核心就是谋求人的解放和人的价值的最大化[①]。与此同时，国内学术界也逐步开始重视人在整个经济发展中的作用。自 20 世纪 80 年代以来，我国开始翻译、编写关于人力资源管理方面的论文、教材、专著、资料等，又吸取西方先进的人力资源管理方面的理论，同时结合我国实际情况进行了改良的尝试，效果显著。受此影响，人力资源管理被教育部列为管理学科的核心课程之一。

本书以民族性、时代性、实用性为指导思想，借鉴国外人力资源管理的新理念、新思想、新知识、新技术，结合我国实际国情，并在作者积累多年的教学和实践经验的基础上编写而成。本书注重理论联系实际，注重教学相长，注重可操作性，力图为读者展示一个关于人力资源管理的宽阔视野。本书的目的就是要培育一部分读者成为一名真正的人力资源管理师。

本书虽力求完美，但错误之处在所难免，恳请广大读者批评指正。

---

[①] 董克用.2002.教育部面向21世纪人力资源管理系列教材"总序".北京：中国人民大学出版社.

# 目　录

第一章　人力资源管理导论 ……………………………………………………… 1

　第一节　人力资源概述 ………………………………………………………… 2

　　一、人力资源的概念 ………………………………………………………… 2

　　二、人力资源的特点 ………………………………………………………… 3

　第二节　人力资源管理概述 …………………………………………………… 6

　　一、人力资源管理的概念 …………………………………………………… 6

　　二、人力资源管理的基本功能和目标 ……………………………………… 6

　　三、人力资源管理的意义 …………………………………………………… 7

　　四、人力资源管理的基本原理 ……………………………………………… 9

　第三节　人力资源管理的发展 ………………………………………………… 11

　　一、人力资源管理的发展阶段 ……………………………………………… 11

　　二、传统人事管理与现代人力资源管理的区别 …………………………… 12

　第四节　我国人力资源管理的现状及发展趋势 ……………………………… 17

　　一、我国人力资源管理的现状 ……………………………………………… 17

　　二、人力资源管理面临的挑战 ……………………………………………… 17

　　三、我国企业人力资源改革取向 …………………………………………… 19

　　四、人力资源管理的发展趋势 ……………………………………………… 20

　第五节　案例分析：南京远洋公司打造人力资源管理新模式 ……………… 24

　　一、有效的人力资源管理是南京远洋公司走出困境并取得骄人业绩的根本原因 … 24

　　二、唯有不变的是不断创新求变的人力资源管理模式 …………………… 24

　　三、员工持股——激励之本 ………………………………………………… 28

　　四、南远的启迪 ……………………………………………………………… 28

　练习题 …………………………………………………………………………… 30

第二章　岗位研究 ………………………………………………………………… 31

　第一节　岗位研究概述 ………………………………………………………… 32

　　一、岗位研究的概念和作用 ………………………………………………… 32

　　二、岗位研究的基本原则 …………………………………………………… 34

　　三、岗位研究相关术语 ……………………………………………………… 35

　第二节　岗位调查 ……………………………………………………………… 36

　　一、岗位调查的概念 ………………………………………………………… 36

　　二、岗位调查的人员 ………………………………………………………… 37

　　三、岗位调查的内容 ………………………………………………………… 38

　　四、岗位调查的方法 ………………………………………………………… 39

第三节　岗位分析 ……………………………………………………… 42
　　一、岗位分析的概念 ………………………………………………… 42
　　二、岗位分析的主要内容 …………………………………………… 42
　　三、岗位分析的实施步骤 …………………………………………… 45
第四节　岗位评价 ……………………………………………………… 51
　　一、岗位评价的概念 ………………………………………………… 51
　　二、岗位评价的指标 ………………………………………………… 51
　　三、岗位评价的方法 ………………………………………………… 52
第五节　岗位分类 ……………………………………………………… 58
　　一、岗位分类的概念 ………………………………………………… 58
　　二、岗位分类的步骤 ………………………………………………… 58
　　三、横向分类 ………………………………………………………… 59
　　四、纵向分级 ………………………………………………………… 59
第六节　案例分析：W 公司工作分析实施方案 …………………… 60
　　一、背景 ……………………………………………………………… 60
　　二、目的 ……………………………………………………………… 61
　　三、工作分析的内容与结果 ………………………………………… 61
　　四、需要的资料 ……………………………………………………… 61
　　五、工作分析的方法 ………………………………………………… 61
　　六、工作分析的实施者 ……………………………………………… 61
　　七、工作分析的实施程序 …………………………………………… 61
练习题 …………………………………………………………………… 62

第三章　人力资源规划 ………………………………………………… 65
第一节　人力资源规划概述 …………………………………………… 66
　　一、人力资源规划的定义和种类 …………………………………… 66
　　二、人力资源规划与组织计划的关系 ……………………………… 67
　　三、人力资源规划的必要性 ………………………………………… 68
　　四、人力资源规划的作用 …………………………………………… 69
　　五、人力资源规划的内容 …………………………………………… 70
　　六、人力资源规划的程序 …………………………………………… 71
第二节　人力资源需求预测 …………………………………………… 74
　　一、人力资源需求的影响因素 ……………………………………… 74
　　二、人力资源需求预测技术 ………………………………………… 75
第三节　人力资源供给预测 …………………………………………… 78
　　一、组织内部人力资源供给预测 …………………………………… 78
　　二、组织外部人力资源供给预测 …………………………………… 81
　　三、人力资源供需综合平衡 ………………………………………… 82

第四节　人力资源规划的制定、实施及评价 83

一、人力资源规划的制定 83

二、人力资源规划的实施 85

三、人力资源规划的评价 85

四、人力资源规划的反馈与修正 86

第五节　案例分析：总经理的棘手问题 86

练习题 87

**第四章　招聘录用** 90

第一节　招聘概述 91

一、招聘的概念 91

二、招聘的意义 92

三、招聘的原则 93

第二节　应聘者来源与招聘渠道 94

一、内部来源和渠道 94

二、外部来源和渠道 95

第三节　甄选 102

一、甄选的含义与内容 102

二、甄选测试的信度和效度 103

三、甄选的方法 105

第四节　劳动合同 111

一、劳动合同的含义 111

二、劳动合同的内容 111

三、无效劳动合同的认定及报酬支付 112

四、劳动合同期限的确定 112

五、试用期的规定 112

六、劳动合同订立应遵循的原则 113

七、劳动合同的解除和终止 113

第五节　案例分析：一张白纸好画画，宝洁青睐毕业生 115

练习题 116

**第五章　绩效管理** 119

第一节　绩效管理概述 120

一、绩效管理的相关概念 121

二、绩效管理在企业中的地位及作用 123

三、人力资源管理部门在绩效管理中的作用 125

四、绩效管理的原则 125

五、有效员工绩效管理系统的标准 127

第二节　绩效管理的实施 127

　　一、绩效计划 128

　　二、绩效监控与辅导 129

　　三、绩效考核 129

　　四、绩效反馈与改进 130

第三节　绩效考核体系的设计 132

　　一、评价者主体及信息来源 132

　　二、绩效考核的内容、指标、标准、标度 133

　　三、考核周期 137

第四节　绩效考核的导向和具体方法 137

　　一、绩效考核导向 137

　　二、绩效考核方法 139

　　三、人员考核的限制方法 143

　　四、绩效考核中常见的误区和问题 143

第五节　案例分析：联想集团的考核体系 145

　　一、静态职责分解 145

　　二、动态目标分解 146

　　三、考核评价 146

练习题 148

第六章　薪酬管理 151

第一节　薪酬管理概述 152

　　一、薪酬概念及构成 152

　　二、薪酬功能 154

　　三、薪酬管理的内容与原则 154

第二节　薪酬水平和结构管理 156

　　一、薪酬水平决策与管理 156

　　二、薪酬结构决策与管理 158

第三节　薪酬等级制度 161

　　一、薪酬等级制度的特点和作用 161

　　二、薪酬等级制度的基本构成 162

第四节　薪酬体系设计的模式 164

　　一、职位薪酬体系 164

　　二、技能薪酬体系 165

　　三、市场导向的薪酬体系 167

第五节　案例分析：爱立信中国的员工薪酬体系 168

练习题 169

**第七章 劳动关系与劳动争议处理** 172

第一节 劳动关系概述 175

一、劳动关系的概念 176

二、劳动关系的类型 176

三、劳动关系的内容 177

第二节 劳动争议及处理 177

一、劳动者的地位与权利 177

二、劳资协商与谈判 182

三、劳动争议及处理 183

第三节 案例分析：他们是怎么得上尘肺病的 190

练习题 192

**第八章 培训与开发** 196

第一节 培训与开发概述 197

一、培训与开发的概念 197

二、培训与开发的意义和原则 199

三、培训与开发的特点与内容 201

四、培训与开发的基本程序 202

第二节 培训需求分析 203

一、组织分析 203

二、任务分析 204

三、个人分析 205

四、培训需求分析的方法 206

第三节 培训方案设计与实施 208

一、学习规律以及员工学习的特殊性 208

二、制定培训计划 209

三、实施培训 211

四、培训方式 211

五、培训与开发的风险防范 214

第四节 培训效果评估 215

一、柯氏模型 216

二、培训与开发的投入产出分析 216

三、培训效果评估的其他方法 217

第五节 案例分析：海尔集团：激励与考核并重的员工培训体系 218

一、海尔的价值观念培训 218

二、海尔的实战技能培训 219

三、海尔的岗位轮换制度 219

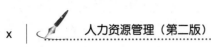

四、海尔的个人生涯培训 ················································ 220

五、海尔的培训环境 ···················································· 221

练习题 ·································································· 221

## 第九章 职业生涯规划 ················································ 224

第一节 职业生涯规划概述 ·············································· 225

一、职业生涯规划的含义 ············································ 225

二、职业生涯的特点 ················································ 227

三、职业生涯发展的阶段 ············································ 227

四、职业生涯规划的作用 ············································ 229

第二节 职业生涯规划的有关理论 ········································ 231

一、职业锚理论 ···················································· 231

二、人生三大周期理论 ·············································· 233

三、职业生涯选择理论 ·············································· 233

第三节 个人职业生涯规划 ·············································· 235

一、职业生涯规划的影响因素 ········································ 235

二、职业生涯规划的步骤（设计过程） ································ 236

三、职业生涯规划文书 ·············································· 238

第四节 员工职业生涯管理 ·············································· 241

一、职业生涯管理的含义 ············································ 241

二、职业生涯管理与员工培训的关系 ·································· 241

三、职业生涯管理中的角色 ·········································· 242

四、职业路径 ······················································ 244

五、职业生涯管理面临的问题与对策 ·································· 245

第五节 案例分析 ···················································· 247

一、某企业职业生涯开发与管理工作流程 ······························ 247

二、某企业员工职业生涯管理实例 ···································· 248

练习题 ·································································· 251

## 第十章 社会保障制度 ················································ 259

第一节 社会保障制度概述 ·············································· 260

一、社会保障制度的基本含义 ········································ 260

二、社会保障制度的基本内容 ········································ 261

三、建立社会保障制度的基本原则 ···································· 262

四、社会保障制度的作用 ············································ 262

第二节 社会保障基金 ················································ 263

一、社会保障基金的概念及分类 ······································ 263

二、社会保障基金的特征 ············································ 265

三、社会保障基金的筹集 ……………………………………………… 265

四、社会保障基金的投资运营 …………………………………………… 267

第三节 社会保险管理 ……………………………………………………… 268

一、社会保险概述 ………………………………………………………… 268

二、养老社会保险 ………………………………………………………… 269

三、失业社会保险 ………………………………………………………… 275

四、医疗社会保险 ………………………………………………………… 278

五、工伤社会保险 ………………………………………………………… 285

六、生育社会保险 ………………………………………………………… 290

第四节 案例分析：下班后洗澡受伤能否认定为工伤 …………………… 292

练习题 ………………………………………………………………………… 293

**主要参考文献** …………………………………………………………………… 297

# 人力资源管理导论

## 知识目标

■ 理解人力资源的定义和特点；
■ 掌握人力资源管理的定义、功能及意义、原理；
■ 了解人力资源管理的产生与发展；
■ 了解我国人力资源管理的现状与发展趋势。

## 案例导入

**资料一** 　现在世界各国对人才的争夺越来越激烈，据有关研究表明，美国 2000 年短缺 45 万名科技人才，到 2006 年这个数字将扩大到 65 万。欧洲 2000 年缺少 123 万名信息人才，到 2002 年这个数字增加到 174 万。在日本，今后十年科技人才将最多短缺 445 万人。

**资料二** 　中国银行近三年辞职的员工多达 4403 人，其中有 62.4% 的优秀人才被外资银行及其他金融机构挖走；根据中国人民银行统计，1999～2000 年，四大国有商业银行有 4.13 万人辞职，其中绝大多数流向外资银行。到 2001 年年底，四大国有商业银行的正式员工为 137.78 万人，年人均利润仅为 1.67 万元，而境内外资银行的人数虽少得多，但同期人均利润为 27.03 万元，是国有银行的 16 倍。中国银行在海外 25 个地区的 150 多个分支行中有些已在海外聘请"洋老总"。在高度竞争的、全球性的经营环境中，寻找和留住人才成为竞争的关键所在。

**结论** 当竞争被定义为用独特的方式为顾客提供价值时，企业必须找到新的和独特的方式为顾客服务。基于成本、技术、销售、生产及产品特色等传统的竞争方式成为竞争的必要条件，拥有这些优势只能保证企业能参加到市场竞争之中，但不能保证企业一定有竞争力。企业迎接未来的挑战应该把注意力放在诸如速度、反应能力、关系协调、灵敏度、学习能力以及员工素质这些组织能力上。

资源，从字面上讲，是指资财的来源。经济学家通常把为了创造物质财富而投入生产过程的一切要素称为资源。企业是由各种生产要素组成的以实现利润为目标的有机系统。劳动者、劳动工具和劳动手段构成了社会生产力的基础，也是企业生产力的不可或缺的组成部分。在农业经济时代，土地是重要的生产要素；在工业经济时代，资本是重要的生产要素；在知识经济时代，人是最重要的生产要素。社会越发展，人们就越深刻地认识到，人力是一种资源，对推动社会进步和企业发展具有举足轻重的意义。因此，在知识经济时代，企业的成败实际上取决于人的管理。正确高效地求才、知才、用才、育才是每个成功企业管理者必备的素质。把员工看成企业最宝贵的财富，为提高员工价值而进行投资，加强对员工的考核激励与职业引导，提高员工活力，是现代人力资源管理的基本出发点。

> **拓展阅读**
> 中国台湾塑胶集团总裁王永庆指出："一个公司经营的成败，人的因素最大，属于人的经验、管理、智慧、品行、观念、勤劳等无形资源比有形的更重要。因此，企业的经营首需人才。"

# 第一节　人力资源概述

## 一、人力资源的概念

为了更好地理解人力资源的内涵，我们先介绍几个与其密切相关的概念。

### 1. 人口

人口是指一个国家或地区具有法定的国籍或户籍的人的总数。例如，根据 2009 年中国统计年鉴，我国 2008 年底的人口约为 13.28 亿人，它强调的是人的数量。

### 2. 人力

人力的最基本方面包括体力和智力。如果从现实的运用形态来看，人力包括体质、智力、知识、技能四个部分，这四个部分的不同配备组合，就形成了丰富的人力资源。实际上，只要一个人有劳动能力并愿意劳动，那么这个人就是人力。此处，我们把人力解释为"有劳动能力和劳动愿望的人"。

3. 人才

人才是人力中的高层部分。我们经常会有模糊的概念：我是工人，工人为什么不是人才？实际上，工人中也有人才。但是，这种说法其概念本身是不清楚的。人才有四种含义和解释：

❶ 指德才兼备、才能杰出的人。

❷ "专门人才"和"专业技术人才"的简称。

❸ 指人的才能，并不指具体的人。

❹ 指人的相貌。

在知识经济时代，人才主要是指接受过良好的教育或训练，能为社会提供科学、技术、管理、文化、艺术等专业知识或智力劳动，并以此获得报酬的人。

人力资源与人力和人才密切相关，但人力资源有其自身特定的内涵。从广义的角度说，智力正常的人都是人力资源。狭义的定义则有以下几种：

❶ 指一个国家或地区有劳动能力的人口的总和。

❷ 指具有智力劳动或体力劳动能力的人口的总和。

❸ 包含在人体内的一种生产能力。若这种能力未发挥出来，它就是潜在的劳动生产力；若这种能力开发出来，它就变成了现实的劳动生产力。

❹ 指能够推动整个经济和社会发展的劳动者的能力。即处在劳动年龄的已直接投入建设或尚未直接投入建设的人的能力。

❺ 指一切为社会创造物质文化财富、为社会提供劳务和服务的人。

总结以上各概念的主要内容，我们认为：人力资源，又称劳动资源或劳动力资源，是某种范围内人口总体所具有的劳动能力的总和，表现在劳动者身上并以数量和质量来表示的资源，存在于人的自然生命体中，以人口作为存在的基础。从应用形态看，包括智力、体力、知识、技能。从微观角度看，是一个组织所雇佣的人员。

## 二、人力资源的特点

人力资源作为一种劳动能力依附于员工个体存在，同其他资源相比，有其特殊性，具体表现在如下几个方面。

### 1. 人力资源是能动性资源

能动性是人力资源的首要特征，是与其他一切资源最根本的区别。人力资源的能动性主要体现在两个方面：首先，在构成生产力的三要素中，劳动对象和劳动手段都是一种"死"的资源，劳动者是一种"活"的资源，始终处于利用和改造自然的主动地位。劳动力存在于劳动者身体内，劳动者有目的、有计划地加以利用，这是人和其他动物最大的区别。其次，人是有情绪倾向的一种动物，个人的能力发挥及其程度受很多因素影响，受员工个人意志支配。在不同的管理风格和环境下，员工的积极性发挥会有很大的差别。因此，在进行人力资源管理时，必须充分考虑人的需要，实现企业人力资源的最佳配置，激发人的工作潜能。

## 2. 人力资源是特殊的资本性资源

人力资源作为一种经济性资源，它具有资本性，与一般的物质资本有共同之处。即人力资源是公共社会、企业等集团和个人投资的产物，其质量高低主要取决于投资程度。从根本上说，人力资源的这个特点起因于人的能力获得的后天性。因为任何人的能力都不可能是先天就有、与生俱来的，为了形成能力，必须接受教育和培训，必须投入财富和时间。另外人力资源也是在一定时期内可能源源不断地带来收益的资源，它一旦形成，一定能够在适当的时期内为投资者带来收益。

但是，人力资源又不同于一般资本，对一般实物资本普遍适用的收益递减规律，不完全适用于人力资源。在现代社会的经济发展中，呈现的是人力资本收益递增规律，这使得当代经济的增长应当主要归因于人力资源。

## 3. 人力资源是再生性资源

资源分为可再生资源和不可再生资源两大类。不可再生资源主要是指这种资源不能依靠自身机制加以恢复，如煤、金、石油和天然气等矿藏资源就是如此；不可再生资源每开发和使用一批，总量就会减少一批。可再生资源是指这种资源在开发和使用后，只要保持必要的条件，可以得到恢复，如森林等自然资源就是如此；可再生资源通过自身的恢复，可以保持资源总量的不变甚至增加。人力资源是一种可再生资源。人力资源的再生性，主要基于人口的再生产和劳动力的再生产，通过人口总体内个体的不断更替和

劳动力耗费→劳动力生产→劳动力再次耗费→劳动力再次生产

的过程得以实现。当然，人力资源的再生性不同于一般生物资源的再生性，除了遵守一般生物学规律外，它还受人类意识的支配和人类活动的影响。

## 4. 人力资源是高增值性资源

人力资源的增值性直接体现在数量增值和质量增值两个方面，并最终体现在对企业效益贡献上。数量增值表现在人口的数量增长上。在目前的社会发展阶段，生活和医疗水平的提高使人力资源数量的发展不再是一个棘手的社会问题。而人力资源的质量，即员工的素质越来越受到企业的普遍重视。人力资源的质量已成为企业生存和发展的决定性因素，人力资源的智力价值所带来的投资收益远远高于其他形态资本的投资收益率，高素质人才成为企业争抢的对象。目前在国民经济中，人力资源收益的份额正在迅速超过自然资源和资本资源。在现代市场经济国家，劳动力的市场价格和人力资源投资收益率不断上升，同时，劳动者的可支配收入也不断上升。与此同时出现的还有一种变动，就是高质量人力资源与低质量人力资源的收入差距也在扩大。企业提高人力资源质量的有效手段就是加强人力资源开发力度，加大对人力资源的投入水平，使员工的知识水平、职业道德、专业技能、身心素质方面得到全面发展。

**小资料**

据美国经济学家西奥多·W·舒尔茨（Theodore W. Schulz，1902～1998）对美国1929～1957年经济增长中人力资源投资贡献的测算，其比例高达33%。1900～1995年挪威对于固定资产投资、劳动力投资、智力投资的额度每增加1%，相应的社会生产量的增加分别为0.2%、0.76%、1.8%，说明高素质的人力资源投资收益是固定资产的9倍。

### 5. 人力资源具有明显的时效性

人力资源和部分自然资源的一个重大不同之处在于：自然界存在的物质资源不被开发利用，它仍然可以长期存在；而人力资源不被开发利用，它就浪费了。人力资源作为劳动能力资源具有自身的周期，可以从三个层面表现出来：生命周期、劳动周期、知识周期。

❶ 生命周期就是人从出生到死亡的整个过程。人只有具有生命条件才可能具备劳动能力，超越人的生命时期就谈不上劳动能力，也谈不上人力资源。

❷ 劳动周期主要是针对处在法定劳动年龄内的劳动人口而言。法定劳动年龄是一个人一生中劳动能力最旺盛的时期，是个人为社会和企业创造财富的最佳周期。

❸ 知识周期主要指一个人所学的相关知识和理论从适应社会工作需要到被社会淘汰所经历的时间。人的知识像其他资本性物品一样同样存在损耗，随着越来越多的新知识不断涌现，一些以前价值巨大的知识技巧可能逐步会被淘汰。因此，一方面，员工要抓住有限的时间，端正工作态度，提高工作效率，创造最大的组织财富和个人财富；另一方面，还要不断地进行知识更新，能够与时代节拍同步，提高自身的人力资源价值。

### 6. 人力资源智力的继承性

人力资源的智力继承性是指人力资源具有一定主动学习的本能，并把自己的知识创造建立在组织知识基础之上。人类社会之所以能从落后的原始社会发展到现在，是和人类社会知识的创造、传播、共享、继承密切相关的。随着知识经济时代的到来，企业已经成为知识创造、传播的一个中心。企业在知识飞速发展和竞争日益激烈的环境中能否得以生存，关键就在于能否把企业打造成学习型组织。在这样的组织中，高度重视个人学习和组织学习，学习已经成为每个成员的基本责任。企业强调组织成员间的相互启发和团队学习，强调知识成果在组织成员间的传播和共享，并且不断地对已有知识进行有效的归纳，成为组织新成员快速进入和认识组织的跳板及更多组织知识创造的源泉。

### 7. 人力资源具有组合性

组合性是人力资源的重要特点。两个人在一起工作发挥的作用，并不简单地等同于两人单独发挥作用的总和，即可能出现1＋1大于2的情况，也可能出现1＋1小于2的情况。前者称为人力资源互补性组合，表明企业人员配置是科学合理的；后者称为损耗性组合，可能是工作本身设计有问题，如工作过于单调，影响员工充分发挥工作效率，也可能是企业员工配置不合理。

### 8. 人力资源是生物性和社会性的统一

人作为生物体，具有和其他生物体一样的特性，诸如生老病死等。同时，人力资源也具有社会性，社会性是人的本质。人力资源所具有的社会性表现在以下几个方面：首先，人力资源的社会性表现为人力资源的素质是在社会中形成的，在社会教育体系中获得知识，在社会实践中获得经验，在社会及传统文化氛围的影响下形成劳动价值观念。其次，表现在蕴藏于人体内部的人力资源具有随社会生产方式变化而变化的特点。随着社会生产方式的变化，人力资源不但在量的方面会发生巨大的变化，而且在质的方面和结构方面也会发生相应的变化。再次，表现为人力资源是在社会分工体系中实现其劳动能力并创造社会价值的，个体劳动者不可能完全脱离人力资源群体而从事劳动，只有加入某一劳动组织和纳入整个社会的分工体系，才能进行被社会认可的实际劳动，进而实现劳动能力及劳动价值。最后，人力资源的开发利用程度决定于社会生产方式尤其是经济技术发展水平。一般来说，经济技术发展水平较高，人力资源的开发利用程度也就较高；否则，人力资源的开发利用程度难以有较高的水平。当然，在同等经济技术发展水平下，人力资源的开发利用程度可以是有所不同的，甚至是大相径庭的，这主要源于社会对人力资源开发和利用的重视程度。

# 第二节　人力资源管理概述

## 一、人力资源管理的概念

人力资源管理是指为了完成组织管理工作和总体目标，影响员工的行为、态度和绩效的各种组织管理政策、实践及制度安排。人力资源管理的基本目的就是"吸引、保留、激励与开发"组织所需要的人力资源。

许多公司将人力资源管理视为"与人有关的管理实践"。人力资源管理的内容具体包括人力资源规划、岗位研究、员工招聘选拔、员工培训与开发、绩效管理、薪酬管理、员工激励、职业生涯设计与管理、人员保护和社会保障、劳动关系和劳动合同、企业文化与团队建设、人力资源管理系统评估与生产力改进等。

## 二、人力资源管理的基本功能和目标

### 1. 人力资源管理的基本功能

人力资源的基本功能是为实现人力资源管理的基本目的服务的，是人力资源各项内容的功能性表现。具体来说包括以下五个方面。

❶ 获取。主要指如何确定企业的员工需求并把合适的人员吸引到企业中来，包括人力资源规划、岗位研究、招聘选拔与委派。

❷ 整合。主要指通过对不同文化背景和价值观念的员工的指导，使其能够接受企业价值观念，加强他们对组织的认同与责任感并身体力行。主要通过职前引导和在职培训并辅助以各种制度来实现。

❸ 保持和激励。主要指向员工提供其所需的工作环境，加强薪酬管理及奖惩激励，增加其满意感，使其安心和积极地工作。

❹ 控制与调整。主要指建立各种绩效管理指标，加强对员工的素质、行为及工作成果的评价，并依据考核情况作出奖惩、升迁、解雇等决策。同时搞好绩效沟通，改善后期绩效成果。

❺ 开发。对职工实施培训，并为他们提供发展机会，明确自己的长处、短处与今后的发展方向和道路。

以上五种基本功能相辅相成、彼此配合，都是以岗位研究为基础与核心的。

2. 人力资源管理的目标

在人力资源管理方面，企业总的目标是尽可能拥有高素质的员工，以使企业得以保持竞争优势；而人力资源管理部门则主要侧重与这一总目标有关的更为具体的目标。最近一项全国性的调查表明，人力资源经理们最为关注的目标是生产力、产品质量和服务水平。

（1）生产力

随着全球性经济竞争的日益激烈和技术的不断进步，提高生产力的任务变得更加紧迫。企业越来越意识到，传统的削减成本，特别是劳动力成本的办法，在有些情况下，反而可能阻碍生产力的提高。究其原因，乃是因为有些员工可能掌握着一些提高生产力的诀窍，而生产力恰恰被定义为每个员工所生产的产品数量。

（2）质量和服务

由于企业的各种产品和服务必须通过员工来提供，因此，在确认阻碍质量和服务提高的因素和重新设计操作程序的过程中，必须吸收员工参加。但要使所有员工而非仅仅经理人员参与解决各种问题，则通常要求企业在文化、领导方式和人力资源政策与实践惯例等方面作出相应的改变。另一方面，还需注意，时至今日，企业可利用的人力资源在数量和构成上已与数十年前的情况大为不同。继日本在美国的竞争举措取得成功后，质量运动在许多美国企业中已成为一种存在方式。威廉·爱德华兹·戴明（William Edwards Deming，1900～1993）倡导了全面质量管理（total quality management，TQM）方法。与其他人力资源管理措施相比，全面质量管理的特点是更注重员工间的相互交流、各方面持续不断的改进、职工的业务培训以及上上下下对决策工作的积极参与。

## 三、人力资源管理的意义

实际上，现代人力资源管理的意义可以从三个层面，即国家、组织、个人来加以理解。

目前，"科教兴国"、"全面提高劳动者的素质"等国家的方针政策，实际上，谈的是一个国家、一个民族的人力资源开发管理。只有一个国家的人力资源得到了充分的开发和有效的管理，一个国家才能繁荣，一个民族才能振兴。在一个组织中，只有求得有用人才、合理使用人才、科学管理人才、有效开发人才等，才能促进组织目标的达成和个人价值的实现。针对个人，有个人的潜能开发、技能提高、适应社会、融入组织、创造价值、奉献社会的问题，这都有赖于人力资源的管理。

本书不拟从国家和个人角度来谈人力资源管理，而是针对企业组织来谈现代人力资源管理。因此，我们更为关注现代人力资源管理对一个企业的价值和意义。我们认为，现代人力资源管理对企业的意义，至少体现在以下四个方面。

1. 人力资源管理是企业管理的核心问题

管理的核心问题是处理人际关系，是考虑如何建立一个让员工努力工作、提高效率的环境。管理者实际上是通过别人来实现自己工作目标的。因此，处在任何一个层次的管理者都面临人力资源管理问题。解决不好人的问题，也就谈不上科学有效的管理。

### 2. 有效的人力资源管理有利于提高企业的绩效

企业的绩效是通过向顾客有效地提供企业的产品和服务体现出来的。所以，企业中的人力资源可以认为就是设计、生产和提供这些产品和服务的人员。而人力资源管理的一个重要目标就是实施对提高企业绩效有益的活动，并通过这些活动来发挥其对企业成功所作出的战略贡献。调查发现，按时计酬的员工每天只需发挥自己20%～30%的能力，就足以保住个人的饭碗。但若充分调动其积极性、创造性，其潜力可发挥出80%～90%。

### 3. 有效的人力资源管理有利于扩展人力资本

人力资本是企业人力资源的全部价值，它由企业中的人以及他们所拥有的并能用于他们工作的能力所构成。人力资源管理的战略目标就是要不断增强企业的人力资本。扩展人力资本的一个主要工作是利用企业内部所有员工的才能和从企业外部吸引优秀的人才。作为企业的战略贡献者，人力资源管理工作必须保证企业各个工作岗位所需的人员供给，保证这些人员具有其岗位所需的技能。

### 4. 有效的人力资源管理有利于建立企业人力资源优势，进而获取竞争优势

美国学者汤姆·彼得斯（Tom Peters，1942～）和罗伯特·H·沃特曼（Robert H. Waterman，1936～）在总结美国优秀企业经验的基础上提出了反映优秀企业共性的 7S 模型（◆图 1.1∨），认为它们管理有效性的共同之处在于全面关注和抓好七个管理因素，即战略（Strategy）、结构（Structure）和制度（Systems）等"硬件"因素，以及作风（Style）、人员（Staff）、技能（Skills）和共同的价值观（Shared values）等"软件"因素。他们认为，从某种意义说，四个"软件"因素经常比"硬件"因素更为重要。彼得斯和沃特曼所说的四个"软件"因素，从不同的方面涉及人力资源的管理问题，建立企业人力资源优势成为获取竞争优势的手段。尤其是随着知识经济的来临，如何发挥员工的智慧、激励员工的创造力及快速灵活应对全球一体化的经营环境，已变得刻不容缓。人力资源管理效果的好坏，不仅直接影响员工自身的工作满意度和工作积极性，还直接影响其他要素作用的发挥，进而影响企业的效益。人力资源管理已经成为"整体增长型组织"战略的有机组成部分。

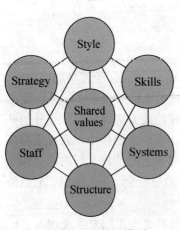

◆图 1.1　7S 管理模型

➤ **拓 展 阅 读**

#### 彼得斯和沃特曼的"软件"因素

❶ 作风。全体员工都应当拥有一致的言行举止，比如像麦当劳快餐店那样，每个服务员都彬彬有礼，对顾客笑脸迎送。每个企业都应有其独特的、与战略相适应的文化素养。

❷ **人员。**企业须拥有一批能力强、素质高的员工，环境氛围有利于人尽其才。

❸ **技能。**员工的确具备实施战略必需的技术、能力计划、完成任务的有关工作本领。

❹ **共同的价值观。**善于经营的企业，都有推动全体员工努力工作的共同目的和信念，而且人人对此都有清楚的认识，个个都以实现这一使命而自豪。

### 5. 培养全面发展的人

人类社会的发展，无论是经济的、政治的、军事的、文化的发展，最终目的都要落实到人—— 一切为了人本身的发展。目前，教育和培训在人力资源开发和管理中的地位越来越高。马克思指出，教育不仅是提高社会生产力的一种方法，而且是造就全面发展的人的唯一方法。

## 四、人力资源管理的基本原理

人力资源管理作为管理的一个分支，和其他管理一样，必须遵循一定的规律，才能使管理做到更科学、更有效。深刻认识人力资源管理的基本原理，是做好人力资源管理的基本前提。

### 1. 投资增值原理

投资增值原理是指对人力资源的投资可以使人力资源增值，而人力资源的增值是人力资源在数量和质量两个方面的变动。劳动者在劳动能力方面的提高是投资增值的核心体现。提高劳动者的劳动能力主要依靠营养保健投资和教育培训投资，而教育培训投资又是劳动力投资的关键。投资增值原理告诉我们，任何一个人，想要提高自己的劳动能力，就必须在营养保健及教育培训方面进行投资；任何一个国家，想要增加本国人力资源存量，都必须加强教育投资，完善医疗保健体系。

### 2. 系统原理

按照系统论的观点，所谓系统，就是由若干个相互联系、相互作用的要素组成的，并同环境发生一定关系的，具有特定目的、任务、功能的有机整体。人力资源管理的系统观，一方面，将人力资源管理的过程看做是一个管理系统，由若干子系统，如规划、招聘、培训、薪酬等组成，它们都有各自的功能，相对独立且各自相互有联系。例如，招聘的新员工的水平关系到人员培训的内容、培训时间、培训费用。所以，招聘工作不是孤立存在的，它和其他子系统有密切的关系。作为组织的高层领导，必须树立全局观念，用系统的观点分析问题，将人力资源管理作为一个系统，决策时考虑各个子系统之间的相互影响。系统观不仅是在人力资源管理中，也是管理其他工作的一种重要的思维方式。另一方面，要求处于同一系统内部的各个成员之间应该是密切配合的互补关系。个体与个体之间的互补主要指以下几个方面：特殊能力互补、能级互补、年龄互补、气质互补。

### 3. 激励强化原理

人在工作中是否有积极性，或积极性多高，对于能力的发挥至关重要。我们知道，人的能力只有在工作中才能发挥出来。人的潜在能力和他在工作中所发挥出来的能力往往不是等量的，除了受工作环境、工作条件、人际关系的协调程度等客观因素影响外，还与人的积极性的发挥程度这一主观因素有关系。人力资源管理的任务不是以获得人力资源为目标，而是在获得人力资源之后，通过各种开发管理手段，合理利用人力资源，提高人力资源利用效率，为此必须坚持激励强化原理。激励强化的程度可以通过以下几个公式衡量，即

$$
适用率＝适用技能/拥有技能（用其所长）
$$
$$
发挥率＝耗用技能/适用技能（干劲高低）
$$
$$
有效率＝有效技能/耗用技能（效果如何）
$$

### 4. 成本—效益原理

加强人力资源开发与管理，为组织战略目标服务，通常有多个方案，采取哪个方案要进行成本效益的比较分析。实践中，有无形效益与成本比和有形效益与成本比。例如，一个人通过多面手的培训后，便能从事多种工作，其效益会明显得到提高。又例如，一个单位辞职率下降，职工缺勤率下降，换工率减少，许多工作不用聘人做，由于工作内容丰富化，员工积极性提高，服务质量提高，无形效益得到提高。所以，我们在进行人力资源管理时，要进行成本和效益的比较，没有效益的管理是不成功的管理。

### 5. 人性尊严原理

员工是有尊严的社会个体。他们加入一个组织，不管在这个组织中扮演什么样的角色，占据什么样的组织职位，在人格上是完全平等的，因此，企业的管理人员在对待员工时，必须以平等的姿态来和员工交流沟通，而不能认为员工在某些方面有求于组织，企业就可以为所欲为，全然不顾员工的感受和反应。只有平等地对待员工，才能唤起员工对企业的忠诚，提高企业凝聚力，激发员工的工作激情。

### 6. 权变原理

在管理学中，权变理论有两种基本观点：第一种是普适观，即管理的理论、方式到哪里都适用。如万有引力定律，对哪个国家都适用。第二种是权变观，即权衡变通。管理的理论可以借鉴，但由于国情不同，人的个体差异、劳动性质区别、环境不同，人力资源管理的政策应加以变通，具体情况具体分析。我们认为在运用人力资源管理的理论、方法、原则时，应针对不同的情境进行调整。

# 第三节 人力资源管理的发展

## 一、人力资源管理的发展阶段

人力资源管理活动可以追溯到久远的时代，但作为一个舶来品，我们依据美国学者的看法，把它的理论形成和发展划分为四个阶段。

> **拓 展 阅 读**
>
> ### 人力资源管理的四个阶段
>
> ❶ **第一阶段（1930 年以前）**。属于人事管理阶段。工作的主要内容是确保员工按企业规定的生产程序工作。在测试和面谈等技术出现后，人事管理开始在员工的甄选、培训和晋升等员工管理方面发挥积极的作用。
>
> ❷ **第二阶段（1930～1960 年）**。随着工会的蓬勃发展，企业急需与工会抗衡的工具。人事管理作用扩大，成为处理劳资关系的工具。随着企业规模的扩张，人事管理不断地开拓其业务领域和研究范围，包括薪酬管理、基本培训和产业关系咨询等项目，但其管理活动仍停留在企业管理的战术层次，未能得到企业管理层的高度重视。
>
> ❸ **第三阶段（1960～1980 年）**。西方国家有关人力资源管理的立法不断加强，更多的企业由于对员工的歧视受到诉讼和处罚，有效合法的人事管理活动受到重视。它使企业免受政策困扰，直接对企业效益做出积极贡献。企业管理者开始意识到经济的高速健康发展并非大量实物资本投资的结果，而是与技术、人才的有效运用密切相关，人事管理开始受到广泛重视，有关部门的人员数量逐日增加。伴随着"二战"后长期的高速经济增长和繁荣，充分就业条件下的人力资源稀缺问题受到关注，企业对人的管理，开始强调从吸引人、留住人、提高人到用好人的一系列技术方法和制度，从而对人事管理提出了更高的要求。这时的人事管理将其实践的重心转向包括从建立、维护和开发，从员工进入本组织（招聘、选拔）、管理组织内员工关系（报酬、评价、开发、产业关系、抱怨与纪律），到员工终止服务（退休、辞职、冗员裁减与辞退）为止的一系列管理系统。人事部门在集体谈判、生产率提高等方面的重要性，使管理层认识到人事管理对企业目标达成的战略性意义。这一时期人力资源管理在企业管理中地位已变得不可替代。
>
> ❹ **第四阶段（1980 年以后）**。20 世纪 80 年代初出现了战略人力资源管理理论，把人力资源管理和组织的战略计划作为一个整体来加以考虑，制定战略计划的目的是提高组织的绩效，人力资源管理则成为这一计划中的一个重要组成部分。该理论认为战略人力资源管理和人事管理的根本区别在于人力资源管理活动计划的制定，将其管理重心从解决劳资冲突转向提高员工归属感来改善组织绩效、追求卓越的管理过程。企业高级人事主管逐渐开始在决定公司未来发展方向、经营目标等关键问题上发挥其影响力。管理重点在于发现、留住、有效使用核心员工，通过强化核心员工的归属感激发其优良工作业绩，管理目标也由单一目标转为实现企业和员工共同利益的双重目标。总的来说，人力资源管理从保护者、甄选者向规划者、变革者转变，从企业战略的"反应者"向企业战略的"制定者"、"贡献者"发展。现代人力资源管理更具有战略性、整体性与未来性。在这种组织结构中，人力资源管理起着核心作用，与其他职能部门充分交往，帮助企业实现其战略目标。

尽管人力资源管理只是在一个管理部门出现的革命，但它的影响已超越了部门的范围，甚至超越了企业的范围。

❶ 人力资源管理理论的提出改变了人类对工作的管理。人类在家庭和婚姻生活方面比较早地解放了自己。在工作生活方面，虽然很早就有了宣扬人性化管理的理论和进行民主化产业管理的开明雇主，但是这些努力都局限于理论研究，而没有成为被广泛接受的管理实践。人力资源管理理论的提出改变了这一局面。这一理论已经成为一种管理实践，而且开始在越来越广泛的范围内得到运用，使人本主义开始真正确立了自己在管理实践中的地位。

❷ 人力资源管理理论的提出改变了人们对管理的看法。传统的管理理念认为，管理者的工作就是管理工人，工人的本分就是干好工作，人是一种成本；而在人力资源管理中，管理不是监督和惩罚，而是目标管理，是让雇员对自己进行自我控制，雇员被视为一种重要的资源而不仅仅是成本。

❸ 人力资源管理理论的提出改变了人们对企业劳动关系性质、雇主与雇员关系、管理者与被管理者关系的看法，也改变了人们对工会地位的看法。在实行人力资源管理的公司中，其雇员被置于很高的地位。劳动者与资本所有者的对立关系在人力资源管理中变成了一种以合作为主的关系。所以，在人力资源管理理论中，工会的作用大大下降。

❹ 人力资源管理理论的提出改变了人们对工作的看法。传统的管理认为人不需要工作，因此，要让他们工作是必须监督和控制的。而在人力资源管理理论中，雇员工作是为了发展自己，是满足自己的成就感，是实现自己的价值。这实际上是马斯洛需求层次的最高层次。不过，在马斯洛的理论中，这种追求仅仅是一种理想，而在人力资源管理中，通过雇员生涯开发、组织开发和培训与教育等手段，使这种追求变成了一种现实。

## 二、传统人事管理与现代人力资源管理的区别

现代人力资源管理与传统人事管理既有联系又有区别。具体表现在以下几个方面。

### 1. 管理地位不同

传统的人事管理属于功能性部门，着重展现各项功能及执行效率，单纯处理文书、事务性工作的人事行政、执行已制定的政策、薪资管理及承担维持员工关系和谐的管理角色。而现代人力资源管理除承担传统的人力资源管理的基础业务，即：岗位分析与岗位评价；人力资源管理的核心业务，从招聘到激励；人力资源管理的其他工作，如员工健康与安全管理、人事考勤、人事档案管理等之外，人力资源管理部门还必须扮演各部门的战略性伙伴角色，主要担任策略及执行具前瞻性的人力资源规划等任务。

人力资源管理以经营性职能为起点，但随着各种经营环境的变化，其战略职能的重要性与日俱增，如表 1.1 所示。

表 1.1 人力资源管理的角色

| 角色 | 侧重点 | 汇报对象 | 常规工作 |
|------|--------|----------|----------|
| 战略性的 | 全球性任务，长期性目标，创新 | 总经理或总裁 | 制定人力资源规划 |
| | | | 跟踪不断变动的法律与规则 |
| | | | 分析劳动力变化趋势和有关问题 |
| | | | 参与社区经济发展 |
| | | | 协助企业进行改组和裁员 |
| | | | 提供公司合并和收购方面的建议 |
| | | | 制定报酬计划和实施策略 |
| 经营性的行政工作 | 短期目标，以日常工作为目的 | 负责企业行政管理的副总裁 | 招聘或选拔人员填补当前空缺 |
| | | | 向新员工进行情况介绍 |
| | | | 审核安全和事故报告 |
| | | | 处理员工的抱怨和申诉 |
| | | | 实施员工福利计划方案 |

### 2. 管理的观念不同

传统人事管理视人力投入为成本，现代人力资源管理则视人力投入为资本。

传统人事管理把人视为一种成本，将人当作一种"工具"，你可以随意控制它、使用它，注重的是投入、使用和控制，把花费在员工身上的成本和费用简单地等同于费用，考虑如何尽最大程度加以控制和降低，尽量减少支付给员工的工资，减少各种培训开发投资等。现代人力资源管理把人作为一种"资源"，注重产出和开发，你得小心保护它、引导它、开发它。现代人力资源管理认为，人力资源是企业最宝贵的财富，同物质资本、货币资本一样共同创造企业财富。作为一种资本投入，最重要的不在于投入多少，而主要在于投入的回报有多大。企业不会因为投入少而投入，可能小投入小产出，甚至无产出；企业也不会因为投入大而不投入，可能大投入带来大产出。因此，传统的人事管理重视对人的使用，轻视对人的开发，而现代人力资源管理在强调对人的能力有效使用的同时，重视对人的素质的培育和开发。也就是说，传统的人事管理单纯强调管理，而现代人力资源管理强调用育并举。随着知识经济时代的到来，越来越多的企业认为人力资源投资是企业最划算的一项投入。难怪有学者提出，要重视人的资源性的管理，并且认为21世纪的管理哲学是"只有真正解放了被管理者，才能最终解放管理者自己"。

### 3. 管理的模式不同

传统人事管理多为"被动反应型"的操作式管理，现代人力资源管理多为"主动开发型"的策略式管理。

传统的人事管理在企业的任何制度上的变革都是由企业CEO或高层主管提出要求，人力资源部门根据上级的指示做被动的调整。而现代人力资源管理要求企业必须在快速变动的环境下，主动发现问题所在，懂得利用信息科技去寻找对策，提出创新的构思，并主动协助其他部门，设法让企业组织成员接受改变，让企业的文化能持续去推动变革的进展，成为在新的企业价值体系下，支持员工顺利、愉快工作的后盾。

传统的人事管理如同医生的角色，头痛医头，脚痛医脚，当问题发生及被发现后才负责去解决。而现代人力资源管理应更有远见，主动地考虑可能发生的问题并做好防范措施，因为等到事情发生才去补救，所付出的代价会更大，故应着重培训高度投入以顾客为导向的人力资源管理人。事实上，若有太多的员工抱怨与申诉，不但会令企业付出高昂的诉讼费用及赔偿金，更会对企业的内部士气及外在声誉造成负面影响。

现代人力资源管理认为

$$工作绩效＝F（能力×激励）$$

即工作绩效是能力（一个人能够做什么）和激励（他想要做什么的积极性）的乘积的函数。人力资源开发的总目标是提高人的工作绩效。为此，现代人力资源管理有二元具体目标，一为开发人的能力，二为激发人的活力。人力资源管理则围绕这二元目标开展活动，从而呈现出区别于传统人事管理的两个重要特征：❶建立起科学严谨的员工培训体系；❷建立起多维交叉的员工激励体系。

**4. 管理的重心不同**

传统人事管理以事为中心，现代人力资源管理以人为中心，强调个人与组织需要的双重满足。

传统人事管理的特点是以"事"为中心，只见"事"，不见"人"，只见某一方面，而不见人与事的整体性、系统性，强调"事"的单一方面的静态的控制和管理，其管理的形式和目的是"控制人"。它不承认人在管理中的中心地位，认为人是机器设备的附属物。组织在进行工作安排时主要是考虑组织自身的需要，很少考虑员工自身的特点和要求，出现"我是一块砖，任由组织搬"的局面。不承认员工在组织中的主体地位和能动地位，不仅和我国社会主义的社会性质不相吻合，还可能出现工作要求和员工特点不相匹配的问题，极大地影响了组织效益的增长和员工积极性的发挥。现代人力资源管理以"人"为核心，强调一种动态的、心理的、意识的调节和开发，管理的根本出发点是"着眼于人"，其管理重在人与事的系统优化。"垃圾是放错了地方的金子"，按照激励理论的观点，员工之所以被激励是因为员工有需要，员工是否采取行为主要考虑的是行为能否带来预期的结果。因此，现代人力资源管理强调以人为本，充分肯定和认同人在组织中的主体地位。企业在考虑组织工作需要的同时，充分考虑员工个人特点、兴趣、特长、性格、技能、发展要求等，把合适的人放在合适的工作位置上，有效激发员工工作热情，使组织需要和员工需要都能得到满足。

**5. 管理的责任者不同**

在传统人事管理观念下，很多人认为人事管理是人事部门的事情，与其他部门无关，现代人力资源管理则认为，人力资源管理是企业所有成员的责任。

　　传统人事管理是某一职能部门单独使用的工具，似乎与其他职能部门的关系不大，但现代人力资源管理却与此截然不同，承担人力资源管理职能成为企业所有成员的责任。人力资源管理涉及企业的每一个管理者，现代的管理人员应该明确：他们既是部门的业务经理，也是这个部门的人力资源经理。人力资源管理部门要做好三件事，即直线管理、协调控制（人事政策的拟定和落实）、服务（提供人事帮助）。也就是说，人力资源管理部门在做好本部门人力资源管理工作的同时，还要制定与企业相关的人事政策，并向其他部门和人员进行传播沟通，确保人力资源政策在组织内的有效贯彻，并针对其他部门出现的人力资源管理有关问题提供专业化的解决方案。而作为其他部门的管理人员，他们是自己部门人力资源管理的第一责任者，部门人力资源管理水平的高低和人力资源管理效果的好坏确实与企业整体的人力资源管理政策有关，但其在人力资源管理中的责任也至关重要。作为高层领导者更需重视和大量参与人力资源开发与管理，在组织的宏观和战略层面上把握人力资源开发与管理活动，甚至直接主持人力资源开发与管理的关键性工作，例如，参与人才招聘、进行人事调配、决定年终分配等。在现代组织中，作为广大一般员工不仅以主人翁的姿态搞好工作、管理自身，而且以主人翁的角色积极参与管理，并且在诸多场合发挥着管理者的作用，例如，在全面质量管理中对其他人员错误的纠正、对自己的上级和同级人员的考核打分等。所以说，现代 TQM 理论反对在人力资源管理上的职能分割、部门所有，赞成在人力资源管理上职能和人员的整体对待。企业的每一个成员，不单要完成企业的生产、销售目标，还要锻造一支为实现组织目标能够打硬仗的员工队伍，表 1.2 为直线经理和人事经理的分工。

表 1.2　直线经理和人事经理的分工

| 职能 | 直线经理的责任 | 人事经理的责任 |
|---|---|---|
| 录用 | 提供工作分析、工作说明和最低合格要求的资料，使每个部门的认识计划与战略计划相一致。对工作申请人进行面试，综合人事部门收集的资料，做最终的录用决定 | 工作分析、人力资源规划、招募、准备申请表、组织笔试、检查背景情况和推荐资料、身体检查 |
| 保持 | 公平对待员工、沟通、当面解决抱怨和争端、提倡协作、尊重人格、按照贡献评奖 | 薪酬和福利政策、劳工关系、健康与安全、员工服务 |
| 发展 | 在职培训、工作丰富化、应用激励方法、向员工反馈信息 | 技术培训、管理发展与组织发展、职业前程规划、咨询服务、人力资源管理研究 |
| 调整 | 执行纪律、解雇、提升、调动 | 调查员工抱怨、退休政策咨询 |

▶ 深 度 阅 读

### 人力资源管理的三维立体模式

　　三维立体模式是指由决策层、人力资源管理部门、一线经理科学地分工，负责人力资源管理的各项业务，并进行相应的协作。总体来说，决策层负责人力资源战略规划（同时人力资源部门和一线经理要给予协作）和支持人力资源部门、一线经理的人力资源工作；人力资源管理部门负责岗位分析、岗位评价等基础业务，并协助一线经理做好核心业务（如大量的人力资源管理标准建设和事务性服务）和协助决策层做好人力资源战略规划；一线经理负责在人力资源管理的核心业务中把持关键环节，并协助人力资源部门做好岗位分析和岗位评价等基础工作，以及协助决策层做好人力资源战略规划，具体分工如下：

❶ **三维立体模式的第一维。** 它是指在人力资源管理系统中，由企业高层即决策层分工负责人力资源的战略规划。人力资源战略规划的基本工作程序是：人力资源供求预测——人力资源战略决策——制定人力资源规划方案——执行与评价人力资源战略规划。在人力资源战略规划工作中，决策层主要是做好人力资源战略决策，而此前的大量人力资源供求预测工作是由人力资源部门和一线经理来负责，此后的人力资源战略规划方案是由人力资源管理部门来制定。在最后一个阶段，人力资源战略规划的执行是由一线经理来担任，而对规划的评价则是在决策层的领导下，由决策层、人力资源部门和一线经理三方共同完成的。

❷ **三维立体模式的第二维。** 一线经理主要负责人力资源管理的核心业务（招聘、培训、绩效考核、薪酬管理等）。在这一层面，主要指一线经理负责各项人力资源管理核心业务的关键环节，而其他非关键环节则由人力资源部门提供支持性服务。招聘工作的基本程序是：招募——选拔——录用——评估，其中，最关键的环节即选拔环节应由一线经理来进行，招募、录用环节应由人力资源部门提供服务，而招聘评估工作应由人力资源部门与一线经理共同进行。培训工作的基本程序是：培训需求评估——培训计划制定——培训计划实施——培训结果评估，其中，最关键的环节是各岗位的员工培训需求评估，应由一线经理把关。同时，一线经理还要同人力资源部门共同制定培训计划和评估培训结果，而培训计划的实施过程一般应由人力资源部门来组织。员工绩效考核工作的基本程序是：考绩方法和标准的制定——考绩实施（考绩面谈、评分等）——考绩结果反馈与评估。在这里，关键环节是考绩实施过程，这应由一线经理来把关，由他们来具体确定每位员工的考绩结果。另外，考绩的反馈也是由一线经理来负责，同时，一线经理还要同人力资源部门一起进行考绩方法与标准的制定以及考绩工作评估。薪酬管理工作主要包括确定与调整企业的薪酬制度与体系、薪酬结构、薪酬支付方式以及确定每一位员工的薪酬数量。其中，确定每一位员工的具体薪酬数量是薪酬管理工作的关键环节，应由一线经理来掌握，而像薪酬制度与体系、薪酬结构、薪酬支付方式的确定等其他工作，则由人力资源部门提供系统的服务。

❸ **三维立体模式的第三维。** 人力资源管理部门专业负责基础业务（岗位分析、岗位评价）和日常事务性人事管理工作。岗位分析与岗位评价是企业人力资源管理的基础环节，这一环节的工作好坏关系其他业务能否规范进行。制定和不断调整岗位分析、岗位评价应该是人力资源部门的工作重点。同时，人事管理的一些日常事务性工作（如员工健康与安全、员工福利、人事统计、考勤管理、劳动合同管理、人事档案管理等）也由人力资源部门负责。当然，如同人力资源部门应该协作配合一线经理的核心业务工作一样，一线经理也要为人力资源部门的工作做好相应的配合，特别是在岗位分析与岗位评价这两项基本业务方法上，一线经理更应做好协作工作，甚至参与到工作中去。

## 6. 对制度性质的认识不同

传统人事管理强调坚守制度，现代人力资源管理强调弹性变通。

传统的管理十分强调每个单位必须跟随制度，设计大量表格、系统等做控制。例如，每个职位都要详细议定清楚、分析及拟定工作说明书。而现代管理在承认制度严肃性的同时，也充分认识到制度是为战略服务的，而不是若干死的表格或规则，要求为了适应快速变动的环境，在大原则不变的前提下，以具有弹性的不同做法，灵活配合各子公司或单位所具有的不同企业文化而制定不同的制度。

# 第四节　我国人力资源管理的现状及发展趋势

## 一、我国人力资源管理的现状

### 1. 人事管理过于关注操作，而忽略战略性

现在虽然已有许多企业将人事部门改换成人力资源部门，可是在功能方面以及角色的扮演上并无显著的改变，大多数仍因袭以前人事部门的工作，忽略了与顾客的联系，未能关注顾客需求和市场的变化。因此，人事管理所采用的管理方式也只能是事后的一些修补措施，而真正的人力资源规划也成为一种想象，根本无法有效地实行。这种滞后于实践的管理模式，也注定了人事部门无法成为一个企业的轴心部门，从而难免成为一个与业务部门并列的、具有相等地位的部门。只有在业务部门提出需求以后，才能采取一些设法满足业务部门需求的静态的行动，是一种被动式的反应，它对业务部门的真实需求缺乏深入的分析，更无法指导实践。

### 2. 人事管理是人事部门的事

在企业里通常的观念是，一谈起人事管理，大家往往一下子就同人事部门联系到一起，即那是人事部门的事，与我关系不大。正是这种思想使得企业人事管理的作用很难真正发挥出来。这使得人事管理通常以一套员工管理行为的面目出现，缺乏内部统一的结构，无法体现出企业的中心目的。同时，由于缺乏做出政策决策时所需的内部统一的结构，在塑造企业与员工的关系时，人力资源管理更多的是事后反应性的而非事前预防性的。

### 3. 人事管理者素质低

在传统观念中，人们往往认为人事管理无专业性可言，什么人都能干，企业的人事部门成了"收容所"，这导致人事管理人员的素质与组织中其他职能相比是较低的，是无关紧要的。他们只知道处理例行日常事务，机械被动，不做研究、分析，管理凭经验，不了解业务，有的人在企业人事管理部门工作了好多年，却不了解企业的业务流程及对业务人员的资格要求，难以起到支持业务发展的作用。

### 4. 管理不科学、不规范、不健全

反映在人事管理的各个环节上，例如：很多企业没有人力资源规划；很多企业只重培训过程，而不重培训效果评估；企业重视考核过程，不重视考核结果运用、反馈和绩效改进等。

## 二、人力资源管理面临的挑战

从人力资源管理的发展状况来看，已从过去的对员工的行政事务性管理转向了结合

企业长远利益、注重对员工潜能的开发等方面，这样的转变正是一些企业成功的经验。但是随着社会和经济大环境的不断发展变化，企业所面临的管理环境变幻莫测，这势必会给未来的人力资源管理带来新的挑战。

### 1. 新经济的挑战

信息化、网络化的发展加快了经济竞争全球化进程，经济竞争的全球化必然导致人才竞争的全球化。因此，企业将面临如何获取人才和如何留住人才的人力资源管理难题。竞争的全球化带给人力资源管理的另一个难题是如何使员工适应全球化工作的需要。全球化蕴涵着新市场、新产品、新观念、新的竞争力和对经营的新思考方式。人力资源管理需要创建新的模式和流程来培养全球性的灵敏嗅觉、效率和竞争力。全球化的工作环境不仅需要知识、技能方面能满足企业发展的需要，更重要的是，员工必须能了解不同国家、不同民族的文化传统，能管理和协作不同文化背景的员工，因此，跨文化的培训和管理成为人力资源管理的一个重要的内容。

### 2. 新组织的挑战

根据企业再造理论，企业以关键业务为核心，重新构造企业组织结构，通过灵活变通、合理分工与授权，使每位员工均享有一定的决策权，建立能对环境变化做出灵敏反应的管理体制与组织结构，实现企业运转的高效率。信息网络加快了沟通速度，能及时地获得信息并科学地运用，信息共享、团队精神、共同参与和集体决策成为未来组织活动的主要特点，这也为组织结构的扁平化提供了条件。扁平化的组织结构减少了员工向上发展的空间，员工离职频繁，这对未来的人力资源管理是一个严峻的挑战。而虚拟组织、无边界组织等形式的出现，模糊了组织的管理界限，使得工作评价、绩效考核等工作难上加难。

> **小资料**
> 在美国，《财富》杂志中所列的 1000 家最大的公司中有 3/4 的公司在 20 世纪 80 年代减少了管理层人员的数量，而 2/3 的公司既精简了机构又减少了管理层次。微软公司的目标就是在总裁和公司中任何人之间不得超过 6 个管理层次。

### 3. 员工的挑战

21 世纪，人力资源管理的重心是知识性管理，管理对象出现了一种由知识性员工、知识工作设计、知识工作系统构成的新三角关系。其中，员工构成的变化给人力资源管理带来的影响是巨大的。知识性员工与非知识性员工的主要区别在于对后者可以通过过程管理来控制其行为，而前者却不能，由于知识性劳动的特点，组织只有通过事后的评价才能得知员工是否尽力。同时，知识性员工拥有知识资本，所以他在组织中的独立性和自主性比较强，对组织的依附性很小，往往追求个人成就欲望，追求自身对知识的向往。而企业要求员工能够创造价值，企业目标跟个人的成就意愿间会加大冲突。

由于知识性员工对组织的依赖性弱，会有越来越多的全职员工开始加入到自由职业者的行列当中。据统计，在进入 21 世纪之前，独立工作承包人（项目工作临时工和自我设计项目并实施者）的比例在全美劳动大军中已占据了很大比例。雇佣的条件和环境在发生变化，合同期越来越短，建立稳定的员工队伍已经不太可能。人力资源管理的任务又多了一重，即如何建立新型的员工对企业的忠诚。

## 三、我国企业人力资源改革取向

企业要想在智力资本竞争时代取得优势，达到良好的智力资本运营效果，应该从以下几方面入手。

### 1. 制定面向全球化的人力资源发展战略

人力资源战略可分为三种，即诱引战略、投资战略和参与战略。面对人力资源全球化的挑战，我国企业应该更多地采取诱引战略和投资战略。所谓诱引战略，即要通过发展事业、优化环境、改革制度、提高待遇、增进情感来吸纳和稳定人才，特别是一些优秀的国际化人才。投资战略，就是要通过聘用较多的优势人才，形成一个备用人才库，以提高企业的灵活性，防止在国际化竞争中人才的流失。采取这一战略必须十分重视员工的培训和开发，确保人才在国际化竞争中能留得住，用得上。这就要求企业重视人才，视人才为资本，使人才能有较高的满意度，从而使企业在国际竞争中立于不败之地。

### 2. 尽快建立和培养一支合格的专业化的人力资源管理者队伍

专业化人力资源管理队伍的具体要求如下：

❶ 要精通人力资源管理技能。

❷ 必须精通经营知识。人力资源管理的经营者角色，客观上要求从业人员必须"懂得如何做生意"，才能使人力资源管理与企业运行协调一致，能够从人力资源角度为其他部门提出可供选择的解决问题的办法。

❸ 积极参与管理变革过程。变革是必然的，人力资源管理作为企业的重要管理职能必须参与并促进企业的变革。人力资源专业人员必须有诊断、影响、干预、解决问题、协调关系、沟通等方面的知识和能力，知道如何促成变革的成功，并指导员工如何应对变革带来的各种问题，帮助每一个员工及整个企业达到目标。人力资源还应帮助企业重新设计组织结构，引导企业适应环境的广泛变化。

❹ 应具有专业化的工作态度。

❺ 应具有更多的人际沟通知识与技巧。未来的人力资源管理者应该掌握娴熟的信息沟通技巧，善于说服与聆听；具有较强的亲和力、人际压力承受能力、调解冲突的能力；了解人的本性，善于鉴别各种人；熟悉各种文化，了解员工多元化趋势，善于使不同的人在一起工作并知道如何激励他们。

### 3. 建立起有效的人力资源管理体系

人力资源管理体系不仅是职能的分工组合，而且包括战略层面的全局把握以及操作层面的科学管理。

❶ 清楚企业经营宗旨以及远景规划。

❷ 根据企业的长期、中期、短期目标，来确定公司人力资源战略。

❸ 以人力资源部门为轴心，构建内部统一的结构体系。只有当人力资源管理不被看做仅仅是特定职能部门的责任时，内部统一的结构和中心目的才能凸显出来。

## 四、人力资源管理的发展趋势

### 1. 人力资源管理职能继续发生变化

传统的企业人力资源管理工作大致可分为两方面：一种是作业性的，另一种是战略性的。所谓作业性项目，指的是考勤、绩效考核、薪资福利等行政性和总务性的工作。而战略性项目包括人力资源政策的制定、执行，员工的教育、培训、生涯规划等，具有相当的前瞻性。在 21 世纪经济全球化背景下，企业人力资源管理者的职责已逐渐从作业性、行政性事务中解放出来，更多地从事战略性人力资源管理工作。人力资源管理在企业中扮演着四种角色即战略伙伴角色、职能专家角色、员工的支持者角色和变革的倡导者角色。

❶ 战略伙伴角色。主要集中于把人力资源的战略和行为与经营战略结合起来。在这一角色中，人力资源管理人士以战略伙伴的面目出现，通过提高组织实施战略的能力来帮助保证经营战略的成功。

❷ 职能专家角色。要求人力资源管理人士设计和提供有效的人力资源流程来管理人事培训、奖励、晋升以及其他涉及组织内部人员流动的事项。

❸ 员工的支持者角色。意味着人力资源管理人士需要帮助维持员工和企业之间的心理契约，把精力投入到员工日常关心的问题和需求上，积极地倾听、积极地反应，并向员工提供为满足他们不断变化的要求所需的资源。创造一个学习的氛围和环境，让企业员工置身于其中，激发出一种自然的学习动力和工作成就感。

❹ 变革的倡导者角色。要求企业人力资源管理人士本着尊重和欣赏企业的传统和历史的同时，具备为未来竞争的观念和行动。

原先企业人力资源管理作为行政附属部门其权力来源是由组织赋予、是外生的。现代人力资源部门担负起企业发展的战略伙伴、职能专家、变革推动者和员工的支持者四个角色后，其权力将是内生的，即来自于它的专业知识和战略服务功能。

### 2. 围绕价值链管理，扩展管理范围

人力资源管理已日益凸显其在企业价值链中的重要作用，这种作用就在于能为"顾客"提供附加价值。这里的顾客既包括企业外部的顾客，也包括企业内各个部门单位。因此，人力资源管理部门正积极加强与企业各业务部门的密切联系，支持、配合业务部门的长期发展战略。这不仅可以为业务部门服务，而且可以突出人力资源管理的价值、巩固人力资源管理部门的地位。人力资源管理部门从"权力中心"的地位走向"服务中心"，并凭借服务树立人力资源管理从业者在企业中的权威。这不仅需要人力资源管理从业者具备相应的人力资源管理技能，更要求他们了解并掌握业务知识，能与业务部门

说"一样的语言"。

多年来，人力资源管理者强调把人力资源管理行为限定在企业内部。现在，向顾客导向、价值创造导向的转变要求把注意力从企业内部转向企业所赖以存在的价值链上，而不管关注的对象是在企业内部还是在企业外部。企业内部的人力资源行为可以持续地作用于企业之外的供应商和顾客，围绕价值链的培训把供应商、员工和顾客交织成一个价值链团队。通过把注意力从公司内部转向价值链，人力资源管理行为在很大程度上应该依据顾客和供应商的标准来重新界定。

**3. 关注知识型员工，进行知识管理**

在新的全球经济中，企业竞争优势将越来越多地依赖于企业创新能力。新经济时代将是一个人才为主导的时代，过去人才追逐资本的现象将为资本追逐人才现象所取代；素质越高、越稀少、热门的人才将获得愈多的工作机会和更高的报酬。知识型员工成为企业人力资源管理关注的重点；知识的创造、传递、应用和增值成为人力资源管理的主要内容。

❶ 知识型员工拥有知识资本，在组织中有很强的独立性和自主性。他们要求企业价值与员工成就意愿的协调。

❷ 知识型员工具有较高的流动意愿。他们由追求终身就业饭碗，转向追求终身就业能力。员工忠诚具有了新的含义。

❸ 知识型员工的能力与贡献差异大，出现混合交替式的需求模式，需求要素及需求结构也有了新的变化。例如，报酬不再是一种生理层面的需求，其本身也是个人价值与社会身份的象征；知识型员工不仅需要获得劳动收入，而且要获得人力资本的资本收入等。

领导界限模糊化。知识创新型企业中，知识正替代权力；知识型员工的特点要求领导方式进行根本的转变。新型领导影响力因素模型如表 1.3 所示。

表 1.3　新型领导影响力因素模型

| 因素 | | 心理效应 | 性质 | 影响 |
|---|---|---|---|---|
| 权力性因素 | 传统因素 | 服从感 | 观念性 | 强制性影响 |
| 权力性因素 | 职位因素 | 敬畏感 | 社会性 | 强制性影响 |
| 权力性因素 | 资历因素 | 敬重感 | 历史性 | 强制性影响 |
| 非权力因素 | 品质因素 | 敬爱感 | 本质性 | 自然性影响 |
| 非权力因素 | 才能因素 | 敬佩感 | 实践性 | 自然性影响 |
| 非权力因素 | 知识因素 | 信赖感 | 科学性 | 自然性影响 |
| 非权力因素 | 情感因素 | 亲切感 | 精神性 | 自然性影响 |

**4. 吸引与留住优秀人才，帮助员工发展**

在这个不断变化的、全球性的、需要技术的环境中，寻找、留住优秀人才是企业成功的关键，是企业具有竞争力的根本。要建立新型的员工对企业的忠诚，企业必须关心员工的成长。随着技术水平的不断提高，员工在企业中的地位越来越重要，满足员工工作生活质量的要求将成为未来人力资源管理的核心目标之一。员工不仅要得到合理的报酬，也要得到发展自我的机会和条件，因此，企业必须提供职业生涯管理的服务。营造企业与员工共同成长的组织氛围，充分发挥团队精神，规划员工实现自我超越的职业生涯，将成为企业人力资源管理的新职能。为了避免员工羽翼丰满就跳槽离职现象的发生，企业应当根据自身的实际情况，关注员工职业生涯管理工作，规划企业的宏伟前景，让员工对未来充满信心和希望，坚定同企业共同发展的信心。

**5. 以学习型组织为基础，人力资源发展越来越重要**

传统上，人们更多地将组织视为一个工作场所、利润生产中心或控制管理的场所。在技术、知识、环境日益变化的今天，人们越来越感到传统组织观的过时，而提倡学习型组织。学习型组织最大的特点在于：接受新观念的开放性；具有鼓励并提供学习与创新机会的文化；具有整体目的与目标。现在越来越多的人强调并倡导建立学习型组织，学习型组织意味着组织中的每一个人都是学习者；组织中的每一个人彼此相互学习；通过学习促进组织的变迁；强调学习的持续性；强调学习是一种投资而非消费。

在工业经济时代，资本无疑是一种战略资源，经济增长取决于资本和劳动力的投入；而在知识社会，战略性资源则为人力资源或人力资本。构成人力资源或人力资本的并不是人的数量，构成人力资本的核心是劳动者的职业道德、知识水平、技能状况、身心素质。人力资源或人力资本不是自然生成的，而是投资的结果。人力资源发展由组织提供的具备短期绩效取向和长期战略取向的学习活动，其目的在于提升组织成员以及组织的整体绩效，同时配合个人和组织的长期发展。人力资源发展（human resource development，HRD）具有以下六个基本特性：

❶ HRD 是一种规划性活动。它涉及需求评估、目标设定、行动规划、执行、效果评定等。

❷ HRD 的对象是人力资源及其整个组织。

❸ HRD 的目标是改善人力资源的质量和组织效能。

❹ HRD 的核心是学习。因此要求组织成员行为的持久改变或某一方式的行为能力的改变。这种学习既包括个人学习，也包括组织学习；既包括学校中的学习，也包括工作地的学习。

❺ HRD 不是一劳永逸的战略，它是一种持续不断的过程。

❻ HRD 的范围并不局限于知识的传授和技能的训练。它包括更广泛的领域，行为科学、学习理论、教学科技、人际互动等都对 HRD 发生重要的影响。因此，人、工作、学习和组织间的交流和互动，都属于 HRD 的范围。

**6. 资源管理理念从注重短期利益转向注重长远利益**

长期以来，企业人力资源管理中的短期行为严重，追求短期效应。突出表现在招聘环节。如在招聘新员工时，向应聘者进行不真实的宣传，或提出企业无法实现的承诺。

一旦新员工进企业后发现名不符实，便感到受了欺骗，轻者以工作时磨洋工、不负责任等为回报，重者干脆跳槽。无论员工哪一种表现都会使双方利益受损，尤其是企业。另外，在处理企业与员工利益关系时往往考虑资本所有者的要求多，考虑员工的要求少，双方利益失衡，最终导致矛盾尖锐，员工忠诚度降低，流失率上升。从20世纪90年代初开始，发达国家优秀企业已充分认识到这一点，产生和发展了一系列注重长远利益、寻求企业与员工双方满意的理念。在国内，人力资源管理观念也发生了变化。以往只看到人力资源作为消费者的一面，尽量压缩人力资源成本，减少开支，现在，人们普遍认识到报酬对人力资源的激励作用，也认识到了工作条件、人际关系等软、硬环境对人力资源的影响，从企业长远利益出发，努力为人力资源实现其应有的价值提供良好的条件。

### 7. "以人为本"的业绩辅导流程将成为人力资源管理的主要方式

由于人力资源管理对象的构成发生了变化，人力资源管理的内容也要相应发生变化。由于知识性员工的工作有创造性强、非程序化的特点，因此，工作说明书已无用武之地，而要用角色定位取而代之。要对人力资源进行分层分类的管理，根据不同层次、不同类别上的角色来确定员工的任职资格、行为标准和工作范围。因此，在人力资源的配置上，要用角色描述来取代工作描述作为配置人力资源的标准。

在团队工作方式下，决定团队和企业绩效的关键要素是团队整体素质和积极性。整体的高积极性既来源于对每个人的激励，更来自于团队成员间的融洽。因此，在组成团队的成员搭配方面如何为团队创造好的人际环境也成为人力资源管理的内容之一。另外，在进行工作评价时，评价方式将从评价个人绩效转变为评价团队绩效，而绩效奖金的依据将多元化，团队绩效成为个人绩效奖励的一个要素。

未来员工的工作过程难以把握，工作成果难以计量，使得企业价值评价体系变得复杂而不确定。同时，由于知识性劳动是一个团队，个体工作既离不开团队，又要发挥个体的能动性，这就出现了个体劳动成果与团队劳动成果如何确定的问题，这也是目前在一些企业推行考核分离、团体考核与个体考核分离体制的原因。因此，未来人力资源管理在建立价值评价体系方面会有新的变化。

### 8. 人力资源信息化正在加速发展

信息化是实现有效管理和战略管理的重要手段。信息技术系统可以解决显性知识的收集和共享问题。21世纪新的信息技术的应用，尤其是互联网的普及，加快了企业信息化的进程。

全球经济一体化加剧了企业之间的竞争，企业对人力资源管理的观念产生了重大的变化，逐渐意识到为了获取独特的竞争优势，人力资源管理必须从事务性的角色转变到战略合作伙伴角色。信息技术在人力资源管理领域的应用及时地满足了企业的这些需求。

伴随知识经济的发展，人力资源管理信息化成为企业关注的焦点，企业通过导入人力资源管理软件系统，建立了一个综合性的、功能丰富的人力资源平台，实现了企业人力资源的优化和管理的现代化。目前，加快信息化建设成为我国企业的焦点，诸如人事信息管理、薪酬福利管理、岗位管理、员工培训管理、全面绩效管理等已经纳入企业的完整人力资源管理系统之中。

# 第五节　案例分析：南京远洋公司打造人力资源管理新模式

现代企业的生存与发展受众多因素的影响和制约。其中，最重要也是最根本的因素就是企业的劳动者——人力资源，他们是企业所有资源中最宝贵的，因而必须对其进行有效管理。南京远洋公司（下称"南远"）的成功经历也再次证明，人力资源开发与管理在企业发展过程中发挥着举足轻重的作用。本文以南远为例，探讨其在人力资源管理方面的成功经验，以及今后尚需完善的工作。

## 一、有效的人力资源管理是南京远洋公司走出困境并取得骄人业绩的根本原因

南远成立于 1988 年，其主营业务是提供货物的海上运输服务。同其他国有企业一样，市场景况好时也曾风光一时，市场转淡时便急转直下。到 1997 年年底，南远已累计亏损 403 万元，并有 40 多万美元的应收账款，公司处于奄奄一息的状态。1998 年 4 月董事会调整了领导班子，当年南远就实现收支持平，1999 年盈利 203 万元，2000 年利润超过 400 万元，资本金也从 1994 年股份制改造初的 1025 万元扩充到如今的 6000 万元。无可否认，公司在短短几年内扭亏为盈并取得迅猛的发展，与这几年东南亚金融危机缓和的良好经济形势密不可分。但是外部经济形势的好转却无法解释周边地区同行们普遍惨淡经营，与此同时南远却一枝独秀的现象。那么隐藏其后的真正原因是什么？经过对公司长达 4 个月的调研，我们发现，重视进行有效的人力资源管理才是南远取得骄人业绩的根本原因。

## 二、唯有不变的是不断创新求变的人力资源管理模式

国内外企业管理的经验和教训表明，人力资源开发与管理的成效，对企业中长期经营业绩将产生决定性影响，南远就是最好的佐证。为适应日趋激烈的市场竞争需求，南远一直坚持人力资源的创新管理，并取得了优良业绩。其创新的管理思路和经验，可归纳为四点：❶组建一支适应公司战略的管理队伍；❷制定一个良好的培训机制；❸将管理部门推向市场；❹培育优秀的企业文化。

### 1. 精练的管理队伍适应公司的"低成本"竞争战略

通过对公司目前的优势、劣势、存在的机会和威胁的分析，并综合考虑"低水平差异"、"高价格弹性"的产业现状，南远制定了以短期做强、中长期做大为目标的"低成本"竞争战略。经营中努力实现"两高两低"，即船舶适航率高、租金率高、管理成本低、技术成本低。

与"低成本"战略相适应，人力资源的节约管理扮演着十分重要的角色，公司克服巨大阻力，组建了一支精练的管理队伍。这支管理队伍呈现两个特征：❶最低的人员配置。目前南远仅有 23 名管理人员（含业务员），而规模相同的国内其他公司的管理人员一般超过 110 人，也就是说，南远 1 名员工承担其他同行近 5 人的管理工作。❷合理的人员结构。管理人员队伍中，本科以上（含本科）学历 13 人，40 岁以下共 16 人，获中级职称以上人员数为 11 人，除 4 人为其他专业外，其余均为航海院校出身，无论是学历结构、年龄结构，还是专业技能方面都相当合理。

这种高效的人员配置，极大地降低了企业的管理成本。与同行相比，南远机关管理费还不及后者的一半。不仅如此，更重要的意义在于，高效的人员配置客观上减少了企业提供服务所需的内部运作环节，极大地方便了顾客，从根本上提高了客户满意度。

人们不禁要问，人员只有同行 1/5 的管理队伍如何能承担起企业繁忙复杂的管理工作？所有这一切应该归功于企业的两项重大举措，即企业流程再造（business process reengineering，BRP）和企业的信息化建设。

（1）企业流程再造

在具体运作过程中，南远坚持围绕一体化服务而非独立的专业任务来实施业务流程再造。在公司内部，原来由不同专业人员承担的工作合并为一个工作，由一个业务员完成。这样不仅节省了人力，而且也能对顾客需求的变化做出快速反应。比如，航运部被作为准租船人，公司按市场的平均租金率作为该部的净收入指标，每个业务员负责从客户接洽到货物运输的全部过程，而实施 BPR 之前整个业务在不同阶段是由不同人员负责运作的。但是这种全程的服务对业务人员素质提出了更高的要求，对业务人员而言，不仅要具有一定专业业务水平，而且还要有诸如制单技术、计算机应用、应急管理等方面的综合技能，因此，高素质的人员队伍是再造后的企业运作所必需的。

（2）企业的信息化建设

企业通过加强信息化建设，可极大提高员工的工作效率。对服务行业而言，企业信息化建设包含以下几个方面：❶办公自动化（即辅助办公管理系统或 office automation，OA 系统）。实现信息传递、信息类资源的共享、电子邮件、公文流转、工作日程安排、小组协同办公、工作流程自动化。❷业务处理自动化、信息化（即企业的 management information system，MIS 系统、辅助决策系统）。实现企业业务管理下的计划管理、项目管理、财务管理、人力资源管理等为主要内容的基础管理业务处理活动自动化和信息化，这是企业对内信息化建设的核心。❸电子商务。所谓电子商务，从狭义上讲，是指在网上进行的交易活动，包括通过 Internet 买卖产品和提供服务。从广义上讲，还包括企业内部的商务活动，如生产、管理、财务等，以及企业间的商务活动。它不仅仅是硬件和软件的结合，同时还把上游企业、下游企业、核心企业以及合作伙伴放到 Internet 和 Intranet 上，将 Internet 技术与现有的系统结合起来进行业务活动。电子商务是信息化的最高阶段。

目前，南远基本上实现了办公自动化以及业务流程自动化并将涉足电子商务，信息技术的运用大大降低了企业成本。企业成本的降低，其实质是通过提高信息资源开发利用效率和扩大信息资源开发利用范围，使企业能以低信息成本实现共享管理成本，并随

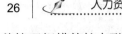

着管理规模的扩大形成规模管理效应以及实现人力资源的节约，从而改变了企业的竞争方式，给企业提供了新的盈利空间。

南远通过业务流程再造并积极应用信息化技术，最大程度地节约了人力成本。其精练的管理队伍适应公司"低成本"竞争战略的要求。但是如前所述，企业维持高效的运作模式离不开高素质的企业员工。为适应这一变化，目前南远管理员工大都具备一专多能的要求，例如，问卷调查显示，中层以上管理人员中有 84.8%的人至少懂得一门外语，71.7%的人能够运用计算机处理业务工作，并且几乎所有管理人员都熟知公司的经营业务，了解远洋运输业务的整体复杂流程。公司员工的综合素质是 5 年前的南远以及现今南远的同行们所无法比拟的。尤其需要强调的是，企业员工素质的快速提升很大程度上得益于南远良好的培训机制。

2. 建立良好的培训机制

通常，企业为满足成长的需要，可以从内外两方面（即引进人才和内部培训）来丰富自己的人力资源构成。引进人才的渠道一般有两种：❶院校储备；❷市场招聘。由于全国所有重点海洋院校的优秀学生几乎被中国远洋集团以及中国海运集团所垄断，并且由于远洋运输行业的特殊性，市场中可供选择的高级专业人才十分缺乏，招聘人员的质量常常很难得到保证，因此，引进人才工作非常困难。于是在人力资源开发过程中，"内部培训"扮演着相当重要的角色。南远一直致力于将自身建设成为一个培训型组织，其良好的培训机制使得员工素质得以迅速提升。南远的培训机制呈现以下特点：

❶ 科学的培训规划。在具体操作中，公司定期对人力资源状况进行全面清查，即进行人员需求预测和供给预测：通过供给预测，了解现有人力资源数量、质量、结构、预期可能出现的职位空缺、劳动市场状况、社会有关政策以及本单位在公众中的吸引力等；通过需求预测，了解产品市场需求、工作时间变化、技术与组织结构、劳动力的稳定性等。在这两种预测的基础上，为长期所需弥补的职位空缺事先准备具有一定资历的人员，从基础知识、专业技能、管理思维等方面对其进行系列培训，确保未来用人需求；这样做的另一个好处就是能够调动员工积极性，将企业发展与员工个人发展有机地联系起来。

❷ 多种多样的培训方式。主要表现在：企业定期对员工进行管理、计算机、英语等方面的知识培训；鼓励企业职工半脱产攻读 MBA 学位，或者进入研究生进修班学习；目前，正在争取与南京周围的高校联合办学，对企业员工进行针对性培训。

❸ 严格的费用控制。培训是一项投资，要花费大量资金。由于公司实行的是低成本战略，因此，培训成本需要适当控制。有效的培训应该是付出的代价小于培训给企业带来的总收益。在实际操作中，公司将培训费用分摊到部门，因为他们坚信，只有当部门承担培训费用时，各部门才会把最合适的员工送去培训，从而避免不必要的浪费。

3. 将管理部门推向市场

南远在长期发展过程中通过不断创新积累起来的经验是企业的宝贵财富，丰富的技术和管理经验是南远在目前市场中能够凭借的优势之一。远洋运输业历来被认为是资本密集型行业，传统的观念更重视资本的作用。但从近年南远的财务报表可以看出，光船租赁、融资租赁、船员劳务输出等一些对员工知识和管理水平有较高要求的"副业"，其利润已经占有很大的比重。根据南远2000年1～9月的财务报表分析，南远光船租赁、融资租赁3条船仅投入资金10万美元，所产生的主营利润却占公司主营利润的35.8%，而且还不包括分摊的管理费。在同等的管理条件下，光船租赁和融资租赁船舶的资本利润率比投资购船运输高得多。也就是说，作为船舶管理人要比作为船东的经济效益好，而这些利润直接创造者就是公司的相关管理部门。

南远的许多部门与其称为管理部门，还不如称之为管理公司。目前，企业内部实行了准市场化运作，即人力资源部为准船员公司，公司拟定的船员成本为该部收入，船员的一切支出形成该部的成本；船机部为准管理公司，消耗公司的技术成本，实现确定的船舶适航率；航运部为准租船人，公司按市场的平均租金率作为该部的净收入指标，自营船舶也核算到日租金标准。因此，管理部门和管理人员都走向了市场。这种创新的人力资源管理模式逐步具备了为企业创造新价值的优势。

**4. 培育优秀的企业文化**

南远的企业文化建设主要有下列几个亮点：

❶ 通过文化建设提高企业形象。南远企业文化建设的目标在于树立良好的企业形象。从远洋运输业发展过程看，企业的竞争经历了以质量为主的竞争和营销为主的竞争，而目前则突出体现在以"企业形象"以及"顾客满意度"为主的服务竞争。通过企业文化建设提高企业形象，从而吸引并留住人才，提高顾客满意度是南远企业文化建设的核心。

❷ 提出"乘风破浪，创造卓越"的外部口号，确立"全员创新，持续发展"的精神标语。他们将企业比作在大海中航行的船，就像船的航行不可避免地会遭遇海浪的袭击一样，企业在发展壮大过程中，必然也会困难重重，但是南远员工有决心也有能力创造企业明日的辉煌。这一外部口号对企业员工具有极大的精神激励作用和行为规范影响。他们同时又确立了"全员创新，持续发展"的精神标语。其含义是，南远的持续发展需要全体员工的共同努力。全员创新具有两层意义，其一，员工必须首先做好各自的本职工作；其二，员工必须在自己岗位工作上寻求创新。为此，南远员工常常被灌输这样的信念，即"唯有不变的是不断求变的创新"。

❸ 企业与员工共建"心理契约"。南远在企业文化建设上，特别注重企业和员工的"心理契约"问题。"心理契约"是美国著名管理心理学家 E.H.施恩（E.H. Schein）教授提出的一个名词，表述了这样一个意思，即企业能清楚每个员工的发展期望，并满足之；每一位员工也为企业的发展做出全力奉献，因为他们相信企业能实现他们的期望。企业成长与员工发展的满足条件虽然没有通过一纸契约载明，而且因为是动态变动的也不可能加以载明，但企业与员工却依然能找到决策的各自"焦点"，如同一纸契约加以规范。它虽然不是一种有形的契约，但它确实又是发挥着一种有形契约的影响。在南远，员工的发展确实得到了重视，如所有员工无论职位高低都有培训的机会，而且南远也即将实施科学的职业生涯管理。对员工来说，他们也乐于奉献，企业和员工都在精心呵护

着这份宝贵的"契约"。值得一提的是，员工家属在这份"契约"中扮演着重要角色，在南远通过员工家属来做员工（如长期在外的船员）的思想工作已是屡见不鲜的事了。

### 三、员工持股——激励之本

再好的管理模式也有其不足之处，南远也不例外，这也是公司领导决心导入"CIS"（企业形象识别系统，corporate indentity system）的原因所在。在对公司的人力资源状况调查中我们发现一个值得南远管理层深思的问题，即公司的股本结构单一，职工持股比例太少。数据显示，职工持股占总股份不到2.5%。机关管理人员（共23人）人均1万股左右，而船上工作人员（共248人）基本上没有股份。更令人不解的是，公司总经理、中层干部与普通员工之间持有的股份基本相同，即每个员工在股份持有量上没有显著性差异。这种股本结构显然是不合理的，对员工不能形成有效激励。

目前公司对员工的奖励还是以业绩提成为主。董事会每年对公司总经理进行考核，根据公司的业绩给总经理一定的提成；公司总经理对部门经理考核，部门经理再对部门成员考核。从短期来看，我们认为公司的绩效评估和激励措施还可行。近期公司的人员结构、公司与董事会的关系还很稳定，现有的激励措施（特别是对总经理的业绩提成的激励措施）能够得到有效执行。但是长期来看，董事会与企业总经理以及企业员工存在矛盾（主要是利益冲突）不可避免，很多激励承诺往往不会兑现，至少在心理上企业员工特别是总经理会存有这种顾忌，其结果将会引发经理以及员工道德风险行为的发生。另一方面，高额奖金的诱惑使得高层领导更加注重企业短期的业绩提升，忽视了企业长期的价值创造，这对南远的发展极其不利。因此，调整现有股本结构已势在必行。

针对这一问题，我们提出了如下整改建议，即调整现有股本结构，增加员工持股，特别要加大企业高层领导的持股比例，力争早日上市，并以股票期权激励高级人才。通过建立股票激励机制，改变企业高层管理人员的行为，使其关注企业业绩的提升和长期价值的创造。因为合理的股票激励机制，特别是以股票期权形式体现的薪酬机制，可以将高层管理人员的利益与投资者的利益挂钩。不仅如此，恰当的股票激励机制能够吸引最优秀人才以及保持员工忠诚度。这项整改建议已得到公司认可，并已确立为南远中短期必须完成的工作。

### 四、南远的启迪

企业的经营管理说到底是资源的争夺、组织及利用。在企业的众多资源中，人作为一种特殊资源，其重要性越来越受到重视，任何企业的发展都离不开优秀的人才。如何发掘人才，留住人才并发展人才，从而为组织保持强劲的生命力和竞争力，是企业面临的重要课题。南远的成功经验留给我们许多启示。

#### 1. 人力资源战略应同企业竞争战略相一致

南远人力资源管理成功的重要原因之一，就是其人力资源战略适应了公司的低成本战略需求。这一案例验证了这样的结论，即人力资源战略的制定，应以企业总体的发展战略为指导，以远景规划所规定的目标为方向。也就是说，企业在确定人力资源发展战略时，首先必须清楚企业的远景规划和战略目标，然后再确定人力资源发展战略。人力资源战略作为企业发展总战略的重要组成部分，对实现企业发展的总体战略起着巨大的支持和推动作用。

### 2. 员工培训是中小企业解决人才需求不足的重要途径

由于缺乏知名度和吸引力，几乎所有的中小企业都面临严重的人才缺乏问题。然而南远却提供给他们解决人才问题的一个良好途径，即企业可以通过培训弥补人才的不足。需要指出的是，一个良好的培训机制离不开科学的培训规划以及合理的控制制度。也就是说，员工培训必须做到经常化、制度化。企业可以充分利用国家义务教育、职业教育、高等教育和各种社会辅助教育等形式来开展员工培训工作，既要注重培训的内容，又要注重培训的层次。同时，企业也应根据自身的实际需要，制定多渠道、多形式的业内培训，以提高员工业务技能和敬业精神。

### 3. 创造新型的人力资源管理模式，发掘新的利润增长点

南远将管理部门推向市场的举措再次表明，企业的人力资源管理可以超越传统的人事管理模式，具备为企业创造新价值的功能，这种价值创造主要体现在两个方面：一是人力资源管理的新模式在一定程度上降低了企业运作成本，从而增加了企业收益；二是管理部门可以通过在企业内外提供有偿服务，逐步演化为利润中心。企业应该充分发挥其人力资源的潜力，在长期发展中不断积累经验，向管理要效益，向管理要市场。

### 4. 加强企业文化建设

企业文化是企业发展的凝聚剂和催化剂，对员工具有导向、凝聚和激励作用。优秀的企业文化可以增进企业员工的团结和友爱，减少教育和培训经费，降低管理成本和运营风险，并最终使企业获取巨额利润。南远的经验表明，企业的文化建设一般要关注以下几点：❶首先要确立文化建设的目标；❷要有企业自己的口号或精神标语；❸企业和员工之间能形成良好的"心理契约"。

### 5. 制定真正有效的激励机制

激励机制作为企业人力资源开发与管理工作的重要组成部分，它的顺利进行离不开公司人力资源管理系统框架的建立以及机制的完善。公司必须以整体战略眼光来构筑整个人力资源管理的大厦，并让激励机制与人力资源管理的其他环节（如培训开发、管理沟通、岗位轮换、考核等）相互联结、相互促进。当然，激励机制的最重要部分则体现在对员工的奖惩制度上。南远案例则清楚地说明：合理的股本结构以及有效的期权激励机制可能成为现代企业制度下企业规避员工道德风险的重要手段。

（资料来源：http://www.studa.com/.）

# 练 习 题

## 一、名词解释

1. 人力资源 2. 人力资源管理 3. 人才

## 二、简答题

1. 简述人力资源的特点。
2. 简述人力资源管理的职能。
3. 如何理解人力资源管理的三个层次？
4. 简述人力资源管理的意义。
5. 试述传统人事管理与现代人力资源管理的区别。
6. 简述人力资源管理的基本原理。
7. 试析我国人力资源管理的现状及面临的挑战。
8. 分析我国人力资源管理的发展趋势。

# 岗位研究

## 知识目标

■ 知道岗位研究是人力资源管理工作的基点和依据，
是一项重要的人力资源管理技术。

■ 理解岗位研究的基本术语和原则；

■ 掌握岗位分析、岗位评价、岗位分类的程序和方法。

## 案例导入

### 越俎代庖，何如各谋其政

一名机床操作工把大量液体洒在机床周围的地板上。车间主任让操作工把洒掉的液体清理干净，操作工拒绝执行，理由是工作说明书里并没有包括清扫的条文。车间主任顾不上去查工作说明书的原文，便找来一名服务工来做清洁工作。但服务工同样拒绝，理由也是工作说明书里没有包括这一类工作。车间主任威胁说要把他解雇，因为服务工是分配到车间来做杂务的临时工。服务工勉强同意，但是干完之后立即向公司投诉。

有关人员接到投诉后，审阅了机床操作工、服务工和勤杂工三类人员的工作说明书。机床操作工的工作说明书规定：操作工有责任保持机床的清洁，使之处于可操作状态，但并未提及清扫地板。服务工的工作说明书规定：服务工有责任以各种方式协助操作工，如领取原料和工具，随叫随到，即时服务，但也没有包括清扫工作。勤杂工的工作说明书中确实包含了各种形式的清扫，但是他的工作时间是从正常工作下班后开始。

责任在谁呢？我们姑且不去评论。问题的关键在于各岗位的工作职责界定不清，一旦出了问题，相互推卸责任。实际上，在企业中还常常出现诸如总经理做部门经理的事，部门经理做员工的事之类的情况。总经理应该更多地考虑战略决策上的问题，却每天被一些烦恼的杂事缠住，大大降低了工作效率。

# 第一节 岗位研究概述

## 一、岗位研究的概念和作用

岗位是指企业赋予每个职工的职务、工作任务以及所担负的责任和权限。岗位是职工职务、工作任务和责任、权限的统一。岗位研究是全面了解工作岗位的一种管理活动，是对工作岗位的内容和任职资格进行描述并对岗位定等归级的系统过程，即采用科学的方法，通过岗位调查收集有关工作岗位信息，并进行科学的岗位分析、岗位评价和岗位分类，制定工作说明书和岗位分类图等各种人事管理文件的过程。良好的岗位分析能够为员工的招聘、考核、培训、晋升、调配、薪酬和奖惩等人力资源管理活动提供客观依据。

岗位研究最初产生于美国的工业企业中，当时被称为工作分析（job analysis），产生后立即得到迅速发展；后来又被应用于政府文官管理中，被称为职位分类（position classification）。岗位研究在这两条道路上各自独立地发展、完善，直到"人力资源"概念被提出之后，企业劳动者与政府公务人员及各类管理人员才有了统一的称呼——人力资源，于是两种方法也得到统一，统称为岗位研究。

岗位研究是人力资源管理学的重要组成部分，但是其研究对象和范围与人力资源管理学侧重点有所不同。人力资源管理学的研究对象是在企业劳动过程及其组织中，人与物、人与事、人与人、人与组织的相互关系。在掌握其发展变化规律的基础上，为劳动组织的科学化、促进企业经济效益的提高提供基本原理和基本方法。岗位研究的对象是企业中需要由人来承担的劳动岗位。岗位是以"事"为中心，将工作任务、责任分派给每个职工。因此，岗位可能由职工长期或短期专任、兼任，也可能出现空缺。岗位研究的中心任务是为人力资源管理提供科学依据，实现人事相宜、人称其职、人尽其才。

岗位研究在人力资源管理中的作用主要表现在以下几方面。

### 1. 为企业员工招聘提供客观依据

员工招聘是企业人力资源管理中一个非常重要的环节，是企业在需要人才时获得所需人才的重要手段。在员工招聘工作开始之前，需要确定空缺职位的工作性质、工作内容以及胜任该工作的员工应该具备的最低标准，岗位研究是企业职工招募、选拔、任用的基本前提。岗位研究所形成的人事文件——工作说明书，对某类工作的性质、特征，以及担任此类工作应具备的资格、条件，都作了详尽的说明和规定，使管理人员明确了招募和选拔的对象和标准，并且根据这些信息选择合适的选拔方法和考核内容，尽力做到因事择人。

### 2. 是企业定编定员的基础

定编定员是一种科学的用人标准。所谓定编，就是根据企业生产技术组织条件，合理确定企业组织机构的结构、形式和规模，以及人员配置数额；所谓定员，就是在定编基础上，严格按编制名额和岗位的质量要求，为企业每个岗位配备合格的人员。科学合理的定编定员能够使企业实现精简机构、节约用人、提高工作效率的目标。而岗位研究能够建立起排列有序的职位体系，准确揭示每个职位的工作性质、特征、责任大小、技术难易和任职者所需资格等职位特点和任职条件，从而确定企业的职位数量和任职者人数、构成以及任职标准，为企业定编定员提供科学依据。

3. 有助于企业进行合理的劳动定额和支付劳动报酬

劳动定额是企业在一定的生产技术组织条件下，采用多种方法，对生产某种产品或完成某项工作任务的劳动消耗量所预先规定的限额。科学合理的劳动定额和劳动报酬的基础是各个岗位的工作性质、技术繁简、难易程度、工作负荷、责任大小、劳动条件等详细的岗位信息。工作分析和岗位评价的结果是确定工序（或工种）劳动定额水平以及标准工作日长度的重要依据之一，可以有效保证各个工作岗位上的劳动者得到公平合理的工资，实现同工同酬。

4. 是员工培训工作的基础

员工培训是人力资源开发的重要手段，各个企业对培训都有一定的投入，但是许多企业反映培训的效果不理想，其中，很重要的一个原因就是培训缺乏针对性。岗位研究的结果——工作说明书为培训内容的选择提供了科学的依据，而且为培训结果的评估提供了考核的指标和标准。总之，科学的岗位研究为员工培训工作的开展提供了基础。

5. 是员工绩效考核指标和标准的重要来源

员工绩效考核是人力资源管理的核心职能之一，是按照一定标准，采用一定的方法收集、分析、评价有关某员工在其工作岗位上的工作行为表现和工作结果方面信息的过程。这种考核是以职工为对象，通过对职工的德、能、勤、绩等方面的综合评价，判断他们是否称职，并以此作为人事调整的依据。岗位研究是以岗位为中心，分析和评定各个岗位的功能和要求，明确每个岗位的职责、权限，以及承担该岗位职责的人员所必备的资格和条件，以便为事择人。岗位研究和员工绩效考核的共同目标是"因事择人，适才适所"。从人事管理工作程序上看，岗位研究是人事考核的前提，岗位研究要为人事考核的内容、项目和指标体系以及标准的确定提供客观的依据。

6. 是组织现代化管理，提高现代社会生产力和劳动效率的客观需要

在现代社会，工作效率的提高越来越依赖人力因素，因此，现代管理的突出特点是强调以人为本，强调在岗位研究的基础上进行工作再设计和科学合理的定员定额，为员工创造和谐的人际关系和组织氛围，提供良好的工作条件和工作环境，保护员工的身心健康，从而激发员工工作的积极性、主动性和创造性，以满足现代化管理的需要。

另外，通过岗位研究，不断对岗位进行重新设计和改进，推动各岗位在劳动组织中的合理配置，促进劳动组织的科学化，保证生产过程尽可能均衡、协调地进行。劳动力与生产要素配置的合理化、科学化，有利于节约生产成本，提高劳动生产率。

### 7. 是劳动计划、经济核算的前提

岗位研究所形成的人事文件为企业准确地编制劳动计划、核算成本提供了前提。岗位研究完成以后，企业计划、账务部门对各个生产单位、职能科室的工作任务总量，以及人力资源的安排和使用，有了较为精确的统计和计量，从而为企业劳动计划的编制、产品成本的核算提供可靠的依据，大大提高了计划的准确性和可行性。

## 二、岗位研究的基本原则

为了提高岗位研究的科学性、合理性和可靠性，在组织实施中应注意遵守以下原则。

### 1. 系统原则

所谓系统，就是由若干既有区别又相互依存的要素所组成的，处于一定环境条件中，具有特定结构和功能的有机整体。其中，各个要素可以构成小系统，每一小系统又可以从属于一个更大的系统，成为大系统的子系统。

系统具有以下特征：❶整体性。系统不是各个要素的简单集合，而是各个要素按照一定的目的和规则整合在一起的集合体，它要以整体观念来协调各要素之间的联系，使系统的功能达到最优化。❷目的性。任何系统都具有某种特定的目的，为了实现这一目的而具有特定的结构和功能。❸相关性。在系统内部，各个要素之间具有某种相互依赖的特定关系，形成一定的结构秩序和运动规律。❹环境适应性。系统所处的环境都是运动、变化和发展着的，系统必然要为了与环境保持一定的和谐而不断进行自我调整。

任何一个完善的组织、单位都是一个相互独立的系统。因此，在岗位研究中，应从系统论出发，将每个岗位放在组织系统中，从总体上和相互联系上进行系统性分析研究。

### 2. 标准化原则

标准化是现代科学管理的重要手段，是企业人力资源管理的基础，也是有效地推行各项管理的重要手段。标准化的作用在于统一技术要求，保证工作质量。企业管理的标准化，是将企业生产经营活动中需要统一的各种管理事项，制定成标准或标准性质的技术文件并加以贯彻实施的活动。标准化表现为简化、统一化、通用化、系列化等多种形式和方法。显然，为了保证岗位研究工作的规范化和结果的可比性，提高岗位研究的科学性和实用性，岗位研究必须遵循标准化的原则。标准化表现为岗位分析、岗位评价、岗位分类的术语、内容，方法、程序、因素、指标和标准的标准化，岗位研究各项成果——岗位规范、工作说明书等人事文件的标准化。

### 3. 优化原则

所谓优化，就是按照规定的目标，在一定的约束条件下，寻求最佳方案。优化的原则不但要体现在岗位研究的各项工作环节上，还要反映在岗位研究的具体方法、步骤上。

### 4. 应用性原则

岗位研究应该根据目前企业生产和管理的实际情况进行研究，提高研究结果的适用

性。另外，岗位研究要用于企业管理的相关方面，提高研究的价值。无论是人力资源规划、人员招聘选拔、员工培训，还是绩效考核、职业生涯管理、激励，都要严格按照岗位研究的结果来操作。

### 5. 经济性原则

岗位研究是一项非常费心、费力、费钱的事情，涉及企业组织的各个方面。因此，本着成本费用的考虑，选择岗位研究工作分析的方法很重要。

### 6. 岗位原则

岗位研究就是从岗位出发，分析岗位的内容、性质、关系、环境以及人员胜任特征，即完成这个岗位工作的从业人员必须具备怎样的资格与条件，而不是分析在岗人员的情况。否则会产生赞许行为与防御心理等不利于工作开展的问题。

### 7. 能级原则

能级是指组织机构中各个岗位功能的等级，也就是岗位在组织机构这个"管理场"中所具有的能量等级。一个岗位能级的大小，是由它在组织中的工作性质、复杂程度、责任大小、任务轻重等因素决定的，功能大的岗位其能级就高；反之就低。一般来说，在一个组织、单位中，工作岗位能级从高到低可区分为四大层次，即决策层、管理层、执行层和操作层，并呈上小下大的梯形分布状况。

## 三、岗位研究相关术语

### 1. 工作要素

工作中不能再分解的最小动作单位。例如，削铅笔、脚踏一次空气锤、往电脑中输入一个字符等都是工作要素。

### 2. 任务

为了达到某种目的所从事的一系列活动。它可以由一至多个工作要素组成，例如，老师上课、打字员打字就是任务。

### 3. 职责

职责是由一个人担负的一项或多项任务组成的活动。例如，大学老师的职责包括教学、科研等任务，打字员的职责包括打字、校对、简单维修机器等任务。

### 4. 职位

职位亦称岗位，是在一定时期内组织要求个体负担的一至多项责任。一般来说，职位与任职者是相匹配的，有多少职位就有多少任职者。但在现实中，也有不对应的情况，例如，对于倒班的工人来说，他们的工作内容一样，只是工作时间不同，此时，职位的数量和任职者人数就不相等，人员数量大于职位数量。职位是以"事"为中心确定的，强调的是人所担任的岗位，而不是担任这个岗位的人。

**5. 职务**

职务是一组重要责任相似的职位。根据组织规模的大小以及各种工作的性质，一种职务可以有多个职位。例如，某学校数学老师就是一种职务，可以包括数学老师王某、数学老师李某等职位个体。

**6. 职权**

职权指依法赋予的完成特定的任务所需要的权力，职责与职权密切相关。特定的职责要赋予特定的职权，甚至特定的职责等同于特定的职权。

**7. 职业**

职业即不同的组织在不同的时间，从事相似活动的一系列工作的总称。例如，教师、工程师、工人、农民等都是职业。

**8. 工作族**

工作族又称为工作类型，由两个或两个以上的工作组成，这些工作具有相似的特征。工作族包括多个平行的任务，与职系同义。例如，生产工作和人力资源管理工作分别是两个工作族。

**9. 职业生涯**

职业生涯指一个人在其生活中所经历的一系列职位、职务或职业的集合或总称。

**10. 职级**

职级指同一职系中职责的繁简难易、轻重大小及任职条件十分相似的所有职位的集合。例如，中学一级数学教师与小学高级数学教师属于同一职级，中学一级语文教师与中学一级英语教师也属于同一职级。

**11. 职等**

职等指不同职系之间，职责的繁简难易、轻重大小及任职条件要求充分相似的所有职位的集合。

职级的划分在于对同一性质工作程度差异进行区分，形成职级系列；而职等的划分则在于对不同性质工作之间程序差异进行比较或寻求比较的共同点。

# 第二节　岗　位　调　查

## 一、岗位调查的概念

岗位调查是以工作岗位为对象，采用科学的调查方法，收集各种与岗位有关的信息的过程。

岗位调查的目的是为岗位描述、岗位设计、岗位分类、岗位分析、岗位评价和各种人事文件的制定提供全面、系统的资料和必要的依据。因此，岗位调查与一般的了解情况不同，应该注意采用科学的抽样和调查方法，保证获得资料的真实性、可靠性与完整性。高水平的岗位调查是完成岗位研究的各种任务，提高完成质量的首要环节和重要保证。

## 二、岗位调查的人员

岗位调查是一项技巧性很强的工作，调查人员一般需要经过严格训练。调查人员的经验和技巧对调查的效果有直接的影响，因此，应重视对岗位调查人员的选择。

一般而言，作为调查人员应该具备下列条件。

### 1. 应具有人事管理、心理学的一般知识，对岗位调查的技术和程序比较了解

岗位调查的结果为人事管理提供依据，为了提高岗位调查的应用价值，应该在调查之前明确调查的目的。例如，岗位调查的目的是为人员招聘提供依据，就应该把调查的重点放在空缺职位的工作职责和任职者的资格要求方面。如果岗位调查的目的是为了确定绩效考核的标准，那么调查的重点就应该是衡量每一项工作任务的标准，需要澄清任职者完成每一项工作任务的时间、质量、数量等方面的标准。如果岗位调查的目的是为了确定薪酬体系，那么在调查方法的选择方面就应该注意使用定性与定量相结合的方法。如果调查人员不了解人事管理的知识，那么在调查时对调查的内容就会缺乏针对性，选择调查方法时也缺乏依据。

另外，在岗位调查的过程中，不可避免地要与各方面的人接触，为了获取真实可靠的资料，需要了解被调查者的个性、行为的特点、提供信息的动机等信息，这些信息对调查人员判断信息的真实性很有帮助。

对调查的技术和程序的熟练掌握是一个调查者最基本的要求，调查人员的素质，直接关系到调查的效果。

### 2. 应具有观察、沟通、记录等技巧

较强的观察力是做好调查的基本能力之一。在调查岗位信息的过程中应该注意观察一切有关的事物和人。良好的观察能力能够让观察者及时发现问题，收集到与工作有关的信息。尤其是在使用观察法收集资料时，收集到的信息的丰富程度以及质量都与观察者的观察能力有直接的关系。

岗位调查工作涉及的部门广泛、人员众多，因此，要搞好调查，就必须先做好沟通工作。沟通是需要技巧的，良好的沟通技巧可以提高沟通的效果。与上级、普通员工沟通应采取不同的沟通方式，与男性员工和女性员工以及不同性格特点的员工沟通也需要灵活运用沟通技巧。只有这样才会最大限度地获得上级的支持和员工的配合，这对于调查工作来说是至关重要的。尤其在使用面谈法时，信息的获得主要通过沟通来实现，首先要解除被访谈者的顾虑，而后通过沟通获得我们想要获得的岗位信息。

记录能力也是一个岗位调查人员应该具备的基本功。在使用观察法、访谈法以及其他的方法进行调查时，都必须要有完整、翔实、客观的记录。记录的质量直接影响着调查的结果。

### 3. 应具备较强的文字表达能力

在岗位调查的过程中，需要调查人员及时、全面、准确地记录有关信息，只有具有较强的文字表达能力，才能使记录的信息客观真实、不走样。另外，收集好岗位的信息后，还需要对原始信息进行整理分析，最后形成工作说明书、岗位描述、岗位规范等人事文件，这些文件的制定，必然也需要较强的文字表达能力。

### 4. 应有被调查的岗位的常识

岗位调查人员应该具有被调查岗位的常识，这样才能根据调查岗位的特点选择合适的调查方法，使用适当的调查方法才能保证收集到有效的岗位信息。只有在了解被调查岗位的基础上进行调查，才有明确的目标，知道应该收集什么信息，以便在最短的时间内收集到大量有针对性和实用性的信息，事半功倍。

### 5. 应有较强的责任心和耐心

岗位调查是一项烦琐、复杂的工作，需要调查人员具有较强的责任心和耐心，否则会在很大程度上影响调查的效果，使调查流于形式。

### 6. 应有较好的理解力、记忆力和分析能力

良好的理解力、记忆力和分析能力是调查人员应该具备的基本素质，在岗位调查的各个阶段和各方面都离不开这三种能力的发挥。

### 7. 应有获得他人信赖与合作的能力

岗位调查工作本身需要多个部门、多方面的合作，而且调查方法的有效使用也需要调查人员具有获得他人信赖与合作的能力。例如，在使用访谈法收集信息时，如果得不到被访谈人员的信任，就根本不可能收集到岗位的真实有效的信息。

### 三、岗位调查的内容

岗位调查是指对现有岗位的工作内容、工作量、权责划分等实际情况做细致全面的调查。调查内容主要有以下几方面：

❶ 岗位的名称、工作地区、地点、范围等。
❷ 岗位工作任务的性质、内容、种类和工作技术程序，完成各项任务所需要的时间以及占工作日制度时间的百分比。
❸ 担任本岗位工作的职工的职称、职务、年龄、工龄、技术等级、工资等级等。
❹ 设立这一岗位的目的、待遇、物质和精神的报酬等。
❺ 岗位的工作责任、权限和结果。
❻ 岗位的劳动强度，劳动姿势、空间，操作的自由度等。
❼ 工作时间、工作稳定性等。
❽ 使用的工具以及工具的复杂程度。
❾ 工作条件和工作环境，例如，温度、湿度、噪声、照明、粉尘、热辐射等。

⑩ 工作的危险性。

⑪ 岗位的隶属和协作关系以及在组织中的地位和责任。

⑫ 胜任本岗位工作所需要的资格条件，例如，身体条件、心理条件、受教育程度、经验等。

⑬ 其他需要补充说明的事项。

需要说明的是，在实际岗位调查中，应该根据调查的目的，选择调查的内容，另外，目的不同，调查内容的详细程度也应有所不同。

### 四、岗位调查的方法

#### 1. 访谈法

访谈法指工作人员对有关人员进行访谈，了解岗位分类所需材料。访谈前应做好充分准备，确定访谈主题，了解背景材料。在访谈过程中应讲究方式方法，用平等、亲切轻松的态度，不致使对方感到拘谨和造成心理压力，交谈时用语应清晰流畅，并做好记录。

#### 2. 观察法

观察法指工作人员到工作地点观察实际情况，将标准时间内分类职位上发生的所有事情如实记录下来。标准时间是指在正常条件下，一位受过训练的熟练任职者，以规定的作业方法和用具，完成一定的质和量的工作所需时间，观察法需要较多的调查人员和较充裕的时间。时间过短，则观察易失真，甚至得出相反的结论。

#### 3. 填表法

从理论上讲，填表法省事、省人、省钱、省时，应用最广泛，但要求调查人员具备社会学知识，熟悉有关机构运转的情况，要求调查表设计质量较高。调查表应包括职位名称、职员姓名、单位名称、所在地、主管姓名、职务内容、责任等。此法缺点是不易填写详细、准确，同一职位的不同人员往往填写内容不一样。

岗位调查表的设计有两种：一种是开放式调查表，另一种是封闭式调查表。两种形式的调查表各有利弊，因此，经常使用既有开放式问题也有封闭式问题的综合调查表。不管使用何种形式的调查表，都要从职位出发进行设计。在设计调查表时应该注意以下几点：

❶ 明确欲获得的信息，将信息转化为可操作的项目或问题。

❷ 每个问题的目的要明确，语言应简练易懂，必要时可附加说明。

❸ 调查表的调查项目根据调查的目的可以调整，内容可繁可简。

#### 4. 工作日写实

工作日写实是对任职者整个工作日的工时利用情况，按时间顺序，进行观察、记录分析的方法。工作日写实根据观察对象的不同可分为个人工作日写实、工组工作日写实、多机台看管工作日写实、特殊工作日写实和自我工作日写实。工作日写实的对象可以是员工，也可以是设备；写实的范围可以是个人，也可以是集体。

以个人工作日写实为例，一般按照如下步骤操作：❶写实前的准备工作。写实之前应该做好以下几项准备工作：第一，应该根据写实的目的选择对象；第二，事先调查写实对象及工作地的情况；第三，写实人员应该把写实的目的和意图向任职者解释清楚，以便得到任职者的积极配合；第四，要明确划分事项和各类工时消耗的代码，便于记录。❷实地观察记录。工作日写实应该从一天上班开始，一直到下班，将整个工作日的时间消耗按顺序详细记录下来。写实的内容应该包括做什么、如何做与为什么做三方面。❸写实资料的整理汇总。即对实地收集的资料进行整理汇总。一般先计算各活动消耗的时间，而后对所有观察事项进行分类，并计算每类工时的合计数以及占全部工作时间及作业时间的比重。编制工作日写实汇总表，并根据计算结果拟订改进工时利用的技术措施和预计提高劳动生产率的程度。最后根据写实结果写出分析报告。

5. 测时

测时是以工序或某一作业为对象，按照操作顺序进行实地观察、记录、测量和研究工时消耗的一种方法。测时与工作日写实一样，也是进行工时研究的一种有效的方法，但又有许多不同之处。首先，两者的范围不同，一是以整个工作日为对象，另一是以某一工序或作业的工时消耗为对象；其次，两者观测的精细度不同，工作日写实研究较粗略，测时较精细；第三，两者的具体作用不同，工作日写实是为了掌握工作时间的构成，减少工时损失，测时主要是测定工序作业内各项操作的正常工时消耗，为制定工时定额提供依据。

测时的操作步骤和方法如下：

❶ 测时前的准备。首先，应根据测时的目的选择测时对象；其次，测时前要了解被测试对象和加工作业方面的情况；然后，根据实际情况，将工序划分为操作或操作组；最后，测时最好在上班1～2小时，待生产稳定后进行。

❷ 实地测时观察。测时观察通常采用连续测时法，就是按照操作顺序，连续记录每个操作的起止时间。也可以采取整体法，即反复记录全部操作的延时。

❸ 测时资料的整理、分析。首先应该根据测时记录删去极端数据，计算有效的观察次数，计算每一操作的平均消耗时间。而后计算稳定系数，检查每一操作平均延续时间的准确和可靠程度。最后，由每个操作平均延续时间计算工序的作业时间，再经过工时判定，确定符合定额水平要求的时间值。

6. 工作抽样法

工作抽样法是根据概率论和数理统计学的原理，对工作岗位随机进行抽样调查，并利用调查资料对总体状况进行推断的方法。这种方法与前几种方法相比具有使用范围广、省时和省钱的优点，而且只要遵守抽样规则，就能够得到真实可靠的数据。

工作抽样法的操作步骤如下：

❶ 明确调查目的。根据调查目的，确定调查的对象和范围，以及工作抽样所应达

到的可靠程度和精确度。

❷ 对活动分类。对被观察对象的活动作适当的分类，有助于正确地观测记录和对所收集的数据进行汇总整理和统计分析。

❸ 确定观测次数。即确定工作抽样的样本数。样本量越大，所得结果的准确性和可靠性越高，但是样本量太大会给统计工作带来负担，因此，应该根据实际情况确定合适的样本量。

❹ 确定观测时刻。观测时刻的确定应当遵循随机的原则，可以借助随机数码表、随机时刻表、乱数骰子等工具，采用单纯随机时间间隔、等时间间隔、分层抽样等方法来确定。

❺ 现场观测。观测人员在开始观测前，应预先根据机器设备配置或现场布置的平面图，确定出最佳的观测巡回路线和观测点。当观测人员沿巡回路线到达规定的观测位置时，应该将一瞬间观察到的工作内容，记录到预先设计好的调查表格中。

❻ 检验抽样数据。完成全部观测以后，需要检验全部抽样的结果，还要检验抽样结果的精确度是否达到了预定的要求。

❼ 评价最后的抽样结果。计算出所有分类事项的发生次数及发生率后，应结合观测到的现场情况，作出必要的分析评价和说明，以便采取措施改进工作程序和方法。

### 7. 主管人员分析法

这种方法是由主管人员通过日常的管理权利来记录与分析所管辖人员的工作任务、责任与要求等因素。

该方法的理论依据是，主管人员对这些工作有相当深刻的了解。许多主管人员以前也曾做过这些工作，因此，他们对被分析的工作有双重的理解，对职位所要求的工作技能的鉴别与确定非常内行。但主管人员的分析中也许会存在一些偏见，尤其是那些只干过其中部分工作而不了解所有情况的人。一般来讲，主管此时往往偏重于他曾做过的那部分工作。如果采取与工作日写实法相结合的方法，则可以有效消除这种偏差。分析过程中可以利用一些表格来详细地记录内容。

### 8. 主题专家会议法

主题专家会议是指熟悉目标职位的组织内部人员和外部人就目标职位的相关信息展开讨论，收集数据库，验证并确认分析结果。主题专家会议的成员主要包括内部成员和外部成员，内部成员指任职者、直接上级、曾经任职者、内部客户、其他熟悉目标职位的人；外部成员指咨询专家、外部客户、其他组织标杆职位任职者。

主题专家会议有着广泛的用途，如德尔菲法等。在工作分析中，主要用于建立培训开发规划、评价工作描述、讨论任职者绩效水平、分析工作者任务，以及进行工作设计等。

# 第三节　岗位分析

## 一、岗位分析的概念

岗位分析是对企业各类岗位的性质、任务、职责、工作条件和工作环境，以及员工承担本岗位工作应该具备的资格要求等信息进行的系统分析和研究，并制定工作说明书、岗位描述、岗位规范等人事文件的过程，即全面了解、获取与岗位有关的详细信息的过程。

一个组织要有效地进行人力资源开发与管理，一个重要的前提就是要了解组织中各种工作的特点以及能够胜任相应工作的人员的特点。这就是岗位分析的主要内容。岗位分析是人力资源管理活动的平台，几乎所有的人力资源规划或方案，例如，人力资源规划、招聘、甄选、绩效评估、培训与开发、职业生涯管理等，都需要由岗位分析为之提供准确有效的信息。岗位分析是人力资源管理中的一项重要的常规性技术。

## 二、岗位分析的主要内容

国外人事心理学家从管理的角度，提出了著名的岗位分析公式，把岗位分析所要研究的主要内容归纳为6W1H，6W即做什么（What）、为什么做（Why）、谁做（Who）、何时（When）、在哪里（Where）、为谁（for Whom），1H即如何做（How）。

（1）做什么（What）

做什么是指所从事的工作活动。主要包括：

❶ 任职者所要完成的工作活动是什么？

❷ 任职者的这些活动会产生什么样的结果或产品？

❸ 任职者的工作结果要达到什么样的标准？

（2）为什么（Why）

表示任职者的工作目的，也就是这项工作在整个组织中的作用。主要包括：

❶ 做这项工作的目的是什么？

❷ 这项工作与组织中的其他工作有什么联系?对其他工作有什么影响？

（3）用谁（Who）

用谁是指对从事某项工作的人的要求。主要包括：

❶ 从事这项工作的人应具备什么样的身体素质？

❷ 从事这项工作的人必须具备哪些知识和技能？

❸ 从事这项工作的人至少应接受过哪些教育和培训？

❹ 从事这项工作的人至少应具备什么样的经验？

❺ 从事这项工作的人在个性特征上应具备哪些特点？

❻ 从事这项工作的人在其他方面应具备什么样的特点？

（4）何时（When）

表示在什么时间从事各项工作活动，主要包括：

❶ 哪些工作活动是有固定时间的？在什么时候做？

❷ 哪些工作活动没有固定时间？应如何安排？

（5）在哪里（Where）

表示从事工作活动的环境。主要包括：

❶ 工作的自然环境，包括地点（室内与户外）、温度、光线、噪声、安全条件等。

❷ 工作的社会环境，包括工作所处的文化环境（如跨文化的环境）、工作群体中的人数、完成工作所要求的人际交往的数量和程度、环境的稳定性等。

（6）为谁（for Whom）

为谁是指在工作中与哪些人发生关系，发生什么样的关系。主要包括：

❶ 工作要向谁请示和汇报？

❷ 向谁提供信息或工作结果？

❸ 可以指挥和监控何人？

（7）如何做（How）

如何做是指任职者怎样从事工作活动以获得预期的结果。主要包括：

❶ 从事工作活动的一般程序是怎样的？

❷ 工作中要使用哪些工具？

❸ 操纵什么机器设备？

❹ 工作中所涉及的文件或记录有哪些？

❺ 工作中应重点控制的环节是哪些？

从岗位分析的产生、发展过程来看，岗位分析包含两个方面的内容：❶工作岗位本身的信息。主要确定工作岗位的内涵，即岗位名称、工作地点、工作任务、工作职责、工作权限、工作对象、劳动资料、工作环境及本工作岗位与相关工作岗位之间的联系和制约方式等。表达这些信息的人事文件被称作岗位描述。❷本岗位的人员特征即任职资格的信息。岗位分析应包含工作岗位对员工的要求，根据工作岗位自身特点，工作岗位会要求在本岗位工作的员工应该具备诸如知识水平、工作经验和身体状况等资格条件，表达这些信息的人事文件通常称为岗位规范。这两个内容构成一份完整的工作说明书。

1. 岗位描述

工作描述主要包括以下几方面。

（1）岗位名称分析

岗位名称分析是指企业从事一定工作活动所规定的岗位名称或岗位代号，以便对工作进行识别、登记、分类以及确定企业内外的各种工作关系。一个好的岗位名称，不仅仅能给人们一种概念上的认识，它还能够增加人们对该项工作的感性认识。如人力资源部经理，从该岗位名称上可以得出这些信息。

（2）工作任务分析

每个工作岗位都有它规定的任务，工作岗位因任务而存在。工作任务分析，就是分析任务的性质、任务的内容、任务实现的形式和任务执行的步骤和程序。

（3）工作职责分析

职责是职务与责任的统一。工作职责分析，不仅包括对本工作岗位任务范围的分析，还包括对工作责任大小、重要程度的分析。分析的项目包括：资金、设备、仪器仪表、工具器具、原材料的使用与保管，与他人的分工、协作和安全生产，完成工作任务的数量、质量以及劳动生产率，维护企业信誉，搞好市场开发、产品设计、生产工艺、质量检验、行政管理、员工业务素质培养等。

（4）工作关系分析

工作关系分析主要是指与其他人的正式工作关系，如接受监督以及进行监督的性质和内容，以及完成工作所要求的人际交往的数量和程度、各部门之间的关系等。

（5）工作权限分析

工作权限分析就是对工作承担者的权限范围进行分析。权限范围包括决策的权限、对其他人实施监督的权限以及经费预算的权限等。例如，工作承担者有权批准购买5000元以下的物品，有权批准雇员请假或缺勤的时间；有权对部门内的人实施惩罚，有权建议加薪，有权进行新雇员的面谈和雇佣等。

（6）劳动强度分析

劳动强度是指在作业时间内人体做功的多少，亦即能量消耗的大小。劳动强度主要包括劳动紧张程度、劳动负荷、工时利用率、劳动姿势和工作班制等指标。对劳动强度的分析就是围绕上述指标展开的。

（7）劳动条件和环境分析

劳动条件和环境主要包括工作环境有无噪声污染、温度、湿度、光照强度、空气中含尘量、工作环境的危险性等。对劳动条件和环境的分析也就是对上述因素进行分析。上述因素的定性、定量分析应结合国家各主管行业公布的各项标准进行。

（8）劳动资料和劳动对象的分析

劳动资料和劳动对象的分析即对资金、设备、仪器仪表、工具器具、原材料等的保管、使用进行分析。

（9）聘用条件分析

聘用条件分析包括薪酬水平与结构、支付薪酬的方法、福利待遇、晋升机会、工作的季节性、进修的机会等。

2. 岗位规范

岗位规范是胜任某一岗位工作所应该具备的最低要求，主要包括以下几个方面。

（1）一般要求

主要包括年龄、性别、知识、工作经验等内容。不同的岗位对年龄和性别有不同的要求。

知识要求指的是胜任本职位工作应该具有的知识结构和知识水平。主要包括以下六项：❶学历要求。即根据岗位的特点确定本岗位的最低学历要求。❷专门知识。即胜任本岗位工作要求具备的专业理论知识和实际工作经验。❸政策法规知识。即具备的政策、法律、条例方面的知识。❹管理知识。即应具有的管理科学知识或业务管理知识。❺外语水平。即因专业、技术或业务的工作需要，对外语应该掌握的程度。❻相关知识。即本岗位主体专业知识以外的其他知识。对知识的要求可以采用精通、通晓、掌握、具有、懂得、了解六级表示法来进行评定。

工作经验是指胜任本岗位工作所必须具备的经历，包括过去从事同类或相似工作的年限，应该接受的专门训练程度，完成有关工作活动的实际能力等。

（2）心理能力要求

心理能力即从事心理活动所需要的能力，不同的工作要求员工具备不同的心理能力，包括：视觉、听觉等各种感知能力，例如，辨别颜色、明暗、距离、大小细节、音调、气味等能力；观察能力、记忆能力、思维能力、解决问题的能力、语言表达能力、人际交往能力，应变能力；性格、气质、兴趣爱好等个性特点。

对任职者心理能力的分析可以用记分法、表格法、文字表达法等心理图示法来表示。

（3）体质能力要求

体质能力对于工作的成功是非常重要的。比如，一些工作的成功要求具有耐力、手指灵活性、腿部力量以及其他相关能力。包括身高、体型、健康状况、力量与体力、运动的灵活性、感觉器官的灵敏度等能力。

### 三、岗位分析的实施步骤

岗位分析的实施是一个完整的过程，需要一定的时间，由于各个企业的情况不同，需要的时间也不同，一般在 1～2 个月之间。岗位分析的实施步骤包括准备阶段、实施阶段、结果形成阶段和应用反馈阶段，在每一阶段里，又包含有若干子步骤。岗位分析基本流程如◆图 2.1∨所示。

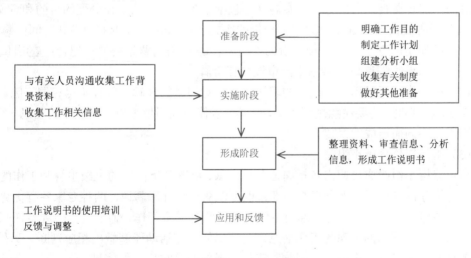

◆图 2.1　岗位分析基本流程

### 1. 岗位分析的准备阶段

在岗位分析的准备阶段主要解决以下问题，即：确定岗位分析的目的、制定岗位分析的实施计划、组建岗位分析小组、收集和分析有关的背景信息、确定所欲收集的信息、确定收集信息的方法。

（1）明确岗位分析的目的

进行岗位分析，首先，要明确目前所要进行的岗位分析的目的。只有目的明确了，才能够明确在进行岗位分析的过程中需要收集哪些信息，以及用什么方法收集这些信息。

在一个组织中，岗位分析的目的不同，其侧重点也不同。例如，岗位分析的目的是为空缺职位招聘员工，则明确任职者的资格要求就非常重要。如果岗位分析的目的是明确绩效考核的标准，那么重点就应该是衡量每一项工作任务的标准，需要澄清任职者完成每一项工作任务时的时间、数量、质量等方面的标准。如果岗位分析的目的是为了确定薪酬标准体系，则就应该用定性和定量相结合的方法来收集有关信息，确定每一职位的相对价值。另外，考虑岗位分析的目的时还要考虑所做岗位分析的精确程度，工作的种类、复杂程度不同，岗位分析的精确程度也不同。同时，为了确保所收集信息的质量，还必须事先确定信息收集的种类和范围。

进行岗位分析时，由于人力、物力和财力的限制，一般不会对组织中的所有岗位进行岗位分析，而是选择一些具有代表性的岗位作为研究对象来分析。我们一般选择对组织而言至关重要的岗位、因工作完成难度较大而需要对员工全面培训的岗位、由于技术或组织管理方式的变化使其工作内容有较大变化的岗位，以及企业新设置的工作岗位作为岗位分析的对象，进行深入分析。

（2）制定岗位分析的实施计划

实施计划是保证岗位分析能够有步骤、有条理地进行，实现预期目的，获得理想效果的保证。在实施计划中应该列出具体的、精确的时间表，具体到在每一个时间段，每一个人的具体职责和任务，对于接受调研的人，也应该事先做出周密计划，以便其合理安排时间，配合调查。岗位分析的实施计划包括下列内容：❶工作分配的目的和意义；❷岗位分析所欲收集的信息；❸岗位分析的实施者；❹岗位分析的程序和时间；❺岗位分析中所使用的方法；❻岗位分析的参与者；❼所需的背景资料和配合；❽岗位分析所提供的结果；❾岗位分析结果的审核与评价者。

因为在岗位分析过程中，信息的表达方式和对问题的理解与解释不尽相同，因此，在制定实施计划时，还要注意规范用语，这样可以使不同岗位分析人员收集的信息一致，减少因用语不同而造成的误差。

（3）组建岗位分析小组

岗位分析小组的成员通常包括岗位分析专家、所欲分析岗位的上级主管和工作的任职者。岗位分析专家可以来自组织内部，也可以从组织外部聘请，两种专家各有优势和劣势，应根据具体情况来选择。部门主管监控任职者从事工作，他们有机会观察任职者的工作活动，能够掌握客观的工作信息，对下属的工作活动能够做出相应判断。另外，工作的任职者最了解工作内容，因此，应该选择他们来收集工作信息。

在组建岗位分析小组时，不管是对哪一类人员，都应该选择符合下列基本条件的人选：首先，他们应该具有人力资源管理、心理学和社会学的一般知识，对岗位分析的技术和程序比较了解，掌握观察、面谈、记录等技巧；其次，还需要了解被分析的工作流程，具有较强的语言表达能力，良好的理解力、记忆力和分析能力；最后，还要有较强的责任心、耐心以及与他人合作的能力。

在对工作人员的选择和匹配上，要对整个组织的岗位分析活动全面考虑，在小组成立的同时，还要明确小组成员各自的职责，避免出现互相推诿扯皮的现象，确保工作的质量和高效率。工作小组成员的数量视具体情况而定，工作难度大、任务重，小组成员就相对多一些，反之就少一些。

（4）收集和分析有关的背景信息

在做岗位分析之前，对现有资料的分析也十分重要，这可以帮助我们发现问题，确定所要收集的岗位信息，避免人力、财力的浪费。通常，对岗位分析具有参考价值的背景资料主要包括国家职业分类标准和国际职业分类标准以及组织现有的资料。

职业分类是采用一定的标准，依据一定的分类原则，对从业人员所从事的各种社会职业进行全面系统的划分与归类。我国的职业分类大典中将职业分为大类、中类、小类和细类 4 个层次，共有 8 个大类，66 个中类，413 个小类和 1838 个细类。职业的细类主要是根据岗位分析方法得出的，它是在许多不同组织中进行岗位分析的结果的总结，因此，职业细类的描述对于进行岗位分析非常重要。

由于不同的组织中，名称相同的职位其职责、任务和任职资格都有很大的差异，而且职业分类词典中的职位描述并不是针对某个具体组织中的职位，因此，不能照搬现有的职业分类词典中的资料，而是进行适当的参考和借鉴，针对具体组织中的实际情况具体分析。

> **拓展阅读**
>
> 我国现行的职业分类标准具有时代局限性，需要进一步修订和完善。国际上，由美国政府汇编的《职位名次词典》（*The Dictionary of Occupational Titles, DOT*）最为有名，它包括与 20 多万种职业相关的信息和对工作职责的标准化、综合性的描述。这种标准化使不同地区、不同行业的企业能够更精确地将工作要求和从业者的技能相匹配。1998 年美国劳工部又开发出了"职业信息网络"，其中有近 2000 种职业的信息，使用很方便。

组织现有的资料主要有组织机构图、工作流程图、部门职能说明书、工作说明书和工作描述。

❶ 组织机构图。用来描述组织中各个组成部分之间的相互关系，从中可以看到部门或职位之间的纵向的报告关系和横向的职能关系，帮助我们清楚地理解各个职位在组织中的位置。

❷ 工作流程图。表示部门或职位之间的动态联系，从中可以比较好地了解工作任务以及工作中的关联关系。

❸ 部门职能说明书。规定了组织中一个部门的使命和职能，而岗位分析就是要将部门的职能分解到下属的职位上去。仔细研究现有的部门职能说明书，可以帮助我们将部门的职能全面有效地分解到部门的各个职位上。

组织中现有的工作说明书和工作描述，或者一些简单的职位说明资料，也许不尽完善，或者由于工作的变化已经与现在的实际情况不符，但是仍然会提供工作的一些基本信息，也具有参考价值。

（5）确定所欲收集的信息

从对现有资料的分析，可以获得一些所欲分析的职位的基本信息。但是，关于职位的最关键的大量的信息往往需要从实地调查研究中得到。岗位分析所需要的基本数据的类型和范围取决于岗位分析的目的、时间约束和预算约束等因素。

一般而言，可以从以下几个方面加以考虑：

❶ 根据岗位分析的目的和侧重点，确定要收集哪些信息。

❷ 根据对现有资料的研究，找出一些需重点调研的信息或需进一步澄清的信息。

❸ 按照6W1H的内容考虑需要收集的信息。

（6）确定信息收集的方法

收集工作信息的方法多种多样，有定性的方法，也有定量的方法；有以考察工作为中心的方法，也有以考虑任职者特征为中心的方法。实际上，每一种方法都有其独特之处和适合的场合，有优点，也有不足之处，不存在一种普遍适用的或最佳的方法。在进行岗位分析时，应该根据具体的目的和实际情况，有针对性地选择一种或几种方法，这样才能取得较好的效果。一般而言，在进行岗位分析时，岗位分析者都是选用几种方法，综合运用，从而最有效地发挥各种方法的优点，使得所收集的信息尽量全面。而方法的选择，则要考虑多种情况，也不是越多越好，而是要恰如其分。

在选择收集工作信息的方法时，首先，要考虑岗位分析所要达到的目的；其次，选择收集工作信息的方法时，要考虑所分析的职位的不同特点；再次，选择收集工作信息的方法时，还应考虑实际条件的限制，例如，花费的时间或财力的限制。最后，选择收集工作信息的方法时，还应考虑岗位分析方法及人员的相互匹配性。选定了收集信息的方法之后，就要着手准备所用方法的一些材料。例如，面谈的提纲、调查问卷、观察的记录表格等。

2. 岗位分析的实施阶段

岗位分析实施阶段的工作主要是与有关人员沟通和实际收集并分析工作信息。

（1）与有关人员沟通

由于岗位分析需要深入具体的每个工作职位，在进行这项工作的过程中必然要同大量的工作任职者和管理者发生关系，因此，获得他们的理解和支持是非常必要和重要的。开始实施岗位分析时，需要与有关人员进行沟通。

与参与岗位分析的有关人员进行沟通主要有以下目的：第一，让参与岗位分析的有关人员了解岗位分析的目的和意义，消除员工的戒备情绪；第二，让有关人员了解岗位分析的时间安排和步骤，便于他们事先做好安排，留出足够的时间来积极配合岗位分析工作；第三，让有关人员了解岗位分析所欲使用的方法以及参与的方式，从而使得岗位分析顺利进行。

（2）实际收集并分析工作信息

岗位分析人员按照事先选定的方法，根据既定的程序，有计划、分步骤地收集与工作有关的各种信息。然后根据一定的标准，对所有收集的与工作有关的信息进行描述、分类、整理，形成一个有条理的文件资料。这是整个岗位分析过程的核心阶段。在分析信息的时候应该仔细审核、整理获得的各种信息，创造性地分析有关工作和工作人员的关键问题，总结归纳出岗位分析必需的材料和要素。

3. 岗位分析结果形成阶段

岗位分析结果形成阶段的工作主要有审查、确认工作信息和形成工作说明书两项工作。

（1）审查、确认工作信息

通过对收集来的信息的加工、处理而形成的文字资料，必须同工作任职者和任职者的上级主管进行审查、核对和确认，才会避免偏差。通过这个过程一方面，可以修正所收集的信息的不准确之处，完善工作信息；另一方面，工作任职者和任职者的上级主管可以对岗位分析的结果有进一步的理解和认可，为以后的使用奠定基础。另外，这一过程为工作任职者和任职者的上级主管提供了一个很好的沟通机会，有利于今后更好地开展工作。

（2）工作说明书的形成

工作说明书是对工作的目的、职责、任务、权限、任职者基本条件等的书面描述。

在工作说明书的形成阶段，岗位分析人员与其他部门人员的配合也很重要。在这一阶段，岗位分析人员应注意以下方面的问题：

❶ 岗位分析应对事不对人。

❷ 岗位分析应尽量全面准确地掌握资料，避免主观武断。

❸ 根据经过分析处理的信息草拟"岗位描述书"与"岗位说明书"。

❹ 将草拟的"岗位描述书"、"岗位规范说明"与实际工作进行对比。

❺ 根据对比的结果决定是否需要进行再次调查研究。

❻ 修正"岗位描述书"与"岗位说明书"。

❼ 若需要，可重复第❷～❹步骤的工作，例如，对特别重要的岗位，"岗位描述书"与"岗位说明书"应多次修订。

❽ 形成最终的"岗位描述书"与"岗位说明书"。

❾ 将"岗位描述书"与"岗位说明书"应用于实际工作中，并注意收集应用的反馈信息，不断完善。

❿ 对岗位分析本身进行总结评估，注意将"职位描述书"与"任职说明书"归档保存，为今后的岗位分析提供经验与信息。

4. 岗位分析结果的应用和反馈阶段

岗位分析结果的应用和反馈阶段主要有工作说明书的使用培训和反馈与调整两项工作。

（1）工作说明书的使用培训

工作说明书形成后，就要被应用到现实当中，否则就只能是一纸空文。工作说明书是由专业人员编写的，而它的使用者是实际从事的工作人员。在进行工作说明书的使用培训时，一方面，要让使用者了解工作说明书的意义与内容，了解工作说明书中各个部分的含义；另一方面，要让使用者了解如何在工作中运用工作说明书。

（2）反馈与调整

这一活动将始终贯穿于组织的经营与管理活动之中。随着组织与环境的发展变化，一些原有的工作任务会消亡，一些新的工作任务会产生，现有的许多职位的性质、内涵和外延都会发生变化。因此，应经常对工作说明书的内容进行调整和修订。另外，工作说明书是否适应实际工作的需要，也需在使用过程中得到反馈。这样在下次进行岗位分析时，能够适当地注意，以便在修订时，不会重蹈覆辙。

工作说明书与岗位规范（举例）：

## ×××公司工作说明书

**一、岗位资料**

岗位名称：销售经理 　　　　　　岗位编号：

岗位人数：1 　　　　　　　　　　职位等级：

所属部门/科室：营销总部 　　　　直属上司职位：营销总部经理

临时替代岗位：营销总部经理

可轮调岗位：大区经理、客户服务部经理

可升迁岗位：营销总部经理

**二、汇报程序及督导范围**

直接汇报对象：营销总部经理

直接督导 _____ 个岗位，共 _____ 人

间接督导 _____ 个岗位，共 _____ 人

**三、岗位职责**

1. 参与公司营销策略的制定

2. 制定公司年度、季度销售计划

3. 组织完成公司年度销售目标

4. 制定公司销售预测计划，参与公司生产计划的制定

5. 考核直属下级并协助制定绩效改善计划

6. 监督并控制销售费用开支

7. 制定销售系统年度培训计划并督导实施

8. 客户投诉处理

9. 回款管理

10. 销售特殊情况处理

**四、权限范围**

1. 考核权

2. 部门人事任免建议权

3. 稽核权

**五、使用设备**

电脑

六、任用资格

受教育程度: 大专以上　　　　　年龄: 28 岁以上

经验: 3 年以上相关工作经验

基本技能: 组织能力、沟通能力、文字处理能力、管理能力

基本素质: 敬业、自立、自觉、严谨、公正、严以律己

特殊要求: 有较强的销售经验、熟悉 CRM 系统

七、业务接触对象

部门外: 质量部、财务部、客户、客户服务中心

部门内: 所属下级

八、绩效考核标准

_____

_____

_____

撰写人　　　　　初审人　　　　　核准人　　　　　日期

# 第四节　岗位评价

## 一、岗位评价的概念

　　岗位评价是根据岗位分析的结果，按照一定的标准，对工作的性质、强度、责任、复杂性以及所需的任职资格等因素的差异程度，进行综合评估的活动。一般来说，岗位评价在一个组织内系统地确定每个职位的价值及其与其他职位的关系。岗位评价需要说明职位的基本要求以及工作对于组织的相对价值，并要依据其重要性进行分类。

　　岗位评价具有以下特点：岗位评价的对象是"事"不是"人"，是对岗位所担负的工作任务为对象进行的客观评比和估价；岗位评价是对企业各类岗位的相对价值进行衡量的过程。另外，岗位评价是对性质相同岗位的评价。

　　岗位评价除了具有确定工作的相对价值的目的外，通常还具有以下一些作用：提供一个对组织内新的或已变化了的职位进行分类的统一手段；提供一个可以与其他组织内的薪资标准进行比较的工具；提供可以对员工个人绩效进行计量的基础；通过减少薪资误差和提供解决薪资争端的一致性工具来减少有关薪资的抱怨；提供激励，使员工为更高级的职位而努力；提供薪资谈判的信息；提供职位关系的一些基本资料。

## 二、岗位评价的指标

　　岗位评价是对工作及其相关环境进行分析，以此来获得岗位的相对价值。岗位评价指标一般根据四要素原则，即工作责任、工作技能、工作强度和工作条件（如表 2.1 所示）来进行划分，每个要素中划分为若干项目。

表 2.1　岗位评价的常用指标

| 要素指标 | 因素指标 | 作用 |
|---|---|---|
| 工作技能 | 1. 文化教育水平 | 评价工作对文化、技术理论知识方面的要求 |
| | 2. 专业技术理论知识 | 评价工作操作的技术复杂程度和对技能的积累程度要求 |
| | 3. 操作技能 | 评价工作操作工艺的复杂程度和工作间协调要求 |
| | 4. 作业复杂程度 | 评价工作对预防事故和处理事故应具备的能力水平 |
| | 5. 处理预防事故复杂程度 | |
| 工作责任 | 1. 产品或服务的质量责任 | 评价工作劳动对最终产品的责任大小 |
| | 2. 原材料消耗责任 | 评价工作劳动对物质消耗的影响程度 |
| | 3. 经济效益责任 | 评价工作劳动对经济效益的影响程度 |
| | 4. 安全责任 | 评价工作劳动对安全生产的影响程度 |
| 工作强度 | 1. 体力劳动强度 | 评价工作劳动者的体力消耗程度 |
| | 2. 脑力消耗疲劳程度 | 评价工作劳动者的脑力消耗程度和疲劳程度 |
| | 3. 作业姿势 | 评价工作劳动者的劳动姿势对生理器官的疲劳程度的影响 |
| | 4. 工作时间长度 | 评价工作劳动时间的利用程度和工作班制对劳动者的体力影响 |
| | 5. 工作轮班情况 | |
| 工作环境 | 1. 组织环境 | 评价工作劳动者所处的组织氛围及在工作中与人接触的环境 |
| | 2. 微气候条件影响 | 评价工作劳动者所处的自然环境对劳动者的影响 |
| | 3. 作业危险性 | 评价工作对劳动者或他人可能引起的危险程度 |
| | 4. 有毒有害物质的危害 | 评价工作劳动者接触有毒、有害、粉尘物对其健康的影响 |
| | 5. 噪声危害 | 评价工作劳动者接受噪声影响对其身体健康的危害程度 |
| | 6. 与人交往的环境 | |

　　这些要素的具体内容人体上包括了岗位对劳动者的专业技术和业务知识要求、所消耗体力的要求、应承担的责任和接触有毒有害物质对身体健康的影响程度等。而且，对每个要素中的每个项目也要划分出一定的标准，以此来衡量每个项目对工作的影响。

　　有了岗位评价的指标还不行，还必须确定岗位评价指标的权重及评分标准。例如，工作技能，它不仅要含有因素指标，即包含评价的内容，而且还应确定每一因素在这一部分中所占的权重，只有这样，才能给予计分，从而确定工作技能在岗位评价中的比重。因为每个企业自身所处的环境不同，所以岗位评价因素的权重和评分标准也应有所变化，但是要注意对于每一因素的权重和评分应具有一定的效度和信度。

三、岗位评价的方法

　　进行岗位评价最主要的方法有四种，即排列法、分类法、因素比较法和要素计点法。

1. 排列法

　　排列法是根据一些特定的标准，如工作的复杂程度、对组织的贡献大小等对各个岗位相对价值进行整体比较，进而将岗位按照相对价值的高低排列次序，这是一种非量化的岗位评价方法。

排列法是一种简单的岗位评价方法，发展到现在已经形成三种比较常用的方法，即直接排列法、交替排列法和成对排列法。

（1）直接排列法

直接排列法是比较常规的方法，给评估者一套索引卡，在每张卡片上标明各岗位的特点，然后让评估者进行高低排序。

（2）交替排列法

交替排列法又称为两极分配法。它将一个企业相对值中最高与最低的岗位选择出来，作为高低界的标准，然后在此限度内，再选出次高、次低的，依此类推，直至最后一个，进而显示岗位与岗位之间的高低差异，见表 2.2。

表 2.2　剪切工价值高于焊工

| 职位名称 | 剪切工 | 电工 | 冲床工 | 焊工 | 总得分 |
|---|---|---|---|---|---|
| 剪切工 |  | 低 | 高 | 高 |  |
| 电工 | 高 |  | 高 | 低 |  |
| 冲床工 | 低 | 低 |  | 高 |  |
| 焊工 | 低 | 高 | 低 |  |  |

（3）成对排列法

成对排列法又称为配对比较法。与定限排列法不同，成对排列法将所有职位进行两两比较，分别找出价值较高的一个，最后得出所有岗位的排列。例如，在剪切机工与电工的比较中，电工被认为是价值较高的岗位，填写在方格中；向右继续分析，在剪切机工与冲床工的比较中，剪切机工又被认为是价值较高的岗位，剪切工价值也高于焊工，如表 2.3 和表 2.4 所示。如此继续分析下去，当所有岗位都被两两比较时，表格中出现次数最多的价值最高，依此类推。显然，成对排列法和交替排列法比直接岗位排列更为准确和科学。

表 2.3　交替排列法

| 序号 | 岗位价值高低程度 | 岗位名称 |
|---|---|---|
| 1 | 最高 | 产品研发 |
| 2 | 次高 | 人事管理 |
| 3 | 再次高 | 会计 |
| …… | …… | …… |
| 3 | 再次低 | 司机 |
| 2 | 次低 | 前台 |
| 1 | 最低 | 库管 |

表 2.4　配对比较法

| 比较对象 | 人事管理 | 司机 | 产品研发 | 前台 | 库管 | 会计 |
|---|---|---|---|---|---|---|
| 人事管理 | | − | + | − | − | − |
| 司机 | + | | + | − | − | + |
| 产品研发 | − | − | | − | − | − |
| 前台 | + | + | + | | − | + |
| 库管 | + | + | + | + | | + |
| 会计 | + | − | + | − | − | |
| 价值比较大的次数 | 4 | 2 | 5 | 1 | 0 | 3 |

注："＋"代表价值较大，"−"代表价值较小。

　　排列法与其他岗位评价方法相比具有简单方便、易理解和应用的优点，但是它也有一些严重的缺点，例如，在应用这种方法时，对工作职位进行排序时所使用的标准经常定义得比较宽泛，没有明确的补偿因素，所以在排序过程中受主观因素影响较大。另外，虽然它能够排列各种工作相对价值的相对次序，但是它无法回答在相邻的两个职位之间的价值差距是多少，而且使用范围非常有限，只适用于结构稳定、规模较小的组织，而对于现代的大规模的结构较复杂的组织则无能为力。

　　**2. 分类法**

　　分类法是通过制定一套岗位级别标准，然后将岗位与标准进行比较，将所有岗位归到各个级别中。

　　应用分类法进行岗位评价时，首先，需要对岗位进行分析，得到岗位描述和岗位规范信息。其次，同排序法一样，也需要建立一个评估小组。接下来要建立一个岗位级别体系进行分类，这是最关键的一步。建立岗位级别体系包括确定等级数量和为每一个等级定义和描述。最后就是将组织中的各个岗位归入合适的级别中去。

　　分类法也是一种简单明确、容易理解接受和操作的岗位评估方法，它强调的是岗位类别的差异，而不是单个岗位的差异，尤其适合公共部门及大公司的管理人员和专业技术人员。而且这种方法具有很高的灵活性，当组织中的岗位数量增加时，那些新增加的岗位可以很容易地被定位在合适的位置上，当一种工作要求变化以后，它就可能需要被重新划分到较高或者较低的岗位级别中去，见表 2.5。

表 2.5　办事员工作类别体系

| 级别 | 岗位描述 |
|---|---|
| 第一级 | 简单工作，没有监督责任，不需要与公众交往 |
| 第二级 | 简单工作，没有监督责任，需要与公众交往 |
| 第三级 | 中度的工作复杂性，没有监督责任，需要与公众交往 |
| 第四级 | 中度的工作复杂性，有监督责任，需要与公众交往 |
| 第五级 | 复杂工作，有监督责任，需要与公众交往 |

（资料来源：John M. Ivancevich, Human Resource Management, 7th edition, Mc-Graw-Hill,1998,p.333.）

但是，这种方法也有一定的局限性。首先，对岗位的等级的划分和界定存在一定的难度，受主观性影响较大。其次，这种方法缺乏对于各个岗位的整体评价以及岗位比较的明确标准，缺乏说明把某个岗位划入某个等级而不是其他等级的证据。另外，这种方法对岗位的评估较粗糙，它只能指出哪个岗位在哪一级别，但是对于岗位之间的价值的量化关系不明确。

3. 要素计点法

要素计点法自 20 世纪 40 年代开始被运用，直到今天为止一直是组织中常用的一种工作评价方法（刘昕，2002）。由于这一方法具有一定的复杂性，所以一般中小企业由于开发力量不足，除委托咨询机构进行设计以外，自主开发并不多见。由于这一方法具有量化特征，在客观性、说服力等方面具有很大优越性，因而得到了普遍使用，是专业化方法的代表。

要素计点法又称因素计分法，就是选择和定义一组评价指标，并为每个指标定义许多等级，然后对每个岗位的每个指标进行打分，汇总这些分数就可以得出该项岗位的价值。它通常包括三个组成要素：❶报酬要素。解决薪酬的价值基础。❷要素权重。反映各要素对薪酬价值的相对重要性。❸要素标度。为取得岗位要素的量化得分而对有关要素进行具体的分级与赋分。

报酬要素是指一个组织认为在多种不同的岗位中都包括共有价值特征，这些特征有助于组织战略的实现以及组织目标的达成。

在实际操作中，很多企业一致认同的关键性报酬要素一般集中在知识、能力、责任、工作复杂性等价值要素上。但是在实际薪酬设计中，仅采用这几个关键性报酬要素是不够的，报酬要素的选择应该基本上能涵盖所有进行评价岗位的重要特征，因此报酬要素的选择要兼顾高级岗位与初级岗位、生产经营岗位与管理后勤岗位的特征，才能真正找到不同岗位之间的可资比较的价值基础。

进行岗位评价的步骤：

❶ 选取通用报酬要素并加以定义。
❷ 对每一种报酬要素的各种不同程度、水平或层次加以区分和等级界定。
❸ 确定不同报酬要素在岗位评价体系中的"权重"或相对价值。
❹ 确定每一种报酬要素的不同等级所对应的点值。
❺ 运用这些报酬要素来分析和评价每一个岗位。
❻ 根据点数高低将所有被评价岗位进行排序。根据划分出来的点值范围，确定岗位的等级结构。

表 2.6 是一个典型的点数法薪酬要素的结构化量表。

表 2.6　典型的点数法等级量表

| 薪酬要素 | 第一级 | 第二级 | 第三级 | 第四级 | 第五级 |
|---|---|---|---|---|---|
| 技能 | | | | | |
| 1. 教育 | 14 | 28 | 42 | 56 | 70 |
| 2. 经验 | 22 | 44 | 66 | 88 | 110 |
| 3. 知识 | 14 | 28 | 42 | 56 | 70 |

---

续表

| 薪酬要素 | 第一级 | 第二级 | 第三级 | 第四级 | 第五级 |
|---|---|---|---|---|---|
| 努力 | | | | | |
| 4. 体力要求 | 10 | 20 | 30 | 40 | 50 |
| 5. 心理要求 | 5 | 10 | 15 | 20 | 25 |
| 责任 | | | | | |
| 6. 设备/程序 | 5 | 10 | 15 | 20 | 25 |
| 7. 材料/产品 | 5 | 10 | 15 | 20 | 25 |
| 8. 他人安全 | 5 | 10 | 15 | 20 | 25 |
| 9. 他人工作 | 5 | 10 | 15 | 20 | 25 |
| 工作条件 | | | | | |
| 10. 工作条件 | 10 | 20 | 30 | 40 | 50 |
| 11. 危险 | 5 | 10 | 15 | 20 | 25 |

（资料来源：Cynthia D. Fisher, Lyle F. Schoenfeldt, and James B. Shaw, Human Resource Management,Houghton Mifflin Company, 3rd edition,p.517.）

待所有岗位的评价点数都算出来之后，按照点数高低排序，然后按照点差的方式对岗位进行等级划分，岗位等级表就制成了，如表 2.7 所示。

表 2.7 岗位等级结构表

| 等级 | 基准点值 | 点值范围（±10%） | 岗位 |
|---|---|---|---|
| 8 | …… | …… | …… |
| 7 | 580 | 522~638 | 主办会计、法律主管、PC 系统管理、PC 应用管理、营销策划 |
| 6 | 520 | 468~572 | 总经理秘书、财务分析、薪酬管理 |
| 5 | 470 | 423~517 | 电气管理、基建管理、设备管理、PC 网管、电了商务、投资业务、财产管理、用工管理 |
| 4 | 410 | 369~451 | 市场管理员、财务出纳、空调员、高配电工、维修工、食堂事务长、消控队员、保安队员 |
| …… | …… | …… | …… |

要素计点法具有量化的特点，所以容易为岗位确定货币值，可以运用可比性的点数来对不相似的职位进行比较，从而减轻了评价错误和评价中的偏见，体现了公平性和准确性。同时，明确指出了比较的基础，能够反映组织独特的需要和文化，传达组织认为有价值的职位要素。

但是开发这一方法比较费时，费用也比较高，实施复杂、周期长。另外，这种方法缺乏选择评价项目的明确原则，标准和权重确定带有主观性，多人参与时的意见可能不一致。

### 4. 因素比较法

因素比较法是把岗位划分成许多评价项目等级，然后由专门的委员会以关键岗位应得报酬为基础，并与其进行比较，得出各评价项目应得的货币价值。因此，因素比较法直接确定了岗位的最后支付数额。

因素比较法的基本实施步骤是：❶确定付酬要素。确定付酬要素就是选择岗位的可比较因素，以确定用来对岗位进行比较的依据或尺度是什么。在企业中常选择以下几种付酬因素：心理要素、生理要求、技能要求、承担责任、工作条件等。❷选择基准岗位。基准岗位是指能与其比较而确定相对价值的一些岗位。选择基准岗位就是要选择各种岗位的比较基础——具有代表性、可比性的标尺性岗位（或职位），作为岗位评价的对象，而其他岗位的价值则可以通过与这些基准岗位之间的付酬要素比较来得出。❸确定基准岗位工资。确定基准岗位工资即主要确定其基本工资，它是根据基准岗位所包括的各种付酬因素的大小，在确定各个因素应得的薪酬金额后，再把它们汇总相加而得出。基准岗位的（基本）工作水平，须参照市场水平而定，以确保组织工资制度的外部公平性或竞争力。❹把非基准岗位与基准岗位进行比较。这一步是将非基准岗位的付酬要素与基准岗位的付酬要素逐个进行比较，确定非基准岗位在各付酬要素上的评价结果，从而得出各个非基准岗位在各个付酬要素上应该得到的相应薪酬金额。❺确定非基准岗位工资。将上一步比较所得的非基准岗位在各付酬要素上的工资金额相加汇总，即可得到非基准岗位的工资水平。表 2.8 是一个因素比较法的示例。

表 2.8 因素比较法示例

| 小时工资率/元 | 智力 | 技能 | 努力 | 责任 | 工作条件 |
| --- | --- | --- | --- | --- | --- |
| 1.00 | | | 工作丙 | 工作甲 | |
| 1.50 | | 工作甲 | | | 工作乙 |
| 2.00 | 工作甲 | | 工作乙 | 工作 X | |
| 2.50 | | | | | |
| 3.00 | 工作 X | 工作乙 | | | 工作丙 |
| 3.50 | | 工作 X | | 工作丙 | |
| 4.00 | 工作丙 | | 工作甲 | | 工作 X |
| 4.50 | | 工作丙 | | | |
| 5.00 | 工作乙 | | 工作 X | | |
| 5.50 | | | | 工作乙 | 工作甲 |

注：①设已确定付酬因素为：智力、技能、努力、责任、工作条件共五项。
②选择基准岗位为：工作甲、工作乙、工作丙。
③确定各基准岗位的小时工资：
工作甲＝2.00＋1.50＋4.00＋1.00＋5.50＝14.00 元
工作乙＝5.00＋3.00＋2.00＋5.50＋1.50＝17.00 元
工作丙＝4.00＋4.50＋1.00＋3.50＋3.00＝16.00 元
④确定非基准岗位工作 X 在各种付酬要素上的评价结果。
⑤确定非基准岗位的小时工资：
工作 X＝3.00＋3.50＋5.00＋2.00＋4.00＝17.50 元

这一方法的关键点在于如何确定每一个要素每一个等级的价格，实践表明，这一难点在实际薪酬设计中很难克服，因为市场上的薪酬一般是以岗位为基础进行定价的，而不是以要素为基础进行定价的；另外，必须选择足够多的要素才能使工作评价结果有一定的说服力，但是当要素比较多时，这一方法的复杂性更大，制定成本更高。因此，这一方法并没有在组织薪酬管理实践中得到较多应用。

# 第五节 岗 位 分 类

## 一、岗位分类的概念

岗位分类即岗位分级、岗位归级，是指将所有的工作岗位，从横向上按其工作性质分为若干职组、职系，然后从纵向上按责任大小、工作难易、所需教育程度及技术高低划分出若干高低不等的职级，在对各个职系的职位分级的基础上，再将各职系的职级加以比较，划分各个职系的统一职等，最后，制定出职位规范，以此作为员工奖惩、薪酬、晋升、福利、培训等方面管理工作的基础和依据。

岗位分类是以"事"为对象，而不是以"人"为对象，是以任务和责任为分类的标准。岗位分类的目的是客观地记录"所"办之事，而不是"应"办何事，职位如果有了变更，那么岗位分类也要随之变更。

❶ 职系（series）。是指一些工作性质相同，而责任轻重和困难程度不同，所谓职级、职等不同的职位系列。简言之，一个职系就是一种专门职业（如机械工程职系）。

❷ 职组（group）。工作性质相近的若干职系综合而成职组，也叫职群。

❸ 职级（class）。职级是分类结构中最重要的概念，指将工作内容、难易程度、责任大小、所需资格皆很相似的职位划为同一职级，实行同样的管理与报酬（每个职级的职位数并不相同，小到一个，多到几千）。

❹ 职等（gradc）。工作性质不同或主要职务不同，但其困难程度、职责大小、工作所需资格等条件相同的职级的归纳称为职等。同一职等的所有职位，不管它们属于哪个职系的哪个职级，其薪金报酬相同。

岗位分类结构应建立在科学化和系统化的基础之上，它以岗位为基本元素，以职系、职组为横坐标，以职级、职等为纵坐标交叉构造而成。"因事设职"是岗位分类的总原则。

## 二、岗位分类的步骤

岗位分类大致经过以下四个步骤：

❶ 岗位的横向分类。横向分类是根据岗位工作的性质和特征，对岗位所进行的多类型的横向分类。

❷ 岗位的纵向分级。纵向分级是按一定的标准，将所有岗位一一归入一定档次的级别。

❸ 制定岗位具体的规范。根据岗位分类的结果，分别制定出各岗位的具体规范，为企业薪酬管理提供依据。

❹ 建立企业岗位分类图表。在进行岗位横向分类和纵向分级的基础上，就要建立企业岗位分类图表，说明企业各类岗位的分布及其配置状况，为员工的分类管理提供依据。

## 三、横向分类

横向分类要经过三个步骤：

❶ 将工作性质大致相同的职位归为一个大类——职门。职门是业务工作性质相近的职位群。如一个组织中可以区分出科学类职位、行政类职位、行业类职位三大职门。

❷ 职门内的职位，业务工作性质基本相同的归为一个职组。职组是业务工作性质基本相同的职位群。如科学类职门可分为工程学职组、物理学职组、化学职组等。

❸ 将职组内职位工作性质相同的归为一个职系。职系是一些工作性质相同，而责任轻重和困难程度不同的职位群或职位系列。

在进行企业岗位横向分类时，可以参照职业分类的办法。但是应该注意，职业分类一般是以较为狭窄的职业项目为基础进行多类型的划分。"职业"代表一种工作类型，它包含着多种"工作"和"岗位"。

▶ **拓 展 阅 读**

目前，我国企业岗位分类尚无统一的标准或规定。如果按照岗位实际承担者的性质和特点，对工作进行横向分类，可将企业全部岗位分为工人岗位和干部岗位两大类。然后按照工作职能、劳动分工等性质，将岗位分为若干中类或小类，划分层次最多不超过两个。例如，工人岗位可以再细分为基本生产岗位、辅助生产岗位、生活服务岗位等。也可以按照岗位在企业生产中的地位和作用来进行横向分类，可以分为生产岗位、技术岗位、管理岗位、营销岗位和服务岗位五大类。每一大类还可以细分为若干小类，例如，生产岗位可以分为车工、钳工、刨工等若干小类。

对岗位进行横向分类时，应该注意岗位分类的层次宜少不宜多。一般企业要控制在两个层次以下，最多不超过三个层次。工人岗位分类应依企业的劳动分工与协作的性质来决定，干部岗位应依具体职能划分小类。大类、小类的数目多少与划分的粗细程度有关，可以通过控制类别的数目来限制划分的粗细程度。

## 四、纵向分级

纵向分级包含两方面的内容，划分岗级和统一岗等。

在按照工作的性质分类的基础上，即在横向分类的基础上，对各职系的职位，按照工作繁简难易、责任大小、对任职资格要求的高低进行的纵向分级就是岗级。岗级是岗位分类结构中最重要的概念，是保证员工在人事行政方面得到相同待遇的重要标志。

不同职系的岗级划分幅度是不一致的。不同职系的级别数量要视各个职系的工作和业务性质而定。少的只有一个级别，多的可以有许多个级别。确定职级是工作分类中的一个关键环节，它不但可以进一步揭示出各个工作职位的特点，而且明确规定了一系列的职级所要求的标准。

划分岗级的步骤：

❶ 职位排列。将职系中的职位依工作繁简、难易程度、责任轻重及员工任职资格条件等因素进行分析评定，并根据评定的结果将该职系中的职位加以排列。

❷ 划分岗级。将职系中已按顺序排列的职位再进一步划分出若干级别。即将工作繁简难易、责任轻重及资格条件充分相似的若干职位归为一个岗级，实行同样的管理与报酬。

岗等是岗位分类中的另一个重要概念。由于各职系工作特点不同，职位数也不同，因而各职系的岗级数也不同，这样，各职系的岗级无法直接横向比较，不利于对员工的统一管理。为此，应在职系划分岗级的基础上，再将工作性质不同，但其难易程度、职责大小、工作所需资格条件相同的岗级归为一个岗等。同一岗等所有职位，不管属于哪一职系哪一岗级，其薪酬相同。

由工作性质或者主要事务不同，但是工作的繁简难易、责任轻重和资格条件相似的所有职位划归在一起而形成的职位等级，称为岗等。虽然岗级和岗等都是工作分类结构中划分职位高低的因素，但同一等的不同职系的职位，有可能岗级级别不同。这表明，有些职位虽然工作性质不同，岗级级别也不一样，但是，它们的其他构成因素是相同的，都属于同一岗等，应该获得相同的人事和行政方面，如招聘、录用、薪资待遇、晋升等的对待。

如果只有岗级，在不同的岗位之间是不可能进行比较的，除非两个岗位所属的岗级的幅度是一样宽的。有了职等，就可以进行岗位之间的比较，也才能确定整个企业或者公司的岗位的等级结构和薪酬结构。

通常将不同职系间职位的等级，按照工作的难易程度和责任大小进行顺序排列。即将不同职系中难度最大、责任最重的、资格要求也高的职级放在最高岗等，其余的岗级依此类推。在有了岗位分类之后，任何一个岗位都可以在工作分类中找到自己的位置。人力资源管理也可以按照一定的标准给予相应的管理和待遇。

## 第六节 案例分析：W公司工作分析实施方案

本章第三节提到在实施工作分析时，需要制定相应的实施方案。工作分析的实施方案将在整个工作分析过程中起到计划和引导的作用。下面我们来看W公司的工作分析实施方案。

一、背景

W公司是一家大型电子产品公司。最近，某大学经济管理学院专家组为其进行了组织诊断与组织再设计工作。通过该项工作，W公司形成了新的组织结构、职能权限体系和业务工作流程。为使W公司实现有效的组织运行，需实施工作分析。

## 二、目的

通过工作分析，使 W 公司组织设计的结果进一步深入和细化，将部门的工作职能分解到各个职位，明确界定各个职位的职责与权限，确定各个职位主要的工作绩效指标和任职者基本要求，为各项人力资源管理工作提供基础。

## 三、工作分析的内容与结果

本次工作分析要完成下列工作内容：

了解各个职位的主要职责与任务。根据新的组织机构运行的要求，合理清晰地界定职位的职责权限以及职位在组织内外的关联关系。确定各个职位的关键绩效指标和工作任职者的基本要求。工作分析的最终成果将形成每个职位的职务说明书。

## 四、需要的资料

组织机构图、各部门职能说明书、工作流程图、职权体系表、岗位责任制、人员名单。

## 五、工作分析的方法

工作分析涉及的方法有资料调研、工作日志、访谈、职位调查表和现场观察法。

## 六、工作分析的实施者

本次工作分析由某大学专家组和 W 公司有关人员共同组成工作分析实施小组。该实施小组的分工为：某大学的专家组，负责项目的总体策划与实施；W 公司人力资源部人员，作为项目的协调与联络人；W 公司的高层领导，提出总体的原则并对工作结果进行验收。

## 七、工作分析的实施程序

本次工作分析主要分五个阶段进行，包括准备阶段、实施阶段和结果整合阶段等。

❶ 准备阶段（5 月 10 日～5 月 20 日）。对现有资料进行研究，选定待分析的职位，设计调研所用工具。

❷ 实施阶段（5 月 21 日～6 月 30 日）。召开员工会议，进行宣传动员。制定具体的调研计划。记录工作日志。实施访谈和现场观察。发放调查表。

❸ 结果整合阶段（7 月 1 日～7 月 20 日）。对收集来的信息进行整理；与有关人员确认信息，并作适当调整；编写职务说明书。

❹ 搜集工作信息。工作活动的结构、工作对人的行为要求、工作的设备要求、工作的绩效标准、工作环境、承担工作者的深层胜任特征与表层素质要求。

⑤ 审查工作信息。审查者：HR 专员、工作承担者、工作承担者的直接主管。审查重点：工作的性质、工作的功能。

# 练 习 题

## 一、单项选择题

1. 我们一般认为工资分析的创始人是（　　）。
    A. 苏格拉底　　　　B. 泰勒　　　　　C. 狄德罗　　　　D. 罗莫特
2. 办公室主任是（　　）。
    A. 职位　　　　　　B. 职责　　　　　C. 职务　　　　　D. 职业
3. 工作活动中不能再继续分解的最小单位是（　　）。
    A. 要素　　　　　　B. 任务　　　　　C. 职责　　　　　D. 职位
4. （　　）是人力资源管理工作的基础和依据。
    A. 岗位设计　　　　B. 薪酬设计　　　C. 培训考核　　　D. 工作分析
5. 同一岗系内部工资难易繁简、责任大小以及人员上岗资格条件相似岗位的集合是（　　）。
    A. 岗等　　　　　　B. 岗级　　　　　C. 职组　　　　　D. 职门
6. 在工作分析所使用的方法中，应用范围最广的是（　　）。
    A. 访谈法　　　　　B. 观察法　　　　C. 问卷调查法　　D. 工作抽样法
7. 工作分析小组的成员一般不包括（　　）。
    A. 工作的任职者　　　　　　　　B. 工作任职者的主管上级
    C. 工作分析专家　　　　　　　　D. 公司总裁
8. 工作分析以（　　）为研究对象。
    A. 职务　　　　　　B. 岗位　　　　　C. 作用系统　　　D. 任务
9. 岗位分类是以（　　）为中心确定的，它强调的是人所承担的岗位，而非担任这一岗位的人。
    A. 职级　　　　　　B. "事"　　　　　C. 职称　　　　　D. 职务
10. 岗位规范是对（　　）所做的统一规定。
    A. 岗位名称　　　　　　　　　　B. 岗位工作范围
    C. 岗位工作职权　　　　　　　　D. 岗位工作标准
11. （　　）是对某类岗位的工作性质、任务、责任、权限、工作方法、工作应用实例、工作环境和条件，以及岗位人员资格条件所做的书面记录。
    A. 工作说明书　　　　　　　　　B. 岗位规范
    C. 职位分类说明书　　　　　　　D. 岗位分类
12. 岗位评价的大部分信息是由（　　）提供的。
    A. 工作说明书　　　　　　　　　B. 岗位分析
    C. 岗位研究　　　　　　　　　　D. 岗位分类

13. 调查人员直接与员工见面，调查了解其所在岗位的有关情况，这种岗位调查方式叫做（    ）。

    A. 观察法　　　　　B. 访谈法　　　　　C. 填表法　　　　　D. 心理测验

14. （    ）是指用书面的形式对组织中各类岗位的工作性质、工作任务、工作职责与工作环境所做的统一要求。

    A. 岗位规范　　　　　　　　　B. 工作说明书

    C. 工作描述　　　　　　　　　D. 工作标准

## 二、多项选择题

1. 岗位评价的方法主要有（    ）。

    A. 排列法　　　　　　　　　B. 分类法

    C. 因素比较法　　　　　　　D. 要素计点法

2. 关键事件法中所谓的"关键事件"是（    ）。

    A. 促使工作成功的行为特征或事件

    B. 导致工作失败的行为特征或事件

    C. 组织中最重要的工作岗位

    D. 工作中最关键的工作步骤

3. 岗位分析的结果形式是（    ）。

    A. 工作描述　　　　　　　　　B. 岗位规范

    C. 工作说明书　　　　　　　　D. 岗位评价

4. 在岗位分析的准备阶段，通常需要收集分析有关的背景信息，其中有关整个组织的背景信息包括（    ）。

    A. 工作说明书　　　　　　　　B. 组织结构图

    C. 工作流程图　　　　　　　　D. 部门职能说明

5. 工作描述的主要内容有（    ）。

    A. 岗位名称的分析　　　　　　B. 岗位职责的分析

    C. 岗位关系的分析　　　　　　D. 岗位任务的分析

6. 岗位评价的中心是（    ），而不是（    ）。

    A. 人　　　　　B. 职位　　　　　C. 职称　　　　　D. 事

7. 岗位分析主要包括两方面的研究任务，分别是（    ）。

    A. 岗位本身　　　　　　　　　B. 工作环境

    C. 岗位的任职资格　　　　　　D. 岗位分类

8. 下列研究方法中，一般用于岗位分析的是（    ）。

    A. 工作日志　　　　　　　　　B. 关键事件法

    C. 参与法　　　　　　　　　　D. 分类法

9. 访谈法有（    ）等几种类型。

    A. 个别员工访谈法　　　　　　B. 主管人员访谈法

    C. 开放式访谈法　　　　　　　D. 群体访谈法

10. 岗位分析的访谈内容有（　　）。

    A. 工作目标               B. 工作的范围与性质

    C. 工作内容               D. 工作责任

11. 岗位分析的实施过程可以分为以下几个阶段（　　）。

    A. 准备阶段               B. 实施阶段

    C. 结果形成阶段           D. 应用和反馈阶段

12. 岗位分析结果形成阶段，需要与有关人员对收集来的信息进一步审查和确认，这里的有关人员一般包括（　　）。

    A. 该工作的任职者        B. 任职者的最高领导

    C. 任职者的下属           D. 任职者的上级主管

## 三、名词解释

1. 职权　　　　2. 职责　　　　3. 职务　　　　4. 职位

5. 职门　　　　6. 职系　　　　7. 职组　　　　8. 岗级

9. 岗等　　　　10. 岗位规范　　11. 岗位分析　　12. 岗位分类

13. 岗位描述　　14. 岗位研究　　15. 岗位评价　　16. 岗位调查

17. 写实分析法　18. 问卷调查法

## 四、简答题

1. 岗位分析的作用有哪些？

2. 岗位分析的原则有哪些？

3. 岗位分析的方法主要有哪些？

4. 岗位分析的任务是什么？

5. 岗位分析的主要内容是什么？

6. 怎样选择最有效的收集岗位信息的方法？

7. 在岗位分析的实施阶段首先要与参与岗位分析的有关人员进行沟通，其目的是什么？

8. 岗位描述与岗位规范的区别有哪些？

9. 简述岗位分析的操作过程。

10. 简述岗位研究的原则。

11. 可以采取什么样的方式进行岗位调查？

12. 岗位评价的方法有哪些？

13. 岗位评价的指标主要有哪些？

14. 如何进行岗位分类？

15. 请你编制一份企业人力资源部经理的岗位说明书。

16. 请你编制一份小型玩具厂厂长的岗位说明书。

# 人力资源规划

**3**

**Chapter**

## 知识目标

- 掌握人力资源规划的概念、内容及程序;
- 了解人力资源规划的作用;
- 掌握人力资源需求预测的方法;
- 掌握人力资源供给预测的方法;
- 掌握人力资源供需综合平衡的措施;
- 了解人力资源规划的执行与评价。

## 案例导入

### 桑科机械设备制造公司的难题

北京桑科机械设备制造公司营销经理赵旺在周五经理例会上说:"我有个好消息,我们可以与麦多德公司签订一大笔合同。我们所要做的就是在一年而不是两年内完成该计划。我告诉过他们我们能够做到。"

然而人力资源副经理王琳的话却使每个人都必须面对现实,她说:"在我看来,我们现有的工人并不具备按麦多德公司的标准生产出优质产品所需的专业知识。在原来两年的计划进度表中,我们曾计划对现有工人逐步进行培训,但是按现在这个新的时间表我们将不得不到劳动力市场上招聘那些具有该方面工作经验的工人,或许我们有必要进一步分析一下这个方案,看看是否确实需要这么做。如果我们要在一年内而不是两年中完成这一计划,人力资源成本将大幅度上升。不错,赵经理,我们能够做到这一点,但是由于有些约束条件,这个计划的效益会好吗?"

# 第一节　人力资源规划概述

人力资源规划（human resource planning）是人力资源管理的重要构成部分，也是组织战略规划的重要内容之一。人力资源规划是预测未来的组织任务和环境对组织的要求，以及为了完成这些任务和满足这些要求而设计的提供人力资源的过程。其实质是决定组织的发展方向，并在此基础上确定组织需要什么样的人力资源来实现组织的最高管理层确定的目标。

## 一、人力资源规划的定义和种类

### 1. 人力资源规划的定义

关于人力资源规划的定义，不同的教材有不同的观点。下面列举一些代表性的观点：一个确保组织在适当时间和适当岗位获得适当的人员并促使组织和个人能获得长期效益的过程；一个在组织和员工目标达到最大一致的情况下使组织的人力资源供求达到平衡的过程；一个分析组织在所处环境变化时的人力资源需求状况并制定必要的政策和措施以满足这些需求的过程；组织人力资源的供给与需求的平衡过程。

综上所述，我们认为，人力资源规划是指根据组织的发展战略、组织目标及组织内外环境，采用一定技术方法，科学地预测组织在未来环境变化中的人力资源供求状况，并制定相应的政策和措施，从而使组织的人力资源供给和需求达到平衡，并使组织和个人都获得长期利益的过程。这一定义包括五层含义：

❶ 人力资源规划的主要目的：在未来实现组织人力资源供需平衡，保证组织长期持续的发展和员工个人利益的实现。在现代社会中，人力资源是组织最宝贵的资源，拥有充足数量和良好素质的人力资源是组织取得成功的关键。人力资源规划就是对组织的人力资源管理进行统筹安排，从而为组织的发展提供人力保证。也就是说，人力资源规划可以为组织配备适宜数量与质量的人力资源，提高组织的效率和效益，使组织和员工个人长期利益得以实现。

❷ 人力资源规划制定的依据：组织的发展战略、目标及组织环境条件，尤其是组织现有的人力资源状况。为实现组织的战略目标，首先要立足于开发和利用现有的人力资源。因此，组织要从人力资源的数量、质量、结构等各个方面出发，对人力资源现状进行盘点，并运用科学的方法，找出现有人力资源与组织发展的差距，为人力资源规划的制定提供依据。

❸ 制定必要的人力资源政策和措施是人力资源规划的主要环节之一。人力资源规划的制定实质上就是在人力资源供求预测的基础上制定相应的政策和措施，以实现人力资源的供求平衡，确保组织对人力资源需求的顺利实现。

❹ 人力资源规划是一个过程。由于其目的是通过它的实施，组织实现未来人力资

源供需平衡，则其一般程序就是根据组织所面临的内外环境条件变化以及组织的战略目标，采用一定方法对未来组织的人力资源供需情况进行预测；然后根据预测结果制定相应的措施，以保证未来一定时期组织人力资源的平衡。

❺ 人力资源规划是组织进行未来人力资源管理的有效工具。运用此工具，能够有效增强组织对未来的应变性，减少未来人力资源供需的不确定性，从而为未来组织持续发展提供强有力的人员支撑。

2. 人力资源规划的种类

（1）根据规划的时间期限分类

按照规划时间期限的长短，人力资源规划可分为短期规划、中期规划和长期规划三种。短期规划一般是指 6 个月至 1 年的规划，要求明确，任务具体；长期规划是指 3 年以上的具有战略意义的规划，它为组织的人力资源的发展和使用状况指明了方向、目标和基本政策；中期规划介于上述二者之间。

国外实践表明：规模较小的组织不适于制定长期人力资源规划，因为规模小，各种内外环境对其影响大，规划的准确性差，指导作用也难以体现；同时，制定长期规划成本也较高。组织人力资源规划与经营环境的关系如表 3.1 所示。

表 3.1　人力资源规划与经营环境的关系

| 短期规划——不确定性/不稳定性 | 长期规划——确定/稳定 |
|---|---|
| 组织面临诸多竞争者 | 组织居于强有力的市场竞争地位 |
| 飞速变化的社会、经济环境 | 渐进的社会、政治环境 |
| 不稳定的产品/劳务需求 | 变化和技术革新 |
| 政治、法律环境经常变化 | 完善的管理信息系统 |
| 组织规模小 | 稳定的市场需求 |
| 管理混乱 | 规范且有条不紊的管理 |

（2）根据规划的范围分类

按所涉及的范围不同，规划可分为组织整体人力资源规划、部门人力资源规划、某项具体任务或工作的人力资源规划。组织规划是指整个组织未来一定时期的人力资源平衡计划，更具战略性、总体性。部门规划是组织各个职能部门落实组织规划后，根据自身特点所制定的本部门未来人力资源平衡计划，是组织规划的具体化。某项具体任务或工作的人力资源规划是针对一项具体工作而制定的，是非常具体的短期计划。

二、人力资源规划与组织计划的关系

组织的人力资源规划是组织整体计划的重要组成部分，而且人力资源规划要适应整个组织的整体计划。

1. 人力资源规划是组织整体计划的重要组成部分

组织的整体计划一般是由营销计划、生产计划、技术计划、人力计划、资源计划、财务计划等组成。组织整体计划不是各职能计划的简单集合，而是在各职能计划的具体目标协调一致的基础上，对各项职能计划的综合平衡。组织的其他职能计划与人力资源规划作为组织整体计划的有机组成成分，存在着相互影响、相互制约的紧密联系。这要求人力资源规划与其他职能计划在内容和实践上相互衔接、协调一致，共同构成组织整体计划的支撑体系，才能使组织取得良性发展。

2. 人力资源规划要适应组织计划

组织计划共分为三个层次，即战略规划、经营计划和预算方案。组织的战略规划是确立目标和决定为实现目标所需要采取的行动的过程。它涉及组织最本质方面的基本决策，对组织具有长期影响。组织的经营计划，又称为战术计划，主要涉及战略规划方案所需要的资源和组织策略问题，以及目前组织经营活动正常进行的具体问题。经营计划影响的范围较小，一般会持续 1～2 年的时间。年度预算方案主要涉及预算、部门和个人的工作目标、项目计划与时间安排、资源分配和完成规划的标准以及对结果的监督和控制等问题。

要使人力资源规划发生效力，就应该将它与以上三个层次的组织计划联系起来，相应地人力资源规划也分为三个层次，即人力资源战略规划、人力资源战术计划和行动方案。人力资源战略规划主要是研究组织内外部因素的可能变动对组织人力资源管理的影响等问题，重点在分析问题，而不进行详细预测。人力资源战术计划主要是对组织未来面临的人力供求形势进行预测，它包括组织未来的人力资源需求量、组织内部和外部的人力资源供给状况等方面的详细预测。行动方案是根据预测的结果制定的具体行动方案，包括招聘、辞退、晋升与调动、培训与开发、薪酬与福利、组织变革等。三个层次的组织计划与人力资源规划的关系如◆图 3.1∨所示。

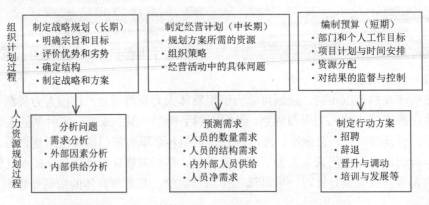

◆图 3.1 三个层次的组织计划与人力资源规划的关系

## 三、人力资源规划的必要性

组织实施有效的人力资源规划具有如下几个方面的作用。

❶ 组织外部环境处于不断的变化中，给组织决策带来了很大的不确定性。而且，其中某些环境因素的变动对组织的人力资源供求状况产生直接影响。例如，新技术的采

用会使组织的劳动生产率大幅提高,如此一来,组织的人员配置状况需要随之进行调整,减少对普通人员的需求,增加对适应新技术的人员的需求。因此,为了适应变化的环境,克服不确定性可能给组织经营带来的消极影响,人力资源部门必须制定人力资源规划,对人力资源的数量、质量、结构等方面进行长期、动态的管理。

❷ 组织内部的人力资源也处于不断的变化之中。例如,退休、辞职、解雇等原因会导致人员数量的减少,以致组织中经常会出现职位空缺的现象。此时,对于规模较大的组织来说,由于分工较细、专业化程度较高、新员工的适应期较长,并且组织的规模越大,可能出现职位空缺的数额越大,因此,要做到及时补充符合标准的人员,必须制定人力资源规划,提早准备。

❸ 现代大工业生产在很多情况下都属于连续性作业。连续性作业的主要特征就是生产水平的稳定和生产过程的连续进行,这就要求劳动力数量、质量及结构的稳定。因此,组织必须制定人力资源规划,以确保未来组织人力资源水平的基本稳定。

❹ 现代人力资源管理是一个复杂的系统。它包括多方面的具体活动,如招聘、培训、绩效考核、激励等。人力资源规划的存在,能够把这些活动组织起来,使其更好地为组织目标服务。如果缺乏人力资源规划,不同的人就会从各自的角度对人力资源管理进行评价,这些具体活动就无法相互配合,无法构成一个相互联系的有机整体,也就无法很好地为组织的整体目标服务。

## 四、人力资源规划的作用

在组织的人力资源管理活动中,人力资源规划不仅具有先导性和战略性,而且在实现组织目标过程中,它还能不断调整人力资源管理的政策和措施,指导人力资源管理活动,因此,人力资源规划又被称为人力资源管理活动的纽带,在整个人力资源管理系统中发挥着中介桥梁(承上启下)作用。工作分析、劳动定额定员等人力资源管理基础工作是人力资源规划的重要前提,而人力资源规划又是其他人力资源管理活动如招聘选拔、薪酬福利及培训等有效开展的依据。具体而言分为如下几个方面。

### 1. 人力资源规划可以确保组织在生存发展过程中对人力资源的需求

21世纪,所有组织均面临着一个不断变化的动态环境,如市场需求迅速变化、生产技术不断更新等。与之相适应,组织也要随之进行相应调整,组织的人力资源状况自然发生相应变化。为了更好地应对环境变化对人力资源提出的要求,组织有必要制定人力资源规划,通过对组织未来内外环境变化以及组织现有人力资源状况的分析,对人力资源供求进行预测,并提出相应的政策与措施,及时引进所需要的人才或调整现有的人员结构,为组织未来的人力资源供需提前做好安排。

### 2. 人力资源规划可以为组织的人事决策提供依据和指导

人事决策对组织管理影响巨大,且持续时间长,调整困难。为了避免人事决策的失误,准确的信息是至关重要的。而人力资源规划能够为组织人事决策提供准确及时的信息。如通过人力资源信息库,可以全面掌握本组织现有人员的基本情况,从而可以为招聘、晋升、调动等人事决策提供第一手资料。因此,组织应制定人力资源规划,为人事决策提供相关的准确信息,保证人力资源管理活动沿着正确的轨道进行。

### 3. 人力资源规划是组织有效控制人工成本的重要工具

通过制定并执行人力资源规划，组织可以获取现在及未来的人员信息，从而有效控制本组织的人工成本。如通过制定招聘计划，能够有效节约组织招聘成本，提高招聘效率。运用该工具，可以对组织未来的人力资源进行较准确的预测，从而估算出未来的人工成本，以便组织采取针对性措施来控制成本上升，提升利润空间。

### 4. 人力资源规划有助于满足员工需求和调动员工的积极性

人力资源规划展示了组织内部未来的发展机会，使员工充分了解自己的哪些需求可以得到满足以及满足的程度。通过人力资源规划实施，给员工展示未来发展机会，能有效激发员工的积极性、主动性、创造性；否则，员工看不到自己的前途，会严重挫伤员工的工作积极性，长此以往将导致人员流失。如果有能力的员工流失过多，就会削弱组织实力，降低员工士气，从而会进一步加速员工流失，使组织的发展陷入恶性循环。

## 五、人力资源规划的内容

组织人力资源规划包括两个层次：总体规划和各项业务计划。总体规划是指在计划期内人力资源管理的总目标、总政策、实施步骤和总预算的安排。人力资源业务计划则是总体规划的展开和具体化，包括人员补充计划、分配计划、晋升计划、培训计划、薪酬计划、保险福利计划、劳动关系计划、退休计划等。每一项业务计划都由目标、任务、政策及预算等部分构成，它们是围绕总体规划而展开的，其最终结果是保证人力资源总体规划的实现。另外，还应当注意人力资源各项业务计划之间的平衡。例如，人员补充计划与培训计划之间，人员薪酬计划与使用计划、培训计划之间的衔接和协调。当组织需要补充某类员工时，如果信息能及早到达培训部门，并列入培训计划，则这类员工就不必从外部补充。又如，当员工通过培训提高了素质，而在使用和薪酬方面却没有相应的政策和措施，就容易挫伤员工接受培训的积极性，如表 3.2 所示。

表 3.2　人力资源规划内容一览表

| 规划类别 | 目标 | 政策 | 步骤 | 预算 |
|---|---|---|---|---|
| 总体规划 | 总目标(绩效、人员总量和素质、员工满意度) | 基本政策（扩大、收缩、保持稳定） | 总步骤（按年安排） | 总预算（××万元） |
| 人员补充计划 | 类型、数量、层次，对人力素质结构及绩效的改善 | 人员素质标准、来源范围、起点待遇 | 拟定补充标准，广告吸引、考试、面试、录用等 | 招聘挑选费用 |
| 人员分配计划 | 部门编制，人力结构优化及绩效改善 | 任职条件，职位轮换范围及时间 | 略 | 按使用规模及差别决定的工资、福利预算 |
| 人员培训计划 | 素质及绩效改善、培训类型及数量，转变态度及作风 | 培训时间的保证、培训效果的保证 | 略 | 培训总投入，脱产培训损失 |
| 薪酬激励计划 | 人才流失减少，士气提高，绩效改进 | 薪酬政策，激励政策 | 略 | 增加的薪酬额预算 |
| 劳动关系计划 | 减少投诉和不满，降低非期望离职率 | 参与管理，加强沟通 | 略 | 法律诉讼费和可能的赔偿费 |
| 退休解聘计划 | 劳动成本降低，劳动生产率提高 | 退休政策，解聘程序 | 略 | 安置费，重置费 |

**【例 3.1】** **人力资源总体规划**

总目标：某组织根据组织发展战略，确定公司人员总数从目前的 3 000 人扩大到 5 000 人，其中专业技术人员比例占 15% 以上，90% 以上员工应达到高中或中技水平，劳动生产率达到人均 5 万元。

总政策：举办大规模培训、人员招聘；提高专业人员待遇、改革人事制度等。

实施步骤：第一年补充 500 人，培训 500 人。第二年……

总预算：人力资源总额每年 2 500 万元（包括工资总额的增加及培训费用）。

### 六、人力资源规划的程序

人力资源规划的程序如◆图 3.2∨所示。

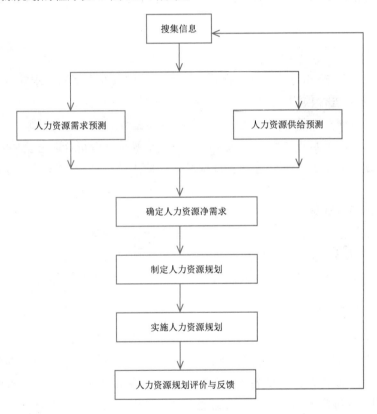

◆图 3.2 人力资源规划的程序

### 1. 搜集信息

信息资料是制定人力资源规划的依据。有关信息可分为两个方面：组织外部环境信息和组织内部信息。组织外部环境信息包括经济、法律、人口、交通、文化、教育等环境，劳动力市场的供求状况，劳动力的择业期望等。这些外部因素是组织制定规划的"硬约束"，组织人力资源规划的任何政策和措施均不得与之相抵触。

组织内部因素主要有组织领导变更、技术的更新换代、组织战略、组织人力资源现状等。

❶ 组织的经营战略是制定人力资源规划的前提。组织的经营战略主要包括战略目标、产品组合、市场组合、竞争重点、经营区域、生产技术等。这些因素的不同组合会对人力资源规划提出不同的要求。因而在制定人力资源规划时，必须要了解与组织经营战略有关的信息。

❷ 分析组织现有的人力资源状况是制定人力资源规划的基础。要实现组织的经营战略，首先应对组织的人力资源现状进行调查研究，即对现有人力资源的数量、素质结构、使用状况、员工潜力、流动比率等进行全面的统计和科学的分析。在此基础上，找出现有人力资源与组织发展要求的差距并通过充分挖掘现有的人力资源潜力来满足组织发展的需要。

2. 预测人力资源需求

根据组织发展战略和内外条件选择预测技术，对组织人力资源需求的时间、数量、质量、结构等方面进行预测。进行人力资源需求预测的具体步骤如下：

❶ 根据岗位研究的结果来确定职务编制和人员配置。

❷ 进行人力资源盘点。统计出人员的缺编、超编及是否符合职务资格要求。

❸ 将上述统计结论与部门管理者进行讨论，修正统计结论。该统计结论为现实人力资源需求。

❹ 根据组织发展规划，确定各部门的工作量。

❺ 根据工作量的增长情况，确定各部门还需增加的职务及人数。进行汇总统计，该统计结论为未来人力资源需求。

❻ 汇总现实人力资源需求与未来人力资源需求。即为组织整体人力资源需求。

3. 预测人力资源供给

供给预测包括两个方面：一是内部人员拥有量预测，即根据现有人力资源及未来变动情况，预测出规划期内各时点上的人员拥有量；二是外部供给量预测，即确定在规划期内各时点上可以从外部获取的各类人员的数量。一般情况下，内部人员拥有量是比较透明的，预测的准确度较高；而外部人力资源的供给则有较高的不确定性。组织在进行人力资源供给预测时应把重点放在内部人员拥有量的预测上，外部供给量的预测则着重于关键人员，如高级管理人员、技术人员等。

进行人力资源供给预测的具体步骤如下：

❶ 进行人力资源盘点，了解组织员工现状。

❷ 分析组织的职务调整政策和历史员工调整数据，统计出员工调整的比例。

❸ 向各部门人事决策人了解可能出现的人事调整情况。

❹ 汇总第❷～❸步的情况，得出组织内部人力资源供给预测。

⑤ 分析影响外部人力资源供给的地域性因素。包括：组织所在地的人力资源整体现状；组织所在地对人才的吸引程度；组织本身对人才的吸引程度。

⑥ 分析影响外部人力资源供给的全国性因素。包括：全国相关专业的大学生毕业人数及分配情况；国家在就业方面的法规和政策；该行业全国范围的人才供需状况；全国范围从业人员的薪酬水平和差异。

⑦ 根据⑤～⑥的分析，得出组织外部人力资源供给预测。

⑧ 将组织内部、外部人力资源供给预测汇总，得出人力资源供给预测。

**4. 确定人力资源净需求**

在组织员工未来供给和需求预测数据基础上，将本组织人力资源需求的预测数与同期内组织内部可供给的人力资源预测数进行对比分析，计算得出各类人员的净需求数。净需求如果是正的，则表明未来组织这类人员缺乏，需要通过招聘、内部晋升或调配等方式进行补充；净需求如果是负的，则表明组织此类人员过剩，需要采取裁员、缩短工作时间等方式进行精简。

**5. 制定人力资源规划**

根据组织战略目标及组织员工的净需求量，制定人力资源规划，包括总体规划和各项业务计划，并确定时间跨度。根据供求预测的不同结果，对供大于求和供不应求的情况分别制定不同的政策和措施，使人力资源达到供求平衡。同时应注意各项业务计划的相互关系，以确保它们之间的衔接与平衡。

**6. 人力资源规划的实施、评价与修正**

（1）实施

实施是人力资源规划执行中最重要的步骤。实施前要做好充分的准备工作，实施时应严格按照规划进行，并设置完备的监督和控制机制，以确保人力资源规划实施的顺利进行。

（2）评价

当人力资源规划实施结束后，并不意味着对人力资源规划执行完毕。接下来，对人力资源进行综合的审查与评价也是必不可少的。通过审查与评价，可以调整有关人力资源方面的项目及其预算，控制人力资源成本；可以听取管理人员和员工对人力资源管理工作的意见，以利于调整人力资源规划和改进人力资源管理。

评价主要从两个方面来进行：首先，对人力资源规划本身的合理性进行判断；其次，对人力资源规划的实施结果，即人力资源规划所带来的效益进行评价。

（3）反馈与修正

该阶段是人力资源规划的最后阶段，也是最容易被忽视的一个阶段。监督、评价结果出来后，应及时进行反馈，进而对规划进行适时的修正，以确保规划的可操作性和滚动发展与衔接。

# 第二节 人力资源需求预测

人力资源规划需求预测是指以组织的战略目标、发展规划和工作任务为出发点，综合考虑各种因素的影响，对组织未来人力资源的数量、质量和时间等进行估计的活动。它是组织人力资源规划的起点，其准确性对规划的成效具有决定性作用。

## 一、人力资源需求的影响因素

人力资源需求的影响因素大致可分为三类，即组织外部环境、组织内部因素及人力资源自身状况，如表 3.3 所示。

表 3.3　人力资源需求影响因素

| 组织外部 | 组织内部 | 人力资源自身 |
| --- | --- | --- |
| 经济 | 战略规划 | 退休 |
| 社会、政治、法律 | 业务量 | 辞职 |
| 技术 | 预算 | 解聘 |
| 竞争者 | | 死亡 |

### 1. 组织外部因素

影响人力资源需求的外部因素主要包括经济、社会、政治、法律、技术和竞争者等。外部因素的影响主要是间接的，而且通过内部因素发挥作用。

经济环境包括未来的社会经济发展状况、经济体制的改革进程等，它对组织人力资源需求影响较大，但可预测性较弱；社会、政治、法律因素虽容易预测，但何时对组织产生影响却难以确定；技术环境的变化会影响组织的技术水平等，从而间接地影响组织的人力资源；组织竞争对手的易变性导致社会对组织产品需求的变化，也会影响组织人力资源需求。

### 2. 组织内部因素

组织的战略规划决定了其发展速度、新产品开发、产品市场覆盖率等各方面，因此，它是组织内部影响人力资源需求的最重要因素。组织业务量、经营方向及预算发生变化时，都会对人力资源需求产生直接的影响。如组织业务扩张时期，对生产及销售人员的需求会增大。

### 3. 人力资源自身因素

组织人员的状况对其人力资源需求量也有重要影响。如退休、辞职、解雇人员的数量，合同期满后终止合同的人员数量，死亡、休假人数等都直接影响人力资源需求量。

## 二、人力资源需求预测技术

一般来说，人力资源需求的预测方法可分为定性预测法和定量预测法。

### 1. 定性方法

（1）管理人员判断法

管理人员判断法是指组织内的管理人员凭借个人的经验和直觉，对组织未来的人力资源需求进行预测。这是一种简单的方法，主要用于短期预测。在组织规模较小且技术稳定的情况下，能取得较好的效果。

（2）自下而上的逐级估计法

由相关人员根据自己的经验，自下而上逐层上报、汇总得出组织未来所需的人员的方法。一般做法是，由组织的最基层生产单位开始，逐级上报未来自己所需的人员，再由上一层领导估算平衡，最后由最高领导层进行决策。这是粗糙的人力资源需求预测法，准确性较差，主要适用于短期预测。

（3）德尔菲法（专家估计法）

这是以书面形式背对背地分几轮征求和汇总专家意见，依靠专家个人经验、知识和综合分析能力对人力需求进行预测。该法是美国兰德公司于 20 世纪 40 年代末提出的，开始时主要用于市场需求预测，后在各个领域获得了广泛应用。该方法虽然也是一种主观预测的方法，但是其准确性很强，因此，可进行长期预测。

德尔菲法的基本程序如下：❶作预测筹划。具体包括设立预测机构；确定预测目标，以问卷形式列出一系列有关人力资源预测的具体问题；确定专家组；准备有关资料等。❷专家预测。向专家们发出问卷，请他们独立思考并书面回答。❸统计与反馈。由预测机构对专家意见进行归纳，并将综合结果反馈给他们。请专家们根据归纳的结果重新思考，允许他们修改自己的预测并说明原因。❹表述预测结果。重复进行 3~5 次，专家们的意见互相补充、启发，渐趋一致。用文字、图表等形式将专家们的预测结果予以发布。

要想有效地使用该方法应该遵循以下原则：❶为专家们提供丰富而翔实的资料。以使他们能作出准确的预测。❷注意提问的方式。要保证所有专家能够从同一角度去理解问题。❸所提的问题应该是专家能够回答的问题。如只问某些关键雇员的预计增加数，而不应问总的人员要求等。❹对专家的预测结果不要求精确。允许专家粗估，但要他们说明对结果的肯定程度。❺选择的专家应该是熟悉和精通这一领域的专业人员。❻向高层领导和专家们说明预测对组织的重要性，以取得他们的强力支持。

专家不受外界因素的干扰，预测结果较客观，准确性有保证，操作也较简便，因此，该方法在实践中使用非常普遍。这种方法的难点在于问题的提出和专家的回答要有信度和效度。因此，问卷设计及结果处理是非常关键的。

### 2. 定量方法

（1）回归分析法

该法的基本思路是：确定与组织中的人力资源需求量高度相关的因素，如产量、销售额等，建立回归方程；然后根据员工变动的历史数据，计算出方程系数，确定回归方程；再根据此方程对未来组织人力资源的需求量进行预测。回归模型包括一元线性回归模型、多元线性回归模型和非线性回归模型。一元线性回归是指只有一个因素与人力资源需求量高度相关。多元线性回归是指有两个或两个以上的因素与人力资源需求量高度相关。如果人力资源需求量与其相关因素不存在线性关系，就应该采用非线性回归模型。多元线性回归与非线性回归非常复杂，通常使用计算机来处理，在此略去。一元线性回归比较简单，可以运用公式来计算。

【例3.2】 已知某医院病床数和所需护士数的历史记录如表3.4所示，根据医院的发展计划，要将床位增至700个，则届时将需要多少护士？

表3.4 某医院病床数和所需护士的历史记录

| 床位数 | 200 | 300 | 400 | 500 | 600 | 650 |
|---|---|---|---|---|---|---|
| 护士人数 | 250 | 270 | 450 | 490 | 640 | 670 |

由上表中的数据可知两个变量分布大体呈线性趋势，可建立回归方程：

$$Y = a + bX$$

式中，$X$表示床位数；$Y$表示护士数。

根据最小二乘法，可以得出$a$，$b$的计算公式，即

$$a = \bar{Y} - b\bar{X}$$

$$b = \frac{\sum_{i=1}^{n}(X_i - \bar{X})(Y_i - \bar{Y})}{\sum_{i=1}^{n}(X_i - \bar{X})^2}$$

代入数据可得：$a = 20$，$b = 1$，$Y = 20 + X$。

所以，如果床位增加到700张，则需要的护士数为$Y = 20 + 700 = 720$（人）。

（2）趋势外推法

趋势外推法又称时间序列预测法。其基本思路是：根据组织过去的人事记录，找出过去若干年员工数量的变动趋势，确定其长期变动趋势，从而对未来的人力资源需求作出预测。

具体做法是：以时间作为自变量，人力资源需求量作为因变量，根据历史数据，在坐标轴上绘出散点图；得到趋势曲线，从而建立相应的趋势方程；根据方程便可对未来人力资源需求进行预测。

【例3.3】 已知某企业过去12年的人力资源数量如表3.5所示，试预测未来第3年的人力资源需求量。

表3.5 某企业过去12年的人力资源数量

| 年度 | 1 | 2 | 3 | 4 | 5 | 6 | 7 | 8 | 9 | 10 | 11 | 12 |
|---|---|---|---|---|---|---|---|---|---|---|---|---|
| 人数 | 510 | 480 | 490 | 540 | 570 | 600 | 640 | 720 | 770 | 820 | 840 | 930 |

根据表 3.5, 将年度作为横坐标, 人数作为纵坐标, 绘制出散点图。

根据散点图可建立直线趋势方程 $Y = 390.7 + 41.3X$ 。

因此, 未来第 3 年的人力资源需求量为 $Y = 390.7 + 41.3 \times 15 = 1010$ (人)。

（3）生产函数模型法

该方法是通过建立生产函数来预测人力资源需求。常见的生产函数有柯布—道格拉斯生产函数。它假定总产出水平取决于劳动力和资本两种要素的投入量, 其公式为

$$Y = C \cdot L^{\alpha} \cdot K^{\beta} \cdot U$$

式中, $Y$——总产出水平;

$L$——劳动力投入量;

$K$——资本投入量;

$C$——常数;

$\alpha$、$\beta$——劳动力和资本的产出弹性, 且 $|\alpha| + |\beta| \leqslant 1$;

$U$——对数正态分布误差项。

对上式取对数并调整以后可以得到以下公式, 即

$$\lg L = \frac{1}{\alpha}(\lg Y - \lg C - \lg U) - \frac{\beta}{\alpha}\lg K$$

如果已知某一时期的产出水平和资本总额, 通过以上公式就可以计算出该时期的劳动力需求量。

（4）简单比例模型

这一模型假设人力需求与组织的产出水平（可用产量或劳动价值表示）成比例关系:

$$M_t = M_0 \cdot \frac{Y_t}{Y_0}$$

即在获得人员需求量的实际值 $M_0$ 和未来时刻 $t$ 的产出水平 $Y_t$ 后, 就可算出时刻 $t$ 人员需求量的值 $M_t$。这里 $M_0$ 并非指现有人员数, 而是指现有条件及生产水平所对应的合理的人员数, 通常是在现有人员数的基础上, 根据管理人员意见或参考同行业情况经过修正估算获得。

使用该模型的前提: 产出水平同人员需求量的比例一定, 若不能满足此条件, 就用第二种模型——复杂比例模型, 它是根据人力需求的当前值和以往值及产出水平的变化值而建立的, 用公式表示为

$$M_t = \frac{M_0}{Y_0}Y_t + \left(\frac{M_0}{Y_0} - \frac{M_{-1}}{Y_{-1}}\right) \cdot Y_t$$

式中, $M_{-1}$——基期前一期的劳动力数;

$Y_{-1}$——基期前一期的产出水平。

该模型由于考虑了劳动生产率的变化, 所以更具实用性。

（5）劳动定额法

劳动定额是对劳动者在单位时间内应完成的工作量的规定。在已知组织计划任务总量及制定了科学合理的劳动定额的基础上, 运用该方法能较准确地预测人力资源需求量。其公式为

$$N = \frac{W}{q(1+R)}$$

式中，$N$——人力资源需求量；

　　　　$q$——组织现行定额；

　　　　$R$——组织计划期内生产率变动系数，$R=R_1+R_2-R_3$；

　　　　$R_1$——技术进步引起的劳动生产率提高系数；

　　　　$R_2$——由经验积累导致的生产率提高系数；

　　　　$R_3$——由于年龄变大及某些社会因素引起的生产率降低系数。

（6）经验比例法

组织中某些人员如医护人员、炊事员、政工干部或其他服务人员等与组织人员总数有直接关系，对这部分人员的预测可按经验比例法进行。如每名炊事员负责 90 人就餐，那么根据员工总数就能预测炊事员需求量；企业中行政管理人员、技术人员等也可根据此法进行需求量预测。

一般而言，定性方法简洁方便但准确度不高；定量方法准确科学但前提条件太多，往往使得结果和实际相差较大。

一般在人力资源需求预测时首先是采用定性方法，在人员数量、结构上作出大概的判断，然后运用定量方法进行精确分析，之后再请管理人员或外部专家进行修正和主观判断，如此反复数次，结果就比较准确了。

# 第三节　人力资源供给预测

人力资源供给预测也称人员拥有量预测，是人力资源预测的又一关键环节。组织的人力资源供给来自两方面：一是组织内部人力资源供给，如人员晋升、调动等；二是组织外部人员的补充。

## 一、组织内部人力资源供给预测

一般来说，组织内部未来人力资源供给预测是组织人力资源供给的重要部分。组织未来人力资源需求应优先考虑内部人力资源供给。影响组织内部人力资源供给的因素包括组织内部人员的自然流失（伤残、退休、死亡等）、内部流动（晋升、降职、平调等）、跳槽（辞职、解聘等）。其预测方法常用的有技能清单法、管理人员接替模型及马尔可夫法等。

### 1. 技能清单法

技能清单是一个反映员工工作能力情况的表格，它包括教育水平、培训背景、以往经历、技能特长以及主管的评价等信息，如表 3.6 所示。它反映了员工的竞争力。人力资源规划人员可以根据该清单的内容估计现有员工调换工作岗位的可能性的大小，预测哪些人员可以补充可能出现的空缺岗位，从而保证组织所有的岗位都有合适的员工。

表 3.6 某企业技能清单

| 姓名 | | 性别 | | 出生年月 | | 填表日期 | | |
|---|---|---|---|---|---|---|---|---|
| 科室 | | 岗位 | | 职称 | | 到职日期 | | |
| 文化程度 | | 类别 | | 毕业日期 | | 学校 | | 专业 |
| | | 高中 | | | | | | |
| | | 专科 | | | | | | |
| | | 本科 | | | | | | |
| | | 本科以上 | | | | | | |
| 培训经历 | | 培训日期 | | 培训内容 | | | 培训证书 | |
| | | | | | | | | |
| | | | | | | | | |
| 特长 | | 有何特长 | | | | 级别 | | |
| 员工意愿 | | 你是否愿意接受培训以担任其他工作? | | | | | 是 | 否 |
| | | 你认为自己是否应进一步提高现有的工作技能? | | | | | 是 | 否 |
| | | 你是否愿意接受工作轮换以丰富工作经验? | | | | | 是 | 否 |
| | | 如果可能,你愿意从事哪类工作? | | | | | | |
| 员工签名 | | 部门主管签名 | | | 人力资源部签名 | | | |

技能清单所提供的信息可用于晋升人选的确定、员工培训、工作奖励计划、工作调动、职业生涯规划等方面。由于员工的工作兴趣、发展目标、绩效水平是不断变化的,因此,为保证该信息的有效性,需要对其进行动态管理,即在收集资料的基础上,定期对其进行更新和补充。

### 2. 管理人员接替模型

这是预测组织内部管理人员供给的简单而有效的方法,被认为是把人力资源规划和组织战略结合起来的一种有效的方法。该方法形成的职位置换图,以图表的形式详细记录了各个管理人员的当前工作绩效、晋升的可能性和所需要的训练等内容;通过该置换图,可以清楚地看到组织内部各岗位的空缺及员工候补的情况,为组织内部人力资源供给预测提供依据。

该方法的主要实施步骤如下:

❶ 确定管理人员接替模型所包括的管理岗位。

❷ 确定各个岗位上的可能接替人选。

❸ 评价接替人选目前的工作情况和是否达到提升的要求。根据评价结果,当前绩效可划分为"优秀"、"令人满意"和"有待改进"三个级别;提升潜力可划分为"可以提升"、"需要培训"和"值得推敲"三个级别。

❹ 了解本人的职业发展需要,并引导其将个人的职业目标与组织目标结合起来。其最终目标是确保组织在未来能够有足够的合格管理人员的供给,如◆图 3.3＞所示。

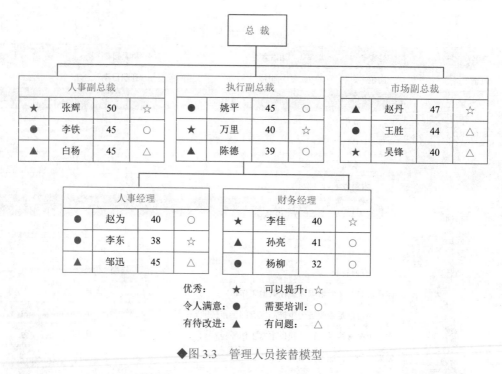

◆图 3.3 管理人员接替模型

### 3. 马尔可夫法（转换矩阵法）

该方法又称转换矩阵法，是一种定量分析预测组织内部人力资源供给的方法。它的基本思想是找出过去人力资源变动的规律，以此来推测未来组织人员变动的趋势。其具体步骤是：

❶ 根据组织过去人员转移的历史数据，计算未来某一时期各类人员转移的概率，建立员工流动可能性矩阵。

❷ 根据基期各类人员的数量及流动概率，计算出预测时点各类人员的内部供给量。

如果给定各类工作的初始人数、转移概率和补充进来的人数，那么各类工作在未来某一时期的人员供给数就可以根据以下公式来预测，即

$$N_i(t) = \sum N_j(t-1) \cdot P_{ij} + R_i(t)$$

式中，$N_i(t)$——时刻 $t$ 时，$i$ 类工作的人数；

$N_j$——员工从 $j$ 类工作向 $i$ 类工作转移的概率；

$R_i(t)$——在时间（$t_{-1}$，$t$）内，$i$ 类工作所补充的人数；

$i, j = 1, 2, 3, \cdots, k$（$k$ 为工作分类数）。

【例 3.4】 某会计师事务所有四类人员：高层领导人（G）、基层领导人（J）、高级会计师（S）和会计员（Y）。其初始人数和转移矩阵如表 3.7（a）所示。根据该表可知，在任何一年里，有 80% 的高层领导人仍留在该所，20% 的高层领导人退出；有 70% 的基层领导人仍在原职，10% 的基层领导人成为高层领导人，20% 的基层领导人离开；有 5% 的高级会计师升为基层领导人，80% 的高级会计师仍在原职，

5%的高级会计师降为会计员，10%的高级会计师外流；有15%的会计员晋升为高级会计师，65%的会计员仍在原职，20%的会计员另谋他职。用这些历史数据来代表每类人员转移流动的转移率，可以推算出人员变动情况，即起始时刻每一类人员的数量与每一类人员的转移率相乘，然后纵向相加，就可得到下一年的各类人员的供给量，如表3.7（b）所示。

表3.7 某会计师事务所人力资源供给情况的马尔可夫模型

(a)

| 初始人数 | 高层领导人（G） | 基层领导人（J） | 高级会计师（S） | 会计员（Y） | 离职 |
|---|---|---|---|---|---|
| 40 | 0.8 | | | | 0.2 |
| 80 | 0.1 | 0.7 | | | 0.2 |
| 120 | | 0.05 | 0.8 | 0.05 | 0.1 |
| 160 | | | 0.15 | 0.65 | 0.2 |

(b)

| 初始人数 | 高层领导人（G） | 基层领导人（J） | 高级会计师（S） | 会计员（Y） | 离职 |
|---|---|---|---|---|---|
| 40 | 32 | | | | 8 |
| 80 | 8 | 56 | | | 16 |
| 120 | | 6 | 96 | 6 | 12 |
| 160 | | | 24 | 104 | 32 |
| 合 计 | 40 | 62 | 120 | 110 | 68 |

## 二、组织外部人力资源供给预测

### 1. 影响因素

组织职位空缺不可能完全通过内部供给解决，组织人员因各种主观或自然原因退出工作岗位是不可抗拒的规律，这必然需要组织不断地从外部补充人员。

影响组织外部劳动力供给的因素主要有：❶人口现状。人口现状直接决定了组织外部现有人力供给状况，其主要影响因素包括人口规模、人口年龄和素质结构、现有劳动力参与率等。❷劳动力市场发育程度。劳动力市场发育好，将有利于劳动力自由进入市场，由市场工资率引导劳动力的合理流动，消除人为因素对劳动力流动的影响，增强预测的客观性和准确性。劳动力市场发育不健全，势必影响人力资源的优化配置，给预测带来困难。❸社会就业意识和择业偏好。如应届大学毕业生普遍存在对职业期望值过高的现象，大多数人希望进国家机关、大公司或合资企业，希望从事工作条件舒适、劳动报酬优厚的职业，不愿从事厂矿企业一般岗位工作。一些城市失业人员宁愿失业也不愿从事一些苦、脏、累、险的工作。❹严格的户籍制度。根据招聘的原则，高层次人员应在较大范围内公开择优聘用，由于户籍制度的限制，很大程度上制约了高层次人才的跨地区流动。❺地区吸引力。组织所在地的经济发展水平、气候等环境方面因素，也是人员流动的重要影响因素。

**2. 供给渠道**

组织外部人力资源供给的渠道主要有大中专院校应届毕业生、复员转业军人、技术职校毕业生、失业人员、其他组织人员、流动人员等。

大中专院校及职技学院毕业生的供给比较确定，主要集中在夏季，且数量和专业、层次、学历均可通过相关部门获取，预测工作相对简单。

复员转业军人，由国家指令性计划安排，对于组织而言也较易预测。

其他组织在职人员的预测需要综合多方面的因素，如社会心理、个人情况、组织经济实力及福利待遇等。组织应通过与其他类似组织横向比较为外部人员的预测提供准确资料。

城镇失业人员、流动人员的预测比较困难，在预测过程中必须综合考虑城镇失业人员的就业心理、国家就业政策、政府对农民工的政策等多种因素。

## 三、人力资源供需综合平衡

人力资源供求平衡是人力资源规划的主要目的，供求预测就是为制定具体的人力资源供求平衡规划而服务的。人力资源供求预测结束后，一般会出现三种情况：人力资源供大于求；人力资源供小于求；人力资源总量平衡，结构不平衡。一般来说，组织的人力资源总是处于失衡状态，供求完全平衡是一种极端的情况，实践中基本不会出现。组织须根据供求预测不同结果，制定相应的措施，调整组织人员，实现供求平衡。

**1. 组织人力资源供小于求（人力资源短缺）**

（1）利用组织现有人力资源

❶ 加班。加班是一种最直接的避免预期人员短缺的办法，在实践中很常用，但其效果不太好，仅适用于短期临时性的情况。员工加班，组织需要支付较高的人工成本、组织成本，但员工在加班时期的绩效水平并不高。因此，该方法一般作为一种暂时性的措施。

❷ 内部人员调动。组织内部的人员短缺多是结构性短缺，即 A 岗位短缺，B 岗位持平，C 岗位可能是有剩余的。合理调动内部人员是解决人员结构性短缺的有效方法。通过内部人力资源的岗位流动，将相对富余的合格人员调往空缺岗位，以增加劳动力供给。

❸ 制定有效的激励计划。如培训、工作再设计等，调动员工生产积极性、主动性，提高劳动生产率，减少对人力资源的需求量。

❹ 提高企业的资本有机构成。以资本来替代劳动力，相对减少人力资源需求量。

（2）利用组织外部人力资源

❶ 临时雇佣。对于一些临时性的工作，组织可以雇佣临时工以解决暂时性的人员短缺。

❷ 外部招聘。制定招聘计划，有计划地面向全社会招聘所需正式员工，从根本上解决人员匮乏的问题。

❸ 非核心业务外包。组织根据自身情况，将非核心业务部分或整块地承包给外部组织去完成。非核心业务外包之后组织内部从事相应工作的人力资源需求减少，相应地缓解了组织的人员短缺。

### 2. 组织人力资源供大于求（人力资源剩余）

❶ 裁员。解雇员工是组织解决人力资源过剩的最直接的方法。裁员是一种短期行为，一方面，可以有效降低组织的人工成本；另一方面，对员工的伤害较大，负面影响深远。

❷ 自然减少与提前退休。在人力资源规划的做出和实际供需矛盾产生之间是有一段时间的。因此，在这段时间内组织人员的自然减少，如退休、病休、辞职等也将起到缓解人员过剩的作用。短期内该方法难以发挥作用。提前退休是减少目前劳动力数量的一种途径。组织制定优惠措施鼓励接近退休年龄的员工提前退休。组织实行提前退休计划，不仅可以减少预期出现的人员过剩，还可以降低组织的成本。

❸ 减少员工工作时间，并随之降低工资水平。这是解决组织临时性人力资源过剩的有效方式。

❹ 工作分享。采用由多个员工分担以前只需一个或少数几个人就可完成的工作，组织则根据员工实际完成的工作量来计发工资。此方法实质上也是在减少员工工作时间、降低工资水平。

❺ 再培训。再培训是一种减少组织预期人员过剩的方法，也是一种员工培训与开发的方法。组织预测到有员工过剩的时候，可以采用待岗再培训的方法。一方面，解决了人员过剩；另一方面，提高了员工的知识与技能水平，一举两得。该方法需要组织有雄厚的资金实力作为后盾。

❻ 通过开拓新的经济增长点来吸收过剩的人力资源。如扩大经营规模、开发新产品等。

### 3. 组织人力资源总量平衡，结构失衡

人力资源供求结构失衡表现为组织中有些部门或岗位出现员工过剩，而另一些部门或岗位存在着人员不足。解决措施如下：

❶ 通过组织内部人员的合理流动（晋升、平调、降职等），以满足空缺岗位对人力资源的需求。

❷ 对过剩员工进行有针对性的培训，使其转移到人员短缺的岗位上。

❸ 进行组织内外人力资源流动，以平衡人员的供需。即从组织外部招聘合适人员以补充到相应的岗位，同时将冗余人员从组织中清除出去。

## 第四节 人力资源规划的制定、实施及评价

### 一、人力资源规划的制定

在收集相关信息、预测人力资源供求的基础上，就可以制定人力资源规划了。人力资源规划应包括的内容如表 3.8 所示。

表 3.8　某公司人力资源规划

| 1.规划的时间段 | | | | |
|---|---|---|---|---|
| 2.规划的目标 | | | | |
| 3.具体内容 | 执行时间 | 负责人 | 检查日期 | |
| 　（1） | | | | |
| 　（2） | | | | |
| ⋮ | | | | |
| 4.规划制定者 | | | | |
| 5.规划制定时间 | | | | |

**1. 规划的时间段**

确定规划期间的长短，要具体列出开始时间和结束时间。长期人力资源规划，时间跨度较长；短期人力资源规划，时间跨度较短，多以 1 年为限。

**2. 规划的目标**

确定规划所要达到的目的。一般表现为确定规划期内组织相关岗位上人员应增加或减少的具体数字。应在人力资源供求预测结果比较的基础上确定目标。该目标一般包括用数字表示的人员增减量和时间期限两个部分。例如，某一汽车制造商可能会制定一个在今后 3 年内将生产流水线上的操作工裁减 45% 的目标。类似的，该公司同时还有可能会制定一个在今后 3 年内将研发人员的数量增加 30% 的目标。

**3. 具体内容**

这是人力资源规划的关键部分。主要包括以下内容：

❶ 内容。要具体、明确，如某公司招聘 15 位电器工程师等。

❷ 执行时间。写明从开始执行到执行结束的具体日期。例如，2009 年 9 月 1 日至 2010 年 4 月 30 日。

❸ 负责人。即负责执行此项目的负责人。如人力资源部副经理王明先生。

❹ 检查人。即负责检查该项目执行情况的人。如分管人力资源的公司副总裁陈凯先生。

❺ 检查日期。写明具体的检查日期与时间。如 2010 年 5 月 1 日上午 9 点。

❻ 预算。写明该项目的具体预算。如人民币 1 万元整。

**4. 规划制定者**

规划制定者可以是一个人，如某公司人力资源部经理周彤；也可以是一个部门，如某公司人力资源部。

5. 规划制定时间

该规划被正式批准生效的日期，如董事会通过的日期、总经理批准的日期或总经理工作会议通过的日期等。

## 二、人力资源规划的实施

上述制定的人力资源规划方案，最终还要在实施阶段付诸具体实践。在实施过程中要注意以下几点：❶必须要有专人负责实施，同时赋予负责人以实现方案的必要权力和资源；❷要确保不折不扣地按规划执行；❸在实施前要做好准备工作，实施时要全力以赴；❹要对实施进展状况进行定期检查，以确保规划与环境、组织战略保持一致。

## 三、人力资源规划的评价

在对人力资源规划进行评价时，需要从如下三个方面进行。

第一，本规划是否进行了忠实的执行。规划的检查人对规划进行定期检查以保证有关部门如实执行规划。如预算是否到位、人员招聘情况如何等。

第二，人力资源规划本身的合理性问题。可以从以下几个方面对人力资源规划的合理性进行间接判断：

❶ 人力资源规划者对问题的熟悉程度和重视程度。规划者对人力资源问题的熟悉和重视程度越高，人力资源规划的合理性就越大。

❷ 人力资源规划者与提供数据者及使用人力资源规划的管理人员之间的工作关系。这三者之间的关系越好，制定的人力资源规划就可能越合理。

❸ 人力资源规划与相关部门进行信息交流的难易程度。信息交流越容易，越可能制定出合理的人力资源规划。

❹ 人力资源规划在管理人员心目中的地位和价值。管理人员越重视人力资源规划，人力资源规划者也就越重视人力资源规划的制定过程，制定的规划才能客观、合理。

第三，将行动的结果与人力资源规划进行对照比较，通过发现规划与现实之间的差距来指导以后的人力资源规划活动。在评价时可以通过以下方面的比较来鉴别：

❶ 实际招聘人数与预测需求人数的比较。

❷ 劳动生产率的实际提高水平与预测提高水平的比较。

❸ 实际的执行方案与规划的执行方案的比较。

❹ 实际的人员流动率与预测的人员流动率的比较。

❺ 实施行动方案后的实际结果与预测结果的比较。

❻ 劳动力的实际成本与预算成本的比较。

❼ 行动方案的收益与成本的比较。

在对人力资源规划的审查与评价过程中还要注意选择正确的方法，以保证评价的客观、公正与准确。

### 四、人力资源规划的反馈与修正

对评价的结果进行及时的反馈是实行人力资源规划不可缺少的步骤。通过反馈，我们可以知道原规划的不足之处，对规划进行动态的跟踪与修改，使其更符合实际，更好地促进组织目标的实现。

修正是最后一个步骤，谁也不能保证人力资源规划一经制定后就完全正确。因此，根据环境的变化，根据实施中的反馈信息，及时修正原规划显得十分必要。

## 第五节　案例分析：总经理的棘手问题

你是一个人力资源顾问，一家大型造纸公司的新任总经理给你打来电话。

**总经理**：我在这个职位上大约有一个月了，而我要做的事似乎只是与人们面谈和听取人事问题。

**你**：你为什么总在与人面谈？你们没有人力资源部吗？

**总经理**：我们有，然而人力资源部门不雇佣最高层管理人员。我一接管公司，就发现两个副总经理要退休，而我们还没有找到代替他们的人。

**你**：你雇佣什么人了吗？

**总经理**：是的，雇佣了，而这就是问题的一部分。我从外部雇佣了一个人。我一宣布这个决定，就有一个部门经理前来辞职。她说她想得到副总经理这个职位已经 8 年了，她因为我们从外部雇佣了某人而生气，我怎么能知道她想得到这个职位呢？

**你**：你对另一个副总经理做了什么？

**总经理**：什么也没有做，因为我怕又有其他人由于没有被考虑担任这个职位而辞职，但这只是问题的一半。我最近发现在最年轻的专业人员中——工程师和会计人员——在过去的三年中有 80%的流动率，他们是在我们这里得到提升的人。正如你所知道的，这就是我在这个公司怎样开始工作的。我是一个机械工程师。

**你**：有人问过他们为什么要离开吗？

**总经理**：问过，他们都给了相同的回答，他们说在这里，他们没有前途。也许我应该把他们所有的人召集在一起，解释我将怎么使公司取得进步。

**你**：你考虑过实施一个人力资源规划吗？

**总经理**：人力资源规划？是什么？

（资料来源：江卫东.2002. 人力资源管理理论与方法. 北京：经济管理出版社.）

# 练 习 题

## 一、单项选择题

1. 人力资源规划的制定实质上就是在人力资源管理（　　）的基础上制定相应的政策和措施，以实现人力资源的供求平衡，确保组织对人力资源需求的顺利实现。

    A. 工作分析　　　　B. 分析　　　　　　C. 供求预测　　　　D. 决策

2. （　　）规划要求明确、任务具体。

    A. 短期　　　　　　B. 中期　　　　　　C. 整体　　　　　　D. 劳动力数量

3. 一般情况下，外部人力资源的供给具有较高的（　　）。

    A. 确定性　　　　　B. 透明性　　　　　C. 不确定性　　　　D. 稳定性

4. 影响组织人力资源需求的因素主要来自（　　）。

    A. 社会因素　　　　　　　　　　　　　B. 市场因素

    C. 组织外部因素　　　　　　　　　　　D. 组织内部因素

5. 德尔菲法的初次使用是在（　　）。

    A. 20 世纪 40 年代末的英国　　　　　　B. 20 世纪 50 年代末的英国

    C. 20 世纪 40 年代末的美国　　　　　　D. 20 世纪 50 年代末的美国

6. 趋势外推法也就是（　　）。

    A. 德尔菲法　　　　　　　　　　　　　B. 经验预测法

    C. 时间序列预测法　　　　　　　　　　D. 回归分析法

7. 下列属于人力资源需求预测技术的定量方法的是（　　）。

    A. 趋势外推法　　　　　　　　　　　　B. 管理人员判断法

    C. 自下而上的逐级估计法　　　　　　　D. 德尔菲法

8. 利用过去人事变动的规律来推测未来人事变动趋势的方法是（　　）。

    A. 技能清单　　　　　　　　　　　　　B. 管理人员接替模型

    C. 马尔可夫法　　　　　　　　　　　　D. 经验比例分析

9. 人员内部供给最简单的方法是（　　）。

    A. 马尔可夫分析　　　　　　　　　　　B. 技能清单

    C. 比率分析　　　　　　　　　　　　　D. 管理人员接替模型

10. 下列分析方法不属于人力资源需求预测方法的是（　　）。

    A. 经验预测法　　　　　　　　　　　　B. 趋势分析法

    C. 马尔可夫分析法　　　　　　　　　　D. 德尔菲法

## 二、多项选择题

1. 人力资源规划的内容包括（　　）。

    A. 人员补充计划　　　　　　　　　　　B. 晋升计划

    C. 劳动关系计划　　　　　　　　　　　D. 退休计划

    E. 分配计划

2. 影响人力资源需求的因素主要有（　　　）。

    A. 技术、设备条件　　　　　　　B. 经济环境

    C. 技术环境　　　　　　　　　　D. 企业经营方向

    E. 竞争者

3. 影响人力资源需求的外部因素主要包括（　　　）。

    A. 企业经营方向　　　　　　　　B. 经济环境

    C. 技术环境　　　　　　　　　　D. 竞争对手

    E. 企业预算

4. 常用的人力资源需求预测技术有（　　　）。

    A. 管理人员判断法　　　　　　　B. 马尔可夫法

    C. 德尔菲法　　　　　　　　　　D. 回归分析法

    E. 经验比例法

5. 管理人员判断法适用于（　　　）。

    A. 技术较稳定的企业　　　　　　B. 技术更新较快的企业

    C. 短期人力资源需求预测　　　　D. 中期人力资源需求预测

    E. 组织规模较大的企业

6. 组织内部人力资源供给预测的方法有（　　　）。

    A. 德尔菲法　　　　　　　　　　B. 回归分析法

    C. 马尔可夫法　　　　　　　　　D. 管理人员接替模型

    E. 技能清单法

7. 技能清单是反映员工工作能力情况的表格，它包括员工的（　　　）。

    A. 工作经历　　　　　　　　　　B. 参加过的培训课程

    C. 教育水平　　　　　　　　　　D. 技能特长

    E. 主管评价

8. 组织外部人力资源供给的来源主要包括（　　　）。

    A. 失业人员　　　　　　　　　　B. 组织内分流人员

    C. 各类学校毕业生　　　　　　　D. 转业退伍军人

    E. 其他组织流出人员

9. 企业中预测外部人力供给时，应考虑的因素有（　　　）。

    A. 人口规模　　　B. 就业观念　　　C. 择业偏好

    D. 地区吸引力　　　E. 劳动力市场的发展状况

10. 解决人力资源短缺的方法包括（　　　）。

    A. 设置多样化的物质和精神奖励　　B. 让员工多参与决策

    C. 采用各种培训提高员工的技能　　D. 改进技术或进行超前生产

    E. 鼓励员工进行技术革新

### 三、名词解释

1. 人力资源规划
2. 人力资源需求预测
3. 人力资源供给预测
4. 管理人员判断法
5. 自上而下逐级估计法
6. 德尔菲法
7. 技能清单
8. 马尔可夫模型

### 四、简答题

1. 企业为什么要制定人力资源规划？
2. 制定人力资源规划的基本程序是什么？
3. 在人力资源管理活动中，有哪些人力资源需求预测方法？
4. 试述德尔菲法的由来、基本程序及原则。
5. 在人力资源管理活动中，有哪些人力资源供给预测方法？
6. 如何实现人力资源供需综合平衡？
7. 如何对人力资源规划进行评价？
8. 分析人力资源需求的影响因素。
9. 分析人力资源供给的影响因素。

# 招聘录用

## 知识目标

■ 理解内部招聘和外部招聘的优缺点；
■ 评价内部招聘和外部招聘各种具体途径；
■ 掌握人员甄选的基本技术；
■ 明确劳动合同包括的内容及合同解除的条件。

## 案例导入

### 李鸿的一次应聘经历

李鸿毕业于国内某著名大学的工商管理学院，获得 MBA 学位。她在报上看见某大型跨国公司要招聘一位销售部主管，决定去试一试，以下是她的应聘经历。

"当我到公司的时候，一位小姐友好地将我引到一个房间，房间里有一张椭圆形的会议桌，来参加面试的人都围着这张会议桌坐下。总共有 8 个来应聘的人，应聘不同部门的职位。一会儿，几个老外和中国人进来了，估计他们是面试我们的考官。其中一个先生代表公司向大家问好，并让房间里的人都作了自我介绍。他们没有发给我们考题，而是拿出一盒积木。还是刚才那位先生向我们介绍了活动的规则，原来是让我们 8 个人一起设计一个公园。我们花了大约一个小时的时间建好了一个公园，之后那几个考官问了我们一些问题。这个'节目'就算结束了。休息了一会儿之后，他们给我们发了一些题本，里面的题目有图形的，也有文字的，好像是一些心理测验。上午的时间就这样过去了。

"午饭之后，一个老外和一个中国人一起面试了我。然后又让我们做了一些测验，这个测验与上午的不同，我是被安排在一个单独的小房间里，在一个文件袋里装了一大堆各式各样的文件，我被假设成为一个公司的代理总经理，批阅这些文件。在我批阅文件的过程中，有一个莫名其妙的'顾客'闯进来投诉。我想，这下槽了，本来批阅文件的时间就很紧张，我快要无法完成作业了。总算把那个难缠的顾客打发走了，我继续批阅那些文件。在我快要批阅完那些文件的时候，一个工作人员进来递给我一张纸条，上面说要求我作为这家公司的总经理候选人参加竞选，竞选将在 10 分钟后开始，我必须根据文件中得到的关于公司的信息作一个 3~5 分钟的竞选演说。于是，我又匆忙准备这个竞选演说。10 分钟后，工作人员带我到另外一个房间。考官们已经在那里坐好了。我就按照自己准备的内容做了演讲。紧张而有趣的一天就这样结束了。"

（资料来源：马新建等. 2003. 人力资源管理与开发. 北京：石油工业出版社.）

员工招聘是企业人力资源管理中一个非常重要的环节，它是企业人力资源合理形成的关键。当今社会，企业普遍面临高素质人才缺乏、人员流失过快的严峻局面，人员招聘工作面临巨大的挑战。

人力资源招聘有两个前提：❶制定人力资源规划；❷进行工作分析。企业的人力资源规划是对企业需求和供给进行分析及预测的过程。人力资源规划决定了预计要招聘的职位、部门、数量、时限、类型等因素。工作分析则对企业中各职位的责任、所需的素质进行分析，它为招聘提供了主要的参考依据，同时也为应聘者提供关于该职位的详细信息。人力资源规划和工作分析是进行科学招聘的前提。

# 第一节 招 聘 概 述

## 一、招聘的概念

在人类出现雇佣关系的同时，招聘活动就出现了。招聘的定义随着招聘活动不断科学化和丰富化而得到不断充实和提炼。所谓员工招聘，是指企业为了生存和发展，采用一定的方法吸纳或寻找具备任职资格和条件的求职者，而采取科学的方法，筛选出合适的人员予以聘用的过程。员工招聘实际上是一种企业与应聘者个人之间双向选择和相互匹配的动态过程。在这一过程中，企业和应聘者都应扮演积极的角色，而不是企业主动、应聘者被动的不平等关系。

人力资源招聘的最终目的是要实现员工个人与岗位的匹配，也就是人与事的匹配。这种匹配包含两层意思：❶岗位的要求与员工个人素质相匹配；❷工作报酬与员工个人的需求相匹配。实现这双重的匹配，才能既保证员工胜任某一岗位，同时也能使岗位对员工保持较长久的吸引力。

## 二、招聘的意义

### 1. 招聘关系到企业的生存和发展

在激烈竞争的社会里，没有素质较高的员工队伍和科学的人事安排，企业将面临被淘汰的后果。员工招聘是一个企业人力资源形成的关键，它确保企业当前和未来发展对人员的需求。

### 2. 提高企业效益

频繁的人员流动将给企业带来巨大的成本支出，包括人员获取成本、开发成本和离职成本等。例如，一家公司招聘一名月薪 3000 元的销售主管，该员工进入公司两个月后辞职，这给公司造成的直接经济损失（含招聘费用、工资福利费用、培训费用、办公费用等）约为 30 000 元。招聘工作做得好，将减少企业因人员变动而造成的巨大损失，间接地提高了企业效益。

### 3. 减少离职，增强企业内部的凝聚力

有效的员工招聘一方面可以使企业更多地了解应聘者到本企业工作的动机与目的，企业可以从诸多候选者中选出个人发展目标与企业趋于一致并愿意与企业共同发展的员工；另一方面，可以使应聘者更多地了解企业及应聘岗位，让他们根据自己的能力、兴趣与发展目标来决定是否加盟该企业。有效的双向选择使员工愉快地胜任所从事的工作，减少人员离职，以及因员工离职而带来的损失，增强企业内部凝聚力。

### 4. 招聘是企业人力资源管理中许多其他职能的基础

招聘为企业人力资源工作形成了一个基础平台，如果这一工作做得好，将会使后续工作相对容易，否则，会给后续工作造成困难，影响工作效率。例如，如果招聘的员工不能适应岗位的要求，就很难产生良好的工作绩效，企业在人员培训方面要花费更多的时间和金钱，人员重新安置更会带来一系列费用和管理问题。

### 5. 扩大企业知名度，树立企业良好形象

招聘工作涉及面广，企业利用各种各样形式发布招聘信息，如电视、报刊、广播、多媒体等，扩大了企业知名度，让更多外界了解本企业。有的企业以震撼人心的高薪、颇具规模和档次的招聘过程，来表明企业对人才的渴求和企业的实力。企业对人才的招聘，在招收到所需的各种人才的同时，也通过招聘工作的运作和招聘人员的素质向外界展现了企业的良好形象。

三、招聘的原则

1. 遵守国家关于平等就业的相关法律、法规和政策

在招聘过程中，企业应严格遵守《劳动法》及相关的劳动法规。坚持平等就业、互相选择、公平竞争，反对种族歧视、性别歧视、年龄歧视、信仰歧视，尤其对弱势群体、少数民族和残疾人等应该予以保护和关心。严格控制未成年人就业，保护妇女儿童合法权益。由于用人单位的原因订立无效劳动合同或违反劳动合同，企业应承担责任。

2. 坚持能职匹配原则

招聘时，应坚持所招聘的人的知识、素质、能力与岗位的要求相匹配。俗语说："骏马能历险，犁田不如牛。"一定要从专业、能力、特长、个性特征等方面衡量人与职之间是否匹配。招聘工作，不一定要招聘到最优秀的，而应量才录用，做到人尽其才、用其所长、职得其人，这样才能持久、高效地发挥人力资源的作用。

3. 协调互补原则

有效的招聘工作，除达到"人适其职"目的外，还应注意群体心理的协调。一方面，考察群体成员的理想、信念、价值观是否一致；另一方面，注意群体成员之间的专业、素质、年龄、个性等方面能否优势互补，相辅相成。群体成员心理相容，感情融洽，行为协调，有助于企业文化的塑造、企业目标的认同，以及和谐高效系统的形成。否则，可能造成群体成员间情感隔阂，人际关系紧张，矛盾冲突不断，工作相互扯皮。

4. 降低招聘成本，提高招聘效率

招聘成本包括：招聘时所花的费用，即招聘费用；因招聘不慎、重新再招聘时所花费的费用，即重置费用；因人员离职给企业带来的损失，即机会成本。

效率原则指根据不同的招聘要求灵活运用适当的招聘形式，用尽可能低的招聘成本录用高质量的员工。即在招聘的时候首先考虑的应是企业的效率，可招可不招时尽量不招；可少招可多招时尽量少招。一个岗位宁可暂时空缺，也不要让不合适的人占据，招聘来的人员一定要充分发挥其作用，使其产生高效率。

5. 重视应聘者的综合素质和潜在发展能力

企业发展要有后劲，人的发展也要有后劲，对于知识面广、综合素质高的人才，要重视其发展前景而予以录用。

# 第二节 应聘者来源与招聘渠道

当公司出现职位空缺需要招聘员工时，既可以从公司内部挑选合适的员工来填补空缺，也可以从社会上招聘新员工。内部来源和外部来源作为公司人员招聘的两大来源，各有其优缺点。

## 一、内部来源和渠道

实际上，企业中绝大多数工作岗位的空缺是由公司的现有员工填充的，因此，企业内部是最大的招聘来源。一些调查显示：成功企业中70%以上的管理职位都是由从企业内部提拔起来的人担任的。

内部补充机制有很多优点：

❶ 激发员工的内在积极性。随着社会的进步和经济的发展，人们的需求已逐步地从对货币报酬的狂热转移到一些非货币报酬上来。在非货币报酬中，有工作本身的报酬（包括工作的挑战性、趣味性等）和工作环境的报酬（包括企业的知名度和社会美誉度、企业的发展前景、个人的发展空间、有能力而公平的领导、健康舒适的工作环境、融洽的人际关系等），其中，人们最关心的是"个人发展空间"和"工作的挑战性"。内部获取本身就存在着极大的鼓舞员工内在积极性的功能。企业一旦启动内部招聘，员工就感受到企业真正给自己提供了发展空间，就存在着晋升的可能与推销自己、引起组织注意和信任的希望。

❷ 提拔内部员工可以提高员工对组织的忠诚度。这样他们在制定管理决策时，能做比较长远的考虑。

❸ 员工能够迅速地熟悉和进入工作，离职的可能性也比较小。内部获取的人力资源由于熟悉企业，熟悉企业的工作环境和工作流程，熟悉企业的领导和同事，了解并认可企业的文化、核心价值观和其他硬件环境，为胜任新的工作岗位所需要的指导和训练会比较少，因此，他们能够迅速地进入角色，减少了由于陌生而必须缴纳的各种"学费"，包括时间、进度和可能的失误。

❹ 上级对内部员工的能力比较了解。

❺ 人才获取的费用最少。一次大规模的公开招聘，总要消耗企业相当多的时间和财力。其中的各个环节，包括招聘前的准备，招聘中的运作、评价、测试和背景资料的收集，招聘后人员到位的一系列安排，均需消耗企业的财力、物力和时间。内部获取可以节省各个环节相当多的财力开支，使人才获取的费用降到最小值。

当然，作为一种选择范围相对狭小的招聘方式，内部招聘也有许多不足之处：那些申请了但却没有得到职位或者没有得到空缺信息的员工可能会感到不公平、失望甚至心生不满，从而影响其工作的积极性，因此，需要做解释和鼓励的工作；由于新主管从同级的员工中产生，工作集体可能会不服，这使新主管不容易建立领导声望；很多公司的老板都要求经理人张贴职位公告，并面试所有的内部应聘者，然而经理人往往早有中意人选，这就使得面试浪费了很多时间；缺少思想碰撞的火花，影响企业的活力和竞争力；

如果组织已经有了内部补充的惯例，当组织出现创新需要而急需从外部招聘人才时，就可能遭到现有员工的抵制，损害员工工作的积极性。

组织内部招聘人员的最普通方法是职位公告。职位公告意味着将职位空缺公诸于众（如通过公司或企业的布告栏、内部电视台、内部报刊、局域网等），并列出工作的特性，如资格要求、管理人员姓名、工作时间表、薪资等级等。◆图 4.1∨是一个职位公告的范例。

---

**职 位 公 告**

编号：_____ 公告日期：_____ 结束日期：_____

在_____部门中有一全日制职位_____可供申请。此职位对/不对外部候选人开放

**薪资支付水平**

最低　　　中间点　　　最高

**所要求的技术或能力**
（候选人必须具备此职位所要求的所有技术和能力，否则不予考虑）
1.在现在/过去的工作岗位上表现出良好的工作绩效，其中包括：
——有能力完整、准确地完成任务
——能够及时地完成工作并能够坚持到底
——有同其他人合作共事的良好能力
——能进行有效的沟通
——可信、良好的出勤率
——较强的组织能力
——解决问题的态度与方法
——积极的工作态度：热心、自信、开放、乐于助人和献身精神
2.可优先考虑的技术和能力：
（这些技术和能力将使候选人更具有竞争力）

**员工申请程序如下**
1.电话申请可拨号码_____，每天下午 3：00 之前，_____除外
2.确保在同一天将已经填写好的内部工作申请表连同截止到目前的履历表一同寄至_____

对于所有的申请人将首先根据上面的资格要求进行初步审查
甄选工作由_____负责
机会对每个人来说都是平等的

---

（资料来源：谌新民，熊烨．2002．员工招聘方略．广州：广东经济出版社．）

▲图 4.1　职位公告范例

## 二、外部来源和渠道

外部招聘是根据一定的标准和程序，从企业外部的众多候选人中选拔符合空缺职位工作要求的人员。当内部招聘不能满足企业对人力资源的需求时，就需要考虑从企业的外部挑选合格的员工。

1. **外部招聘的优点**

❶ 能够给企业带来新思想、新观念，补充新鲜血液，使企业充满活力。来自外部的应聘者可以为企业带来新的管理方法和经验。他们没有太多的框框束缚，工作起来可以放开手脚，从而给企业带来较多的创新机会。

❷ 避免过度使用内部不成熟的人才。以次充优和过度使用内部人才是内部招聘的主要弊端，外部获取保护和完善了"能岗匹配"的原理，使内部人员能获得必要的培训

和充足的成熟时间，避免了过度使用不成熟的人才。

❸ 是树立企业形象的好机会。外部招聘是一种与外部交流的机会，借此机会企业可以在潜在的雇员、客户和其他外界人士中树立良好的形象。

### 2. 外部招聘的缺点

❶ 人才获取的成本高。招聘高层人才，所需的人才少，招聘的覆盖区域却很宽，有时甚至覆盖全国或者一个大片区；招聘人才层次低，所需人才多，招聘的覆盖区域却可以相对小，有时甚至在一个县区或一个地区即可。但无论是招聘高层次人才，还是中、低层人才，均须支付相当高的招聘费用，包括招聘人员的费用、广告费、测试费、专家顾问的费用等。

❷ 对内部员工的积极性造成打击。这是外部招聘最大的局限性。多数员工都希望在企业中有不断的发展机会，都希望能够担任越来越重要的工作。如果企业经常从外部招聘人员，而且形成制度和习惯，则会堵死内部员工的升迁之路，从而挫伤他们的工作积极性，影响他们的士气。

❸ 文化的融合需要时间。引入的人才会带来新观念、新思想、新信息，同时，也带来对现有企业文化的挑战和思考，文化和价值观的融合需要时间。彼此的认同和相互吸引是事业成功的基础，而融合的时间会部分地影响工作的进展。

❹ 对工作的熟悉以及与周边工作关系的密切配合也需要时间。新引入人才能够进入角色是一件不容易立刻办到的事情，对本职工作的熟悉，对企业工作流程的熟悉，对与之配合的工作部门的熟悉，对领导、下属、平级同僚的工作配合均需假以时日，对企业外界相关工作部门的熟悉和建立良好关系，这些也同样需要时间，这种时间成本的投入也是必须考虑的不利因素。

### 3. 外部招聘的渠道

（1）广告招聘

广告招聘是补充各种工作岗位都可以使用的吸引方法，因此，应用最为普遍。阅读招聘广告的不仅有工作申请人，还有潜在的工作申请人，以及客户和一般大众，所以公司的招聘广告代表着公司的形象，需要认真实施。

企业使用广告作为广揽人才的手段有很多优点：工作空缺的信息发布迅速，能够在一两天内就传达给外界；有广泛的宣传效果，可以展示企业实力；在广告中可以同时发布多种类别工作岗位的招聘信息；广告发布方式可以使企业保留操作上的优势，这体现在企业可以要求申请人在特定的时间内亲自来企业、打电话或者向企业人力资源部门邮寄自己的简历和工作要求等方面。

利用广告进行招聘，需要注意两点：

❶ 媒体的选择。广告媒体的选择取决于招聘工作岗位的类型。一般来说，低层次职位可以选择地方性报纸，高层次或专业化程度高的职位则要选择全国性或专业性的报刊。表 4.1 总结了在何种情况下利用何种媒体较为合适。

❷ 广告的结构。广告的结构要遵循 AIDA 原则，A 代表注意（attention），广告要

吸引人的注意。在报纸的分类广告中，那些字与字之间距离比较大，有比较多的空白空间的广告能够显得比较突出，引起人们的注意。I 代表兴趣（interesting），要能引起求职者对工作的兴趣，这种兴趣可能是由工作本身的性质、工作活动所在的地理位置、收入等引发出来的。D 代表欲望（desire），要能引起求职者申请工作的愿望，需要在对工作感兴趣的基础上，再加上职位的优点，如工作中所包含的成就感、职业发展前途、旅行机会或其他一些类似的长处。A 代表行动（action），广告能够鼓励求职者积极采取行动，如"今天就打电话来吧"、"请马上联系我们"等，这些话语都有让人马上采取行动的力量，也是招聘广告中不可忽略的一部分。◆图 4.2＞是一则招聘广告设计范例。

表 4.1 几种主要广告媒介的优缺点比较

| 媒体类型 | 优点 | 缺点 | 恰当的使用条件 |
|---|---|---|---|
| 报纸 | 标题短小精炼；广告大小可灵活选择；发行集中于某一特定的地域；各种栏目分类编排，便于积极的求职者查找 | 容易被未来可能的求职者所忽视；集中的招聘广告容易导致竞争的出现；发行对象无特定性，企业不得不为大量无用的读者付费；广告的印刷质量一般也较差 | 当你想将招聘限定在某一地区时；当可能的求职者大量集中于某一地区时；当有大量的求职者在翻看报纸，并且希望被聘用时 |
| 杂志 | 专业杂志会到达特定的职业群体手中；广告大小富有灵活性；广告的印刷质量较高；有较高的编辑声誉；时限较长，求职者可能会将杂志保存起来再次翻看 | 发行的地域太广，故在希望将招聘限定在某一特定区域时通常不能使用；广告的预约期较长 | 当所招聘的工作承担者较为专业时；当时间和地区限制不是最重要的时候；当与正在进行的其他招聘计划有关联时 |
| 广播电视 | 不容易被观众忽略；能够比报纸和杂志更好地让那些不是很积极的求职者了解到招聘信息；可以将求职者来源限定在某一特定地区；极富灵活性；比印刷广告能更有效地渲染雇佣气氛；较少因广告集中而引起招聘竞争 | 只能传递简短的、不是很复杂的信息；缺乏持久性；求职者不能回头再了解（需要不断地重复播出才能给人留下印象）；商业设计和制作（尤其是电视）不仅耗时而且成本很高；缺乏特定的兴趣选择；为无用的广告接受者付费 | 当处于竞争的情况下，没有足够的求职者看你的印刷广告时；当职位空缺有许多种，而在某一特定地区又有足够多求职者的时候；当需要迅速扩大影响的时候；当在两周或更短的时间内足以对某一地区展开"闪电式轰炸"的时候；当用于引起求职者对印刷广告注意的时候 |
| 现场购买（招聘现场的宣传资料） | 在求职者可能采取某种立即行动的时候；引起他们对企业雇佣的兴趣；极富灵活性 | 作用有限。要使此种措施见效，首先必须保证求职者能到招聘现场来 | 在一些特殊场合，如为劳动者提供就业服务的就业交流会、公开招聘会、定期举行的就业服务会上布置的海报、标语、旗帜、视听设备等。或者当求职者访问组织的某一工作地时，向他散发招聘宣传资料 |
| 网站广告 | 不受时间空间的限制，方式灵活、快捷；成本不高 | 没有在网站上查找工作的潜在候选人可能会没有看到职位空缺信息 | 适用于有机会使用电脑和网络的人群，不论急需招聘的职位还是长期招聘的职位都适合 |

（资料来源：华茂通咨询. 2003. 员工招聘与选拔. 北京：中国物资出版社.）

---

招　　聘

敢向财富挑战的人！敢向命运挑战的人！△△公司欢迎您。

一、国贸人才 10 名，男，大学以上文化程度，精通英语，富有国贸业务及开拓国际市场经验者。

二、业务经理人才 6 名，女，大专以上文化程度，年龄 25 岁以下，精通英语，擅长英文打字。

应聘者请于本月×日，前往×街×路×号人力资源部面谈。

一经录用即享受＿＿＿＿＿＿待遇。

△△公司人力资源部

---

（资料来源：廖泉文. 2001. 人力资源招聘系统. 济南：山东人民出版社.）

◆图 4.2　招聘广告设计范例

（2）职业介绍机构

在国外，职业介绍所有公立的也有私立的。公立职业介绍所主要为蓝领员工服务，有时还兼管失业救济金的发放。私立职业介绍所主要为高级专业人才服务，要收一定的服务费，费用可以由求职者付费，也可以由公司付费，这往往要取决于劳动力市场的供求状况。但是实际上由公司付费的情况居多。

就业服务机构作为一种专业的就业机构，自然掌握比单个企业更多的人力资源的资料。而且招聘筛选的方法也比较科学，效率较高，可以为企业节省时间。另一方面，就业机构作为第三方，能够坚持公事公办，公开考核，择优录用，公正地为企业选择人才。

但正因为就业服务机构并不是企业本身，因而不能清楚了解企业对人才的要求，因此，在进行筛选时，可能会使素质较低的求职者通过初选阶段而直接送到需要聘用他们的企业那里，监督人员又可能不做过多的选择就相信就业服务机构的挑选，最终聘用这些不合格的人。而且企业必须支付中介费，从而增加招聘的费用。因此，在招聘普通员工时利用这些就业服务机构效果会比较好，而招聘高级或专门技术人员则效果不佳。

（3）猎头公司

猎头公司是一种与职业介绍机构类似的就业中介组织，但是由于它特殊的运作方式和服务对象，所以经常被看作是一种独立的招聘渠道。猎头公司是专门为雇主"搜捕"和推荐高级经营管理人员和高级技术人员的公司，他们设法诱使这些人才离开正在服务的企业。猎头公司的联系面很广，而且它特别擅长接触那些正在工作并对更换工作还没有积极性的人。它可以帮助公司的最高管理当局节省很多招聘和选拔高级主管等专门人才的时间。但是，借助于猎头公司的费用要由用人单位支付而且往往很高，一般为所推荐的人才年薪的 1/4 到 1/3。

借助于猎头公司寻找人才的企业需要注意许多问题：

❶ 必须首先向猎头公司说明自己需要哪种人才及其理由。

❷ 了解猎头公司开展人才搜索工作的范围。美国猎头公司协会规定，猎头公司在替客户推荐人才后的两年内，不能再为另一个客户把这位人才挖走。所以，在一定时期内，

猎头公司只能在逐渐缩小的范围内搜索人才。

❸ 了解猎头公司直接负责指派任务的人员的能力，不要受其招牌人物的迷惑。

❹ 事先确定服务费用的水平和支付方式。通常是开始时支付 1/3 作为订金；在接近完成招聘过程最后期限前的 30 天左右支付另外 1/3 聘金；最后 1/3 聘金在完成招聘工作的 60 天内支付。在出现意外的情况下，所支付的费用可能还不止这些。有时候实际支付的费用可能会比收费标准增加 1/10～1/5，甚至更多。

❺ 选择值得信任的人。这是因为为公司搜索人才的人不仅会了解本公司的长处，还会了解到本公司的短处，所以一定要选择一个能够为公司保密的人。

❻ 向这家猎头公司以前的客户了解这家猎头公司服务的实际效果。

（4）校园招聘

大学校园是专业人员与技术人员的重要来源。在大学或学院的校园进行招聘，已经成为我国越来越多的企业或公司喜欢运用的招聘手段。在选择学校时，组织需要根据自己的财务约束和所需要的员工类型来进行决策。如果财务约束比较紧张，组织可能只在当地的学校中来选择；而实力雄厚的组织通常在全国范围内进行选择。美国的一家公司在选择学校时主要考虑以下标准：❶在本公司关键技术领域的学术水平；❷符合本公司技术要求专业的毕业生人数；❸该校以前毕业生在本公司的业绩和服务年限；❹在本公司关键技术领域的师资水平；❺该校毕业生过去录用数量和实际报到数量的比率；❻学生的质量；❼学校的地理位置。在大学校园招聘中，一个经验是最著名的学校并不总是最理想的招聘来源，其原因是这些学校的毕业生自视很高，不愿意承担具体而烦琐的工作，这在很大程度上妨碍了他们对经营的理解和管理能力的进步。像百事可乐公司就很注意从二流学校中挖掘人才。

一般地，组织总是要极力吸引最好的工作申请人进入自己的公司。组织要达到这一目的需要注意以下问题：一是进行校园招聘时要选派能力比较强的工作人员，因为他们在申请人面前代表着公司的形象；二是对工作申请人的答复要及时，否则对申请人来公司服务的决心会产生消极影响；三是新的大学毕业生总是感觉自己的能力强于公司现有的员工，因此，他们希望公司的各项政策能够体现出公平、诚实和顾及他人的特征。

> ▶ 拓 展 阅 读
>
> IBM 等公司为了做好校园招聘工作，确定了一定数量的重点学校，并委派高水平的经理人员与学校的教师和毕业分配办公室保持密切的联系，使学校方面及时了解公司存在的空缺的要求以及最适合公司要求的学生的特征。现在，有不少公司为学生提供利用假期来公司实习的机会，这可以使学生对公司的实际工作生活有切身的体会，同时，也使公司有机会评价学生的潜质。在美国和日本，一些大公司常常在大学生还没有进入毕业年级时就开始展开吸引攻势。这些公司常用的手段包括向大学生邮寄卡片、赠送带有公司简介的纪念品、光盘等。

校园招聘的缺点是费钱、费时，需要事先安排时间，印制宣传品，还要做面谈记录。◆图 4.3＞是两个校园招聘面谈记录表的示例。它们的结构化程度都比较高，基本上不需要招聘人员另外记录毕业生的信息。

| 姓名： | | 时间： | | |
|---|---|---|---|---|
| 学校： | | 地点： | | |
| 将取得的学位及日期： | | 专业： | | 班级名次： |
| 已取得的学位及日期： | | 专业： | | 班级名次： |
| 申请职位：1. | | 2. | 3. | |
| 工作地点：1. | | 2. | 3. | |
| 考察因素 | | | 评分 | |
| 仪表言谈——外表、态度、言谈举止、语调、音色 | | | 1　2　3　4　5 | |
| 机智——反应灵敏、表达充分 | | | 1　2　3　4　5 | |
| 独立性——独立思考能力、情感成熟、影响他人 | | | 1　2　3　4　5 | |
| 激励方向——兴趣与职位符合、进取心、激励可能性 | | | 1　2　3　4　5 | |
| 教育——所学习的课程与工作的配合程度 | | | 1　2　3　4　5 | |
| 工作经验——以前工作经验对职位的价值 | | | 1　2　3　4　5 | |
| 家庭背景——家庭环境对工作的积极意义 | | | 1　2　3　4　5 | |
| 面谈考官评语：—— | | | | |
| 总体评价：　1　2　3　4　5 | | | | |
| 面谈官签字： | | 职称： | | 日期： |

（a）校园招聘记录

| 申请人编号： | | 姓名： | 性别： | | 日期： |
|---|---|---|---|---|---|
| 学校名称： | | 专业： | 学位： | | |
| 1.班级排名：　○前5%　○前10%　○前20%　○前30%　○前50%　○其他 | | | | | |
| 2.态度—激励—目标：　○不理想　○一般　○良好　○优秀 | | | | | |
| 评语（是否向上、合作、活跃、目标导向）： | | | | | |
| 3.沟通技巧：　○不理想　○一般　○良好　○优秀 | | | | | |
| 评语（是否诚恳、机智、人格力量、说服力、印象深刻）： | | | | | |
| 4.智力：　○不理想　○一般　○良好　○优秀 | | | | | |
| 评语（是否有洞察力、创造力、想象力、推理能力）： | | | | | |
| 5.执行能力：　○不理想　○一般　○良好　○优秀 | | | | | |
| 评语（是否从容不迫、有条不紊、表现突出）： | | | | | |
| 6.决策能力：　○不理想　○一般　○良好　○优秀 | | | | | |
| 评语（是否思想成熟、独立思考、符合逻辑、常识丰富、果断）： | | | | | |
| 7.领导能力：　○不理想　○一般　○良好　○优秀 | | | | | |
| 评语（是否自信、负责任、讲求效果、能够把握分寸）： | | | | | |
| 8.总评： | | | | | |
| 9.是否应该入选： | | | | | |
| 10.推荐职位：1. | | 2. | | 3. | |

（资料来源：谌新民，熊烨. 2002. 员工招聘方略. 广州：广东经济出版社.）

（b）结构化面试——校园招聘

◆图4.3　校园招聘记录示例

（5）员工推荐与应聘者自荐

当企业出现职位空缺时，通常采用内部员工推荐的方法来填补，即人力资源部门将有关工作空缺的信息告诉现有员工，请他们向企业推荐潜在的申请人。员工推荐可以节省招聘人才的广告费和付给职业介绍所的费用，还可以得到忠诚而可靠的员工。对于毛遂自荐的应聘者，公司应该礼貌地接待，最好让人力资源部门安排简单的面谈。对于应聘者的询问信，公司应该予以礼貌而及时的答复。这不仅是尊重自荐者的自尊心，还有利于树立公司声誉和今后的业务开展。

（6）网络招聘

互联网的出现给社会生活的方方面面都带来了革命性的变化，因此，人员招聘的工作方式也深受互联网的影响。网络招聘是人力资源管理部门通过互联网或内部网发布招聘信息，并通过 E-mail 或简历库收集应聘信息，经过信息处理后，初步确定所需岗位人选的一种招聘方式。

企业通过网络招聘人才，有两个选择：❶通过商业性的职业招聘网站；❷在自己公司的主页上发布招聘信息。专业招聘网站对求职者的登陆采取免费的方式，内容包括不同工作的分类，提供全职、兼职和专业知识的服务，并设有搜索功能。

**小资料**

随着信息技术的发展，网络招聘以其独特的优势已经成为招聘的一个发展趋势。到 1999 年底，全球范围内已有 400 万条就业信息在网上公布。2000 年，世界 500 强企业中已有 79% 实现了"电子招聘"，即利用网站招聘员工，而在 1999 年时这个比例为 60%，1998 年时仅为 29%。

上述外部招聘方式各有优势和局限，企业在具体实施时，应依据工作的类型、紧迫程度、地理区域限制及招聘成本综合权衡，选择合适的招聘方式。20 世纪 80 年代末，美国曾经公布过一个包括 245 个样本组织的调查结果，显示了这些组织对不同的招聘来源有效性的评价，如表 4.2 所示。

表 4.2　各种招聘来源有效性评价

| 有效性 | 行政办公 | 生产作业 | 专业技术 | 佣金销售 | 经理 |
|---|---|---|---|---|---|
| 第一 | 报纸招聘<br>(84) | 报纸招聘<br>(77) | 报纸招聘<br>(94) | 报纸招聘<br>(84) | 内部晋升<br>(95) |
| 第二 | 内部晋升<br>(94) | 申请人的毛遂自荐<br>(87) | 内部晋升<br>(89) | 员工推荐<br>(76) | 报纸招聘<br>(85) |
| 第三 | 申请人自荐<br>(86) | 内部晋升<br>(86) | 校园招聘<br>(81) | 内部晋升<br>(75) | 私人就业服务机构<br>(60) |
| 第四 | 员工推荐<br>(87) | 员工推荐<br>(83) | 员工推荐<br>(78) | 私人就业服务机构<br>(44) | 猎头公司<br>(63) |
| 第五 | 政府就业机构<br>(66) | 政府就业机构<br>(68) | 申请人自荐<br>(64) | 申请人自荐<br>(52) | 员工推荐<br>(64) |

注：表格中的括号内数字是调查样本组织中采取该种招聘渠道的百分比。

（资料来源：George T.Milkovich and John W. Boudreau, Human Resource Management,Richard D. Irwin, 1994, p.292.）

# 第三节 甄 选

## 一、甄选的含义与内容

### 1. 甄选的含义

招聘中的人员甄选是指综合利用心理学、管理学等学科的理论、方法和技术，对候选人的任职资格和对工作的胜任程度，即与职务的匹配程度进行系统的、客观的测量和评价，从而做出录用决策。

企业中员工与职位的匹配程度如何不仅影响该员工产出的数量和质量，还会影响到培训需要和经营成本。如果一个员工不能生产出企业所期望的绩效，就会给企业造成数量可观的财力和时间上的损失。因此，有效的人员甄选过程可以提高企业中人与事的匹配程度，有利于员工在企业中的发展，也可为企业提高生产力，节约成本。

### 2. 甄选的内容

候选者的任职资格和对工作的胜任程度主要取决于他所掌握的与工作相关的知识、技能，个人的个性特点、行为特征和个人价值观取向等因素。因此，人员甄选是对候选者的这几方面因素进行测量和评价。

（1）知识

知识是系统化的信息，可分为普通知识和专业知识。普通知识也就是我们所说的常识，而专业知识是指特定职位所要求的特定的知识，如国家公务员要掌握行政管理、国家方针政策及相关法律法规等专业知识。在人员甄选过程中，专业知识通常占主要地位。应聘者所拥有的文凭和一些专业证书可以证明他掌握的专业知识的广度和深度。知识的掌握可分为记忆、理解和应用三个不同的层次，会应用所学的知识才是企业真正需要的。所以，人员甄选时不能仅以文凭为依据判断候选者掌握知识的程度，还应通过笔试、测试等多种方式进行考察。

（2）能力

能力是引起个体绩效差异的持久性个人心理特征，例如，是否具有良好的语言表达能力是导致教师工作绩效差异的重要原因。通常我们将能力分为一般能力与特殊能力。一般能力是指在不同活动中表现出来的一些共同能力，如记忆力、想象力、观察力、注意力、思维能力、操作能力等。这些能力是我们完成任何一种工作都不可缺少的能力。特殊能力是指在某些特殊活动中所表现出来的能力，例如，设计师需要具有良好的空间知觉能力及色彩辨别力；管理者就需要具有较强的人际能力、分析能力等，也就是我们常说的专业技能。

（3）个性

每个人为人处事总有自己独特的风格，这就是个性的体现。个性是指人的一组相对稳定的特征，这些特征决定着特定的个人在各种不同情况下的行为表现。个性与工作绩效密切相关。例如，性格急躁的人不适合做需要耐心的精细工作，而性格内向、不擅长与人打交道的人不适合做公关工作。个性特征常采用自陈式量表或投射测量方式来衡量。

（4）动力因素

员工要取得良好的工作绩效，不仅取决于他的知识、能力水平，还取决于他做好这项工作的意愿是否强烈，即是否有足够的动力促使员工努力工作。员工的工作动力来自于企业的激励系统，但这套系统是否起作用，最终取决于员工的需求结构。不同的个体需求结构是不相同的。在动力因素中，最重要的是价值观，即人们关于目标和信仰的观念。具有不同价值观的员工对不同企业文化的相融程度不一样，企业的激励系统对他们的作用效果也不一样。所以，企业在招聘员工时有必要对应聘者的价值观等动力因素进行鉴别测试。动力因素通常采用问卷测量的方法进行。

**二、甄选测试的信度和效度**

信度与效度是企业在决定采用何种甄选方法时所依据的两个非常重要的指标。在对应聘者进行甄选测试时，应做到既可信又有效。

1. 测试的信度

（1）信度的定义

信度又叫可靠性。为了使甄选标准有更高的可信度，甄选的标准必须保持一致性，这就是所谓的信度。一种好的甄选工具必须稳定可靠，即多次测量的结果要保持一致，否则就不可信。招聘过程中所有的甄选工具都需要有信度，但目前人们对信度的讨论主要集中在甄选测试及面试上。

在日常生活中有许多信度的例子。如我们用钢卷尺测量黑板的长度所得的结果是可靠的，因为无论是由一个人去测量多次，还是分别由几个人去测量，所得结果都是一致的。如果我们改用橡皮筋做的软尺丈量，由一个人丈量多次或者由多人分别丈量所得的结果就很难一致，因为拉力的大小不同，所以这种丈量工具是缺乏信度的。

（2）测试信度的种类

❶ 重测信度。对一组应聘者进行某项测试后，过几天再对他们进行同一测试，两次测试结果之间的相关程度即为重测信度。一般情况下，这种方法较为有效，但却不适合于两次试题重复量过大的测试，因为被测试者在头一次测试中，可能记住某些内容，从而提高第二次测试的分数。

❷ 复本信度。是指对同一应聘者先后进行两次内容相当的测试，如 A 个性测试量表与 B 个性测试量表，然后测出这两次测试结果之间的相关程度，以确定测试的信度。这种方法减少了重测信度中前一次测试对后一次测试的影响，但两次测试间的相互作用，在一定程度上依然存在。

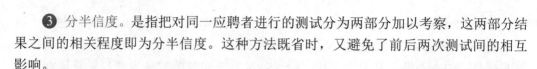

③ 分半信度。是指把对同一应聘者进行的测试分为两部分加以考察，这两部分结果之间的相关程度即为分半信度。这种方法既省时，又避免了前后两次测试间的相互影响。

（3）影响测试信度的误差来源

❶ 被测试对象的特征。被测者的个人影响因素有应试动机、测试经验、身心健康状况、动机、注意力、持久性、求胜心、作答态度等。被测者的团体影响因素有团体的异质性和团体的平均水平。

❷ 招聘者或主测者的影响因素。包括不按规定实施面试或测试、制造紧张气氛、给予某些被测者特别协助、主观评分等。

❸ 测试内容方面的影响因素。包括测试题目取样不当、题目数量过多或过少、题目意义含糊等。

❹ 实际测试的情景方法的影响因素。包括测试的现场条件、通风、温度、光线、噪声、桌面好坏、空间宽窄等。

❺ 其他干扰因素。如停电、计时设备出了问题、题目或答题纸出了问题、考场上有人生病等。

### 2. 测试的效度

（1）效度的定义

效度是比信度更重要的甄选指标。效度又称为有效性或正确性，指一种甄选技术能够真正衡量所要衡量对象的程度。在甄选过程中，有效测试的结果应能够正确地预计应聘者将来的工作成绩，即甄选结果与以后的工作绩效考核得分是密切相关的。这两者之间的相关系数越大，说明测试越有效。

（2）测试效度的种类

❶ 预测效度。指对所有应聘者都施予某种测试，但并不依其结果决定录用与否，而以其他选拔手段（如申请表的审核、面试等）来决定录用人员。被录用人员工作一段时间以后，再对其工作绩效加以考核，然后将绩效考核的得分与当初的测试结果相比较，求二者的相关系数。相关系数越大，说明此测试效度高，可依其预测应聘者的潜力；若相关系数很小或不相关，则说明此测试无法预测被测人员的工作潜力。如果这种方法检验出的效度高，说明这种方法可用于将来对员工的选拔，且多用于能力及潜力测试，效果会更好。

❷ 同测效度。指对现有的员工实施某种测试，然后将结果与这些员工的工作表现或者工作考核得分加以比较。若两者相关系数很大，则此测试的效度就很高，说明此测试与某项工作密切相关。这种测试效度的特点是省时，可以尽快检验某测试的效度，但在将其应用到录用甄选测试中时，难免会受到其他因素的干扰而无法准确预测到应聘者未来的工作潜力。例如，这种效度是根据现有员工的测试得出的，而现有员工所具备的经验、对企业的了解等则是应聘者所缺乏的，因此，应聘者有可能因缺乏经验而在测试

中得不到高分，从而被错误地判断为没有潜力或能力。其实他们若经过锻炼与培训，是可能成为称职的员工的。

❸ 内容效度。指测试是否代表了工作绩效的某些重要因素。例如，招聘打字员时，对应聘者的打字速度及准确性进行测试，这种实际操作测试的内容效度是最高的。

（3）影响测试效度的误差来源

❶ 测试组成方面的影响因素。试题是构成测试的要素，测试的效度取决于试题的性能。测试的取材、测试的长度、试题的难度、试题的编排方式等对测试都有影响。如果测试试题经过审慎选择，测试的长度合适，难易程度适中且安排得当，则效度比较高。

❷ 测试实施方面的因素。若招聘者能够恰当控制测试情景，遵照有关规定去进行测试，就可以避免外在因素影响测试结果的正确性。在测试实施的过程中，无论是场地的布置、材料的准备、作答方式说明、时间的限制等，如果不按照标准化的程序进行，都会使效度降低，失去测试的意义。

❸ 受测者的反应方面的影响因素。受测者的兴趣、动机、情绪、态度和身心健康状况等，都足以决定其在测试情景中的反应，而受测者是否充分合作与尽力而为，均能影响测试结果的可靠性和正确性。无论是能力测试还是人格测试，只有在受测者反应真实时，才能对其作出正确判断。

## 三、甄选的方法

甄选常采用笔试、面试、心理测试和评价中心等方法对应聘者的知识、能力、个性和动力因素进行评价，判断其是否胜任工作岗位。

### 1. 笔试

笔试是指通过纸笔测验的形式，对应聘者的基本知识、专业知识、管理知识、综合分析能力和文字表达能力进行衡量的一种方式。

根据内容的不同，笔试可以分为百科知识考试（又称广度考试）、相关知识考试（又称结构考试，考察专业知识结构是否合理）和业务知识测试（又称深度考试）。通过笔试，对应聘者的知识结构、实践经验和工作熟练程度做出初步判断。

笔试法的优点是一次能够出十几道乃至上百道试题。考试的取样较多，对知识、技能和能力的考核的信度和效度都较高，可以大规模地进行分析，因此，花时间少，效率高，应聘者的心理压力较小，较易发挥水平，成绩评定比较客观。缺点主要表现在不能全面地考察应聘者的工作态度、品德修养以及组织管理能力、口头表达能力和操作技能等。因此，笔试法虽然有效，但还必须和其他测评方法结合使用。在企业招聘中，笔试成绩往往作为筛选依据，合格者才能继续参加面试或下一轮测试。

2. 面试

面试是通过主考官与应聘者面对面的信息沟通，考察应聘者是否具备与职位相关的能力和个性品质的一种人员甄选技术。面试具有直观、深入、灵活、互动的特点，不仅可以评价出应聘者的学识水平，还能评价出应聘者的能力、才智及个性心理特征等。

（1）面试的分类

❶ 根据面试的结构化（标准化）程度，可分为结构化面试、半结构化面试和非结构化面试。结构化面试就是面试题目、面试实施程序、面试评价、考官构成等方面都有统一明确的规范的面试。半结构化面试是指只对面试的部分因素有统一要求的面试，如规定有统一的程序和评价标准，但面试题目可以根据面试对象的不同而灵活变化。非结构化面试是对面试有关的因素不作任何限定的面试，也就是通常没有任何规范的随意性面试。

❷ 根据面试对象的多少可分为个别面试和小组面试。个别面试是一次只有一个应聘者的面试，现实中的面试大都属于此类；而小组面试是同时对多名应聘者进行的面试，小组讨论就是一种小组面试，主考官同时要对多名应聘者进行评价。

❸ 根据面试目的的不同，可分为压力性面试和非压力性面试。压力性面试是将应聘者置于一种人为的紧张气氛中，以考察其应变能力、压力承受能力、情绪稳定性等。非压力性面试是在没有压力的情景下考察应聘者有关方面的素质。

（2）面试的步骤

理想的面试包括五个步骤：准备、建立和谐气氛、提问、结束以及复审。

❶ 面试准备。首先，主考官应当提前做好面试准备。特别是要审查应聘者的申请表和履历表，并注明模糊或表明应聘者优点或缺点的地方。主考官应当查阅工作规范，这样主考官将带着理想应聘者特征的清晰图像进入面试。在面试前主考官还要准备合适的面试地点。理想的面试地点应是僻静的房间，尽量不要安装电话，其他的干扰也要降至最低。

❷ 建立和谐气氛。在面试开始时，可以从一些轻松的话题开始，以营造一个轻松的气氛，如谈谈天气或交通状况来开始整个面试。花几分钟问这种问题可极大地降低应聘者的紧张情绪，这使得应聘者能够全面和有条理地回答主考官的提问。

❸ 提问。面试的下一步是提问阶段。在任何情况下，提问时必须谨记下列事情：首先，避免以"是"或"否"进行回答的问题；相反，要提那些需要应聘者更详尽地做出回答的问题。不要传递所期望的答案的信息，例如，当应聘者回答正确时点头或微笑。不要像对待因犯那样审问应聘者，不要采取讽刺或漫不经心的态度。不要让漫谈垄断整个面试。类似地，不要让应聘者支配整个面试，使得主考官无法问所有的问题；相反，一定要问开放性的问题，并倾听应聘者的回答，鼓励他们充分表达自己的想法。

❹ 结束面试。在面试结束之际，应留有时间回答应聘者的问题，然后以尽可能诚实礼貌的方式结束面试。如果认为应聘者可以被录用，就告诉他大概什么时间可以得到

录用通知；对于不准备录用的应聘者，也告诉他如果录用，会发通知给他。

⑤ 回顾面试。应聘者离开后，主考官应当检查面试记录，填写结构化面试指导（如果在面试中没有填写的话），并趁面试在头脑中尚清晰时回顾面试的场面。在应聘者离开后仔细回顾面试，有助于主考官避免过早下结论和强调应聘者的负面资料。主考官应该根据应聘者现有的技能和兴趣来评价应聘者能够做什么，根据应聘者的兴趣和职业目标来评价申请人愿意做什么，并在申请人评价表上记录主考官的满意程度。

（3）影响面试效果的因素

在企业的录用面试过程中，主考官通常可能出现以下几个方面的问题，从而影响录用面试工作的效果，因此，需要在面试中有意识地努力克服。

① 第一印象效应。即主考官经常在见到应聘者的几分钟之内就已经根据应聘者的申请表和个人仪表做出是否录用的判断，而且即使延长面试时间也无济于事。如果主考官在面试之前就已经得到了应聘者的负面资料时尤其如此。

② 强调应聘者的负面资料。即主考官比较容易受到应聘者负面资料的影响。这包括两个方面的含义：一是主考官对应聘者的印象容易由好变坏，但不容易由坏变好；二是对于应聘者同样程度的优点和缺点，主考官会强调缺点而忽视优点。这种负面效应存在的原因是公司对主考官招聘到合格的员工通常没有奖励，而对招聘到不合格的员工却会进行批评或不满。这种只有惩罚而没有奖励的奖惩不对称性使得主考官一般都倾向于比较保守，不愿承担风险。结果，面试经常被用来搜寻应聘者的不利信息，因此，大部分面试对应聘者不利。

③ 主考官不熟悉工作要求。这是指主考官经常不了解工作内容，不清楚哪一种人才能够胜任工作。在这种情况下，主考官就无法依据与工作岗位要求密切相关的信息制定录用决策。经验表明，在甄选标准不明确的情况下，主考官经常会给应聘者一个偏高的评价。

④ 雇佣压力。当主考官处于雇佣较多应聘者的压力下时，主考官进行的面试可能会很糟糕。例如，在一项研究中，一群经理人员被告知他们没有达到招聘定额；另一群则被告知他们已经超过了招聘定额。那些被告知没达到招聘定额的经理人员对同样的应聘者的评价要比另一群经理人员更高。

⑤ 对比效应。即主考官的面试次序会影响应聘者的评价。一位中等的应聘者在连续几位不理想的应聘者之后接受面试常常会得到很高的评价，而同样这位应聘者如果在连续几位很理想的应聘者之后接受面试又会得到过低的评价。

⑥ 非言语行为的影响。作为主考官可能还会受到应聘者的非言语行为的影响。例如，几项研究表明，表现出更大量眼接触、头移动、微笑，以及其他非言语行为的应聘者得到的评价更高。

### 3. 心理测验

心理测验是通过观察人的少数具有代表性的行为，依据一定的原则或通过数量分析，对贯穿于人的行为活动中的能力、个性、动机等心理特征进行分析推论的过程。在人员甄选中较常用的心理测试有能力测验、人格测验、职业兴趣测验等。

（1）能力测验

能力测验是直接影响活动效率，使活动、任务得以顺利进行的心理特征。我们通常所说的一个人解决问题速度快，任务完成的质量高，活动效果好等，都是指这个人的能力强。能力总是在具体活动中体现出来。能力测验就是通过纸笔测验的方式鉴别出个体之间的这种差异。通常将能力测验分为一般能力测验和特殊能力测验两类。

❶ 一般能力测验。一般能力测验也就是我们通常所说的智力（IQ）测验，智力测验是对智力水平的科学测试，它主要测验一个人的思维能力、学习能力和适应环境的能力等。在智力测验中，采用"智商"这一概念表示智力水平的高低。

> **拓 展 阅 读**
>
> IQ 最初使用时是一个商数。其程序是用智力年龄（通过智力测试测量）除以实际年龄，然后乘以 100。因此，若一位 8 岁小孩能够回答 10 岁小孩的问题，其 IQ 就是 10/8×100 或 125。
>
> 对成人来说，智力年龄除以实际年龄没有多大意义。例如，我们不必预期一位 30 岁的成人比一位 25 岁者更聪明。因此，成人 IQ 是导出分数，它反映个体高于或低于成人平均智力分数的程度。

世界上应用最广的智力测验是韦克斯勒智力量表，通常称为韦氏量表。表 4.3 是韦氏成人智力量表的内容。

表 4.3 韦氏成人智力量表的内容

| | 分测验名称 | 欲测的能力 |
|---|---|---|
| 言语量表 | 常识 | 知识的广度、一般学习能力及对日常事物的认识能力 |
| | 背数 | 注意力和短时记忆能力 |
| | 词汇 | 言语理解能力 |
| | 算术 | 数学推理能力、计算和解决问题的能力 |
| | 理解 | 判断能力和理解能力 |
| | 类同 | 逻辑思维和抽象概括能力 |
| 操作量表 | 填图 | 视觉记忆、辨认能力、视觉理解能力 |
| | 图片排列 | 知觉组织能力和对社会情景的理解能力 |
| | 积木图 | 分析综合能力、知觉组织及视动协调能力 |
| | 图形拼凑 | 概括思维能力与知觉组织能力 |
| | 数字符号 | 知觉辨别速度与灵活性 |

（资料来源：马新建等. 2003. 人力资源管理与开发. 北京：石油工业出版社.）

❷ 特殊能力测验。特殊能力测验是针对特定目的或者特定职业群体的能力测验。这种能力测验主要用于两大目的：测量已有工作经验或受过有关训练的人员在某些职务领域中的熟练程度或水平；选拔那些具有从事某项职业的，并且能够在很少或不经特殊培训的情况下就能从事某种工作的人才。特殊能力测验主要有文书能力测验、心理运动能力测验、视觉测验、机械能力测验和美术、音乐能力测验等。

（2）人格测验

人格测验用于了解被测试者的情绪、性格、态度、工作动机、品德、价值观等方面。人格是一个人能否施展才能，有效完成工作的基础。一个人如果在人格方面有缺陷，肯定会使其拥有的才能大打折扣。人格测验方法主要有自陈量表和投射法两种。

自陈量表是让受试者个人提供关于自己人格特征的报告。它采用的是客观测验的形式，其题目形式如下：❶是非式（例如，我无事时喜欢上街游荡。是□否□）；❷折中是非式（例如，你喜欢单独去看电影吗？是□否□不一定□）；❸二择一式（如 A.我经常批评那些有权威和地位的人。□B.在长辈或上级面前，我总是感到胆怯□）；❹文字量表式（例如，你对自己的工作满意吗？非常满意□比较满意□无所谓□不大满意□极不满意□）；❺数字量表式（例如，我喜欢唱歌。5□4□3□2□1□，5——经常，4——多次，3——偶尔，2——极少，1——从未）。

投射技术是给被试者呈现一些意义不明确的刺激图形，让被试者根据自己的体验来说明看到了什么，即将自己的人格特点投射到刺激中去。最普遍流行的投射技术是罗夏墨迹测验和主体统觉测验。这些测验只有限地运用于高级管理人员的甄选，而在大多数情况下运用于临床心理诊断。

> **小资料**
>
> 自陈量表中比较著名的有明尼苏达多相人格测验（MMPI）、卡特尔16种人格测验（16PF）、爱德华个性偏好量表（EPPS）、爱森克人格问卷（EPQ）、迈尔斯-布里格斯性格分类法（Myers-Briggs Type Indicator，MBTI）等。

（3）职业兴趣测验

一个人职业上的成功，不仅受到能力的制约，而且与其兴趣和爱好有密切关系。职业兴趣作为职业素质的一个方面，往往是一个人职业成功的重要条件。了解职业兴趣的主要途径就是采用职业兴趣测验量表或问卷来进行。西方在第一次世界大战期间进行了最早的尝试，而我国的职业兴趣研究起步较晚，主要以引进和修订西方量表为主。

> **小资料**
>
> 现在较常用的测验量表有坎贝尔编制的《坎贝尔兴趣量表（SCⅡ）》、库德的《库德职业兴趣量表（KOIS）》、霍兰德的《职业偏好量表（VPI）》和《自我职业选择量表（SDS）》、斯特朗的《斯特朗职业兴趣表（SVIB）》及我国北京人才评价与考试中心编制的《BEC职业兴趣测验》。

4. 评价中心

评价中心是近几十年来在西方企业中流行的选拔和评估管理人员，尤其是中高层管理人中的一种人员素质测评体系。它是一种综合性的人员测评方法，包括前面所介绍的人格测验、能力测验、面试等方法，但评价中心最主要的组成部分也是它最突出的特点，在于它使用了情景性的测验方法对被测评者的特定行为进行观察和评价。这种方法通常是将被测试者置于一个模拟的工作情景中，采用多种评价技术，由多个评价者观察被评价者在这种模拟工作情景中的行为表现，用来识别被评价者未来的工作潜能。因此，这种方法有时也被称为情景模拟的方法。评价中心所采用的情景性测验包括多种形式，主要有公文处理（文件筐测验）、无领导小组讨论、角色扮演、管理游戏、演讲辩论、模拟面谈、案例分析等。有人粗略地统计了每一种类型的测评方法在评价中心中使用的比例，如表4.4所示。

表 4.4　各种测评方法在评价中心中的使用

| | 测评方法的类型 | | 在评价中心中使用的比例 |
|---|---|---|---|
| 比较复杂的 | 角色扮演 | | 25% |
| | 文件筐测验 | | 81% |
| | 小组任务 | | 未调查 |
| | 小组讨论 | 分配角色的 | 44% |
| | | 未分配角色的 | 59% |
| | 演讲 | | 46% |
| | 案例分析 | | 73% |
| 比较简单的 | 搜寻事实 | | 38% |
| | 模拟面谈 | | 47% |

（资料来源：吴志明. 2002. 员工招聘与选拔实务手册. 北京：机械工业出版社.）

（1）公文处理

公文处理是评价中心的一种主要的测试形式。在这项测试中，主考官设计出一系列管理者所处真实环境中需要处理的各类公文，这些公文可以涉及财务、人事备忘录、市场信息、政府法令、客户关系等，公文可多可少，一般不少于 5 份，不多于 30 份。测验要求被测试者以管理者的身份，模拟一个公司所发生的实际业务、管理环境，在规定的条件下（通常是较紧迫困难的条件，如时间与信息有限，孤立无援，初履新任等），对各类公文材料进行处理，形成公文处理报告，从而对被测试者的计划、组织、分析、判断、决策、文字等能力进行评价。

（2）无领导小组讨论

无领导小组讨论是指一组被测试者开会讨论某个问题，讨论前并不指定谁主持会议，在讨论中观察每一个被评价者的发言，以便了解被评价者心理素质和潜在能力的一种测试方法。这个小组是临时组成的，并不指定谁是负责人。在这种情况下，通过对被测试者在讨论中所表现的语言表达能力、独立分析问题的能力、概括能力、应变能力、团队合作能力、感染力、建议的价值性、措施的可行性、方案的创意性等划分等级，进行评价。其目的就在于考察被测试者的表现，尤其是看谁会从中脱颖而出，成为自发的领导者。

（3）角色扮演

该方法是在一个模拟的人际关系情景中，设计出一系列尖锐的人际矛盾和人际冲突，要求被测试者扮演其中某一角色并进入情境，去处理这些矛盾和问题。通过对被测试者在不同的角色情境中表现出来的行为进行观察和记录，评价被测试者是否具备符合其身份的素质特征及个人在模拟情境中的行为表现与组织预期的行为模式、将担任职务的角色规范之间的吻合程度，即个人的个性与工作情境间的和谐统一程度。这种方法主要用于评价角色扮演者的协调人际关系技巧、情绪的稳定性和情绪的控制能力、随机应变能力、处理问题的方法和技巧。

（4）管理游戏

它是一种以完成某项"实际工作任务"为基础的标准化模拟活动。在这种活动中，小组成员各被分配一定的任务，必须共同合作才能较好地解决它。有些管理游戏中包含着劳动力的组织与划分，包含着动态环境的相互作用及更为复杂的决策过程。通过被测试者在完成任务的过程中所表现的行为来测评被测试者的实际管理能力。

# 第四节　劳 动 合 同

**背景资料**

《中华人民共和国劳动合同法》（以下简称《劳动合同法》）是由中华人民共和国第十届全国人民代表大会常务委员会第二十八次会议于2007年6月29日通过，自2008年1月1日起施行。《劳动合同法》的立法宗旨是为了完善劳动合同制度，明确劳动合同双方当事人的权利和义务，保护劳动者的合法权益，构建和发展和谐稳定的劳动关系。《劳动合同法》规定用人单位自用工之日起即与劳动者建立劳动关系。建立劳动关系，应当订立书面劳动合同。

## 一、劳动合同的含义

劳动合同是指劳动者同企业、国家机关、事业单位、民办非企业单位、个体经济组织等用人单位之间订立的明确双方权利义务的协议。劳动合同是确立劳动关系的法律文书，也是劳动者与用人单位之间形成劳动关系的基本形式。劳动合同的双方当事人依法签订劳动合同是促进劳动关系良好运行以及预防、妥善处理劳动争议的前提条件，而且劳动合同应以书面形式订立。

## 二、劳动合同的内容

在劳动合同中需要明确规定当事人双方权利义务及合同必须明确的其他问题，这就是劳动合同的内容。劳动合同的内容主要包括三个方面：❶劳动关系主体。即订立劳动合同的双方当事人的情况。❷劳动合同客体。指劳动合同的标的（所谓"标的"，是指订立劳动合同双方当事人的权利义务指向的对象，它是当事人订立劳动合同的直接体现，也是产生当事人权利义务的直接依据）。❸劳动合同的权利义务。指劳动合同当事人享有的劳动权利和承担的劳动义务。

劳动合同的内容可以分为法定条款和约定条款两部分。法定条款是指由法律、法规直接规定的劳动合同必须具备的内容；约定条款是指不由法律、法规直接规定，而是由双方当事人自愿协商确定的内容。

我国《劳动合同法》规定，劳动合同应当具备以下条款：用人单位的名称、住所和法定代表人或者主要负责人；劳动者的姓名、住址和居民身份证或者其他有效身份证件号码；劳动合同期限；工作内容和工作地点；工作时间和休息休假；劳动报酬；社会保险；劳动保护、劳动条件和职业危害防护；法律、法规规定应当纳入劳动合同的其他事项。

除了上述九项必备条款之外，我国《劳动合同法》还规定双方可以协商约定其他内容，即劳动合同的约定条款，协商约定试用期、培训、保守秘密、补充保险和福利待遇等其他事项。

## 三、无效劳动合同的认定及报酬支付

无效劳动合同是指由当事人签订成立而国家不予承认其法律效力的劳动合同。一般合同一旦依法成立，就具有法律约束力，但是无效合同成立，也不具有法律约束力，不发生履行效力。《劳动合同法》第二十六条规定，有下列情形之一的，合同无效：❶以欺诈、胁迫的手段或乘人之危，使对方在违背真实意思的情况下订立或者变更劳动合同的；❷用人单位免除自己的法定责任、排除劳动者权利的；❸违反法律、行政法规强制性规定的。劳动合同的无效或者部分无效，由劳动行政部门、劳动争议仲裁机构或者人民法院确认。

《劳动合同法》规定，劳动合同被确认无效，劳动者已付出劳动的，用人单位应当向劳动者支付劳动报酬。劳动报酬的数额，按照同工同酬的原则确定。

## 四、劳动合同期限的确定

劳动合同期限是指合同的有效时间，它一般始于合同的生效之日，终于合同的终止之时。任何劳动过程，都是在一定的时间和空间中进行的。在现代化社会中，劳动时间被认为是衡量劳动效率和成果的一把尺子。劳动合同期限由用人单位和劳动者协商确定，是劳动合同的一项重要内容，有着十分重要的作用。

法律明确规定劳动合同中有关期限的问题分为三种：一是有固定期限的劳动合同；二是无固定期限的劳动合同；三是以完成一定工作为期限的劳动合同。固定期限劳动合同是指用人单位与劳动者约定合同终止时间的劳动合同。无固定期限劳动合同是指用人单位与劳动者约定无确定终止时间的劳动合同。以完成一定工作任务为期限的劳动合同，是指用人单位与劳动者约定以某项工作的完成为合同期限的劳动合同。

## 五、试用期的规定

试用期是指用人单位对新招收的员工进行思想品德、劳动态度、实际工作能力、身体情况等进行进一步考察的时间期限。《劳动合同法》规定：劳动合同期限 3 个月以上不满 1 年的，试用期不得超过 1 个月；劳动合同期限 1 年以上 3 年以下的，试用期不得超过 2 个月；3 年以上固定期限和无固定期限的劳动合同试用期不得超过 6 个月。同一用人单位与同一劳动者只能约定一次试用期。以完成一定工作任务为期限的劳动合同或者劳动合同期限不满 3 个月的，不得约定试用期。劳动合同仅约定试用期或者劳动合同期限与试用期相同的，试用期不成立，该期限为劳动合同期限。

《劳动合同法》规定，劳动合同可以约定试用期，但最长不得超过 6 个月。在劳动合同中约定试用期，一方面，可以维护用人单位的利益，为每个工作岗位找到合适的劳动者，试用期制度就是供用人单位考察劳动者是否适合其工作岗位的一项制度，给企业考察劳动者是否与录用要求相一致的时间，避免用人单位遭受不必要的损失。另一方面，可以维护新招收职工的利益，使被录用的职工有时间考察了解用人单位的工作内容、劳动条件、劳动报酬等是否符合劳动合同的规定。

《劳动合同法》有关试用期工资的规定为：劳动者在试用期的工资不得低于本单位同岗位最低档工资或者劳动合同约定工资的80%，并不得低于用人单位所在地的最低工资标准。

## 六、劳动合同订立应遵循的原则

劳动合同订立的原则，是指用人单位与劳动者在订立劳动合同的整个过程中必须遵循的基本法律准则。我国《劳动合同法》规定的劳动合同订立原则主要有以下五条：❶合法原则；❷公平原则；❸平等自愿的原则；❹协商一致的原则；❺诚实信用的原则。

## 七、劳动合同的解除和终止

### 1. 劳动合同的解除

劳动合同的解除是指劳动合同在订立以后，尚未履行完毕或者未全部履行以前，由于合同双方或者单方的法律行为导致双方当事人提前消灭劳动关系的法律行为。可分为协商解除、法定解除和约定解除三种情况。

（1）经双方协商同意而解除劳动合同

《劳动合同法》规定："用人单位与劳动者协商一致，可以解除劳动合同。"同时，有关法规规定，经劳动合同当事人协商一致，由用人单位解除劳动合同的，用人单位根据劳动者在本单位的工作年限，每满1年支付1个月工资的经济补偿金，最高不超过12个月。6个月以上不满1年的，按1年计算；不满6个月的，向劳动者支付半个月工资的经济补偿。

（2）用人单位可以解除劳动合同的条件

《劳动合同法》规定，劳动者有下列情形之一的，用人单位可以解除劳动合同：在试用期间被证明不符合录用条件的；严重违反用人单位的规章制度的；严重失职，营私舞弊，给用人单位的利益造成重大损害的；劳动者同时与其他用人单位建立劳动关系，对完成本单位的工作任务造成严重影响，或者经用人单位提出，拒不改正的；以欺诈、胁迫的手段或者乘人之危，使对方在违背真实意思的情况下订立或变更劳动合同的，致使劳动合同无效的；被依法追究刑事责任的。

此外，有下列情形之一的，用人单位在提前30日以书面形式通知劳动者本人或者额外支付劳动者1个月工资后，可以解除劳动合同：劳动者患病或者非因工负伤，在规定的医疗期满后不能从事原工作也不能从事由用人单位另行安排的工作的；劳动者不能胜任工作，经过培训或者调整工作岗位，仍不能胜任工作的；劳动合同订立时所依据的客观情况发生重大变化，致使劳动合同无法履行，经用人单位与劳动者协商，未能就变更劳动合同内容达成协议的。

《劳动合同法》第四十一条规定，有下列情形之一，需要裁减人员20人以上或者裁减不足20人但占企业职工总数10%以上的，用人单位应当提前30日向工会或者全体职工说明情况，听取工会或者职工的意见后，裁减人员方案经向劳动行政部门报告，可以裁减人员：依照企业破产法规定进行重整的；生产经营发生严重困难的；企业转产、重大技术革新或者经营方式调整，经变更劳动合同后，仍需裁减人员的；其他因劳动合同订立时所依据的客观经济情况发生重大变化，致使劳动合同无法履行的。裁减人员时，应当优先留用下列劳动者：与本单位订立较长期限的固定期限劳动合同的；订立无固定期限劳动合同的；家庭无其他就业人员，有需要扶养的老人或者抚养的未成年人的。用人单位在 6 个月内重新招用人员的，应当通知被裁减的人员，并在同等条件下优先招用被裁减的人员。

《劳动合同法》第四十三条规定：用人单位单方解除劳动合同，应当事先将理由通知工会。用人单位违反法律、行政法规规定或者劳动合同约定的，工会有权要求用人单位纠正。用人单位应当研究工会的意见，并将处理结果书面通知工会。

（3）用人单位不得解除劳动合同的条件

根据《劳动合同法》第四十二条规定，劳动者有下列情形之一的，用人单位不得依照本法第四十条、第四十一条的规定解除劳动合同：从事接触职业病危害作业的劳动者未进行离岗前职业病健康检查，或者疑似职业病病人在诊断或者医学观察期间的；在本单位患职业病或者因工负伤并被确认丧失或者部分丧失劳动能力的；患病或者非因工负伤，在规定的医疗期内的；女职工在孕期、产期、哺乳期的；在本单位连续工作满 15 年，且距法定退休年龄不足 5 年的；法律、行政法规规定的其他情形。

此外，劳动者在试用期中，除有证据证明劳动者不符合录用条件外，用人单位不得解除劳动合同。用人单位在试用期解除劳动合同的，应当向劳动者说明理由。

（4）劳动者可以解除劳动合同的条件

根据《劳动合同法》的规定，劳动者除与用人单位协商一致，可以解除劳动合同外，还可以提前 30 日以书面形式通知用人单位或在试用期内提前 3 日通知用人单位，可以解除劳动合同。用人单位有下列情形之一的，劳动者可以随时解除劳动合同：未按照劳动合同约定提供劳动保护或者劳动条件的；未及时足额支付劳动报酬的；未依法为劳动者缴纳社会保险费的；用人单位的规章制度违反法律、法规的规定，损害劳动者权益的；因本法第二十六条第一款规定的情形致使劳动合同无效的；法律、行政法规规定劳动者可以解除劳动合同的其他情形。用人单位以暴力、威胁或者非法限制人身自由的手段强迫劳动者劳动的，或者用人单位违章指挥、强令冒险作业危及劳动者人身安全的，劳动者可以立即解除劳动合同，不需事先告知用人单位。

2. 劳动合同的终止

劳动合同终止是指劳动合同的法律效力依法被消灭，即劳动关系由于一定法律事实的出现而终结，劳动者与用人单位之间原有的权利义务不再存在。

根据《劳动合同法》第四十四条的规定，有下列情形之一的，劳动合同终止：劳动合同期满的；劳动者开始依法享受基本养老保险待遇的；劳动者死亡，或者被人民法院宣告死亡或者宣告失踪的；用人单位被依法宣告破产的；用人单位被吊销营业执照、责令关闭、撤销或者用人单位决定提前解散的；法律、行政法规规定的其他情形。

此外，《劳动合同法》第四十五条规定：劳动合同期满，有本法第四十二条规定情形之一的，劳动合同应当延缓至相应的情形消失时终止。但是，本法第四十二条第二项规定部分丧失劳动能力劳动者的劳动合同的终止，按照工伤保险的有关规定执行。

3. 用人单位违法解除或者终止劳动合同法律后果

《劳动合同法》第四十八条规定：用人单位违反规定解除或者终止劳动合同，劳动者要求继续履行劳动合同的，用人单位应当继续履行；劳动者不要求继续履行劳动合同或者劳动合同已经不能继续履行的，用人单位应当依照经济补偿标准的两倍向劳动者支付赔偿金。

# 第五节　案例分析：一张白纸好画画，宝洁青睐毕业生

在美国《财富》中文版杂志最近评出的中国最受人力资源经理青睐的、排名前 20 家企业中，广州宝洁榜上有名。广州宝洁公司公共事务部的许燕辉小姐告诉记者，宝洁公司 165 年来成功的关键在于宝洁公司企业文化的核心是对人才的重视和承诺。许燕辉简要地介绍了宝洁公司人力资源管理体系的内容：

❶ 完善的招聘系统。确保招聘到最合适和最优秀的员工。

❷ 系统的培训体系。在员工的培训和发展方面投入了大量的人力、物力。尤其值得一提的是上级经理对下属在工作过程中进行的指导，在其企业内被称为"在职培训"，是他们人才培训非常重要的一部分。

❸ "内部提升"的用人哲学。从基层岗位招聘人才，尽量在内部员工中提拔高级管理人员，使员工和公司一起成长，对公司充满主人翁责任感和自豪感。

❹ "早期责任"对新员工委以重任，为他们设计充满挑战性的工作项目。这点被称为早期责任。早期责任会让新人获得宝贵的实践经验，更快地成长。

❺ "尊重每一位员工"。营造一种互相尊重的工作环境。

❻ 海外学习和工作机会。作为一个跨国公司，宝洁为员工提供海外学习和工作机会，使员工得以更快地成长。

宝洁公司招聘员工时重视的是员工本身的素质。他们所需要的素质包括诚实正直、领导能力、勇于承担风险、积极创新、发现问题和解决问题的能力、团结合作、不断进取等。有些部门，如产品供应部、研究开发部、信息技术部和财务部，也会要求学生有一些基本的专业背景。

在用人方面，宝洁公司在权衡学历、工作经验方面可谓经验独到。宝洁公司大部分的需求岗位是招聘应届毕业生的。宝洁公司从 1989 年起，就开始在大学里招聘优秀的应届毕业生。十多年来，他们绝大多数的需求岗位都是由大学应届毕业生来补充的。这是基于公司"内部提升"的理念。在广州宝洁和全球其他地方的宝洁公司，几乎所有的高层、中层管理人员都是从毕业后就直接进入宝洁公司的。他们和公司一起成长，对公司有家一般的亲切感和自豪感。当然另一方面，宝洁也有少部分职位是面向社会招聘有经验的人才。

（资料来源：金可. 一张白纸好画画，宝洁青睐毕业生. 亚太人力资源网，2002-12-18.）

【案例讨论】

1. 描述广州宝洁公司的主要招聘策略。
2. 广州宝洁公司的"内部提升"理念是什么？这样做有什么好处？
3. 请你谈谈对宝洁公司的招聘条件的看法。

# 练 习 题

## 一、单项选择题

1. 发布一个招聘低层次职位的广告，可以选择的媒体为（　　）。

    A. 电视　　　　　　　　　　　　B. 杂志

    C. 全国性或专业性报刊　　　　　D. 地方性报刊

2. 报纸借助于猎头公司进行的招聘，收取的费用一般是推荐的人才年薪的（　　）。

    A. 1 倍　　　　　B. 1/3　　　　　C. 1/10　　　　　D. 1/20

3. 在下列招聘中，所需招聘费用最多的方法为（　　）。

    A. 内部招聘　　　　　　　　　　B. 网络招聘

    C. 校园招聘　　　　　　　　　　D. 猎头公司

4. 投射测验属于（　　）。

    A. 兴趣测验　　　B. 能力测验　　　C. 人格测验　　　D. 态度测验

5. 主试者按照事先设计好的结构向每个申请者提出相同的问题，并记录每个问题的答案是（　　）面试。

    A. 系列化　　　　B. 情景　　　　　C. 非结构化　　　D. 结构化

6. 在面试过程中，只有一位应聘者的面试称为（　　）。

    A. 个别面试　　　B. 小组面试　　　C. 压力面试　　　D. 结构化面试

7. 评价中心是在（　　）基础上发展起来的。

    A. 心理测验　　　B. 面试　　　　　C. 情景模拟　　　D. 工作分析

8. 劳动合同期限 1 年以上 3 年以下的，试用期不得超过（　　）个月。

    A. 1　　　　　　B. 2　　　　　　C. 3　　　　　　D. 6

9. 劳动者在试用期的工资不得低于本单位同岗位最低档工资或者劳动合同约定工资的（　　）。

    A. 60%　　　　　B. 70%　　　　　C. 80%　　　　　D. 90%

10. 由用人单位解除劳动合同的，用人单位根据劳动者在本单位的工作年限，每满 1 年支付 1 个月的经济补偿金，最高不超过（　　）个月。

    A. 6　　　　　　B. 12　　　　　　C. 18　　　　　　D. 24

## 二、多项选择题

1. 下列属于外部招聘渠道的有（　　　）。
   A. 内部晋升　　　B. 职业介绍机构　C. 猎头公司
   D. 校园招聘　　　E. 工作调换

2. 招聘广告的结构要遵循的原则为（　　　）。
   A. 注意　　　　　B. 兴趣　　　　　C. 欲望
   D. 行动　　　　　E. 情感

3. 在进行员工录用中，可采用的筛选方法有（　　　）。
   A. 笔试　　　　　B. 心理测验　　　C. 面试
   D. 演讲　　　　　E. 无领导小组讨论

4. 面试的特点有（　　　）。
   A. 直观　　　　　B. 深入　　　　　C. 灵活
   D. 互动　　　　　E. 情景

5. 下列属于人格测验的是（　　　）。
   A. 16PF　　　　　　　　　B. MBTI
   C. SDS　　　　　　　　　D. 主题统觉测验
   E. 墨迹测验

6. 评价中所采用的情景性测验包括（　　　）。
   A. 心理测验　　　　　　　B. 面试
   C. 公文处理　　　　　　　D. 无领导小组讨论
   E. 角色扮演

7. 下列属于我国《劳动合同法》规定在劳动合同中应当具备的条款的有（　　　）。
   A. 劳动合同期限　　　　　B. 工作内容和地点
   C. 工作时间和休息休假　　D. 劳动报酬
   E. 社会保险

8. 劳动合同订立应遵循的原则为（　　　）。
   A. 合法原则　　　　　　　B. 公平原则
   C. 平等自愿原则　　　　　D. 协商一致原则
   E. 诚实信用原则

## 三、名词解释

1. 笔试　　　　　2. 面试　　　　3. 员工招聘　　　4. 压力面试
5. 人员甄选　　　6. 心理测试　　7. 劳动合同　　　8. 结构化面试
9. 测试的信度　　10. 测试的效度

**四、简答题**

1. 描述内部招聘相对于外部招聘的优点、缺点。

2. 你认为招聘内部资源是有效的，还是无效的？为什么？

3. 在面试中，主考官应该注意哪些问题？

4. 假设你在一个劳动力市场上招聘餐馆服务员，你将会采用什么样的外部方法和创造性的招聘方法？

5. 劳动合同应该包括哪些内容？在什么条件下劳动合同可以解除？

6. 人员甄选的方法有哪些？你认为在什么情况下采用什么方法最好，为什么？

7. 评价中心包括哪些方法？你认为在什么情况下采用什么方法最好，为什么？

8. 心理测验主要测试人的哪些方面？

9. 如何组织公文处理测试？

10. 如何组织无领导小组讨论测试？

11. 如何组织角色扮演测试？

12. 如何组织管理游戏测试？

13. 大学毕业生选择工作的模式有哪些特点？

14. 面试的步骤有哪些？

# 绩效管理

**5**

**Chapter**

## 知识目标

■ 掌握绩效、绩效考核与绩效管理的概念、目的；
■ 掌握绩效管理实施的流程；
■ 熟悉绩效考核评价者的选择、评价信息的来源、评价
   标准的选择、评价的周期的确定；
■ 理解绩效考核的员工特征导向的评价方法、员工行为
   导向的评价方法、结果导向的评价方法；
■ 掌握考核误差的产生及控制措施。

## 案例导入

### 越来越被动的绩效考核

    某酒店集团后勤部新上任的李经理，针对集团后勤工作管理不善，员工热情不高，大家对整个后勤部意见大等问题，进行了充分的调查研究，制定了"严格管理，促进后勤工作转变"的工作方针，并将主管人员绩效考核作为整个方针落实的第一步。李经理的意见一在部办办公会议表露，便引来各种意见：

    负责业务的副经理老王认为：后勤工作千头万绪，关键要稳住顶在第一线的主管们。考核工作是很重要，但在全集团尚未全面实行管理人员考核之前我们自搞一套，主管们压力一定很大，一旦影响了情绪，工作会更糟的。

    负责行政人事的副经理老肖则认为：后勤工作繁重琐碎，能维持

现状已属不易，再折腾，搞乱了管理人员的思想，局面更难。

李经理再次强调管理人员考核的意义，他认为只有做到奖惩分明，打破大锅饭，并把管理人员的奖金、提拔和晋升工资与工作好坏挂起钩来，后勤工作才可能根本改观。在李经理的坚持下，部办办公会议同意了对主管进行考核的意见，由肖副经理拿出具体考核细则交全体主管会议讨论。

经过几次部办办公会议的争论，李经理也听取了老王、老肖的意见，意识到主管能否理解考核的意义将成为整个考核工作成败的关键。因此，在几天后的主管会议上，李经理把解决主管的认识问题列为会议的重点。主管会议开得不错，在李经理阐明考核工作意义之后，不少主管纷纷发言表态，支持领导决定，气氛相当热烈。李经理看到原先的担忧基本解除了，便给每位主管一份《考核细则》，并当众宣布下一季度试行，第一个月的奖金将按考评后的实际得分发放。

一个月的考核工作顺利进行着，主管们比过去忙多了，后勤工作多少有些起色了。每当全体主管会议时，到场的人多了，平时不记录的主管也带上了小本本，各部门挂起了行踪留言黑板。各科应上报的一个月工作计划和工作汇报都早早收到了。后勤部办公室也整整忙了一个月，记录着各种反馈信息。

第二个月的 5 号，李经理收到了主管们送上的自评表，出乎意料，主管们几乎都给自己打满分；员工评议表和其他科的打分又带有很浓的个人成见。如物资科主管工作负责、原则性很强，得罪了一些人，被其他科打了个最低分；只有部领导的评分才恰如其分，可以公布。

在第二天的主管会议上，李经理公布了部领导对主管的考核结果，宣布奖金获得数。6 位得分少的主管当场要求部领导说明原因和理由，会议难以进行下去。当天下午他们还联合起来到集团办公室和人事部告状。由于 6 位主管接连几天没有主持工作，闹得不可开交，直接影响了整个后勤部的正常工作秩序。

一周之后，经集团领导调节，后勤部 10 位主管的奖金仍按最高等级发放。面对这一切，李经理陷入了苦闷的深思。

（资料来源：http://www.lingnan.net/courses/rlzy/example1.htm.）

员工的努力程度和努力方向关系到企业各种目标的实现。为此，企业必须设法调动员工的积极性，并保证员工目标与组织目标的一致性。绩效管理就是通过对组织目标的分解确定员工个人绩效目标，并改进员工个人绩效从而实现组织目标的一种制度。

# 第一节　绩效管理概述

绩效管理是基于绩效而进行的，而且绩效考核和绩效管理既有联系又有区别，管理者进行有效的绩效管理必须首先了解绩效、绩效考核和绩效管理的意义和原则。

一、绩效管理的相关概念

绩效管理是企业人事管理的重要内容，更是企业管理强有力的手段之一。绩效管理的目的是通过考核提高每个个体的绩效，最终实现企业的目标。为了更好地加强对绩效管理的认识，首先介绍一组概念。

1. 绩效

（1）绩效的含义

绩效是指人们在具体工作中所取得的成绩。换句话说，就是组织成员对组织的贡献，或对组织所具有的价值。在企业中，职工工作绩效具体表现为完成工作的数量、质量、成本费用以及为企业做出的其他贡献等。通常分为有形和无形两种。有形工作绩效一般以定量为主，例如，一个教师一年要完成教学工作量 220 学时，科研费 3 万元等；无形工作绩效如人际关系、工作态度和劳动积极性等。

（2）绩效的特征

❶ 绩效是人们行为的后果。它是目标的完成程度，是客观存在的，而不是观念中的东西。

❷ 绩效必须具有实际的效果。无效劳动的结果不能称之为绩效。

❸ 绩效是一定的主体作用于一定的客体所表现出来的效用。即它是在工作过程中产生的。

❹ 绩效应当体现投入与产出的对比关系。例如，每天生产 100 件产品的工人和生产 90 件的工人，如果前者废品率为 10%，而后者废品率为零，那么，即使数量上前者高于后者，其绩效却要低于后者。

❺ 绩效应当有一定的可度量性。对于实际成果的度量，需要经过必要的转换方可取得，具有一定的难度，这正是评价过程必须解决的问题。

❻ 多因性。即多因素，是指员工绩效水平受多种因素影响，主要包括人的主观因素和客观因素。绩效可用一个函数表示，即

$$P=f（S,O,M,E）$$

式中，$S$——技能；

　　　$O$——机会；

　　　$M$——激励；

　　　$E$——环境。

❼ 多维性。即多指标，是指从多个角度或方面来评价员工绩效。例如，工人的考核有产量指标，还有出勤率、团结合作情况、产品质量、原材料消耗、员工态度等。

❽ 动态性。即可变性，工作绩效不是一成不变的，作为管理者不可因一件事或一次考核对一个人下结论。主要是因为人力资源本身的特点（动态性）和个体有主观性（愿不愿意）。因此，绩效是工作过程中的有效成果，是企业对成员最终期望的达到程度。

### 2. 绩效考核

绩效考核是指考评主体对照工作目标或绩效标准，采用科学的方法，评定员工的工作任务完成情况、员工的工作职责履行程度和员工的发展情况，并且将评定结果反馈给员工的过程。员工绩效考核要从员工工作成绩的数量和质量两个方面，对员工在工作中的优缺点进行系统的描述，并且将有关结果信息反馈给个人和有关部门。

绩效考核按不同的分类标准，有不同的分类结果。按绩效考核的性质有定性考核和定量考核；按考核的主体有上级考核、自我考核、同级考核、顾客考核、下级考核等；按考核的时间有日常考核、定期考核、长期考核、不定期考核；按考核的形式有口头考核与书面考核、直接考核与间接考核、个别考核与集体考核；按内容有品质基础性考核、行为基础性考核、能力基础性考核、效果基础性考核、综合性考核等。

### 3. 绩效管理

绩效管理是一个经理和员工持续双向交流的过程，意味着经理与员工就与绩效相关的问题，包括绩效目标的确定、绩效目标的实施、绩效结果的反馈等的持续双向沟通，最终使员工绩效目标完成，企业整体绩效提升。具体来说，绩效管理通常包括以下环节：

❶ 绩效计划。这是绩效管理的起点。经理和员工在沟通的基础上，明确企业发展目标，并将企业目标分解到各部门及每一位员工，帮助员工订立相应的绩效目标，同时确定绩效评价周期。

❷ 绩效监控与辅导。以绩效目标为指导，在绩效期内通过沟通，对员工的绩效能力进行辅导，提供实现目标的条件，帮助员工不断实现绩效目标。

❸ 绩效考核。定期实施绩效考核，检查和评价绩效的完成情况。

❹ 绩效反馈与改进。

在绩效管理这个概念中，有几个值得特别注意的地方。

（1）系统性

绩效管理是一个完整的系统，不是一个简单的步骤。绩效管理不是一个什么特殊的事物，更不是人事部门的专利。它说到底还是一个管理手段，管理的所有职能它都涵盖：计划、组织、领导、协调、控制。所以，我们必须系统地看待绩效管理。

（2）目标性

目标管理的一个最大的好处就是员工明白自己努力的方向，经理明确如何更好地通过员工的目标对员工进行有效管理，提供支持帮助。同样，绩效管理也强调目标管理，目标＋沟通的绩效管理模式被广泛提倡和使用。

只有绩效管理的目标明确了，经理和员工的努力才会有方向，才会更加团结一致，共同致力于绩效目标的实现，共同提高绩效能力，更好地服务于企业的战略规划和远景目标。

（3）强调沟通

沟通在绩效管理中起着决定性的作用。制定绩效要沟通，帮助员工实现目标要沟通，绩效评估要沟通，分析原因寻求进步要沟通，总之，绩效管理的过程就是员工和经理持续不断沟通的过程。离开了沟通，企业的绩效管理将流于形式。

　　许多管理活动失败的原因都是因为沟通出现了问题，绩效管理就是致力于管理沟通的改善，全面提高管理者的沟通意识，提高管理的沟通技巧，进而改善企业的管理水平和管理者的管理素质。

　　（4）重视过程

　　绩效管理不仅强调工作结果，而且重视达成目标的过程。绩效管理是一个循环过程，这个过程中不仅关注结果，更强调目标、辅导、评价和反馈。

　　绩效管理同绩效考核既有联系又有区别（如表5.1所示）。狭义的绩效考核是孤立的、静态的、片面的，而绩效管理则是联系的、发展的、全面的。绩效管理是一个过程，是一个闭环系统，绩效考核仅仅是绩效管理的一个重要环节。在企业里，我们想做的和应该做的实际上是绩效管理而不仅仅是绩效考核，只通过绩效考核不可能达到管理目标。对于那些仅仅做了绩效考核就期待实现企业目标的经理人来说，出现问题是难免的。

表5.1　绩效考核与绩效管理的区别

| 绩效考核 | 绩效管理 |
| --- | --- |
| 判断式（流程没有构成循环） | 计划式 |
| 秋后算账（惩罚） | 问题解决 |
| 成——败 | 双赢 |
| 结果（短期） | 结果与过程 |
| 人力资源程序（局限） | 管理程序 |
| 关注过去 | 关注未来 |

## 二、绩效管理在企业中的地位及作用

　　绩效管理在企业人力资源管理中占据重要地位，发挥着巨大作用。

### 1. 绩效管理具有明显的战略功能

　　有很多人往往是为了工作而工作，没有或很少考虑到他们对组织目标的直接贡献。绩效管理则提醒管理人员保持忙碌与达到组织目标并不是一回事。战略目标的实施必然通过组织体系落实到每个人，通过发挥组织中人的作用来实现目标。绩效管理具有明确的导向性，它以企业战略目标的分解为依据，是企业战略目标实现的一种辅助手段，通过有效的目标分解和逐步逐层的落实帮助企业实现预定的战略。在企业中职位说明书、岗位职责、任职标准等只是规定了岗位的职责资格等内容。它不能说明不同时期每一岗位的具体内容和具体要求。而绩效管理就像一条线索把每个职位串联起来，对每一位员工都赋予战略任务。通过制定每一个员工的绩效目标，使企业战略、岗位、员工合为一体。绩效管理的贡献就在于它对组织最终目标的关注，促使组织成员的努力方向从单纯的忙碌向有效的方向转变。

### 2. 绩效管理具有明确的管理功能

　　绩效管理的管理功能突出表现在以下几个方面：明确组织工作标准（评什么）、提供考核手段（怎么评）、考核结果的科学运用。例如，绩效考核是人员任用的依据，只有了解人的能力特长、工作状况等才能知人善任；绩效考核是人员培训的依据，只有通过考核才能了解个人的优势劣势、了解工作差距，为培训对象的选择和培训需求的确定提供帮助；绩效考核对企业人员调配、职务晋升、薪酬确定等都会产生较大的影响。

**3. 绩效管理具有强烈的激励功能**

绩效管理的激励功能一方面表现在它本身就是一种有效的激励手段。员工有一种了解自己工作成绩的需要，这不仅是为了寻求个人的心理满足感，通过考核和反馈还可以有利于员工认识自己的不足，发现自己的潜力并且在工作中充分发挥这种能力。绩效管理激励功能的另一方面是绩效考核的结果要奖优罚劣，改善调整员工行为，激发员工积极性，使员工积极主动地完成组织目标。

另外，绩效管理强调部门主管必须制定工作计划目标，与下属充分讨论工作，并帮助下属提高绩效，对激励管理者提高管理水平也是一个有效方法。

**4. 绩效管理有利于提升计划管理和控制工作的有效性**

有的企业管理没有一定的计划性，管理的随意性很大，企业经营处于不可控状态，

 **小资料**

员工绩效管理在现代人力资源管理中得到了广泛应用。它可以为确定员工发展计划，完善组织决策，推动组织发展，实现组织目标提供科学的依据。

而绩效管理则可以弥补这一问题。因为绩效管理体制强调：明确合理的目标，通过绩效考核这一制度性要求，使组织上下认真分析每一绩效期的工作目标，并在绩效期对目标完成结果进行评价，从而加强各级部门和员工工作的计划性，提高公司经营过程的可控性，提高管理者的管理水平，表5.2为绩效管理的应用总结。

表 5.2　绩效管理的应用

| 一般应用 | 具体应用 |
| --- | --- |
| 1. 员工发展 | ① 从员工发展的角度确定员工培训的需要 |
| | ② 工作绩效的反馈，结果告诉员工，及时调整员工的行为 |
| | ③ 确定员工的调动和分配，实现人力资源的优化配置。如不符合岗位要求的员工，可以调整、培训；也可以调动、招聘，确定合适的人用在合适的位置上 |
| | ④ 指出员工的优、缺点，通过考核促进个人发展 |
| | ⑤ 使用：根据德能勤绩的考核结果，考虑该员工的使用 |
| 2. 管理决策 | ① 工资标准的制定，个人奖励标准的制定 |
| | ② 组织内员工的去留：根据工作绩效的考核做出决定 |
| 3. 组织发展<br>（组织层次分析、通过绩效评价，从战略上、客观上决定组织的发展） | ① 人力资源规划的制定，基础是根据考核 |
| | ② 从组织需要的角度确定培训的需要 |
| | ③ 评估组织目标达成度 |
| | ④ 评价组织的人力资源管理系统的效用性<br>在人力资源管理的各个子系统中，效用如何？可以通过对考核结果的分析做出评价；总的效用性可归结为组织的工作绩效（含有形、无形）。因为不单单是经济效益，还有其社会效益，进行综合考核。即从总体上把握，如果组织的绩效差，说明该组织人力资源管理有问题。因为人力资源管理的效用性可以从员工绩效考核的结果中得到检验 |

## 三、人力资源管理部门在绩效管理中的作用

为了更有效地实施企业绩效管理，企业人力资源管理部门必须承担起以下工作。

（1）设计和完善绩效管理制度

建立一套科学有效的人力资源考核管理制度是进行绩效管理的根本依据，是人力资源管理部门不可推卸的重要责任。健全有效的绩效管理制度的要求有全面性和完整性、相关性和有效性、明确性与具体性、可操作性和精确性、原则一致性和可靠性、公正性和客观性、民主性与透明性。

（2）宣传绩效管理的意义、目的、方法、要求等，创造良好的考核环境

科学的管理制度要想得到贯彻，就必须要求企业内部的所有员工对其有全面正确的认识。人力资源管理部门应该把自己制定的制度作为产品向其顾客进行沟通宣讲。人力资源管理也是一种营销工作，企业应站在员工需求的角度，通过提供令顾客满意的人力资源产品与服务来吸纳、留住、激励、开发企业所需要的人才。21世纪的人力资源管理者要扮演工程师（专业的知识技能）＋销售员（推销人力资源的产品与服务方案）及客户经理（为企业各层级提供一揽子的人力资源系统解决方案）的角色。

（3）自己身体力行以做表率

好的制度关键在于执行。而执行的先决条件是制定制度的人应率先垂范，给其他人树立良好的榜样。人力资源管理部门对自己制定的绩效管理制度率先垂范不仅有利于在自己执行过程中切身体验制度，及早发现问题，改善制度，还有利于降低制度在推行过程中遇到的难题和阻力，防止"只许州官放火，不许百姓点灯"的问题出现，减少其他部门对人力资源管理部门之间的对立和抵触情绪。

（4）督促、检查、帮助、培训其他部门落实

人力资源管理部门不能认为推出科学的制度就意味着成功，要深入到管理工作的实践前沿中去，帮助其他部门更好地贯彻和执行制度。

（5）收集反馈信息，改进绩效管理制度

管理是一个循环的 PDCA 过程，人力资源管理部门要总结每一次考核所遇到的问题，结合企业发展环境和战略，以动态的眼光不断对现有的绩效管理制度进行改进。

（6）根据考核结果及相关制度，制定相应的人力资源管理决策

人力资源管理的考核目的不在于考核本身，而在于通过考核发现工作中存在的问题，帮助企业制定科学有效的人力资源管理政策，确保企业总体目标的实现。人力资源管理部门要以此为中心，提高企业人力资源管理决策水平。

## 四、绩效管理的原则

### 1. 客观公正原则

客观即实事求是，做到考核标准客观、组织评价客观、自我评价客观。进行客观考核，即用事实说话，切忌主观武断。缺乏事实依据，宁可不做评论，或注上"无从观察"、"待深入调查"等意见，按个体的绝对标准进行考核，引导成员改进工作，避免人与人

之间的攀比，破坏团结精神。公正即不偏不倚，要求考核者无论对上司还是部下，都要按照对应的考核标准，一视同仁地进行考核。应该最大限度地减少考核者和被考核者双方对考核工作的神秘感，绩效标准和目标的制定是通过协商来进行的，考核结果公开，使考核工作制度化。

### 2. 科学简便原则

科学强调相关的考核标准和程序必须符合事物的规律，运用科学的方法和手段对评价对象进行正确的评价。简便要求减少不必要的程序和指标，把主要精力放在影响企业效益的关键领域上，以尽可能少的投入得到最佳的考核效果。

### 3. 注重实绩原则

实绩是指员工通过主观性的努力所得到的劳动成果，包括产品数量、质量、服务对象的满意度等。在对员工进行考核时，尤其是把考核结果作为员工薪酬依据时，应该重视结果、行为而非员工的个人特质。当然，在遵循注重实绩原则的同时，还要认真处理好绩效与员工其他素质之间的关系，兼顾德才兼备的基本原则。

### 4. 多途径分能级原则

在绩效考核过程中，要充分考虑到企业不同类型不同能级的员工的差异性，为其设计科学合理的考核制度。例如，从考核周期的设计上，高层管理人员的考核周期应当适当延长，可以以年、季为基本的考核周期；而基层人员的考核周期就可以适当缩短，以月、周为其基本的考核周期。在内容设计上，职能型管理人员更侧重于岗位职能的执行情况、相关计划地完成等定性的指标，而工人、销售人员则定量的指标就更多一些。

### 5. 严肃性原则

绩效管理在整个企业管理工作中是一件政策性和严肃性都非常强的工作。企业既然制定绩效管理制度就应该严格遵照执行。只有企业内部所有员工都认真严肃地对待考核，把相关的考核指标作为一把直尺不断地和自身的实际工作进行对照，改善工作行为，考核才有意义。如果大家把考核当儿戏，为自己不负责任的工作行为寻找借口，推诿了事，考核就没有任何存在的必要。

### 6. 重视沟通的原则

绩效管理的效果在很大程度上取决于沟通的效果。沟通对于考核效果至关重要，对于员工的工作情绪、部门组织气氛、主管与下属的关系都有很大的影响，沟通是达成考核目标的催化剂。通过绩效沟通，员工不仅了解了自己的工作状态和问题，也了解了组织对自己工作绩效的期望，明确预期绩效和实际绩效能力的差距，有利于配合绩效管理人员更好地制定绩效改善计划，提高自己对组织的贡献水平。

### 7. 重视时效性原则

绩效考核是对考核期内的所有成果，形成综合的评价，而不是将本考核期之前的行为强加于当期的考核结果中，也不能取近期的业绩或比较突出的一两个事件来代替整个考核期的绩效进行评估，这就要求绩效数据与考核时段相吻合。

### 五、有效员工绩效管理系统的标准

按照北京大学张一驰博士的观点，有效员工绩效管理系统应具有以下标准：敏感性、可靠性、准确性、实用性和可接受性五个特征。

❶ 敏感性。敏感性指的是绩效评价系统具有区分工作效率高的员工和工作效率低的员工的能力，否则就既不利于企业进行管理决策，也不利于员工自身的发展，而只能挫伤主管人员和员工的积极性。例如，如果绩效评价的目的是升迁推荐等人力资源管理决策，评价系统就需要收集关于员工之间工作情况差别的信息；如果绩效评价的目的是促进员工个人的成长发展，评价系统就需要收集员工在不同的阶段自身工作情况差别的信息。

❷ 可靠性。绩效管理系统的可靠性指的是评价者判定评价的一致性，不同的评价者对同一个员工所做的评价应该基本相同。当然，评价者应该有足够的机会观察工作者的工作情况和工作条件。

❸ 准确性。绩效评价的准确性指的是应该把工作标准和组织目标联系起来，把工作要素和评价内容联系起来，米明确一项工作成败的界限。工作绩效标准是就一项工作的数量和质量要求具休界定员工行为是否可接受的界限。我们知道，工作分析描述一项工作的要求和对员工的素质要求，而工作绩效标准规定工作绩效合格与不合格的标准，实际的工作绩效评价则是具体描述员工工作中的优缺点。业绩考核的准确性要求对工作分析、工作标准和工作绩效评价系统进行周期性的调整和修改。

❹ 可接受性。绩效管理系统只有得到管理人员和员工的支持才能推行。因此，业绩考核体系经常需要员工的参与。业绩评价中技术方法的正确性和员工对评价系统的态度都很重要。

❺ 实用性。绩效管理系统的实用性指的是评价系统的设计、实施和信息利用都需要花费时间、努力和金钱，组织使用绩效管理系统的收益必须要大于其成本。

以上是对绩效管理系统的五项基本要求，前三项被称为技术项目，后两项被称为社会项目。一般来说，只要绩效管理系统符合科学和法律的要求，具有准确性、敏感性和可靠性，就可以认为它是有效的。

## 第二节　绩效管理的实施

绩效管理是人力资源管理中一项非常重要的活动，在实施中一般按照四个环节来进行，如◆图 5.1＞所示。

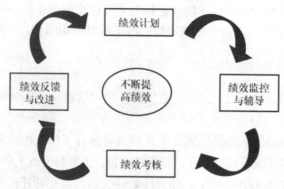

◆图 5.1　绩效管理流程

一、绩效计划

绩效计划是绩效管理的开始。为了保证绩效管理的顺利进行，必须制定绩效计划，明确绩效管理的目的和对象，再根据目的和对象确定绩效内容、绩效目标和标准，以及绩效周期。

1. 绩效计划的过程

通常，绩效计划分为三个阶段：

❶ 准备阶段。在此阶段经理和员工各自准备与绩效目标相关的信息。经理需要了解企业的战略目标和经营规划，部门的目标和计划，每一位员工的情况等。员工准备自己的工作计划和发展规划等。

❷ 沟通阶段。在此阶段经理和员工在和谐的气氛下，就绩效指标、绩效目标和标准、员工存在的问题和需要的帮助等进行沟通。

❸ 确认阶段。在此阶段经理和员工就绩效目标达成一致意见，形成绩效计划书并确认签字。

2. 绩效目标

绩效目标的确定是绩效计划环节的主要任务。绩效目标是指员工在考核期内需要完成的工作内容和工作标准，也就是员工需要做哪几项工作，每一项工作做到什么程度。绩效目标是绩效考核的依据。绩效目标由绩效考核指标和绩效标准组成（详见第三节绩效考核体系的设计）。

通常，一份有效的绩效目标必须具备以下几个条件：

❶ 服务于公司的战略规划和远景目标。

❷ 基于员工职位说明书制定。

❸ 具有一定的挑战性，具有激励作用。

❹ 目标符合 SMART 原则。即：Specific（明确的），Measurable（可衡量的），Aligned（相关的），Realistic（现实的），Timed（有截止时间的）。

二、绩效监控与辅导

绩效监控与辅导是企业在实施绩效管理的过程中经常忽略的一个环节。要想使员工能够尽可能地完成绩效目标，要求经理人员在绩效期内对员工做两件事：一为持续不断的沟通；二为收集绩效信息。

1. 持续不断的沟通

在绩效监控的过程中经理人员应与员工进行持续的沟通：了解员工的工作进展及与绩效目标的差距，适时调整计划；工作中遇到的困难，需要经理人员提供哪些帮助，为员工提供辅导。

一般情况下，沟通可以通过两种方式：正式沟通和非正式沟通。正式沟通是在一定情境下正式安排的沟通，如会议、正式面谈、书面报告等。非正式沟通是随时随地进行的沟通，方式多种多样，不受时间和空间限制，如走动式管理、非正式会议、开放式办公等。由于非正式沟通发现和解决问题及时，不受环境限制，容易拉近经理人员与员工的距离而受到员工的喜欢，所以，作为经理人员要经常采用这种沟通方式。

辅导主要是为了帮助员工改善自己的知识和技术，从而提高绩效水平。辅导的过程中管理人员应根据员工的不同采用不同的方式。

2. 信息的收集

对人员的考核必须持严肃认真的态度。因为考核结果常常决定一个人在组织中的地位和前途。所以，要求作为考核基础的信息必须真实、可靠、有效。因此，有关员工绩效的信息资料的收集就显得特别重要。在这个环节中，经理要注意观察员工的行为表现，并做记录，同时，要注意保留与员工沟通的结果记录，必要的时候，请员工签字认可，避免在年终考核的时候出现意见分歧。

三、绩效考核

绩效考核一般在一定的考核周期后举行。员工绩效目标完成得怎么样，企业绩效管理的效果如何，通过绩效评估可以一目了然。绩效评估，既可以进行横向比较也可以进行纵向比较。

横向比较指的是以客体（指标、人员、部门、类别）为变化量对同一个考核期内的相关情况进行比较分析。例如，对同一人员的各指标进行比较，可以分析其各项工作执行情况的均衡状况，便于进一步的指导和发展。或者对人员部门和类别之间的比较，目的是分析任务完成或对组织贡献的优劣顺序，是评先进、树榜样的依据。同时，在比较过程中，也可以发现评价过程造成的各种误差，以利于及时调整，提高以后的评价工作质量。

纵向比较既可以是单项评价指标的平均水平与任一年度比较；也可以是各单项评价的平均水平历年变化趋势比较。这种比较，必须是在计算方法、计算口径不变的条件下进行，否则，需要进行调整。绩效考核是绩效管理的核心环节，其具体方法和重点详见本章第三、四节。

### 四、绩效反馈与改进

#### 1. 绩效反馈

绩效考核本身不是目的，而是一种手段。在一些企业里存在这样的现象：考核活动兴师动众，人、财、物力在所不惜，但考核结果出来后便悄无声息，无论员工绩效好坏，所获待遇一个样。敷衍了事、流于形式的考核最好不要做，否则由此引起的副作用难以估量。因此，在绩效评估结束后，应全面审视企业绩效管理的政策、方法、手段及对其他的细节进行诊断，加强绩效结果的反馈及绩效改进计划的制定，不断改进和提高企业的绩效管理水平。实施绩效结果反馈的重要手段是绩效面谈和沟通。

作为沟通和面谈要遵循的基本原则是：

❶ 沟通应该真诚。真诚的沟通才能尽可能地从员工那里获得信息，进而帮助员工解决问题，提供帮助，不断提高经理的沟通技能和沟通效率。

❷ 沟通应该及时。绩效管理具有前瞻性的作用，在问题出现时或之前就通过沟通将之消灭于无形或及时解决掉，所以及时性是沟通的又一个重要的原则。

❸ 沟通应该具体。沟通应该具有针对性，具体事情具体对待，不能泛泛而谈。泛泛的沟通既无效果，也不讲效率。所以管理者必须珍惜沟通的机会，关注具体问题的探讨和解决。

❹ 沟通应该定期。经理和员工要约定好沟通的时间和时间间隔，保持沟通的连续性。

❺ 沟通应该具有建设性。沟通的结果应该是具有建设性的，给员工未来绩效的改善和提高提供建设性的建议，帮助员工提高绩效水平。

一般而言，绩效面谈和沟通包括三个步骤，即面谈准备、实施面谈和面谈效果评价。

❶ 绩效面谈的准备。首先，明确面谈需达到的目的，诱导面谈对方达成一致看法，而不是寻找训斥的机会；认识下属在工作中的优缺点，拟定某项缺点的改进计划，确定下期考核的工作要项和绩效标准。其次，决定最佳的时间、场所、资料、计划开场、谈话以及结束的方式，并保证谈话过程不受干扰。作为下属也应收集本考核期间与绩效有关的资料，做好自我评估工作，为面谈期间的工作做好安排。

❷ 实施面谈。实施面谈过程中要明确注意：为使双方顺利地实现交流和沟通，应营造一个融洽的面谈气氛；对事不对人，避免算旧账；谈具体避一般，用事实数据支持结论；不仅找出缺陷，还要找出原因，提出改进措施；保持双向沟通；注意聆听；注意说话技巧，表扬——批评——表扬；不可随声附和；关注已做的事，更要关注未来要做的事；充分利用角色换位和聆听技巧；该结束的时候（如被考核者出现了倦意或谈话陷入僵局）应立即停止，用鼓励的口吻结束谈话。

❸ 衡量面谈效果。面谈结束以后，必须从自己是否满意；别人如何评价；当事人行为、绩效有无改变，是否达到预期设想等方面对面谈效果加以评价，作为将来改进面谈的依据。例如，评价者可以就以下问题进行回答：此次面谈是否达到了预期目的？下次面谈应怎样改进面谈方式？有哪些遗漏需加以补充？哪些讨论显得多余？此次面谈对被考核者有何帮助？面谈中被考核者充分发言了吗？面谈是否增进了双方的了解？在此次面谈中自己学到了哪些辅助技巧？自己对此次面谈结果是否满意？此次面谈的总体评价如何？

## 2. 绩效改进

绩效改进就是确认组织或员工工作绩效的不足和差距，查明产生的原因，制订并实施有针对性的改进计划和策略，不断提高企业员工竞争优势的过程。

要进行绩效改进，首先，要找到是什么导致绩效不足，也就是要进行绩效差距分析。一般我们从四个方面进行绩效差距分析：知识、技能、环境和激励。即首先看是不是员工的知识和技能不够导致绩效差，如果是，可采取培训和辅导的方式进行绩效改进。然后，看是不是企业的管理制度和激励机制有问题，使员工原本有能力完成的绩效，由于缺乏激励措施和工作意愿而没有完成，如果是，企业要增加正面的、肯定的激励措施，充分调动员工的工作热情，尽快消除员工对于激励措施的疑问和不满，促使员工达成绩效。最后，看是不是环境问题，也就是由于员工没有恰当的工具、充足的资源和信息，或者工作标准没有明确、及时地与员工进行沟通，组织中没有标准化的操作程序等导致绩效差，此时企业应尽可能地排除环境障碍，减少环境对于员工绩效达成的影响。在绩效差距分析的基础上，员工和管理者进行有效沟通，制定绩效改进计划。

绩效改进计划的内容主要包括需要改进的方面、改进的措施和方法、期望达到的水平、改进的责任人和改进的期限，如表5.3所示。

表5.3 绩效改进计划表

| 姓名 | | 性别 | | 年龄 | |
|---|---|---|---|---|---|
| 单位 | | 部门 | | 岗位 | |

考绩摘要：

| 杰出的绩效<br>（按重要性排列） | 1 |
| | 2. |
| | 3. |
| 需要改进的绩效<br>（按重要性排列） | 1. |
| | 2. |
| | 3. |

绩效改进计划：

| 应采取的行动 | 完成时间 |
|---|---|
| | |
| | |
| | |
| | |

| 被考核者签名 | | 直接主管签名 | | 部门主管签名 | |
|---|---|---|---|---|---|

## 3. 绩效结果的应用

绩效结果的应用，主要是强调绩效管理与人力资源管理的其他模块相联系，从整体上考虑人力资源管理系统。绩效结果的应用在本章第一节已详细叙述，在此不再赘述。

# 第三节　绩效考核体系的设计

绩效考核体系的设计是绩效管理中的一项核心内容，企业要考虑评价者的选择、评价信息的来源、评价内容和指标、评价周期等基本问题。

## 一、评价者主体及信息来源

在员工工作绩效考核体系的设计过程中，首先要考虑的是选择谁作为执行评价的主体。对评价者的选择要满足以下三个要求：第一，评价者应该有足够长的时间和足够多的机会观察员工的工作情况。第二，评价者有能力将观察结果转化为有用的评价信息，并且能够最小化绩效考核系统可能出现的偏差。第三，评价者有动力提供真实的员工业绩评价结果。因此，可能对员工工作绩效进行评价的候选人有以下几种类型：上级考核下属、下级人员考核上级人员、专门工作小组成员考核或同事间相互考核、外部人员对内部人员进行考核、员工自我考核、多方人员（360°）共同考核。

### 1. 上级考核

上级，尤其是员工的直接上级在绩效考核中居于特别重要的地位。因为员工直接向其上级报告工作，上级对员工情况了解较多；上级最了解组织对员工的期望，即考核标准；便于对下属进行比较；上级直接指挥员工，对员工的工作态度感受最深，因此，应当十分重视直接上级的考核意见。但是这种评价者的一个缺点是如果单纯依赖直接上级的评价结果，个人偏见、个人之间的冲突和友情关系将可能损害评价结果的客观公正性。为了克服这一缺陷，许多企业都要求直接上司的上司检查和补充评价者的考核结果，这对保证考核结果的准确性有很大作用。

### 2. 下级考核

下级职员的考核有助于主管人员的个人发展，因为下级人员可以直接了解主管人员的实际工作情况、沟通能力、领导风格、平息个人矛盾的能力与计划组织能力。对于主管人员的工作作风和领导能力，下属很有发言权。但下级评定也有其缺点，有些下级害怕得罪上级而不敢发言，或者员工认为自己的主管有可能了解每个人的具体评价结果，那么他们就可能对自己的上司给予过高的评价；有的则出于个人恩怨，评定缺乏客观性，因此，对下级的意见要注意分析，尤其要强调事实依据，并从统领全局的角度认真剖析。在通常的情况下，下级考核法只是作为整个考核系统的补充部分。

### 3. 同级考核

当员工的工作指派经常变动，或者员工的工作场所与主管的工作场所分离的时候，主管人员通常很难直接观察到员工的工作情况，这时就既可以通过书面报告方式来了解员工的工作业绩，也可以用同事考核。在采用工作团队的组织中，同事考核就显得尤为重要。但是由于受到员工在某些方面相互竞争和友情关系的影响，所提供的意见价值有限，应认真分析。因此，小组或同事间考核最好是用于员工发展的目的，而非行政性奖惩的目的。

#### 4. 外部专家考核或客户的考核

一个企业的顾客或客户显然是外部考核的来源。对于销售人员和其他服务性工作来说，顾客恐怕是能够对某些行为提供唯一真正准确看法的人。有的公司就将顾客对服务满意程度的考核作为确定高层销售经理奖励的一种辅助手段。虽然客户考核的目的与组织的目标可能不完全一致，但是客户考核结果有助于为晋升、工作调动和培训等人事决策提供依据。对于那些比较复杂的考核项目，需要专家参与，如专业技术职称评定中学术水平的考核。

#### 5. 员工自我考核

关于员工自我考核的作用问题长期以来一直是有争议的。员工自我考核在某些情况下是有效的，这种方法能够减少员工在考核过程中的抵触情绪，在工作评价和员工个人工作目标结合在一起时很有意义。这一做法迫使员工思考自己的长处与弱点并进而确立改进的目标。如果一个员工在一个与人隔绝的环境中从事工作，或者他掌握着独有的技能，那么，这个员工就是唯一有资格对他的工作进行考核的人。当然，员工可能并不一定像上级考核他们那样考核自己，他们可能使用相当不同的标准。所以，自我考核的问题是自我宽容，常常与他人的考核结果不一致，因此，比较适合于个人发展用途，而不适合于人事决策。不过，尽管对自我考核的评价存在着难题，但员工自我考核仍可能不失为关于工作表现的一个有价值的和可靠的信息来源。

#### 6. 多方人员共同考核

多方人员共同考核是近些年出现的用于促进工作表现的一种新尝试，共同考核也称为360°工作表现考核。随着时间的推移，这一方法已被越来越多的企业所采用。与传统的考核往往来自于上级而施于下属不同，360°考核采用被考核人周围所有人的评价信息。上级人员、下级人员、同类人员、顾客甚至包括被考核人自己都来为工作表现考核工作添砖加瓦。

不同的评价主体意味着不同的信息来源，也具有不同的用途，详见表5.4。

表5.4 评价信息的来源及用途

| 用途 | 考核信息来源 | | | | |
|---|---|---|---|---|---|
| | 直接上司 | 同事 | 下级职员 | 自己 | 客户 |
| 人事决策 | 适合 | 适合 | 不适合 | 不适合 | 适合 |
| 自我发展 | 适合 | 适合 | 适合 | 适合 | 适合 |
| 人事研究 | 适合 | 适合 | 不适合 | 不适合 | 适合 |

### 二、绩效考核的内容、指标、标准、标度

企业在确定考核主体后，还要考虑针对特定的考核对象，考核什么内容，设立哪些指标，达到什么程度。

### 1. 绩效考核的内容

绩效考核内容可以分为品德、态度行为（勤）、能力、业绩。有人说，德才兼备是贤臣、圣人，可遇不可求；有才无德是奸臣、小人，要控制使用；有德无才是忠臣、贤人，可交付事情而非事业；无德无才是庸臣、庸人，确无可用之处。企业在进行员工考核时应从以下几个方面考虑。

❶ 德包括思想政治、工作作风、社会道德及职业道德水平等方面。古今中外，德的考核始终是首要因素，尤其对执掌权力的各级领导，更应重视对"德"的考核。

❷ 能是指员工从事工作的能力，包括体能、学识、智能等内容。能力是绩效考核的重点和难点。

❸ 勤是指员工的积极性和工作中的表现。包括出勤、纪律性、干劲、责任心、主动性等，积极性决定着人的能力发挥程度。只有将积极性和能力结合起来考核，才能发现员工的潜力。

❹ 绩是指员工的工作效率及效果。包括员工完成工作的数量、质量、成本费用以及为企业做出的其他贡献。绩效是企业对员工的最终期望，当然作为考核的基本内容。

### 2. 考核指标

在考核内容确定的基础上，就要确定反映考核内容的具体指标。所以，考核指标是对考核内容的具体细化，是真正的评价因子。我们可以把考核内容的德、能、勤、绩进行归类，即德和勤主要是工作态度，能是工作技能，绩是工作业绩，所以，考核指标可以分为三类：工作态度类指标，如纪律性、出勤率等；工作能力指标，如计划能力、沟通能力等；工作业绩指标，如销售额、生产数量和产品合格率等。其中，工作业绩指标是考核的主要内容，一般情况下主要从数量、质量、时间和成本四个方面进行考虑，如◆图 5.2 ∨ 所示。

| 数量 | 成本 |
| --- | --- |
| 产量，销售额 | 利润率 |
| 投诉次数 | 成本费用 |
| 接听电话数量 | 人工成本 |
| 发射卫星次数/个数 | 实际费用 |
| 违章次数 | 预算费用 |
| 拜访客户次数 | 每小时费用 |
| 质量 | 时间 |
| 差错率 | 及时率 |
| 违规率 | 截至 2009 年 3 月底 |
| 合格率 | 2 月 4 日~3 月 4 日期间 |
| 投诉率 | 中午 12 点前提交 |
| 平整度 | 中午 12 点前完成（质量符合要求） |
| 员工满意度，服务满意率 | 下午 15:00 之前 |

◆图 5.2　工作业绩指标举例

考核指标是考核体系设计的重要内容，在设计考核指标时必须遵循以下原则。

（1）与企业战略相一致原则

绩效考核指标是对企业的战略目标层层传递和分解的结果，也就是绩效管理使企业中每个职位被赋予战略责任，每个员工承担各自的岗位职责。绩效管理是战略目标实施的有效工具，绩效考核指标应围绕战略目标逐层分解而不应与战略目标的实施脱节。只有当员工努力的方向与企业战略目标一致时，企业整体的绩效才可能提高。

（2）关键性原则

每个岗位的职责是多种的，有的重要，有的次要。所以我们在设计考核指标时应抓住重要的职责，通过抓住关键业绩指标将员工的行为引向组织的目标方向，而且，指标一般控制在 5 个左右，太少可能无法反映职位的关键绩效水平；太多太复杂只能增加管理的难度，对员工的行为是无法起到引导作用的。

（3）个性化原则

企业有很多岗位，每个岗位的工作内容、工作职责和工作结果是不同的，所以在设计考核指标时应根据每个岗位特点设计个性化的指标。例如，对于销售人员主要看工作业绩，考核指标为销售额、回款率、市场占有率等；对于行政人员主要是一些事务性的工作，主要考核其工作行为和工作态度，如出勤率、纪律性等。

（4）权变性原则

考核指标不是一成不变的，应根据企业内外的情况而变动，经常是"缺什么，考什么"，"要什么，考什么"。例如，企业的战略目标发生变化，考核指标服务于战略目标，所以考核指标就应变化。

（5）结果与行为并重原则

业绩指标、工作能力和态度指标强调的内容不一样，各有其优缺点，能力和态度类指标是行为类指标，主要看绩效是如何实现的，注重过程，具有开发导向；而业绩类指标注重结果，是可以量化的指标，具有结果导向，常与奖惩相挂钩。我们在设计绩效考核指标时应体现结果与行为并重的原则，既要考核结果也要注重行为，只是结果与行为所占的权重有所不同。

3. 考核标准

绩效标准说明的是工作要达到的程度，只有将要项和标准相结合起来才能完整解释工作的要求情况。绩效标准的特征有以下九方面：

❶ 标准是针对工作而不是针对工作者确定的。不管谁来执行该工作均应达到此标准。

❷ 标准是可以达到的。按照确定的标准，所有在职的员工都应该能达到。

❸ 标准为人所知，消除不必要的神秘感。

❹ 标准是执行者和主管协商而定的。考核标准的制定由被考核者参与，可以提高对目标的内在承诺，取得他们的支持、合作和理解。

❺ 标准要尽可能具体明确，而且可以进行衡量，尽量避免歧义的产生。

❻ 标准有时间限制。即标准要求何时达成，或标准是否仍然适用。

❼ 标准要记录在案，随时提醒各方按标准执行任务。

❽ 考核标准本身应尽可能客观、准确、明确。这样才能最大限度地减少偏见和感情色彩等个人因素。考核标准必须找出工作成败的界限，并予以确切描述，因为考核的目的是促使企业或各部门修改工作规程和工作要求。

❾ 标准可以改变。进行一个循环过程后，往往要调整原标准。

绩效标准实例样表如表 5.5 所示。

表 5.5　绩效标准实例样表

| 职位：秘书 | |
| --- | --- |
| 工作要项 | 绩效标准 |
| 打字 | （1）依据听写或手稿打字 |
| | （2）无字词或语法错误 |
| | （3）工作按时完成 |
| 信件、报告 | 黄色副本交撰稿人，绿色副本归档 |
| 复制资料 | 复制前主管先校阅 |

### 4. 考核标度划分

考核标度是考核对象在考核标志上表现不同状态与差异的类型划分。就实际情况来说，考核对象在每个标志上的变化状态与差异状态都是无限多的，但这无限多种状态中实质差异的却是有限的几种。考核标度的划分归纳起来，有以下几种方法。

（1）习惯划分法

这是一种依据考核实践中人们对考核对象区分的心理习惯而划定标度的一种方法，常见的等级一般是 3～9 级，等级过少利于考核者操作，但对象差异区分不明显且评判结果相对集中，等级过多可以展示不同对象的差异，评判结果相对分散，但考核者不便把握与操作。

（2）两级划分法

所谓两级划分法，是根据考核对象在每个考核标志上正反两种极端的表征，把每个指标标度划分为 2～3 个等级。这种划分便于操作，但中间状态不好评判，因此，又有人在两级划分基础上增设中间一档，成为三级标度。

（3）统计划分法

所谓统计划分法，就是考核指标标度的等级划分并不是事先主观规定，而是根据考核对象在每个考核标志上的实际表现统计，来确定等级的一种方法，如根据聚类分析结果进行划分。

（4）随意标度法

所谓随意标度法，就是在每个指标内容中，考核的标志是考核对象最佳状态或最优水平的描述，标志实际上是一种最高级的标准特征表述，考核者考核时可以根据考核对象与这一标准的差异程度酌情给以不同的分数或等级。

### 三、考核周期

所谓考核的周期，就是指多长时间进行一次考核。这与考核的目的和被考核者职位有关系。如果考核的目的主要是为了奖惩，那么自然就应该使考核的周期与奖惩的周期保持一致；而如果考核是为了续签聘用协议，则考核周期与企业制定的员工聘用周期一致。员工业绩考核的周期长短应该受到以下几个因素的影响：

❶ 根据奖金发放的周期长短来决定员工绩效考核的周期。

❷ 根据工作任务的完成周期来决定业绩考核的周期。

❸ 根据员工工作的性质来决定业绩考核的周期。对于基层的员工评价周期就可以相对短一些；而对于管理人员和专业技术人员考核的周期就应该相对长一些。

❹ 根据考核指标的类型决定评价周期。对工作结果及时进行评价和反馈，有利于及时地改进工作，避免将问题一起积攒到年底来处理。对于周边绩效考核指标，则适合于在相对较长的时期内进行考核，例如，季度、半年或 1 年，因为这些关于人的行为、表现和素质的因素相对具有一定的隐蔽性和不可观察性，需较长时间考察和必要的推断才能得出趋势或结论，但是，企业应进行一些简单的日常行为记录，以作为考核时的依据。

❺ 管理人员的数量。如果每个管理人员负责考核的员工数量比较多，可以采取离散的形式进行绩效考核。

## 第四节　绩效考核的导向和具体方法

绩效考核的导向和具体方法是绩效管理中非常重要的一个问题。各种导向和方法各有利弊和侧重点，企业在进行选择时，要充分考虑各方在评价过程中的相互信任、管理人员和员工的态度、评价目的、评价对象的岗位特征、评价频率、评价信息来源等之间的相互匹配。

### 一、绩效考核导向

企业在员工的考核问题上有三种导向可以选择：员工特征导向的评价方法、员工行为导向的评价方法、结果导向的评价方法。

#### 1. 以员工特性为基础的考核

以员工特性为基础的考核主要是考核员工的个性特征。如员工角色形象、沟通技巧、人际关系、个人品质、对组织的忠诚、工作主动性、敏锐性、责任心、工作态度等。

这类考核在管理中是经常被采用的。它具有直观、明了等优点。其缺点是此类考核属于定性评估，所以有一定的不确定性和主观随意性。其指标体系多体现为较"软"的指标。而且，对员工个性的考核，不同的人往往有不同的理解。所以，这种类型考核的关键是所确定的指标是与工作特征有关的。某岗位月度考核表如表 5.6 所示。

表 5.6　某岗位月度考核表

| 员工特征 | 组织、领导能力 | 优□ | 良□ | 可□ | 差□ |
|---|---|---|---|---|---|
| | 团结、协调能力 | 优□ | 良□ | 可□ | 差□ |
| | 控制、计划能力 | 优□ | 良□ | 可□ | 差□ |
| | 开拓、创新能力 | 优□ | 良□ | 可□ | 差□ |
| | 坚持原则性 | 优□ | 良□ | 可□ | 差□ |
| | 不断进取性 | 优□ | 良□ | 可□ | 差□ |
| | 廉洁自律性 | 优□ | 良□ | 可□ | 差□ |

**2. 以员工行为为基础的考核**

如果交给员工一项工作，他的工作行为和表现，对工作任务的完成非常重要，即以员工做这项工作的行为为基础来考核该员工。我们把这类考核称之为以员工行为为基础的考核。员工工作表现最终不是由管理者而是由员工自己控制的。经理的任务是帮助员工，确保员工明白怎样从事他们的工作、什么是良好的工作表现、他们现在做得怎么样、是否需要及怎样改进等。要想确定员工应如何从事工作以及其工作表现是否是可接受的，就需要确定主要工作要素和制定工作表现标准。主要工作要素，就是指那些用作衡量工作表现的工作构成成分。如果职务设计得合理，主要工作要素就可表示哪些工作是实现企业战略所必需的。工作表现标准是企业期望员工在工作中的表现水准。每项主要工作要素均应与工作表现标准联系起来。员工工作表现几乎从来不是一维的，因此，应给予每项职务的各个要素以不同的权数，以反映各个工作要素的相对重要程度。例如，在文字处理工作中，速度可能要比精确重要一倍，而精确则可能与按时上班和每天出勤具有同等的重要性。例如，商店的售货员，机关工作人员，在其工作过程中的行为对完成工作就是比较重要的指标，所以多采用这类考核。

这种考核类型的优点是便于反馈和调整。如售货员对顾客不热情造成工作损失，在考核中就可以反馈该员工，他的失误是由于他的工作行为造成的，使员工明确地知道今后要注意的地方，并对自己的行为及时加以调整。这种考核类型的缺点是涵盖性较差，即不可能把一个人所有的行为方式都列出来，也不可能将要求的工作行为全部都包括在考核的指标中。

**3. 以员工的工作结果为基础的考核**

为避免以员工行为为基础考核的涵盖性差的缺点，有时应考核员工的工作结果，即以考核员工工作结果为基础。也就是说，作为考核的重点不在于你是什么样的人、你在做什么、你在怎么做，而在于你做出了什么。企业最关心的是员工的工作成果。这种工作成果可以是物质性的实物产品，也可以是精神性的非物质成果。一般都可以通过一定的指标来定量评定，如反映劳动数量的产品数量、销售额、劳动定额完成程度等反映劳动质量的产品合格率、客户投诉率；反映成本的利润率，人工费用等。行为导向型考核侧重于工作过程和工作表现，而这种考核方法看重工作结果。

以上分析的三种导向的考核，一般来说，工作行为为基础、工作结果为基础类考核方式比较客观，可以量化。第一种特性为基础类型的考核，由于存在一定的主观性，容易出现印象分问题，所以，在实际工作中，可以将三种方式结合，定性定量结合对员工进行综合考核。

二、绩效考核方法

1. 排序法

排序法指通过比较，按员工绩效的相对优劣程度，确定每个人的等级或名次，排出全体员工的考核顺序。排序法既可按单维度进行，也可按工作整体状况综合比较。总体上操作比较简单，最主要的缺点是员工之间差别的程度并无很好的衡量尺度。此外，如果被排列的人数太多，这一排序结果就往往缺乏实用性。排序法包括简单排序、交替排序、对偶比较、范例对比等。

（1）简单排序法

简单排序即根据员工的工作状况把员工的工作情况和表现从最好到最坏或从最坏到最好进行排序，如表 5.7 所示。

表 5.7 简单排序法

| 部门：后勤部<br>员工个数： | | |
|---|---|---|
| 顺序 | 等级 | 姓名 |
| 1 | A | 张三 |
| 2 | A | 李四 |
| 3 | B | 王五 |
| 4 | B | 赵六 |
| 5 | C | 冯七 |
| 6 | C | 马红 |

注：排序说明，1 为最好，数字越大代表绩效越差。

（2）交替排序法

交替排序法是简单排序法的一种变形。在操作过程中，评价者先确定最好和最次的，再确定次优次劣，依此类推，直到把所有的员工评价完毕。由于在评级的起初，员工差距比较大，评价者很容易做出正确的决策。越接近中间的员工，由于员工水平比较接近，在评价的时候就越应谨慎。

（3）范例对比法

把需要考核的内容分为不同的维度和等级，每一维度每一等级选出一名合适的员工作基准，其他人与之比较对号入座，最终各维度的分数总和即为员工的考核结果。所有员工考核完毕后再排序。

（4）对偶比较法

此种方法要求评价者把员工两两对比，按照对比构成中获取的最优次数的总数来确定次序。这种方法相对科学合理，但主要是对员工整体情况的总体比较，也不适于员工数量过多的情况，如表 5.8 所示。

表 5.8　对偶比较法

| 对比人<br>姓名 | 员工 A | 员工 B | 员工 C | 员工 D | "+"的得分 |
|---|---|---|---|---|---|
| 员工 A | | + | − | + | 2 |
| 员工 B | − | | | + | 1 |
| 员工 C | + | + | | + | 3 |
| 员工 D | − | − | − | | 0 |
| 结论 | C 最优 | | | | |

（5）强制分布法

强制正态分布法大多为企业在评估绩效结果时所采用。该方法就是按事物的"两头小、中间大"的正态分布规律，先确定好各等级在被评价员工总数所占的比例，然后按照每个员工绩效的优劣程度，强制列入其中的一定等级。

> **拓 展 阅 读**
>
> GE 前首席执行官杰克·韦尔奇凭借正态分布规律，绘制出了著名的"活力曲线"。按照业绩以及潜力，将员工分成 ABC 三类，三类的比例为：A 类：20%；B 类：70%；C 类：10%。对 A 类这 20% 的员工，韦尔奇采用的是"奖励奖励再奖励"的方法，提高工资、股票期权以及职务晋升。A 类员工所得到的奖励，可以达到 B 类的 2～3 倍；对于 B 类员工，也根据情况，确认其贡献，并提高工资。但是，对于 C 类员工，不仅没有奖励，还要从企业中淘汰出去。

综观"强制分布法"，具有以下优点：

❶ 等级清晰、操作简便。等级划分清晰，不同的等级赋予不同的含义，区别显著；并且，只需要确定各层级比例，简单计算即可得出结果。

❷ 刺激性强。"强制分布法"常常与员工的奖惩联系在一起。对绩效"优秀"的重奖，绩效"较差"的重罚，强烈的正负激励同时运用，给人以强烈刺激。

❸ 强制区分。由于必须在员工中按比例区分出等级，会有效避免评估中过严或过松等一边倒的现象。

强制分布法也有若干缺陷。首先，是负责考核的人可能不愿将任何人置于最低（或最高）组；其次，当考核人被员工问及为什么他被置于某一等级而有些其他人被置于高于他的等级时，解释起来也可能存在一定的困难；再次，当一个群组人数较少时，也许并没有理由假定钟形正态分布会符合员工表现的实际差别；最后，在有些情况下，考核者本人也可能会感到，自己被迫在员工中人为制造一个根本不存在的钟形正态分布，这会给考核者带来心理上的压力。

2. 评定量表法

评定量表法是绩效考核中常用的一种方法。根据工作分析，将被考核岗位的工作内容划分为相互独立的几个模块，在每个模块中用明确的语言描述完成该模块工作需要达到的工作标准。同时，将标准分为几个等级选项，如"优、良、合格、不合格"等，考核人根据被考核人的实际工作表现，对每个模块的完成情况进行评估。总成绩便为该员工的考核成绩。评定量表法使得考核者可以以连续的方式标明员工的表现。由于其简易性，这一方法使用得最普遍。在图表为每项职责确定的等级中，考核人只需在他认为适当的级别上打上标记。更详细的考核评价可以填写在每个被考核因素旁边的用于书写评价的空格内。评定量表法有其明显的缺陷。首先，这一方法常常将不同的特征或要素组合在一起，而考核人只能选择一个方格来划勾。另一个缺陷是，在这些等级表中，有时使用的说明性文字容易致使不同考核者产生不同的理解。像主动性和合作精神这些标准就容易引起不同的理解。特别是与出色、一般、较差这些考核文字同时出现时，更容易导致五花八门的理解。由于设计起来比较容易，各种各样的考核分级方式在许多考核表中被广泛地采用。但是由于上述原因，对于那些过分依赖这些考核表的考核人来说，这种多样性往往使他们更容易出错。评定量表示例如表 5.9 所示。

表 5.9　评定量表示例

| 评估对象姓名：＿＿＿＿＿　职务：＿＿＿＿＿　评估日期：＿＿＿＿＿ <br> 工作单位：＿＿＿＿＿＿＿＿＿＿＿＿　评估人：＿＿＿＿＿ | | | | | |
|---|---|---|---|---|---|
| 评估等级因素 | 不满意 <br> 明显地不适合其岗位工作 | 一般 <br> 勉强可在本岗位工作 | 良好 <br> 符合本岗位工作的基本要求 | 优秀 <br> 明显在其岗位标准和基本要求之上 | 杰出 <br> 明显而始终表现突出 |
| 工作质量 <br> 指工作的精确性和彻底性，产品的外观及验收情况 | | | | | |
| 工作数量 <br> 指产量和贡献 | | | | | |
| 必需的监督和管理 <br> 指需要给予劝告、指导和纠正的程度 | | | | | |
| 出勤 <br> 指出勤的经常性、可靠性和准时性 | | | | | |
| 维护 <br> 保护设备的实际表现 | | | | | |

评估人：＿＿＿＿＿＿＿＿＿＿＿＿＿＿＿＿＿＿＿＿＿＿（评语写在背面）

评估对象本人意见：＿＿＿＿＿＿＿＿＿＿＿＿＿＿＿＿＿＿＿＿

评估时间：＿＿＿＿＿＿＿＿＿＿＿　经手人签字：＿＿＿＿＿＿＿＿＿＿＿

### 3. 关键事件法

关键事件法又叫考核日志或绩效记录，记载与工作绩效密切相关的事项，归纳整理做出结论。需要注意的是，平常记录的是与工作密切相关的有关素材而非主管人员评语。按照关键性事件考核方法，经理应对员工表现中最令人赞许和最令人难以承受的行为进行书面的记录。当一个员工与工作有关的"关键性事件"发生时，经理便将其记载下来。每个员工的关键性事件清单在整个考核期限内始终予以保留。当关键性事件方法和其他一些方法同时使用时，就可以更充分地说明为什么一个员工被给予一个特定的考核评定。

关键性事件方法也有其不利的方面。首先，对于什么属于关键性事件，并非在所有的经理人员那里都具有相同的定义。其次，每天或每周记下对每个员工的表现评价会很耗时间。此外，它可能使员工过分关注他们的上司到底写了些什么，并因此而恐惧经理的"小黑本"。

### 4. 行为锚定法

行为锚定法结合了关键事件法和量表法的优点。绩效考核者用多个条目组成的连续带对员工进行评估，但得分点是员工在工作中的实际行为表现的实例，而非一般性的描述或个性特点。

例如，顾客购围巾，原以为是羊毛，实则不是，要求退换。售货员表现出以下的工作行为，每一种工作行为对应一定分值。

❶ 始则不理，继而拒绝、争吵、大骂——1

❷ 谎称过期，无法退换——3

❸ 顾客退换的商品已见损毁，在顾客坚持下退货——5

❹ 用理性的方式处理了几位顾客，让顾客满意而归——7

❺ 圆满地答复顾客退换要求，让其深受感动，当即又购买其他商品——9

### 5. 评语法

评语法是指由考核人撰写一段评语来对被考核人进行评价的一种方法。评语的内容包括被考核人的工作业绩、工作表现、优缺点和需努力的方向。评语法在我国应用得非常广泛。由于该考核方法主观性强，最好不要单独使用。

### 6. 小组评价法

小组评价法是指由两名以上熟悉该员工工作的经理，组成评价小组进行绩效考核的方法。小组评价法的优点是操作简单，省时省力，缺点是容易使评价标准模糊，主观性强。为了提高小组评价的可靠性，在进行小组评价之前，应该向员工公布考核的内容、依据和标准。在评价结束后，要向员工讲明评价的结果。在使用小组评价法时，最好和员工个人评价结合进行。当小组评价和个人评价结果差距较大时，为了防止考核偏差，评价小组成员应该首先了解员工的具体工作表现和工作业绩，然后再做出评价决定。

### 7. 目标考核法

目标考核法是根据被考核人完成工作目标的情况来进行考核的一种绩效考核方式。在开始工作之前，考核人和被考核人应该对需要完成的工作内容、时间期限、考核的标准达成一致。在时间期限结束时，考核人根据被考核人的工作状况及原先制定的考核标准来进行考核。目标管理考核制度以三个假定为根据。第一，如果在计划与设立各种目标和确定衡量标准的过程中，让员工也参与其中，那么，就可增强员工对企业的认同感和工作积极性。第二，如果所确定的各种目标十分清楚和准确，那么员工就会更好地工作以实现理想的结果。第三，工作表现的各种目标应该是可衡量的并且应该直接针对各种结果。

### 三、人员考核的限制方法

（1）常态分布法

要求考核人员在确定员工等级时遵循常态分布的规律，不能滥列优级数量。

（2）同分限制法

要求考核人员在确定员工等级时达到一定的区别度，不能为了做老好人，人为地把差别较大的员工列入同一级别，给予相等的分值。同样分值的员工数量受到限制。

（3）等级和人数限制法

根据员工所在部门的评价等级确定部门内员工的等级比例。例如，一级类单位员工优秀率20%，二级类单位员工优秀率10%。

（4）配赋分数限制法

企业把考核的总体分值分配给企业内部的部门，由部门管理人员根据员工的实际情况在员工内部分配。例如，某部门获得200分，再把200分在员工间自主分配。

（5）绩效和配赋分数相等法

例如，某部门评分80分，共10人，则部门总分800分，再在员工间分配。

### 四、绩效考核中常见的误区和问题

绩效考核中的误区反映了管理观念存在问题，直接影响考核的有效进行。

#### 1. 企业绩效管理存在的误区

目前，越来越多的企业开始实施绩效管理，但由于企业的高层领导在认识上存在误区，会导致绩效管理的方向性错误。目前企业绩效管理存在以下误区。

（1）将绩效评价等同于绩效管理

这是比较普遍的一种误解，企业的管理者没有真正理解绩效管理系统的真实含义，没有将之视为系统，而是简单地认为就是绩效评价，认为做了绩效评价就是绩效管理。其实，绩效评价只是绩效管理的一个环节，只是对绩效管理的前期工作的总结和评价，远非绩效管理的全部。如果简单地认为绩效评价就是绩效管理，就忽略了绩效沟通，缺乏沟通和共识的绩效管理肯定会在经理和员工之间设置一些障碍，阻碍绩效管理的良性循环，造成员工和经理之间认识的分歧，员工反对、经理逃避就在所难免了。

（2）角色分配上的错误

企业普遍的认识是人力资源管理是人力资源部的事情，绩效管理是人力资源管理的一部分，当然由人力资源部来做，我们的一些总经理只做一些关于实施绩效管理的指示，剩下的工作全部交给人力资源部，做得不好拿人力资源部试问，这也是绩效管理得不到有效实施的一个非常重要的原因。应该看到，人力资源部对绩效管理的有效实施负有责任，但绝不是完全的责任。绩效管理推行的责任在于企业的高层和其他部门的配合，离开这些，再好的制度也无法执行。

（3）认为绩效管理是经理的事

这种认识认为，只要管理者知道绩效管理就可以了，员工知不知道无所谓。其实，无论什么东西，理解了才会，完全不理解的东西，硬丢给经理和员工，结果肯定是没人会用，没人愿意用。所以，必要的沟通不可或缺，要让员工明白绩效管理对他们的好处，他们才乐意接受、参与和推动。因此，在正式实施绩效管理之前，必须就绩效管理的目的、意义、作用和方法等问题和员工进行认真沟通，这个工作是不可省略的。

**2. 绩效考核中常见的问题**

绩效考核中常见的问题有两类。

（1）指标方面的问题

例如，指标不明确、不具体，导致考核者不了解考核指标的真实内涵，理解角度不一致等；不现实，考核指标过高，明显偏离实际；不贴切，考核指标没有反映被考核者的关键工作内容；可衡量性太差，考核指标偏重于定性，可任意理解的自由度过大；权重失误等。为了杜绝这种现象发生，就必须依照评价内容、指标、标准、标度等的要求去设计。

（2）评价者方面的问题

在工作表现考核过程中有多种出错的源泉。其中一个主要来源是考核者所出的差错。对这些差错一般没有简单的杜绝办法，但使考核者意识到这一问题会使情况有所改善。

❶ 近期效应问题。近期效应指在考核员工工作表现时，对最近时期的表现给予较大的权重。近期效应是一个易于理解的考核者差错。对于考核者来说，一般很难记住一个员工七八个月前的工作表现。员工对工作表现的关注也是随着正式考核日期的来临而日甚一日。负责考核的人员可以通过对正反两方面的表现进行日常记录的方式，将这类问题减少到最低限度。

❷ 评分模式问题。有些经理打分相对较严，有些相对较松。有些在一个较窄的范围内给员工打分的考核者（即一般只给予"中等"或"一般"的评定，区分度过低）。这实际上犯了过严、过宽和趋中的评分模式错误。

❸ 考核者的偏见问题。考核者偏见问题指考核人的价值观或偏见扭曲了考核结果。考核者的偏见既可能是有意的，也可能是无意的。如果一个经理对某一种族群体具有强烈的反感情绪，这种偏见就使他在评分时很难坚持客观性和公正性，其结果就必然是使某些人的考核信息处于被扭曲的状态。如果考核过程设计不当，那么年龄、信仰、资历、性别、相貌或其他任意的划分标准都可能对考核结果产生不应有的影响。这一问题应通过更高层的经理对考核结果进行检查来予以校正。

❹ 晕轮效应问题。晕轮效应指经理因一个人的某一特点而在其他考察项目上全给高分或全给低分而形成的一种考核结果。例如，如果一个女性员工很少缺勤，那么由于她的这种可靠性，经理就可能给她包括工作产出的质量和数量在内的所有其他方面的工作均给予高分。而实际上，这位经理并未真正考虑她在其他工作方面的特点。

## 第五节 案例分析：联想集团的考核体系

联想集团从 1984 年创业时的 11 个人、20 万元资金，发展到今天已拥有近万名员工，具有一定规模的贸、工、技一体化的中国民营高科技企业。当一大批优秀的年轻人被联想的外部光环吸引来的时候，人们不妨走入联想内部去看看联想的人力资源管理，尤其是独具特色的考核体系。联想集团的考核体系结构围绕"静态的职责＋动态的目标"两条主线展开，建立起目标与职责协调一致的岗位责任考核体系。考核实施体系的框架包括四个部分，即职责分解、目标分解、目标与职责结合、考核实施。

### 一、静态职责分解

静态职责分解是以职责和目标为两条主线，建立以"工作流程"和"目标管理"为核心，适应新的组织结构和管理模式的大岗位责任体系。

一是明确公司宗旨，即公司存在的意义和价值；二是在公司宗旨之下确立公司的各个主要增值环节、增值流程，如市场→产品→研发→工程→渠道→销售等；三是确立完成这些增值环节、增值流程需要的组织单元，构造组织结构：如产品流程牵头部门为各事业部产品部，服务流程牵头部门为技术服务部，财务流程牵头部门为财监部等；四是确立部门宗旨：依据公司宗旨和发展战略，并在相应的组织结构下，阐述部门存在的目的和在组织结构中的确切定位。

❶ 确立部门职责。部门职责指部门为实现其宗旨而应履行的工作责任和应承担的工作项目，它确定了部门在公司增值流程中的工作范围和职责边界。宗旨确定部门职责的方面和方向，职责是对宗旨的细化和具体演绎。职责不是具体的工作事项，而是同类工作项目的归总，一般从以下几个方面考虑：部门在增值流程中所处的业务环节；依据穿过该部门的若干业务主线确定部门所涉及的主要职责；依据与部门相邻的部门的"输入"与"输出"关系确定职责边界、工作模式的改进与创新。部门职责能起到明确工作职责边界、减少部门之间工作职责交叉、确定部门岗位设置、制定工作流程的作用。

❷ 建立工作流程。工作流程包括工作本身的过程、信息与管理控制过程。它在部门内部，在独立的部门与部门之间、处与处之间，建立职责的联系、规章和规范。如一台电脑从开发到最终消费要经过需求调研→产品规划→产品定义→产品开发→测试鉴定→工程转化→采购→生产准备→生产制造→品质测试→产品运输→市场准备→代理分销→用户服务→信息反馈诸多环节。电脑公司就是通过与这些环节建立同步的、覆盖各个工作环节的工作流程，并在全员范围内培训制定工作流程的方法，为部门协调、运作规范、揭示问题、持续改进、提升效率打下坚实的基础。

❸ 制定岗位职责。在理清了由公司宗旨、部门职责以及部门为履行职责而应遵循的工作流程后，需要将具体职责最终落实到每个岗位上。岗位职责具体明确一个标准岗位应承担的职责、岗位素质、工作条件、岗位考核等具体规定。它是以《岗位指导书》的形式出现的。岗位职责来源于部门职责的细化和工作流程的分解。例如，一个部门经理的职责由三部分组成：一是由本人具体完成的职责；二是将一部分职责分解为下属承担的职责；三是由本部门牵头，并由几个部门共同承担的职责。

## 二、动态目标分解

一个岗位仅仅知道"做什么"、"怎么做"还不够，还要知道什么时间要做到什么程度、达成什么目标。动态目标分解就是按照职责这条横线，与时间、目标这条纵线的有机整合，使各部门、岗位之间的职责和工作关系有机地协调起来。首要过程是战略规划。战略规划的过程是将企业目标具体化。公司战略更多关注的是在哪儿竞争的问题，而不是如何竞争的问题。公司范围的战略分析可以导致增加业务、保持业务、强调业务、弱化业务和调整业务的决定。业务部门将战略落实到组织每一单元的活动中去。联想的战略规划分为三个层次：集团战略发展纲要、子公司战略规划、业务部门战略规划。子公司层次的战略规划是业务部门年度业务规划的重要指导，业务规划的结果落实到每年的经营预算，各业务模块的预算都必须与业务规划相联系，在"能量化的量化、不能量化的细化"的原则指导下，业务规划按责任中心和时间进度，分解落实成具体的成本、利润、销量、时间、满意度等指标。业务规划要求首先确立宗旨、职责，根据宗旨和职责，在非常详细的环境分析基础上得出全年的目标。之后，进行经营预算、业务规划、管理规划。

❶ 目标分解。为保证各项规划的实施，各牵头部门在与相关部门进行沟通与交流的基础上，将目标按职责分解到相关部门。各部门根据《年度发展规划与目标》，按职责——时间分解为部门内各处的年度目标、各季度的工作目标和实施计划，形成《部门季度计划》；处级经理以上干部，要按季度分解季度目标，并列入处级经理以上干部的考核之中，形成《处季度（月）工作计划》；重要干部或岗位，要按月度分解，制定月工作计划。具体到员工要落实到与岗位责任书对应，例如，电脑公司采用了"目标任务书"进行方针目标管理，其要点是：针对部门目标和薄弱环节，重点抓关键环节和重要步骤，对重点工作制定改进措施和计划，并重点推进监控实施，以保证最终实现目标。确定最重要的又确实有能力解决的工作目标。一个部门或岗位一个季度的重点工作3～4项；日常职责则不在"目标任务书"上体现。把企业宗旨和目标分解到个人的"岗位责任书"和"目标任务书"后，为监控和考核打下了扎实基础。

❷ 将目标落到实处。首先需要在目标与职责之间建立清晰的分解和对应关系。为了建立这种联系，集团管理部门协助建立了大量的各种运作和核算模型，最具特色的是联想电脑公司的"屋顶图"。"屋顶图"是联想电脑公司根据管理会计原理，结合自己的产品成本结构建立的一个量化的产品经营核算体系。电脑公司台式机事业部通过"屋顶图"，将所有的费用细分成广告费、部门费，成本分成材料、制造、运输、技术服务、积压、财务六块成本，再把前两年的历史数据装进去，就得到清晰的产品成本结构。这六块成本都可以落实到一个最直接的部门，如广告费是由市场部负责，部门费用是经营管理部负责等。这样就建立起一个构架，使开源节流的任务分解到每一个部门，控制成本的任务进而分解到每一个岗位上去，就把每项费用变成它最直接的部门考核指标。

## 三、考核评价

设定职责和目标后，联想利用制度化的手段对各层员工进行考核评价。

1. 定期检查评议

以干部考核评价为例，联想集团干部每季要写对照上月工作目标的述职报告、自我评价和下季工作计划。述职报告和下季工作计划都要与直接上级商议，双方认可。

2. 量化考核、细化到人

例如，电脑公司的综合考核评价体系分部门业绩考核、员工绩效考核两部分。部门业绩考核的目的是通过检查各部门中心工作和主要目标完成情况，加强公司对各部门工作的导向性，增强公司整体团队意识，促进员工业绩与部门业绩的有机结合；员工绩效考核的目的是使员工了解组织目标，将个人表现与组织目标紧密结合，客观评价员工，建立有效沟通反馈渠道，不断改进绩效，运用考核结果实现有效激励，帮助组织进行人事决策。

考核形式是多视角、全方位的，包括上级对下级的考核，平级之间、下级对上级的评议，以及部门互评等。部门互评的目的是对各部门在"客户意识、沟通合作、工作效率"等软性工作指标方面进行评价，评价结果作为对部门负责人年度绩效考核的参考依据。通过部门互评，发现组织在工作关系方面存在的问题；民主评议的目的是为了考察干部管理业绩，为干部选拔提供参考依据，并为培养干部及干部的自我发展提供参考，帮助干部清醒认识自我，建立干部提升的透明、健康发展机制。员工绩效考核和部门业绩考核每季度进行，员工绩效考核、部门互评和民主评议，每年综合考核一次。部门业绩考核均围绕"利润中心"进行考核，同时要体现各自的主题业务。

员工绩效考核的内容分两部分：

❶ 工作业绩结果导向。针对员工根据直接上级与员工预先商定的目标业绩工作计划进行；针对各级管理者则主要是：围绕"管理三要素"并分解成"目标计划、激励指导、公正考核"等管理业绩进行。

❷ 行为表现及能力。这部分为过程导向，按普通员工、各级管理人员分别制定不同的考核标准和权重。

各部门在制定年度规划的同时，制定各自的年度考核方案及季度分解方案；各部门方案上报企管部门，由企管部门负责组织相关业务考核部门与被考核部门沟通、协商，最后确定部门考核方案，包括考核项目、权重、考核数据来源、评分标准等；人力资源部根据考核方案，计算考核得分，再根据部门类别对应，计算分值并反馈给各部门。员工绩效考核则是由个人根据工作述职报告、绩效考核表自评打分，再与直接上级共同商定制定下一季度工作计划、考核表，作为下一季度业绩考核的主要依据；直接上级在员工自评基础上，对照工作计划考核表和员工的实际业绩和表现进行打分，同时对其下一季度的工作计划、完成效果、考核建议等进行审批，通常采用面对面交流或每季一次的干部民主生活会形式；部门总经理对员工及所属部门的考核等级进行审核调整后，汇总到人力资源部，要求符合公司的正态分布比例；绩效面谈：告之考核结果，肯定成绩，提出改进意见和措施，挖掘员工潜力，同时确定下季度工作计划，面谈结果双方签字认可；员工如果对考核评定过程有重大异议，有权向部门总经理或人力资源部提出申诉；所在部门及人力资源部为每位员工建立考核档案，考核结果作为工薪、年度奖金、干部任免、评选先进、岗位调换以及考核辞退的重要依据。

（资料来源：张建林. 联想集团的考核体系. 企业改革与管理. 2002, 10.）

# 练 习 题

## 一、单项选择题

1. 古今中外，（ ）的考核始终是首要因素，尤其是对执掌权力的各级领导。

    A. 德          B. 能          C. 绩          D. 个性

2. 绩效考核中，（ ）是凭领导者个人的判断来评定下属人员的一种考核方法。

    A. 排序法                 B. 正态分布

    C. 代表人物比较法          D. 个人判断考核法

3. 在绩效评价中，"以愉悦和友好的方式欢迎顾客"的评价方法是（ ）评价法。

    A. 特征导向     B. 行为导向     C. 结果导向     D. 原因导向

4. 在绩效评价中，"对公司的忠诚"的评价方法是（ ）评价法。

    A. 特征导向      B. 行为导向     C. 结果导向     D. 原因导向

5. 在绩效评价中，"本月生产的产量数目"的评价方法是（ ）评价法。

    A. 特征导向      B. 行为导向     C. 结果导向     D. 原因导向

6. （ ）指的是工作绩效评价系统具有区分工作效率高的员工和工作效率低的员工的能力。

    A. 可靠性      B. 敏感性     C. 准确性     D. 实用性

7. 不同的评价者对同一个员工所做的评价应该基本相同，指的是业绩考核体系的（ ）。

    A. 可靠性      B. 敏感性     C. 准确性     D. 实用性

8. 员工的工作行为评价方法中的（ ）体系是将员工之间的工作情况进行相互比较，得出对每个员工的评价结论。

    A. 员工特征导向           B. 员工结果导向

    C. 客观评价                D. 主观评价

9. 员工的工作行为评价方法中的（ ）体系是将员工的工作与工作标准进行比较。

    A. 员工特征导向           B. 员工结果导向

    C. 客观评价                D. 主观评价

10. 工作成果评价法所依据的是（ ）理论。

    A. 过程管理              B. 目标管理

    C. 实践管理              D. 计划管理

11. 在绩效管理的实施阶段处于首要环节的是（ ）。

    A. 计划      B. 监控     C. 评价     D. 反馈

12. 员工对他们自己的工作绩效所作出的评价，一般情况下比他们的主管和同事对他们评价得出的绩效等级（ ）。

    A. 低          B. 高          C. 一样     D. 说不清楚

13. 将量表法与关键事件法综合运用的绩效评价方法是（　　　）。
　　A. 排序法　　　　　B. 评定量表法　　C. 目标考核法　　D. 行为锚定法
14. （　　　）是指在绩效评价中评价主体因一个人的某一特点而在其他考核项目上全给高分或全给低分的倾向。
　　A. 晕轮效应　　　　B. 考核者的偏见　C. 近因效应　　　D. 评分模式问题
15. 绩效考评一般包括业绩考评、能力考评和（　　　）。
　　A. 工作态度考评　B. 责任感考评　　C. 开拓性考评　　D. 工作热情考评

## 二、多项选择题

1. 企业对管理人员"德"的评价，一般包括（　　　）等方面。
　　A. 思想政治　　　　B. 工作作风　　　C. 能力
　　D. 社会道德　　　　E. 职业道德水平
2. 企业对管理人员"能"的评价，包括（　　　）等内容。
　　A. 体能　　　　　　B. 出勤　　　　　C. 学识
　　D. 智能　　　　　　E. 技能
3. 员工的积极性和工作中的表现称为"勤"，包括（　　　）等方面。
　　A. 出勤　　　　　　B. 纪律性　　　　C. 干劲
　　D. 责任心　　　　　E. 主动性
4. 下列属于工作行为考核主观评价体系的有（　　　）。
　　A. 个人判断法　　　　　　　　B. 代表人物比较法
　　C. 排序法　　　　　　　　　　D. 两两比较法
　　E. 正态分布法
5. 按考核内容，员工考核可分为（　　　）考核等。
　　A. 工作绩效　　B. 工作态度　　C. 工作能力
　　D. 经历学历　　E. 性格
6. 绩效目标设定的原则主要有（　　　）。
　　A. 明确具体的　　B. 可衡量的　　C. 相关的
　　D. 现实的　　　　E. 受时间限制的
7. 有效的绩效考核体系应该具备的特征有（　　　）。
　　A. 敏感性　　　　B. 可靠性　　　C. 准确性
　　D. 实用性　　　　E. 可接受性
8. 员工业绩考核的周期长短应该受到（　　　）因素的影响。
　　A. 奖金发放的周期长短　　　　B. 员工工作性质
　　C. 考核指标　　　　　　　　　D. 工作任务完成周期
　　E. 管理人员负责考核的员工数量
9. 可能对员工工作绩效进行评价的候选人有（　　　）。
　　A. 员工的直接上司　　　　　　B. 员工的同事
　　C. 员工的下级职员　　　　　　D. 员工自己
　　E. 客户的评价

10. 绩效管理监控阶段管理者主要的任务为（　　　）。

    A. 绩效沟通　　　　　　　　　B. 绩效计划

    C. 绩效信息记录　　　　　　　D. 绩效评价

    E. 无任务

## 三、名词解释

1. 绩效管理　　　　　　2. 绩效考核　　　　　　3. 绩效改进

4. 特征导向的评价方法　5. 行为导向的评价方法　6. 结果导向的评价方法

7. 360 度绩效评价　　　8. 错觉归类　　　　　　9. 晕轮效应

## 四、简答题

1. 简述绩效考核和绩效管理的关系。

2. 简述绩效考核的原则。

3. 简述有效的绩效考核系统的标准。

4. 简述绩效考核体系。

5. 常见的绩效考核的方法有那些？

6. 绩效考核的导向有哪些类型？

7. 简述绩效考核的过程。

8. 简述绩效考核和绩效管理中常见的问题。

9. 如何做好绩效反馈面谈？

10. 绩效管理有哪几个环节？

# 薪 酬 管 理

## 知识目标

■ 了解薪酬体系的构成；
■ 明确薪酬管理内容；
■ 描述不同薪酬水平策略对企业的影响；
■ 掌握薪酬结构的设计过程；
■ 明确薪酬体系设计的模式。

## 案例导入

### "周国灿现象"惹争议

引进洋设备花了 2000 万元，而维修此设备的唯一一名技术人才的全年月平均工资才 436 元，比当地的最低工资标准仅仅高出 26 元。当地媒体将此事引发的现象称为"周国灿现象"。事情的经过到底怎样，人才的价值该如何判断？为此，记者将电话打到了上虞市劳动局的劳动争议仲裁部门，该部门负责人朱文龙向记者介绍了事情的前后经过。

据介绍，该企业是上虞市的一家大企业，为了加快企业技术改造，该企业从美国进口了一条折合人民币 2000 余万元的生产流水线，又特地从美国公司驻上海办事处请来了 3 位专家调试。该企业仅调试和培训费就花去了 70 多万元，但是负责这么高价值流水线的技术人员周国灿的工资仅和普通工人工资相当。

周国灿对此深表不满，他认为，作为一个既有理论知识又有实践经验的技术人才，这样的薪酬不能体现自身的价值。故而，周国灿与单位就此进行协商，希望能够提高工资水平，但未果，在此情况下，周国灿向上虞市劳动争议仲裁部门提请了劳动仲裁，要求解除与单位的劳动合同。

据上虞市劳动争议部门负责人朱文龙介绍，周国灿的工资水平，确实没有能够体现出人才的价值。而周国灿所在的企业则认为，只要不低于当地的最低工资标准，维修岗位上的职工能拿到这样的工资已经算是不错了。

（资料来源：潘锦华，张绍梅. 2002. 人才价格到底谁说了算. 北京：北京青年报.）

薪酬是一般劳动者的主要经济收入来源，对于劳动者及其家庭的生活水平影响很大。一个国家劳动者的总体薪酬水平也是反映该国总体社会和经济发展的一个重要指标。一般情况下，各国的国民生产总值大约 60%的部分以薪酬的形式体现。薪酬是员工地位和成功的重要标志之一，对于员工的态度和行为有着重要影响。薪酬开支是一个企业重要的成本项目，薪酬体系是连接企业与员工的主要纽带，薪酬管理既是维持企业正常运转的常规工作，又是推动企业战略目标实现的强有力工具。薪酬的决策与管理对于企业员工队伍建设、经营管理和保持竞争优势等方面影响极大。

# 第一节　薪酬管理概述

## 一、薪酬概念及构成

### 1. 报酬与薪酬

报酬是作为个人劳动回报支付的各种类型的个人认为有价值的酬劳。从广义上讲，报酬分为经济类报酬和非经济类报酬两种，经济类报酬指能够直接或间接地以金钱形式来衡量和表现的各类报酬，即工资、奖金、福利待遇、培训和假期等。非经济类报酬指员工对企业及对工作本身在心理上的一种感受，即员工在工作中获得的成就感、满足感或良好的工作气氛等。本章中使用的是报酬的狭义概念，仅指经济类报酬，也叫薪酬。◆图 6.1∨是广义报酬体系的内容。

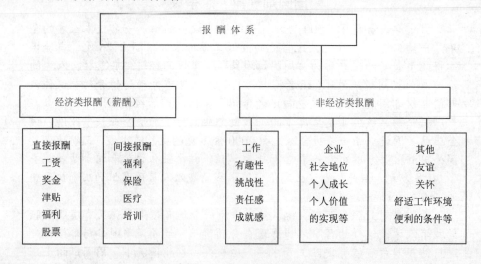

◆图 6.1　报酬体系的内容

## 2. 薪酬构成

企业的总薪酬包括以货币直接支付的工资和间接以货币支付的福利两个部分,即有基本工资、成就工资、激励工资、津贴以及福利几种基本形式。

### (1)基本工资

基本工资是用人单位或雇主为员工所承担或完成的工作,而定期支付的固定数额的基本货币薪酬。基本工资是劳动者在一定组织中就业就能拿到的固定数额的劳动报酬,它的常见形式为小时工资、月薪等。基本工资一般是根据员工所从事的工作或所拥有技能的价值而确定(如职位薪资制、技能薪资制)。基本工资是员工从雇主方获得的较为稳定的现金性经济报酬,它既为员工提供了基本生活保障,又往往是其他可变薪酬计划的主要依据之一。基本工资一般会随着生活水平或通货膨胀变化,其他企业同类工作的工资变化,本人经验、技能和绩效的变化而定期调整。

### (2)成就工资

成就工资又叫绩效加薪,是用人单位出于对员工已经取得的成就和过去工作行为的认可,在其原来基本工资之外另行增加的定期支付的固定数额的货币薪酬。成就工资实质上是员工的基本工资随着其业绩的变化而调整或增加的部分,所以也有人把它归入基本工资范畴。成就工资与员工在组织中的长期表现和努力的成果相挂钩,是一种增加员工稳定收入部分,不会带来收入风险的薪酬形式,它有利于"稳住人",调动员工长期工作的积极性。

### (3)激励工资

激励工资又叫可变薪酬、浮动薪酬或奖金,是薪酬体系中与绩效直接挂钩的部分,即工资中随着员工工作努力程度和工作绩效的变化而变化的部分。由于激励工资的核心是运用了"分成"的机制,所以对员工有很强的激励性。实行激励工资时,员工从经过自己努力而使组织新增加的成果和绩效(可具体到每一单位产品)中,可以拿到相应的报酬,与组织或雇主就新增加价值和效益进行分成,因而可激励员工的劳动积极性。而当员工领取固定工资时,员工增加努力程度和劳动投入所增加的工作产出价值全部归组织或雇主所有,激励作用就相对较弱。

激励工资有短期和长期之分。短期激励工资通常建立在非常具体、短期就能比较衡量的绩效目标的基础之上,如月奖金、季奖金。长期激励工资则把重点放在员工的多年努力的成果上,旨在把员工利益与企业的长期利益"捆在一起",鼓励员工努力实现跨年度或多年度的长期绩效目标。微软、宝洁、沃尔玛等公司的员工所拥有的股票期权,许多企业的高管和高级专家所获得的股份或红利都属于长期激励工资范畴。

### (4)津贴

津贴是指根据员工的特殊劳动条件和工作特性以及特定条件下的额外生活费用而计付的劳动报酬,其作用在于鼓励员工在苦、脏、累、险等特定岗位工作。习惯上,一般把属于生产性质的称为津贴,属于生活性质的称为补贴。津贴大体上可分为工作津贴和地区性津贴两大类,其中工作津贴主要有特殊岗位津贴、特殊劳动时间津贴、特殊职务津贴等;地区性津贴主要有艰苦边远地区津贴和地区生活津贴。

（5）福利

福利是指用人单位为员工提供的除金钱之外的各种物质待遇，它多以保险、服务、休假、实物等灵活多样的形式支付，而不是按工作时间以直接货币形式给付的补充性薪酬部分。福利主要包括员工保险（医疗保险、人寿保险、养老金、失业保险等）、休假（带薪节假日等）、服务（员工个人及家庭享受的餐饮、托儿、培训、咨询等服务）等。福利的主要费用是由用人单位支付，有时也需要员工个人承担一些项目的部分费用（如养老保险、医疗保险、失业保险等）。近 30 年中，福利的成本一直增长很快，在员工薪酬中的比重和地位日益重要。福利一方面为员工提供了"以后的钱"，对其未来生活和可能发生的不测事件提供了保障，另一方面，又可减少企业的现金支出，享受一定的税收优惠，还可以使员工享受到较低价格的服务或产品。

## 二、薪酬功能

薪酬的目的或总体作用是吸引、保留和激励组织所需的人力资源，满足员工和组织的双重需要。薪酬的功能有补偿功能、激励功能和成本控制功能等。

❶ 补偿功能。薪酬实际上是劳动力这种生产要素的价格，是一种在劳动力市场上劳动力提供者与使用者达成的一种供求契约，用以补偿员工的劳动付出。薪酬可以使员工获得生活必需品、社会关系和尊重，对员工生存、生活、抚育后代以及维持体力、智力、知识技能等工作状态具有资金提供、资源供给的保障作用。

❷ 激励功能。薪酬具有满足员工的多种需要，激发其工作热情，影响其态度和行为，鼓励其创造优良绩效，发挥个人潜力和能动性，努力为企业效力的激励作用。

❸ 成本控制功能。员工的薪酬是一般企业的重要成本支出。通常情况下，薪酬总额在大多数企业的总成本中要占到 40%～90%的比重。较高薪酬水平虽然有利于企业在人才市场吸引人才和留住员工，但却可能造成企业成本过高，从而降低企业在产品市场上的竞争能力。因此，有效地控制薪酬成本支出对于大多数企业的经营成功来说都具有重大意义。而薪酬成本的可控程度是相当高的，通过合理控制企业的薪酬成本，企业能够将自己的总成本降低 40%～60%。

## 三、薪酬管理的内容与原则

### 1. 薪酬管理的含义

薪酬对于员工和企业的重要性决定了薪酬管理的重要性。而所谓薪酬管理，是指一个组织针对所有员工所提供的服务来确定他们应当得到的报酬总额以及报酬结构和报酬形式的这样一个过程。在这一过程中，企业必须就薪酬水平、薪酬体系、薪酬结构、薪酬形式以及特殊员工群体的薪酬做出决策。同时，作为一种持续的组织过程，企业还要连续不断地制定薪酬计划、拟定薪酬预算、就薪酬管理问题与员工进行沟通，同时对薪酬系统本身的有效性做出评价且不断予以完善。

### 2. 薪酬管理的内容

企业薪酬管理的主要内容包括薪酬体系、薪酬水平、薪酬结构、薪酬形式、特殊群体薪酬，以及薪酬分配实施系统的构建与操作管理等方面的决策、建设执行和控制活动。

其中，前三项属于薪酬管理的核心决策内容，后三项属于薪酬管理的支持性决策。

❶ 薪酬体系决策与管理的主要任务：决定本企业的基本工资或基本薪酬到底以什么为基础设立，选择何种薪酬体系，并加以建设和维护。目前，企业广泛使用是职位薪酬体系、技能薪酬体系和能力薪酬体系，它们分别依据员工所从事工作的相对价值、员工所掌握的知识技能、员工所具备的能力（或任职资格）来确定不同员工的基本薪酬。

❷ 薪酬水平决策与管理的主要任务：必须确定本企业整体、本企业各职位以及各部门的平均薪酬水平，建设和维护本企业薪酬的外部竞争力。企业的薪酬水平会对吸引和留住人才产生重大影响。由于现代企业基本是在全球一体化经济的动态环境中生存，市场竞争、产品竞争、资源竞争愈演愈烈，经营上的灵活性的要求越来越高。因此，企业薪酬水平的决策与管理中薪酬的外部竞争力地位日益重要，甚至超过了对企业薪酬内部一致性的关注。而且人们更为重视的是具有较高灵活性的企业之间职位薪酬水平的比较和决策问题，昔日最为关心的企业整体薪酬水平的竞争性问题则降为次要地位。

❸ 薪酬结构决策与管理的主要任务：必须确定企业内部不同系列、不同层次、不同岗位和职务薪酬之间的相互关系，确保内部薪酬结构比例的合理性与公平性。在企业总体薪酬水平一定时，薪酬的结构就反映了企业对不同职位相对价值和重要性的实际评判，薪酬结构是否公平合理将极大地影响员工的公平感、积极性和流动率。

❹ 薪酬形式的决策与管理的主要任务：必须确定分配给每位员工总体薪酬的各个组成部分及其比例关系和发放方式。例如，我们确定某位员工在一定时期内应当享受的总体薪酬水平是 5000 元，接下来则要进行薪酬形式决策，也就是要具体确定这 5000 元中以货币直接支付的基本工资占多少比例，与绩效挂钩激励工资占多少比例以及是用现金还是股票等方式支付，福利和服务有哪些项目，各占多少比例，以什么形式支付等。

❺ 特殊群体的薪酬决策与管理的主要任务：对于销售人员、专业技术人员、管理人员和企业高层管理人员等在工作内容、目标、方式、考核等方面具有特殊性的员工群体，根据他们工作特点和职务要求而区别对待，有的放矢地进行相应的薪酬体系、薪酬水平、薪酬形式等内容的设计、决策与实施管理，从而解决为多数人设计的标准薪酬系统对少数人不适用的问题。

❻ 薪酬分配的实施操作或行政事务管理工作的主要任务：必须对企业的薪酬分配进行系统的管理，具体的工作有制定企业薪酬分配的规章制度和具体政策，组建相应职能机构、工作岗位并配置合适人员以满足工作职责的需要，制定薪酬工作计划，编制薪酬预算、控制劳动力成本，监督薪酬分配过程、收集和管理组织内外的薪酬信息、及时与员工进行沟通和交流、处理实际分配的纠纷和申诉，不断评估薪酬系统的有效性情况并加以改善，以及协助有关方面进行员工薪酬的集体谈判等。

### 3. 薪酬管理的原则

❶ 补偿原则。薪酬应保障员工收入能足以补偿劳动力再生产的费用，这不仅应包括补偿员工恢复工作精力所必要的衣食住行费用，而且还包括补偿员工为获得工作所必需的知识、技能以及生理发育先前付出的费用。

❷ 公平原则。根据行为科学理论，人们总是不断地以自己为组织做出贡献，从组织得到的报酬来与他人相比较，如果他得到的报酬，包括物质方面的薪酬、津贴、奖金、

福利等以及精神方面的社会地位、受人尊重的程度等与他自己付出的代价，包括他支出的体力、脑力（活劳动），过去为学习、成长付出的费用（潜在劳动）及产出（物化劳动）相比，低于他人相应比例，就会产生一系列消极行为，如怠工、辞职、攻击他人等。因此，薪酬分配一定要全面考虑员工的绩效、能力及劳动强度、责任等因素，考虑外部竞争性、内部一致性要求。

❸ 透明化原则。薪酬方案必须公开，能让员工了解自己从中得到的全部利益，了解其利益与其贡献、能力、表现的联系，以利于充分发挥物质利益的激励作用。

❹ 竞争性原则。一个组织的薪酬水平，如果缺乏吸引力，就会只有那些仅希望保住自己职位和薪酬的平庸员工留在身边，素质较高、能力出众的优秀员工则难以留住。

❺ 经济性原则。薪酬是产品成本的一个组成部分，薪酬标准设计过高，虽然具有竞争性和激励性，但也会不可避免地带来人工成本的上升，因此，设计薪酬方案时，应进行薪酬成本核算，尽可能用一定的薪酬资金投入带来较大的产出。

❻ 合法性原则。薪酬制度必须符合政府的有关政策和法律法规。如关于薪酬水平最低标准的法规、反薪酬歧视的法规、薪酬保障法规等。这些方面在薪酬管理时必须予以充分考虑。

# 第二节　薪酬水平和结构管理

## 一、薪酬水平决策与管理

### 1. 薪酬水平与薪酬的外部竞争力

薪酬水平是指组织支付给其内部不同职位的平均薪酬或内部各种薪酬的平均数。而组织所支付的薪酬水平高低无疑会直接影响到组织在劳动力市场上获取劳动力的能力强弱，因此，所谓薪酬的外部竞争性简称外部竞争力，是指不同企业间的薪酬关系，即某一企业相对于其竞争对手薪酬水平的高低。薪酬的外部竞争力具有相对性，它是与竞争对手相比较而认识的，它除了要与竞争对手的薪酬水平进行比较决策外，还包括与竞争对手多种薪酬形式（奖金、股票、福利）、职业机会、具有挑战性工作等方面进行比较，但影响最大的是前者。在市场竞争条件下，企业薪酬外部竞争力的比较基础不再局限于企业整体薪酬之间的比较竞争，更多地体现在不同企业的类似职位或类似职位系列薪酬水平之间的比较竞争。

### 2. 薪酬水平决策的主要影响因素

资本市场、劳动力市场、产品市场是企业必须参与运行的三大市场，企业的薪酬水平决策主要受到其所在的劳动力市场和产品市场两大方面因素以及企业自身组织特征因素的影响。这些影响企业薪酬水平的决策，进而影响企业薪酬外部竞争力的因素，如◆图6.2＞所示。

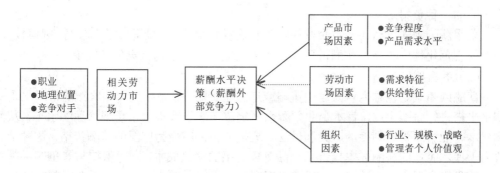

◆图 6.2　薪酬水平决策的主要影响因素

（资料来源：马新建等．2003．人力资源管理与开发．北京：石油工业出版社．）

产品市场的竞争程度和企业产品的市场需求状况影响着企业的财务状况和支付能力，劳动力市场的供给特征和需求特征影响着企业获得所需人力资源的成本和难度，企业所从事的行业、规模、战略、价值观、劳动生产率等组织因素影响着它对劳动力的特殊需要以及支付能力和支付意愿。所有这些因素都对企业的薪酬水平形成压力或动力，共同影响企业薪酬决策，从而影响外部竞争力。一般情况下，劳动力市场因素决定着企业薪酬水平的低限，产品市场因素决定着企业薪酬的高限，这两类因素共同确定了企业薪酬水平的浮动范围，而组织因素则对企业薪酬水平的支付能力、支付意愿和支付结构等产生影响。需要注意的是，劳动力市场因素中除了统一的劳动力市场供求特征外（◆图 6.2∧中虚线箭头部分），企业还具体运作其中的相关劳动力市场因素，这对于企业做出决策，确定薪酬水平和竞争力定位具有直接而现实的重要影响。企业相关劳动力市场通常由职业（资格要求）、地理位置（迁居意愿或通勤距离）以及在同一劳务或产品市场上竞争的其他企业等因素所构成。

3. 薪酬水平策略

薪酬水平决策的最主要任务是进行薪酬水平的市场定位，简称为薪酬（水平）定位。薪酬水平定位实际上是给企业薪酬的外部竞争性定位，因此，薪酬水平决策的关键是要选择有助于增强企业竞争力的薪酬水平定位策略。薪酬水平定位策略通常称为薪酬策略或薪酬水平策略，一个企业应当根据其经营发展战略、人力资源战略、薪酬战略、内外部环境、市场状况、财务实力等要素，合理而慎重地对其做出抉择、调整和改进。常见的薪酬水平定位策略有以下几种。

（1）薪酬领先策略

薪酬领先策略又叫领先型薪酬策略。薪酬领先策略就是将本企业（或本企业某些职位、某类人员）的薪酬水平定位在高于市场平均薪酬水平之上，以领先于市场和许多竞争对手的薪酬水平来构建和管理本企业薪酬制度的政策和做法。这种策略既适用于整个企业，又适用于企业中的部分职位或人员（以下各策略相同）。这一策略的主要长处是，能够吸引和留住高素质、高技能的人才，提高招聘到的员工质量，提高员工离职的机会成本，降低离职率，保持高效率员工队伍，节省监督管理成本，减少劳动纠纷，提高企业的形象和知名度。主要缺点是带来了企业劳动力成本增加和巨大的管理压力。如果不能将薪酬上的高投入转化为生产经营的高效率和高利润，则高薪酬和高素质员工可能成为企业的一种负担。

采用薪酬领先策略的多数企业往往具有这样几个特征：投资回报率较高、规模较大、行业的规范化程度较高、薪酬占总成本比率较低、产品市场上竞争者较少。

（2）薪酬跟随策略

薪酬跟随策略也称为薪酬居中策略或追随型策略，它是指企业始终跟随市场平均薪酬水平来进行薪酬定位，将本企业薪酬水平定位在等于或接近市场平均薪酬水平，从而构建本企业薪酬管理制度的政策和做法。这是一种使用最为广泛的薪酬策略，这种策略致力于使本企业的薪酬成本接近于产品竞争对手的薪酬成本，同时保持与竞争对手基本一致的吸引和保留人才的能力。其支撑理由是：薪酬水平低于竞争对手会限制企业的招聘能力，引起员工不满；薪酬水平高于竞争对手则会使人力成本过高，影响产品成本和定价；薪酬水平与竞争对手或市场水平基本一致时，又可以使企业避免在保留高素质员工队伍和产品定价两方面处于劣势。采用薪酬追随策略的企业可能遇到的风险最小，但是对于一流优秀人才的吸引力不够，它并不能使企业在竞争性劳动力市场上处于优势地位，而且自身薪酬水平的确定比较被动，易受到竞争对手的影响，可能会破坏本企业薪酬制度的内部一致性。

使用这种薪酬策略时，必须连续不断地做好市场和竞争对手的薪酬调查工作，注意及时根据外部市场的薪酬变化而调整自身的薪酬水平，确保本企业的薪酬动态平衡，始终追随市场薪酬水平的起伏变化而基本保持一致。

（3）薪酬滞后策略

薪酬滞后策略又称滞后型薪酬策略，它是指企业按照低于市场薪酬水平或竞争对手薪酬水平的标准进行本企业的薪酬定位，以滞后于市场和竞争对手的薪酬水准来构建本企业薪酬管理制度的政策和做法。这种策略可以使企业减少薪酬开支、维持比较低廉的劳动成本、降低成本费用，有助于提高产品定价的灵活性，并增强企业在产品市场上的竞争力。但是，实行这种策略往往会使企业难以吸引高素质人才，员工不满意度上升，流失率增高，工作的积极性和对企业承诺或忠诚感都会降低。

如果企业能把薪酬滞后策略与员工未来可以获得更高收入的保证结合起来运用，而能够以未来的可观预期收益来补偿现期的较低薪酬时，则不仅可以弥补上述缺陷，而且有助于提高员工的责任感和对组织的承诺度，增强团队精神和工作积极性，提高劳动生产率并改善组织绩效。

在一般情况下，处于竞争性产品市场的边际利润率较低，成本承受能力很弱，规模相对较小的企业采用薪酬滞后策略的较多。然而，除了支付能力外，企业的支付意愿、薪酬结构模式、长期激励安排、企业生命周期阶段等因素也会影响其对此策略的偏好。

上述三种策略都是传统的薪酬策略，过去人们往往用它们来确定企业的整体薪酬水平，现在则更加灵活机动，往往根据企业的实际情况和需要，分别把它们用于不同类别人员或不同类型职位的薪酬决策和设计管理。

二、薪酬结构决策与管理

1. 薪酬结构与内部一致性

薪酬结构一般是指在同一组织内部不同岗位或不同技能薪酬水平的排列对比关系。

它主要研究和解决薪酬水平等级的多少，不同薪酬水平级差的大小，以及决定薪酬级差的标准等问题。在进行薪酬结构设计时必须遵循公平性、经济性、激励性等原则。薪酬结构设计的内部一致性强调的是组织内部薪酬结构关系背后的逻辑关系和政策关系的一致性，一般是指薪酬结构设计应与组织结构、组织关系和工作设计之间保持一致的政策关系，所确定的薪酬结构应当支持组织的工作流程，对所有员工公平，并有利于促使本组织员工行为与组织目标相符合。

然而，薪酬结构的设计并不是一个完全脱离外部环境和竞争而独立决策和设计的过程，它必然要受到外部公平或外部竞争性的影响，事实上，实际的薪酬结构决策与设计往往是在内部一致性与外部竞争性之间进行比较平衡的结果。

2. 职位评价与薪酬结构

职位评价也称为岗位评价、职务评价或工作评价，它是指采用一定的方法对组织中各种职位或工作岗位的相对价值做出评定，以作为员工等级评定和薪酬分析的依据。职位评价是一个为组织制定职位结构而系统地确定各职位相对价值的过程。这种相对价值的确定主要是要找出组织内各种职位的共同付酬因素，用一定的评价方法，根据每个职位对组织贡献的大小而加以确定，继而以其为基础来建立薪酬结构，进行经济分配。职位评价是以基本职位内容和职位价值来评价具体职位在组织中的相对价值。有关职位内容的评价主要是对某一职位所要求的技能、职责、责任等的评价，有关职位价值的评价主要是对某一职位对组织目标相对贡献的评价。由于职务内容中某些方面的价值是以与市场薪酬的比较关系为基础的，所以有些人把职位评价看做是把职位内容与市场薪酬水平挂钩的一个过程。

最主要的职位评价方法包括排列法、分类法、因素比较法、点数法。从是否进行量化比较的角度看，排列法和分类法属于将整个职位看做一个整体的非量化评价方法；而因素比较法、点数法属于按照职位要素进行量化比较的评价方法。从职位评价中的比较标准看，排序法和因素比较法属于在不同的职位之间进行比较的工作评价方法；而分类法、点数法属于将职位同既定的标准进行比较的职位评价方法。上述四种职位评价方法的特点可以概括如表 6.1 所示。由于四种评价方法的具体执行方式已在第二章中介绍过，这里不再赘述。

表 6.1　职位评价方法的比较

| 工作结构的依据 | 非量化比较：工作整体 | 量化比较：工作要素 |
| --- | --- | --- |
| 工作—工作比较 | 排序法 | 因素比较法 |
| 工作与量级比较 | 分类法 | 点数法 |

（资料来源：Cynthia D. Fisher, Lyle F. Schoenfeldt, and James B. Shaw, Human Resource Management, Houghton Mifflin Company, 3rd edition, p.512.）

3. 薪酬结构设计的一般过程

设计和建立科学合理的薪酬结构是企业人力资源管理中的一项基本制度建设和政策性很强的工作，它又是一个细致和烦琐的过程，牵扯到薪酬的很多环节，因此，需要一套完整而正规的程序步骤来保证相关工作的连续性、完整性和逻辑性，从而提高设计工作的科学性和有效性。◆图 6.3∨描绘了这一流程。

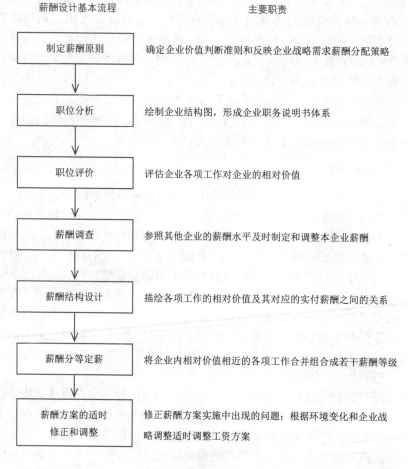

薪酬设计基本流程　　　　　　　　　　　主要职责

制定薪酬原则　　　　确定企业价值判断准则和反映企业战略需求薪酬分配策略

职位分析　　　　绘制企业结构图，形成企业职务说明书体系

职位评价　　　　评估企业各项工作对企业的相对价值

薪酬调查　　　　参照其他企业的薪酬水平及时制定和调整本企业薪酬

薪酬结构设计　　　　描绘各项工作的相对价值及其对应的实付薪酬之间的关系

薪酬分等定薪　　　　将企业内相对价值相近的各项工作合并组合成若干薪酬等级

薪酬方案的适时修正和调整　　　　修正薪酬方案实施中出现的问题；根据环境变化和企业战略调整适时调整工资方案

◆图 6.3　薪酬设计基本流程

（资料来源：刘军胜. 2002. 薪酬管理实务手册. 北京：机械工业出版社.）

（1）制定薪酬原则和策略

企业薪酬策略是企业人力资源策略的重要组成部分，而企业人力资源策略是企业人力资源战略的落实，是企业基本经营战略、发展战略和文化战略的落实。因此，制定企业的薪酬原则和策略要在企业的各项战略的指导下进行，要集中反映各项战略的需求。薪酬策略作为薪酬设计的纲领性文件要对以下几个方面做明确规定：对员工本性的认识、对员工总体价值的认识，对管理骨干即高级管理人才、专业技术人才和营销人才的价值估计等核心价值观的认识；还包括企业基本薪酬制度和分配原则、企业薪酬分配政策与策略等。

（2）岗位设置与岗位分析

配合企业的组织发展计划做好岗位设置，在做好岗位设置的基础上，进行科学的岗位分析，这是做好薪酬设计的基础和前提，通过这一步骤将产生清晰的企业岗位结构图和工作说明书体系。

（3）岗位评价

岗位分析反映了企业对各个岗位和各项工作的期望和要求，但并不能揭示各项工作之间的相互关系，因此，要通过职位评价来对各项工作进行分析和比较，并准确评估各项工作对企业的相对价值，这是实现内在公平的关键一步。

（4）薪酬调查

企业要吸引和留住员工，不但要保证企业薪酬制度的内在公平性，而且要保证企业薪酬制度的外部公平性，因此，要组织力量开展薪酬调查。要通过调查，了解和掌握本地区、本行业的薪酬水平状况，特别是竞争对手的薪酬状况。同时，要参照同行业、同地区其他企业的薪酬水平，及时制定和调整本企业对应工作的薪酬水平及企业的薪酬结构，确保企业薪酬制度外在公平性的实现。

（5）薪酬结构设计

通过岗位分析和薪酬调查使我们确定了企业每一项工作的理论价值：工作的完成难度越大，对员工的素质要求越高，对企业的贡献越大，对企业的重要性越高，就意味着该工作的相对价值越大，因此，工作的薪酬率也越高。工作的理论薪酬率要转换成实际薪酬率，还必须进行薪酬结构设计。

所谓薪酬结构，是指一个企业的组织结构中各项工作的相对价值及其对应的实付薪酬之间保持何种关系。这种关系不是随意的，而是服从以某种原则为依据的一定规律的，这种关系的外在表现就是"薪酬结构线"。"薪酬结构线"为分析和控制企业的薪酬结构提供了更为清晰、直观的工具。

（6）薪酬分等及定薪

薪酬结构线描绘了企业所有各项工作的相对价值及其对应的薪酬额，如果仅以此来开展薪酬管理，势必加大薪酬管理的难度，也没有太大的意义。因此，为了简化薪酬管理，就有必要对薪酬结构线上反映出来的薪酬关系进行分等处理，即将相对价值相近的各项工作合并成一组，统一规定一个相应的薪酬，称为一个薪酬等级，这样企业就可以组合成若干个薪酬等级。

（7）薪酬方案的实施、修正和调整

薪酬方案出台后，关键还在落实，在落实过程中不断地修正方案中的偏差，使薪酬方案更加合理和完善。另外，要建立薪酬管理的动态机制，要根据企业经营环境的变化和企业战略的调整对薪酬方案适时地进行调整，使其更好地发挥薪酬管理的功能。

# 第三节 薪酬等级制度

## 一、薪酬等级制度的特点和作用

### 1. 薪酬等级制度的特点

薪酬等级制度是根据劳动的复杂程度、精确程度、负责程度、繁重程度和劳动条件等因素，将各类薪酬划分等级，按等级确定薪酬标准的一种薪酬制度。薪酬等级制度是薪酬制度中最核心的制度。其特点有：❶它主要从劳动质量上区分和反映各个等级之间

（而不是等级内部）的劳动差别；❷它是以劳动者的潜在能力作为评定薪酬等级、确定薪酬标准的依据，反映了劳动的潜在形态；❸薪酬等级制度中的薪酬标准在一定时期内具有相对稳定性；❹薪酬等级制度合理与否，主要表现在是否在薪酬标准上对复杂劳动与简单劳动、熟练劳动与非熟练劳动、繁重劳动与轻便劳动规定了明显的差别。

### 2. 薪酬等级制度的作用

薪酬等级制度是整个薪酬制度的核心和基础，计时或计件薪酬都要按其规定的标准计算，员工薪酬的定级、升级也要依靠其进行。其作用表现在：❶有利于贯彻按劳分配原则；❷改善不同工作和员工的薪酬关系；❸鼓励员工提高业务能力；❹是确定员工福利和养老金的重要依据。

## 二、薪酬等级制度的基本构成

薪酬等级制度主要由薪酬等级表、薪酬标准、技术（业务）等级标准以及职务（工种）统一名称表等内容组成。

### 1. 薪酬等级表

薪酬等级表是反映各等级之间薪酬差别的一览表。通过薪酬等级表可以确定各职位（工种）的等级数目和各等级之间的薪酬差别，一般由一定数目的薪酬等级、职位（工种）等级线和薪酬级差组成。

（1）薪酬等级

薪酬等级直接反映职位（工种）的技术（业务）复杂程度和从业人员所需具备的劳动熟练程度。通常，薪酬等级数目越多，表明这一职位（工种）的技术越复杂，对从业人员的技术要求越高。

（2）职位（工种）等级线

职位（工种）等级线也称薪酬等级线。它是在薪酬等级表所规定的等级数目内，各职位（工种）所跨越最低等级与最高等级的界限，即各职位（工种）薪酬的起点和终点。一般来说，技术复杂、熟练程度要求较高、责任重大的职位（工种），其薪酬起点应该较高，反之，则要低些；劳动复杂程度与劳动熟练程度差别较大的职位（工种），薪酬等级线应长些，反之，应短些；对于那些条件艰苦、工作繁重，但技术要求不高的职位（工种），薪酬起点可以稍高。

（3）薪酬级差

薪酬级差是相邻两个等级的薪酬相差的幅度。一般来说，劳动差别大的职位（工种），薪酬级差大，较高等级的劳动者，其再往上晋升的难度较大，因此，薪酬级差在薪酬等级表中呈逐渐递增形态。

薪酬级差既可用绝对数表示，也可用相对数表示。前者即用相邻两个等级的薪酬标准绝对额之差表示，后者则常常以级差百分比和等级系数表示。

级差百分比是薪酬等级表上相邻两个等级之间薪酬额之比，常用百分数表示，故称级差百分比。等级系数是指各等级的薪酬标准与最低等级的薪酬标准之比。等级系数可分为等差系数、等比系数、累进系数、累退系数和不规则系数等多种。

确定薪酬等级表，一般是首先在分析和比较劳动差别的基础上，安排薪酬等级数目，即该薪酬等级表设多少个等级；然后再确定该薪酬等级表的幅度和划分薪酬等级线；最后再确定薪酬级差。

2．薪酬标准

薪酬标准是指单位时间（时、日、周、月）的薪酬金额，它是计算和支付劳动者薪酬的基础。

薪酬标准可分为固定薪酬标准和浮动薪酬标准两种。前者一经规定便具有相对稳定性，后者随一定的劳动成果和支付能力上下浮动。

薪酬标准的结构有三种：❶单一型的薪酬标准。即每个职位只有一个对应的薪酬标准，员工只有在改变职位时才调整薪酬。这种薪酬标准简便易行，但不能反映同职位不同劳动熟练程度员工的劳动差别。❷可变型的薪酬标准。即在每个职位等级内设若干档的薪酬标准，允许同一职位的员工有不同的薪酬标准。这种"一职（岗）数薪"的薪酬标准，有利于反映同一等级内不同员工在劳动熟练程度上的差别，也有利于在员工职位等级不变时逐步提高薪酬标准。这种薪酬标准如果薪酬水平设计过低，则很难有效体现劳动差别，如果薪酬水平设计过高，则会使同等级员工的薪酬差别过高，并使整个薪酬标准级差过大。❸涵盖型薪酬标准。这是在可变型薪酬标准基础上演变而来的，即在同一职位内部仍设立不同档的薪酬标准，但低职位的高等级薪酬标准与相邻高职位的低等级薪酬标准间适当交叉。这种"一职（岗）数薪，上下交叉"的薪酬标准，有利于使难易程度相近的工作不因职位差异而薪酬差距过大，也有利于员工的临时工作调动，同时也能体现员工劳动熟练程度上的差别。但涵盖面不宜过大，否则会淡化不同职位间的劳动差别。

确定薪酬标准，除了要遵守国家有关薪酬政策，符合国家宏观调控要求外，一般应考虑：经济支付能力、已达到的薪酬水平、居民生活费用状况、劳动差别、劳动力供求状况等因素。从方法上看，通常是首先确定最低等级的薪酬标准，然后，根据最低等级的薪酬标准和选定的各等级的薪酬等级系数，推算出其他等级的薪酬标准。

3．技术（业务）等级标准

技术（业务）等级标准是对员工担任某项工作（岗位、工种）所应具备的劳动能力的技术（业务）规范文件，是划分工作等级和评定员工任职能力及薪酬等级的重要依据。它一般包括"应知"、"应会"、"职责"、"任职资格"、"工作实例"等内容。

4．职位（工种）统一名称表

职位（工种）统一名称表是指在职能分工基础上，由有关部门通过对各工作的内容进行横向和纵向比较分析、定位归类后所确定的职位（工种）序列和统一规范的职位（工种）名称系列表。有了职位（工种）统一名称表，便能在全国范围内对各个执行同一职位（工种）的不同劳动者按同一标准进行评价与比较，并在此基础上合理安排各类劳动者的薪酬关系。

# 第四节　薪酬体系设计的模式

薪酬体系设计的主要任务是确定薪酬体系的模式和种类，确定薪酬体系以什么为基础构建，确定以职位、技能、能力、市场等要素中的何者为主来设计薪酬制度。据此可将薪酬体系划分为职位薪酬体系、技能（能力）薪酬体系和市场导向薪酬体系。

## 一、职位薪酬体系

### 1. 内涵与流程

职位是指由一个人来完成的各种职责和任务的集合，有时又被称为岗位。职位薪酬体系是指以职位为基础确定基本工资的薪酬系统。它的基本原理是，首先，对本组织不同职位的价值（相对价值）做出客观评价，再根据不同职位的评估价值赋予各自相当的薪酬，最终谁担任什么职位或从事什么岗位工作，谁就获得什么样的基本薪酬，以及与基本薪酬相关的其他形式薪酬。职位薪酬体系主要是一种传统的员工薪酬决定制度，它的基本特点是"按职（位）定薪，岗（位）酬（劳）对应"，很少考虑个人的不同特点因素，基本只考虑职位本身的因素来确定员工的薪酬。

职位薪酬体系设计的流程可用◆图 6.4∨所示的四大步骤来描述。

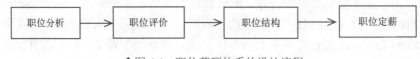

◆图 6.4　职位薪酬体系的设计流程

（资料来源：马新建等. 2003. 人力资源管理与开发. 北京：石油工业出版社.）

❶ 职位分析。职位分析就是要搜集特定工作性质的相关信息，并按照工作的实际执行情况对其进行界定、处理和描述，编写出职位说明书的过程。

❷ 职位评价。职位评价就是以工作内容、技能要求、责任大小等为依据，对职位本身的价值及其对组织贡献程度的大小进行评价和确定的过程。

❸ 职位结构。即建立职位结构，是指系统地确定职位之间的相对价值，并据此对职位进行排序，为组织建立一整套职位结构的过程。

❹ 职位定薪。即根据职位评价结果和职位结构关系，适当参考劳动力市场的薪酬情况等因素，来确定应当对组织内不同职位支付的工作及其他薪酬水平的高低和数额。

### 2. 优点与缺点

职位薪酬体系的主要优点为：容易实现同工同薪，促使员工提高自身能力，向更高职位奋斗，有利于实现"职得其人"，"人往高处走"的局面，便于按职位系统管理薪酬，操作简便，管理成本较低。其主要缺点在于：由于主要是按职定薪，职位又具有稀缺性，无晋升机会者亦无望大幅度加薪，可能会挫伤一些员工的工作积极性。这种薪酬体系暗含着一种假设，即担任同一种职位工作的员工具有与工作的难易水平相当的能力和素质的技能素质，限制了"行行出状元"；由于职位的相对稳定必然导致员工薪酬的相对稳定，这种薪酬计发与员工工作业绩和组织绩效关系不大，所以，不利于及时激励员工努力提高工作绩效，不利于组织对多变的外部环境做出反应。

### 3. 适用条件

职位薪酬体系的应用范围十分广泛，但是它的有效使用必须满足一定的适用条件或组织环境特点，否则可能被扭曲或失去应有的效果。

**❶** 必须具备职位分析的基础和条件。使职位的内容、工作要求和相应责任明确化、规范化和标准化。

**❷** 职位内容保持基本稳定。否则工作的序列关系难以界定，薪酬体系的相对连续和稳定性遭受破坏。

**❸** 应当具有人岗匹配，人尽其才的用人机制。根据员工才能安排其岗位或职位，否则会破坏内部公平性，引发消极作用。

**❹** 职位阶梯应当完备。各类工作都有相当多数量的职级，使得每一类员工都有由低向高晋级升职的机会和空间，才能职级动、薪酬动，否则，只会阻塞员工薪酬提升通道，加剧职位（职务）竞争，挫伤许多员工做好本职工作并进一步提高相关知识、技能的积极性。

## 二、技能薪酬体系

### 1. 内涵与流程

技能薪酬体系又叫技能薪酬计划，是指以技能为基础确定基本薪酬的一种薪酬系统。它的基本特征是，根据员工所掌握的与工作有关技能知识的深度和广度来计发基本薪酬及其相关的其他薪酬，而不再是依据员工承担的具体工作和职位的价值来支付薪酬。也就是说，它是一种以人为基础的基本薪酬决定体系，员工的薪酬所得和提升主要取决于个人所具备的技能水平状况和技能的改进。

技能薪酬体系设计的目的是把工作任务转化为能够被认证、培训和对之计酬的各种技能，重点在于开发一套能使基本薪酬与技能联系在一起的薪酬系统或计划。技能薪酬体系决策与设计的大致流程如◆图6.5∨所示。

**小资料**

> 技能薪酬体系原先主要用于一些具体操作性工作占主导的工厂或工作场合的蓝领工人，现在已经广泛应用于工厂、电信、销售、银行、保险业等多种行业的企业和组织，通常用于所从事的工作比较具体且能被界定出来的操作人员、技术人员和办公室人员等多种职位领域。世界500强在1990年就有51%的企业承认自己实行了某种形式的技能薪酬体系。

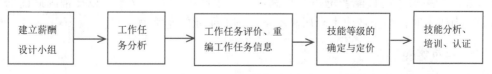

◆图6.5　技能薪酬体系设计流程

（资料来源：马新建等．2003．人力资源管理与开发．北京：石油工业出版社．）

❶ 建立薪酬设计小组。即要成立包括人力资源部门代表，组织开发、工作流程和薪酬设计专家及所涉及工作的从业员工和员工的上级等人员在内的技能薪酬指导委员会和设计小组，以确保有关的内容、信息、工作和技能认知的客观性，保证设计的合理性和公正性。

❷ 进行工作任务分析。即要对薪酬设计所涉及的各种工作的要素、任务与内涵之间的区别与联系等进行系统的剖析和描述。只有对员工拟完成的工作进行正确理解、正确描述和深入分析，才能为技能区分和技能水平的划分奠定基础，否则就无从进行技能薪酬的设计。

❸ 评价工作任务并创建新的工作任务清单。即要在工作任务分析的基础上，正确评价各项工作任务的难度和重要性程度，再根据工作分析结果和其他来源的相关资料，按照需要对工作任务信息进行重新编排，对工作任务进行组合，从而为下一步对与完成工作有关的技能模块和技能等级的界定和定价打好基础。

❹ 技能等级确定与定价。这就需要在分清知识、能力、技能以及绩效行为与工作任务之间关系的基础上，界定技能等级模块并为技能模块定价。技能等级模块是指员工为了按照既定工作标准完成工作任务所必须执行的一种工作职责或一个单位工作任务。一般可根据技能模块中所包含的工作任务难度水平来对其进行等级评定，对技能模块的定价是在确定技能模块相对价值和定价机制的基础上，确定每一个技能单位的货币价值。

❺ 对员工进行技能分析、培训和认证。也就是说应对员工现有技能水平进行分析和确定，制定有效的培训计划来培训员工，弥补不足，提高与工作有关的技能水平，并实施工作技能等级或资格的认证制度来确定员工技能的实际水平，从而为技能薪酬体系的推行提供支持，把员工有效置身其中。

### 2. 优点与缺点

技能薪酬体系的主要优点是：激励员工不断学习新的知识和技能、开发和提高技能水平，可以灵活地调配员工，在员工与岗位的配置上具有更大的灵活性；有利于保留精干的员工队伍，鼓励优秀专业人才安心所擅长的本职工作，以避免"升官才能发财"思想所易导致的技术人才改行和"不良管理者"领导带给组织的双重损失；有利于员工对工作流程的更全面了解和管理决策的参与，有利于组织各类工作"行行出状元"，从而提高个人与群体的生产率和工作绩效。

技能薪酬体系的主要缺点是：设计更为复杂，比职位薪酬体系需要更高的管理结构和成本；它使企业在培训、工作重组等人力资本投资方面大为增强，若不能将这种投资有效转化为实际生产力，则企业会增加负担，效益降低；它还难以形成与绩效挂钩的工资激励；如果员工的技能普遍提得很高，劳动生产率的提高又不足以抵消因此而增加的劳动力成本时，则企业成本会居高不下，削弱企业的竞争力。

### 3. 适用情况

一个企业或企业中的某类工作是否适合采用技能薪酬体系，需要考虑有关工作的性质、组织形式和管理层对员工与企业劳动关系的认识等基本因素。技能薪酬体系比较适合于：

❶ 高新技术企业、研发机构、学校等技术复杂程度高、技术密集型组织或工作。
❷ 深度技能、广度技能和垂直技能得分比较高的职位类型。
❸ 分工比较粗并且劳动对象不固定的职位类型。
❹ 员工劳动熟练程度差别比较大的职位类型。
❺ 具有合作性劳动关系（雇佣关系）和有机的组织形式的企业和组织。因为技能薪酬体系的设计和施行需要管理方与员工的长期合作，共同承担相应的责任和风险，允许员工可以不受工作说明书的约束而自由发展，具有在所从事的工作、个人技能、工资和工作满意度方面做出选择的权力。

### 三、市场导向的薪酬体系

上述职位薪酬体系、技能薪酬体系可以分别称之为工作导向薪酬体系和技能导向薪酬体系，前者是以职位或工作为基础的基本薪酬决定体系，后者是以人或人的技能为基础的基本工资决定体系。实践中，企业还往往使用市场导向的薪酬体系，即企业根据市场上竞争对手的薪酬水平来决定本企业内部薪酬结构。其具体做法是，首先，对本企业内部的所有工作岗位根据其对企业目标实现贡献的大小进行排序；然后，对市场上与本企业有竞争关系的若干家企业的薪酬情况进行调查。显然，在本企业的所有工作岗位中，有很大一部分将与外部企业的薪酬结构相同，但是也有一部分工作岗位不同。在确定本企业的薪酬结构时，首先按照这些竞争对手工作岗位的薪酬水平，然后参照这些可比较的岗位的薪酬水平再决定那些不可比较的工作岗位的相应薪酬水平。表 6.2 是一个市场导向的薪酬体系决定方法的范式。

表 6.2　薪酬决定的市场方式

| 参照标准 | 本公司 | 公司 I | 公司 II | 公司 III | 公司 IV | 外部平均水平 |
|---|---|---|---|---|---|---|
| 工资水平 | | A | | | | |
| | 工作 A | | A | | A | A |
| | | B | | B | | B |
| | 工作 B | | | B | | |
| | 工作 C | | | | | |
| | | C | | | | |
| | | | | | C | C |
| | 工作 D | | C | | | |
| | | | D | D | D | D |

（资料来源：George T. Milkovich and Jerry M. Newman, Compensation, 4th edition, Homewood, IL., Richard D. Irwin, Inc. ,1993, p.145.）

这种市场导向的薪酬结构的确定方法实际上是以外部劳动力市场上的薪酬关系来决定公司内部的薪酬结构，它强调的重点是公司人工成本的外部竞争力，而不是公司内部各种工作之间在对公司整体目标贡献上的相对关系。换言之，市场导向的薪酬结构确定方法是让竞争者来决定公司内部的薪酬结构，因此，有可能使本公司的薪酬结构丧失内部一致性。

总体来看，企业可以从职位、技能、市场等要素中选择其一来作为设计企业某种薪酬体系的依据。由于不同的薪酬体系在结构基础、价值、依据，薪酬对应对象、激励机制、关键技术、优缺点等方面各不相同，因此，在设计和应用决策时，要注意因地制宜、对症下药、实事求是地加以选择。有时在企业中只选用一种薪酬体系，有时则需要为企业选用两种或三种薪酬体系。职位薪酬体系与技能薪酬体系的特征对比如表6.3所示。

表6.3  不同薪酬体系的比较

| 薪酬体系<br>薪酬特征 | 工作导向 | 技能导向 |
| --- | --- | --- |
| 薪酬结构 | 以承担的工作为基础 | 以员工掌握的技能为基础 |
| 工作价值决定 | 以整个工作的价值为依据 | 以技能块的价值为依据 |
| 管理者的重点 | 工作对应工资，员工与工作匹配 | 员工对应工资，员工与技能相连 |
| 员工的重点 | 追求工作晋升以获得更高报酬 | 追求更多技能以获得更高报酬 |
| 必要的步骤 | 评估工作内容，估值工作 | 评估技能，估值技能 |
| 绩效评估 | 业绩考核评定 | 能力测试 |
| 薪酬增长 | 以年资、业绩考核结果和实际产出为依据 | 以技能测试中表现出来的技能提高为依据 |
| 工作变动效果 | 工资随着工作变动 | 工资保持不变 |
| 培训的作用 | 是工作需要而不是员工意愿 | 是增强工作适应性和增加报酬的基础 |
| 员工晋升 | 需要工作空缺 | 不需要工作空缺，只要通过能力测试 |
| 优点 | 薪酬以完成的工作的价值为基础 | 调配弹性，减少员工数量 |
| 局限性 | 潜在的人事官僚主义，缺乏弹性 | 潜在的人事官僚主义，需要成本控制 |

（资料来源：根据 George T. Milkovich and John W. Boudreau, Human Resource Management, Richard D. Irwin, 1994, p.572 和 Randall S. Schuler/Vandra L. Huber, Personal and Human Resource Management, West Publishing Company,1993,p.385 有关资料整理.)

# 第五节  案例分析：爱立信中国的员工薪酬体系

爱立信中国公司的员工薪酬与其职务高低成正比。年龄、工龄、学历等因素也有一定的影响，但不起主要作用。对于同一职务，如果由不同学历的人担任，他们之间薪酬的差别可能仅仅在几百元之间。部分员工有股份。另外，爱立信在计算员工的工龄时，把他在来爱立信之前的工作经历也算在内。

爱立信中国公司员工的薪酬一般由四部分组成：基本工资、奖金、补贴和福利。奖金分为两类：一般人员奖金和销售人员奖金。有一些关键人员还会得到一定的期权、股权，期权、股权的受益者一般为"对公司起关键性作用的人员"，而不一定是高职者。工资围着市场转，奖金与业务目标"接轨"。在爱立信，公司业绩与员工工资没有特别的关系，但与员工的奖金有很大关系。爱立信员工的奖金与公司的业绩成一定比例，但并非成正比例。奖金一般可达到员工工资的 60%，对于成绩显著的员工，还有其他补偿办法。员工在爱立信得到提薪的机会一般有几个：职务提升，考核优秀或有突出贡献。被评为公司最佳员工者和有突出贡献的员工都有相应的奖金作为激励，突出贡献奖、最佳员工奖、突出改进奖的奖金额度一般不超过其年薪的 20%。

爱立信对每个职务的薪酬都设立一个最低标准，即下限。当然，规定下限并非为了限制上限，而是保证该职务在市场上的竞争力。据介绍，一般职务上下限的差异为 80% 左右，比较特殊的职务可能会达到 100%，而比较容易招聘的职务可能只有 40% 的差异。

（资料来源：根据中国劳动网 http://www.labornet.com.cn，"爱立信：每次工作都有考核指标"案例改编.）

【案例讨论】

1. 你认为爱立信公司业绩"与工资无多大关系，只与奖金有很大关系"的做法正确吗？请你举出一个与爱立信公司的薪酬制度不一样的企业进行简要分析。

2. 你认为爱立信设立每个职务薪金的下限的做法是否有创意？上下限的差异为 80% 左右是高了，还是低了？

# 练 习 题

## 一、单项选择题

1. 在企业内部工资分配中应自觉遵循（　　）原则。

　　A. 按需分配　　　　B. 按劳分配　　　　C. 按资分配　　　　D. 以上都不对

2. 由基本薪资制度所确定的薪资占员工全部收入中的（　　）。

　　A. 一小部分　　　　B. 一大部分　　　　C. 50%　　　　D. 因人而异

3. 技术等级薪资制是适用于（　　）的等级薪资制度。

　　A. 工人　　　　B. 技术人员　　　　C. 管理人员　　　　D. 干部

4. 我国企业职工的薪资标准大多是按（　　）规定的。

　　A. 年　　　　B. 月　　　　C. 日　　　　D. 时

5. 技术等级薪资制是按照工人所达到的（　　）确定薪资等级，并按预先规定的等级薪资标准支付劳动报酬的一种薪资制度。

　　A. 技术等级　　　　　　　　B. 技术等级薪资

　　C. 劳动技能　　　　　　　　D. 学历层次

6. 岗位薪资制是按照各工作岗位的技术复杂程度、劳动繁重程度、（　　）等规定薪资标准。

　　A. 学历水平　　　　B. 责任大小　　　　C. 薪资年限　　　　D. 劳动态度

7. 直接无限计件制，就是不论工人完成或超额完成定额多少，都按（　　）计算薪资。

　　A. 分阶段计件单价　　　　　　B. 累计计件单价

　　C. 同一计件单价　　　　　　　D. 包工工资总额

8. 奖金是对（　　）的奖励。

　　A. 超额劳动　　　　B. 定额劳动　　　　C. 加班加点　　　　D. 特殊劳动

9. 津贴是对（　　）的补偿。

　　A. 超额劳动　　　　B. 定额劳动　　　　C. 加班加点　　　　D. 特殊劳动

10. 企业正确选择工资形式的原则是（　　）。

　　A. 上级计划　　　　B. 自主决定　　　　C. 市场调节　　　　D. 需要和可能

## 二、多项选择题

1. 企业的总薪酬有（　　）等几种基本形式。

　　A. 基本工资　　　　B. 津贴　　　　　　C. 福利　　　　　　D. 激励工资

2. 薪酬的功能有（　　）。

　　A. 补偿功能　　　　B. 激励功能　　　　C. 福利功能　　　　D. 成本控制功能

3. 企业薪酬管理的主要内容包括（　　）核心决策内容。

　　A. 薪酬水平　　　　B. 薪酬体系　　　　C. 薪酬结构　　　　D. 特殊群体薪酬

4. 薪酬管理的原则包括（　　）。

　　A. 竞争性原则　　　　　　　　　　B. 公平性原则

　　C. 合法性原则　　　　　　　　　　D. 补偿原则

5. 薪酬水平策略包括（　　）。

　　A. 薪酬领先策略　　　　　　　　　B. 薪酬滞后策略

　　C. 合法性策略　　　　　　　　　　D. 薪酬跟随策略

6. 薪酬等级制度的基本构成包括（　　）。

　　A. 薪酬等级表　　　　　　　　　　B. 薪酬标准

　　C. 技术（业务）等级标准　　　　　D. 职务（工种）统一名称表

7. 岗位薪资制是按照各工作岗位的（　　）等规定工作标准。

　　A. 劳动熟练程度　　　　　　　　　B. 技术复杂程度

　　C. 劳动繁重程度　　　　　　　　　D. 劳动态度

　　E. 责任大小　　　　　　　　　　　F. 劳动贡献

8. 在正常情况下，计件单价是根据与工作单价相应的（　　）计算出来的。

　　A. 技术范围　　　　　　　　　　　B. 等级薪资标准

　　C. 员工技术水平　　　　　　　　　D. 劳动定额

9. 岗位薪资是根据所在岗位和所任职务，所在职务的（　　）确定的工资。

　　A. 劳动责任轻重　　　　　　　　　B. 劳动技能的高低

　　C. 劳动强度大小　　　　　　　　　D. 劳动条件好坏

10. 技能薪资是根据不同岗位、职位、职务对（　　）确定的工资。

　　A. 劳动技能的要求　　　　　　　　B. 工作责任的要求

　　C. 劳动强度的要求　　　　　　　　D. 员工具备的劳动技能水平

### 三、名词解释

| | | |
|---|---|---|
| 1. 报酬 | 2. 薪酬 | 3. 津贴 |
| 4. 福利 | 5. 基本工资 | 6. 成就工资 |
| 7. 激励工资 | 8. 薪酬管理 | 9. 薪酬水平 |
| 10. 薪酬结构 | 11. 薪酬级差 | 12. 薪酬标准 |
| 13. 薪酬等级表 | 14. 薪酬领先策略 | 15. 薪酬追随策略 |
| 16. 薪酬滞后策略 | 17. 薪酬等级制度 | 18. 职位薪酬体系 |
| 19. 技能薪酬体系 | 20. 技术（业务）等级标准 | 21. 岗位（工种）名称表 |

### 四、简答题

1. 经济报酬和非经济报酬包含哪些内容？你认为随着社会的发展，人们对经济报酬和非经济报酬的需求有何变化？

2. 薪酬是由哪几部分构成的？

3. 简述报酬与薪酬的关系。

4. 激励工资有哪些种类？

5. 薪酬管理的内容是什么？

6. 薪酬管理遵循哪些原则？如何理解这些原则？

7. 影响薪酬水平的因素有哪些？

8. 薪酬水平策略有哪几种？在现实中如何进行薪酬水平策略的决策？

9. 岗位评价的方法有哪些？各自的优缺点是什么？

10. 简述薪酬等级制度的基本构成。

11. 简述薪酬结构设计的一般过程。

12. 薪酬体系设计的模式有几种？如何理解各种模式的优缺点及适用的情况？

# 劳动关系与劳动争议处理

**7**

Chapter

## 知识目标

- 在理解劳动关系内涵的基础上，掌握劳动关系的类型和内容；
- 理解劳动者的地位和权利；
- 了解劳资协商谈判的基本模式；
- 掌握劳动争议及其处理程序。

## 案例导入

### 法律要为劳动者撑腰

这是一桩使众多被告走上法庭、牵动三级工会、四级法院的案子。它源于 1993 年发生在宁波的一起劳动纠纷。

#### 一、辛苦劳动五个月，反欠企业五千元

1992 年，陈幼乐交 200 元入厂抵押金，成为浙江省宁波市鄞县县办企业宁波三星仪表厂的一名职工。

宁波三星仪表厂实行两个月发一次工资、先干活后发薪的方法。1993 年 1 月 15 日发工资时，厂方宣布：每个职工向厂方交纳 500 元押金，并直接从上两个月的工资中扣除。陈幼乐入厂两月被扣 200 元，尚欠企业 300 元，进厂一年多的妹妹陈幼波被扣了 500 元。

3 月 14 日，离发工资还有一天，校表车间主任拿来打印好的工作"协议"，要求职工签名，"协议"的主要内容：一是要职工保证在厂里工作 5 年，不得擅自离开；二是未经厂方同意而离开的职工必须赔偿 5000 元的

赔偿费。

职工看了"协议"后议论纷纷，都不同意签名。车间主任说："不签名，就不发工资。"职工怕拿不到工资，只好在协议上签了名。事后有人报告了厂部。

两名副厂长来到校表车间。职工提出，扣工资作为抵押，工资总是拿不到，要做满5年，时间太长了。一名副厂长说："如果你们现在不愿意签协议，签名的协议马上还给你们，但厂里要调动岗位，调到最差的工种岗位去！签了协议，想提前离厂，事先打个报告就可以走，也不用赔偿。"

3月15日该发工资，厂方又宣布：每名职工的押金由500元提高到1000元，从工资中直接扣除，陈幼乐的工资仍不足押金数，只好向厂方打了一张300元的欠条。姐妹俩越想越气，当天下午找到副厂长要求退还已签名的"协议"。副厂长一改昨日的调子说："不准退，你们现在要退，其他职工也要退，订的协议还有什么用？"

4月中旬，又传出厂方要把押金提高到2000元的说法。陈氏姐妹感到绝望了。4月17日，陈幼乐以"生活无法维持"，陈幼波以"怀孕五个月，离家路远"为由，向厂方递交了辞职报告，被厂方拒绝。当天，二人离厂。此后，有20多名职工因不满厂方随意提高押金、克扣工人工资，相继离厂。

5月26日，三星仪表厂在鄞县人民法院樟村法庭对陈幼乐、陈幼波分别提起诉讼，诉称："原告与被告在1993年3月签订了一份协议……被告于1993年4月中旬擅自离厂，其行为已违反协议……为维护企业合法权益和正常的管理秩序，请求判令被告支付违约金5000元。"1993年6月29日，宁波鄞县人民法院经审理认定了原告起诉的全部事实，判处陈幼乐、陈幼波分别赔偿原告三星仪表厂人民币5000元，诉讼费由被告承担。

一审判决公布以后，三星仪表厂职工群情激愤，纷纷联名致信宁波市总工会，为陈氏姐妹鸣不平。陈幼乐、陈幼波也到市总工会法律服务机构倾吐冤情。宁波市总工会法律工作部了解案情后，立即派出律师免费为陈氏姐妹代理，依法向宁波市中级人民法院提起上诉。9月30日，宁波市中级人民法院判决认定："本案系劳动纠纷，但属人民法院管辖，原审法院对本案事实认定清楚，审判程序合法，判决正确，驳回上诉，维持原判。二审诉讼费由陈幼乐、陈幼波负担。

至此，陈氏姐妹从1992年11月至1993年4月，在三星仪表厂辛辛苦苦地工作了4个月零20天，不仅被厂方扣押了劳动报酬1700元（陈幼乐700元，陈幼波1000元），还要各自赔偿厂方5000元，并分别承担两审判决诉讼费420元。

## 二、三级工会据理力争，四级法院态度不同

两审判决的结果，在三星仪表厂内外引起了截然不同的反响。厂方将"协议"的工作年限改为10年，赔偿费从5000元增至10000元，押金条款也堂而皇之地纳入了"进厂工作合同"。广大职工感到十分绝望。32名职工联名向宁波市总工会发出了"救救两个弱女子"的呼吁书。

12月11日，宁波市总工会向宁波中级人民法院发出了"关于要求对三星仪表厂与两职工劳动争议案予以再审的意见函"。浙江省总工会于1994年1月邀请浙江省高级法院民庭、省劳动厅仲裁处、宁波市总工会领导及两级工会法律工作部同志磋商案情，反映工会意见。

全国总工会法律工作部得知此案后，即责成法律顾问处派出人员前往宁波调查，向全国总工会领导提交了"关于宁波三星仪表厂诉职工陈幼波、陈幼乐赔偿5000元案件的调查报告"。1994年1月6日，全国总工会副主席张国祥在调查报告上明确指示：这件事一定要抓出一个令人满意的结果来。要以此为典型事例，教育职工学会保护自己的合法权益。

1994年1月19日，全国总工会法律工作部向最高人民法院发出"关于要求对宁波三星仪表厂诉职工陈幼波、陈幼乐赔偿5000元劳动争议案予以再审"的意见书，请求最高人民法院依照审判监督程序纠正宁波市、县两级法院在审理中的错误，以保证法律的正确实施。

2月16日，最高法院院长做出批示，两位副院长和民庭庭长也都对此案签署了意见。

根据最高人民法院的复查指示，浙江省高级人民法院调来了宁波两级法院有关此案的全部案卷，并于1994年3月派出民庭办案组赴宁波进行调查。经调查，浙江省高级人民法院建议，为了妥善处理这起劳动争议，维护当事人的合法权益，该案先由宁波市有关方面进行调解，如调解不成，省高级人民法院将提起再审。

### 三、令人困惑的"执行和解"

1994年5月5日，在市中级人民法院召开了有市人大法工委、市总工会、市中级人民法院、鄞县人大法工委、鄞县法院、三星仪表厂全权代表及陈幼波、陈幼乐参加的执行和解协调会。会上，市人大法工委主任认为，劳动合同尚需完善，职工对厂方有意见可以提出，擅自离厂是不对的；法院判决的考虑是有利于经济发展，同时也考虑到职工赔偿5000元确有困难，至今没有执行是慎重的，要求双方达成和解。宁波市总工会主席则强调此案应当首先分清是非，在尊重事实、尊重法律的基础上再争取相互谅解。三星仪表厂代表在会议上提出，判决不能动，经济上可以让步，但陈氏姐妹要向厂方承认错误。这种意见和要求遭到陈氏姐妹的驳斥与拒绝。各方的意见并不一致，调解陷入了僵局。经过有关方面积极努力，各方接受了宁波市中级人民法院副院长的"执行和解方案"，即"宁波三星仪表厂同意放弃要求陈幼波、陈幼乐赔偿的权利；陈幼波、陈幼乐放弃追索在三星仪表厂的工资款及押金的权利；宁波市中级人民法院根据两职工的要求考虑到他们的实际困难，同意免收其诉讼费"。

在这个"执行和解方案"中，人们辨不明何者为因，何者为果；分不清什么是对，什么是错；所能看到的只是三方都并不情愿地放弃了自己曾经主张的权利。但有一个事实却是清楚的，那就是陈氏姐妹在三星仪表厂辛辛苦苦劳动了4个月零20天，是白干了。

（资料来源：摘自《经济日报》1995年10月23日，法天华/文.）

【案例讨论】

  1. 宁波三星仪表厂的做法是否正确,有没有违反《劳动法》及《劳动合同法》的规定?

  2. 如你是三星厂主管人事的领导,你能否采取另一种方式,既使劳动关系缓和,又兼顾到厂方的利益?

**结论**　　对这场劳动争议纠纷的判决是在《劳动法》颁布之前。显然,判决偏袒三星厂一方。第一,劳动者有取得劳动报酬的权利,三星厂将职工的工资拖付、抵扣的做法是错误的;第二,劳动关系的建立,应当体现一种平等主体之间的契约关系,在劳动争议中,三星厂利用双方事实上的地位不平等,多次迫使职工接受明显不公平的契约;第三,在签订协议的过程中,程序上含有副厂长的诱骗行为。以上说明三星厂是造成这起劳动纠纷的主要责任方,相信《劳动法》的颁布,会使今后类似案件得到公正判决。

  作为企业管理方,应该意识到改善劳动关系的好处。和谐的劳动关系可以增加员工对企业的认同感和对工作的满意感,并加大对工作的投入,这对于提高企业的生产率、增加企业的效益具有重要意义。三星厂紧张的劳动关系使员工纷纷离职,更谈不上什么激励员工了,其处境与发展前途可想而知。所以,企业要重视劳动关系的管理。在同员工订立各种协议的过程中,要考虑到员工的合理利益,多与员工沟通,取得员工的信任;对于劳动关系的处理,一定要遵照国家的有关法律、法规,力求避免不必要的诉讼。毕竟,诉讼对企业来说,结果只有一个,那就是损失。三星厂所采取的做法,无疑是一种剥削员工的做法。对企业而言,这种做法短期可能有利,但从长期来看,则将造成企业生存的危机。

# 第一节　劳动关系概述

  劳动关系是人力资源管理的重要内容之一。在西方企业人力资源管理中劳动关系长期占有重要地位,许多重要的企业决策,如加薪、减薪、裁员等,都由代表职工利益的工会出面同管理者谈判。资本主义经济的发展中劳资关系的矛盾使对劳动关系的研究比较深入而全面。我国在计划经济时代,企业用人与劳动者就业均由国家计划调控,劳动关系被掩盖在生产资料全民所有制的社会主义计划经济体制下。随着市场经济体制在我国的确立,我国企业所有制结构发生极大变化,除国有企业、集体企业外,又出现了大量的私营企业和外商投资企业。随着国有企业改革的深入发展,原单一国有产权的企业逐步向多元化产权的企业转化,形成由多个所有者共同享有产权的混合所有制。企业所有制的多元化意味着企业中劳动关系的复杂化,企业中的劳动争议逐年增多,对劳资双方和社会安定造成了较严重影响。调整和处理好企业的劳动关系不仅是政府应当重视的事情，也是企业人力资源管理的重要内容。

## 一、劳动关系的概念

劳动关系又称劳资关系、雇佣关系，是指社会生产中，劳动力使用者与劳动者在实现生产劳动过程中所结成的一种必然的、不以人的意志为转移的社会经济利益关系。

在企业劳动关系中，劳动者向企业出让自己的劳动力，企业向劳动者支付劳动报酬。在这当中，工资是连接劳动者与企业的最基本因素，即企业是通过工资来雇佣劳动者的，劳动者则是为了获得工资接受企业的雇佣并为其支付劳动力的。在市场经济条件下，工资就其性质而言，是市场所决定的劳动力作为生产要素的价格，在实质上是劳动力价值的价格体现。所以，劳动关系在本质上是一种经济利益关系。

劳动关系的不同称谓，实际上反映了劳动关系含义和性质的变化和发展。早期提出的劳资关系或雇佣关系，主要反映的是雇主与雇员之间的阶级对抗或利益冲突关系。而现在所说的劳动关系或劳资关系主要是指劳动者与资产所有者和经营管理者之间的关系，已经淡化或减少了对抗或利益冲突的性质，更强调为保持劳资之间的良好关系和解决双方分歧所做出的努力。

## 二、劳动关系的类型

一个国家或地区劳动关系的性质和特点，不仅受该国或地区所有制以及经济体制和政治体制的影响，而且还受到国家或地区的历史传统、经济发展和文化积淀的影响。劳动关系的性质，主要是关于劳动关系双方利益关系的性质。由于劳动关系双方利益关系的性质和利益关系的处理原则不同，劳动关系分成了不同的类型。目前世界各国的劳动关系大致可分为以下三种类型：

❶ 利益冲突型的劳资关系，又称传统型的劳动关系。第二次世界大战以前，大多数资本主义国家的劳动关系就属于这种传统类型的劳资关系。其显著特点是劳方和资方均强调和注重各自的利益和不同的立场，劳资矛盾和冲突较为明显，阶级斗争理论曾是指导工人和工会斗争的基本原则。劳资关系在冲突、斗争、妥协中维系和发展。

❷ 利益一体型的劳资关系，其特点在于较为强调劳资关系双方利益的一致性。在这种劳资关系类型中，劳动者的利益往往是由国家和企业来代表的。东亚的一些市场经济国家，如日本、韩国、新加坡，基本上属于这种类型，其劳资关系的基本精神是劳资利益一体论，管理者的权威来自单一的最高管理阶层的授权，并且有一套激励员工为共同目标而努力的方法。因而要求企业内的管理者与被管理者互相合作，避免冲突和摩擦，双方利益完全可以通过企业内部的管理制度和协调机制来完成。另外，在前苏联、东欧和实行改革开放前的中国等计划经济体制国家中，采用的也是这种类型的劳动关系，但这种利益一致与日本等国的劳资利益一体在企业性质和表现形式上各有不同。

❸ 利益协调型的劳资关系，它是在利益冲突型劳资关系的基础上发展而来的。第二次世界大战以后，西方各主要市场经济国家虽然在劳动关系的具体形式上各不相同，

但其性质大都属于这种类型。这种类型的劳资关系比较和谐稳定，而且导致社会和经济能稳定地发展。

从经济发展上来看，利益协调型的劳资关系是以近代产业发展所要求的产业民主为出发点的。在现代产业关系中，劳资双方构成了生产过程的两大主体，双方在相互关系上是以相互独立和互为存在为前提的。劳动者作为独立的主体，并不是雇主的附属物。因而，在生产过程中特别是在劳动问题的处理上，劳动者也应是主动地参与决定的力量。而且，劳动者这一参与，还应该进一步涉及企业经营管理的全过程。所以，利益协调型的劳资关系，强调劳资双方在利益差别基础上的合作，主张通过规范双方的权利义务和双方的平等协商谈判来保障双方各自的合法权益并实现共同的利益。

### 三、劳动关系的内容

从法律上看，劳资双方在人格上和法律地位上都是平等的，作为法律关系的主体，双方互相享有权利和义务，在双方利益关系的处理上，以双方对等协商为基本原则。这是基于劳资双方权利对等和地位平等的基础而建立的一种劳动关系。

劳动关系的内容从法律上讲就是指劳动关系的主体双方依法享有的权利和承担的义务。《劳动法》第三条规定劳动者依法享有的主要权利有劳动权、民主管理权、休息权、劳动报酬权、劳动保护权、职业培训权、社会保险、劳动争议提请处理权等。

> **拓 展 阅 读**
>
> 1995 年 1 月 1 日起实施的《中华人民共和国劳动法》（以下简称《劳动法》）及 2008 年 1 月 1 日起实施的《中华人民共和国劳动合同法》就是用以调整劳动者同用人单位间所产生的劳动关系以及规定双方行为的一种法律规范。劳动法的颁布，为劳动关系的调整与实践提供了法律基础。

劳动者承担的主要义务有按质、按量完成生产任务和工作任务；学习政治、文化、科学、技术和业务知识；遵守劳动纪律和规章制度；保守国家和企业的机密。用人单位的主要权利有依法录用、调动和辞退职工；决定企业的机构设置；任免企业的行政干部；制订工资、报酬和福利方案；依法奖惩职工。用人单位的主要义务有依法录用、分配、安排职工的工作；保障工会和职代会行使其职权；按职工的劳动质量、数量支付劳动报酬；加强对职工思想、文化和业务的教育培训；改善劳动条件，搞好劳动保护和环境保护。

# 第二节　劳动争议及处理

## 一、劳动者的地位与权利

### （一）劳动者的地位

所谓劳动者地位，是指在一定的社会经济条件下，处于一定的劳动关系之中并受其制约和决定的，以劳动者权益保障为主要内容的，劳动者自身利益的实现程度。劳动者地位的确定，是以劳动者在劳动关系中作为独立的利益主体身份为前提的。劳动关系作为社会关系系统中最基本、最普遍的关系，就其本质而言，是以劳动者为利益主体的一方与以支配或使用劳动力为利益主体的另一方的全面的经济利益关系。劳动关系双方在现实的利益差异与矛盾中，相互依存又相互制约，各自以实现和满足自身的利益要求为基本的利益取向，由此决定了双方的地位。从宏观的角度看，劳动者的地位包括如下几个方面。

### 1. 劳动者的经济地位

劳动者的经济地位是指劳动者在劳动关系中的作用、影响以及所获得的经济利益。劳动者的劳动就业权、劳动报酬权，以及社会保障权这三项权益的实现程度直接关系到劳动者经济地位的实现程度。

从总体上讲，劳动者是企业生产经营活动的主体，是企业财富和社会财富的创造者。任何一个企业单位，没有劳动者的劳动和参与，是不可能实现其组织目标的。同时，在中国，劳动者作为国家的主人，享有《宪法》和《劳动法》所规定的各项权利，理所当然地具有主人翁地位。

但从微观方面上看，随着我国社会主义市场经济的不断深入和发展，劳动就业权对劳动者经济地位的影响，也越来越多地反映在企业用人制度的改革与劳动者就业及择业自主权益的矛盾上。特别是当前在国有企业不断深化体制改革的情况下，相当一部分职工失业，劳动者面临着多重压力，加上我国的社会保障体系尚不健全，这些失业劳动者的生活非常艰难。很显然，劳动者的就业权益的实现与否，直接关系到劳动者最基本的经济利益。

劳动报酬权对劳动者经济地位的影响，主要是通过劳动工资、奖金及其实物的支付形式实现的。劳动者经济地位的最主要和最直接的表现形式就是劳动报酬权的实现程度。在市场经济条件下，以按劳分配为主体，多种分配方式并存的分配制度，构成了各个利益群体之间的利益差别与矛盾。确定劳动、资本、技术信息和管理等生产要素按贡献参与分配的原则，形成了资产所有者、经营者和劳动者的不同的经济利益关系。

应该看到，在分配制度改革不断深化过程中，由于市场经济条件下的分配和相关的制约机制尚不健全，会使劳动报酬水平相对于资产所有者和经营管理者的经济收入较低。所以，劳动报酬权益的合理实现问题已成为影响劳动者经济地位的关键。

社会保障权是劳动者所享有的、维持其基本生存条件的被帮助权益，一般以延期支付的形式实现。这一权益的实现程度对于劳动者的经济地位同样有着重大的影响：现行法律规定，劳动者因失业、疾病、工伤、生育等原因所引起的无法正常工作及生活困难时，就应以经济保险的形式进行救济。但是，由于我国的整体经济发展水平还不高，加上劳动者人口基数大，我国目前的社会保障还是低水平的，尚不能充分满足劳动者实现社会保障权益的实际要求。因此，劳动者的社会保险权益的保障与实现还将经历一个曲折的过程。

### 2. 劳动者的政治地位

劳动者的政治地位是劳动者的政治利益关系的深刻反映。劳动者政治地位的实现主要是通过参加对国家和社会事务的管理，充分行使当家作主的民主权利得以体现的。一般判断劳动者政治地位的标准有两项：一是看劳动者实际拥有的政治权利及其行使的结果；二是看劳动者对实现自身政治利益的基本态度。

人民当家作主，是中国特色社会主义民主政治的本质特点，是社会主义制度的内在属性。社会主义制度建立在生产资料公有制占主体地位的基础之上，广大劳动者成为国家的主人。因此，劳动者具有参与国家及社会事务管理的民主权利，通过人民代表大会及政治协商会议充分行使自己的政治权利。

随着社会主义市场经济体制的不断完善，虽然劳动者的政治地位没有根本变化，仍是国家和社会的主人，但由于体制转型引起劳动关系的变化，劳动者的经济利益关系的变化必然要反映到其政治利益的实现上。

同样，劳动者对实现自身政治利益的态度也会由于体制转型发生变化。在市场经济条件下，劳动者对政治生活的关心往往同实现自己的经济利益联系在一起。目前，国有企业相当一部分职工中存在的"主人翁失落感"，实质上是职工对自身政治地位与经济地位不相协调的一种矛盾心态。可见，实现劳动者的经济利益是保证其政治利益实现的基本前提。

### 3. 劳动者的社会地位

劳动者社会地位的状况是同其职业声望密切相关的，并受自身的经济地位的制约和决定，通过劳动者的社会声望得以体现。一般来讲，劳动者的经济地位决定其职业声望。

市场经济体制不断深入发展，必然使我国劳动关系呈现出多元化的分化态势，这会对劳动者的现实地位产生极为重要的影响。劳动关系的多元化，即不同类型的劳动关系，决定了劳动者地位在发展中的不平衡性。劳动关系市场化直接决定劳动关系双方的实际利益，使得企业和劳动者都被赋予了以各自利益为基础的各项权利、义务和责任，成为真实的、相互独立的利益主体，形成新的利益格局。从劳动者角度看，其劳动权益及其保障问题是维护自身地位的实在内容。而劳动契约化，决定了市场经济深入发展中劳动关系的必然趋向。随着改革的不断深化，相关法律体系的形成，劳动者权益的保障和切身利益的维护，将通过有效的法律手段得到实现。

### （二）劳动者的权利

劳动者权利是指处于社会劳动关系中的劳动者在履行劳动义务的同时所享有的与劳动有关的权利。它是以劳动权益为基础和中心的社会权利，劳动者权利是劳动法律所规定的劳动者所享有的合法权益。在法律社会中，法律则是确认权利的最经常、最广泛、最有效的工具。现代国家都以经济立法和劳动立法的形式对于这些权利予以认可和保障。

我国的《劳动法》关于我国劳动者在劳动关系中的权利，做了明确和具体的规定。

### 1. 劳动者有平等就业和选择职业的权利

### （1）劳动者有平等就业的权利

劳动权也称劳动就业权，是指具有劳动能力的公民有获得职业的权利。劳动是人们生活的第一基本条件，是一切物质财富、精神财富的源泉。它是有劳动能力的公民获得参加社会劳动和切实保证按劳取酬的权利。公民的劳动就业权是公民享有的各项权利的基础，如果公民的劳动权不能实现，其他一切权利也就失去了基础和意义。

（2）劳动者有选择职业的权利

劳动者选择职业的权利是指劳动者根据自己意愿选择适合自己能力、爱好的职业。劳动者拥有自由选择职业的权利，有利于劳动者充分发挥个人的特长，促进社会生产力的发展。传统的计划体制有一个弊病——一次分配定终身。一方面，是用人单位不能自主地选择自己所需要的劳动者；另一方面，劳动者也不能自主地选择职业和用人单位，造成社会生产力的浪费。随着社会主义市场经济的逐步形成，在劳动力市场上，劳动者作为就业主体，具有支配自身劳动力的权利，可根据自身素质、兴趣和爱好，以及市场信息，选择用人单位和工作岗位。选择职业的权利是劳动者劳动权利的体现，是社会进步的一个标志。

2. 劳动者有取得劳动报酬的权利

取得劳动报酬是公民的一项重要权利。我国《宪法》明文规定的各尽所能、按劳分配的原则，是我国经济制度的重要组成部分。《宪法》还规定，实行男女同工同酬，国家在发展生产的基础上，提高劳动报酬和福利待遇。随着劳动制度的改革，劳动报酬成为劳动者与用人单位所签订的劳动合同的必备条款。劳动者付出劳动，依照合同及国家有关法律取得劳动报酬，是劳动者的权利。而及时足额地向劳动者支付工资，则是用人单位的义务。用人单位不履行义务，劳动者可以依法要求有关部门追究其责任。获取劳动报酬是劳动者持续地行使劳动权必不可少的坚实保证。

**小资料**

1994年，我国对休息制度进行了一次较大调整，由原来的每周48小时工作制，改为44小时，1995年5月1日起减少到40小时。缩短工作时间是提高劳动生产率的一种手段，也适应了劳动者提高生活质量的需要。

3. 劳动者享有休息休假的权利

我国《宪法》规定，劳动者有休息的权利，国家发展劳动者休息和休养的设施，规定职工的工作时间和休假制度。我国《劳动法》规定的休息时间包括工作间歇、两个工作日之间的休息时间、公休日、法定节假日以及年休假、探亲假、婚丧假、事假、生育假、病假等。

休息、休假的法律规定既是实现劳动者休息权的重要保障，又是对劳动者进行劳动保护的一个方面。《劳动法》规定，用人单位不得任意延长劳动时间。

劳动者还可享受年休假。国家法定休假日、休息日不计入年休假的假期。

**拓展阅读**

2008年1月1日起施行的《职工带薪年休假条例》第二条规定，机关、团体、企业、事业单位、民办非企业单位、有雇工的个体工商户等单位的职工连续工作1年以上的，享受带薪年休假。单位应当保证职工享受年休假，职工在年休假期间享受与正常工作期间相同的工资收入。第三条规定了年休假的时间长度，即职工累计工作已满1年不满10年的，年休假5天；已满10年不满20年的，年休假10天；已满20年的，年休假15天。

第五条规定：单位根据生产、工作的具体情况，并考虑职工本人意愿，统筹安排职工年休假。年休假在 1 个年度内可以集中安排，也可以分段安排，一般不跨年度安排。单位因生产、工作特点确有必要跨年度安排职工年休假的，可以跨 1 个年度安排。单位确因工作需要不能安排职工休年休假的，经职工本人同意，可以不安排职工休年休假。对职工应休未休的年休假天数，单位应当按照该职工日工资收入的 300%支付年休假工资报酬。

4. 劳动者有获得劳动安全卫生保护的权利

劳动安全卫生保护，是保护劳动者的生命安全和身体健康，是对享受劳动权利的主体切身利益最直接的保护，其中包括防止工伤事故和职业病。如果劳动保护工作欠缺，其后果不是某些权益的丧失，而是劳动者健康和生命直接受到伤害。目前，我国已制定了大量的关于劳动安全保护方面的法规，形成了安全技术法律制度、职业安全卫生行政管理制度，以及劳动保护监督制度。但有些用人单位，尤其是一些乡镇企业和三资企业出现了片面追求利润、降低劳动条件标准，以致发生恶性事故的现象。《劳动法》规定，用人单位必须建立、健全劳动安全卫生制度，严格执行国家安全卫生规程和标准，为劳动者提供符合国家规定的劳动安全卫生条件和必要的劳动防护用品，对从事特种作业的人员进行专门培训，防止劳动过程中的事故，减少职业危害。

5. 劳动者有接受职业技能培训的权利

我国《宪法》规定，公民有受教育的权利和义务。受教育既包括受普通教育，也包括受职业教育。公民要实现自己的劳动权，必须拥有一定的职业技能，而要获得这些职业技能，越来越依赖于专门的职业培训。因此，劳动者若没有职业培训权利，劳动就业权利就成为一句空话。

6. 劳动者有享受社会保险和福利的权利

疾病、年老等是每一个劳动者都不可避免的。社会保险是劳动力再生产的一种客观需要。我国的社会保险包括生育、养老、疾病、伤残、死亡、待业、供养直系亲属等。但我国社会保险还存在一些问题，如社会保险基金制度不健全，保险基金筹集渠道单一，国家负担过重，企业负担过重，社会保险的实施范围不广泛，发展不平衡，社会化程度低，影响劳动力的合理流动等。

随着生产力水平的提高，社会财富的增加，劳动者有享受越来越完善的职工福利和社会福利的权利。这种权利也必须受到法律保护。

7. 劳动者有提请劳动争议处理的权利

劳动争议指劳动关系当事人因执行《劳动法》、《劳动合同法》或履行集体合同和劳动合同的规定引起的争议。劳动关系当事人，作为劳动关系的主体，各自存在着不同的利益，双方不可避免地会产生分歧。用人单位与劳动者发生劳动争议，劳动者可以依法申请调解、仲裁，提起诉讼。劳动争议调节委员会由用人单位、工会和职工代表组成。劳动仲裁委员会由劳动行政部门的代表、同级工会、用人单位代表组成。解决劳动争议应贯彻合法、公正、及时处理的原则。

除上述各项劳动权利外，劳动者还享有法律规定的其他权利，如参与企业民主管理的权利、妇女和未成年人劳动者要求特殊保护的权利等。

## 二、劳资协商与谈判

劳资协商与谈判制度是市场经济国家处理企业劳动争议的一种重要制度。劳资协商和谈判的主要内容是工资标准、劳动条件、解雇人数，还有其他有关职工权益的问题。劳资双方的代表，一方是工会，另一方是雇主。仅就工资的劳资协商和谈判而言，有如下三种基本模式。

### 1. 国家宏观层次上的劳资双方谈判

实施这种模式的国家，如新加坡、奥地利、挪威、瑞典等。

以新加坡为例，它成立了由政府、劳方和资方三方面代表（各占 1/3）组成的全国工资理事会，通过一年一度的谈判，制定全国性的工资制度。谈判时，劳资双方根据上一年国内经济发展状况、通货膨胀因素、劳资双方的要求，就业、生产、消费情况以及出口国际收支平衡和国际经济环境，分别提出本年度加薪的指导原则以及有关建议。在谈判中，政府代表的作用是听取劳资双方的意见并做协调工作，同时提出政府的看法。全国工资理事会的指导原则要上报政府总理，经政府批准后，以政府公报形式公布，有效期为本年 7 月 1 日至下一年 6 月 30 日。全国工资理事会的指导原则没有法律效力，也不属于行政命令，但因其权威性却被公、私营企业的雇主和雇员在谈判中普遍接受。

### 2. 产业中观层次劳资双方谈判

实施这种模式的国家，如德国、荷兰、瑞士等。

以德国为例，它实行企业工资自治，政府对工资不直接干预，劳资谈判以中观产业一级为主。德国工会覆盖面很广，全国 90%以上的职工都是工会会员。工会分三层组织——基层是企业工会，中层是产业工会（全国共有 16 个产业工会），全国性工会组织是德国工会联合会（简称 DB）。与工会相对应的雇主组织也分三层，企业是董事会，中层是产业雇主联合会，全国性的雇主组织是德国雇主联合会（简称 BDA）。德国的劳资谈判大多每年进行一次，谈判分别在国家、产业和企业三级进行，而以产业这一级为主。国家级谈判达成的协议是产业和企业劳资谈判的基础和前提。劳资谈判的主要内容有两项：❶报酬问题。包括职员和工人的工资等级、工资标准、每年工资随物价增长的百分比和最低工资标准等，达成劳动工资协议，一般一年一签订。❷劳动条件及待遇问题。一般三年签订一次。

### 3. 企业微观层次劳资双方谈判

实施这种的国家如英国、加拿大、美国、法国、意大利、新西兰、澳大利亚、日本等。

以美国为例，企业的工资标准由企业的劳资双方代表谈判，签订集体合同加以确定，合同的有效期一般为两年，详细规定两年期间工资分阶段的增长数额，以及有关福利待遇的标准。联邦政府除通过法律规定最低工资和加班工资标准外，对企业的具体工资事务一般不加干预。

随着中国劳动力市场的逐步建立和完善，也应逐步建立和完善劳动协商谈判制度，以确保企业和职工双方的权益均受到尊重，使所有的企业经营者同所有的职工群众之间，形成一种正常的、民主的新型的工资分配协调机制，从而使企业内部分配关系达到协调发展，以利于调动、发挥、保护职工群众的劳动积极性。当务之急是在三资企业和一部分乡镇企业中，纠正那些侵犯劳动者合法权益的情况。

在当前中国的社会环境下，可以考虑以企业内部劳动协商谈判为主。谈判一方是工会，另一方是企业经营者，双方各自选派 3～6 名代表，名额对等。劳动协商谈判会议是双方进行磋商的主要形式，每年或每半年召开一次，会议主席由双方轮流担任。协商谈判的内容主要有：❶职工工资福利增长幅度。❷工资结构。如基本工资、奖金、补贴结构，工资的年龄结构，工资的岗位结构等。双方达成的协议主要由企业行政负责履行，工会（或职代会）监督企业行政履约。

随着社会主义市场经济的发展，企业内部劳动协商谈判所要解决的劳动关系问题也应逐步扩大范围，诸如用工与辞退工人、解雇工人、工作时间及休假、补充保险与职工福利、劳动保护等，都应纳入协商谈判的议程。协商谈判的层次也可扩展到中观（行业、产业和地区一级）。就劳动条件报酬标准、工资增长进行协商。

## 三、劳动争议及处理

在劳动关系的发展中，劳动关系各方出现矛盾是不可避免的。正确处理劳动争议，是维护和谐的劳动关系，发挥人力资源潜力的重要方面。

劳动争议也称劳动纠纷，在西方叫"劳资争议"。它是指劳动关系当事人之间因劳动的权利、义务发生分歧而引起的争议。广义上的劳动争议包括因执行劳动法或履行劳动合同、集体合同的规定而引起的争议和因制定或变更劳动条件而产生的争议；狭义的劳动争议仅指因执行劳动法或履行劳动合同、集体合同的规定而引起的争议。

### 1. 劳动争议的范围及其产生的原因

（1）劳动争议的范围

随着我国社会主义市场经济体制的建立与完善，企业中劳动关系发生的变化和随之产生的问题越来越突出。在企业内部，员工与企业因劳动问题发生争议的现象逐渐增加。争议的内容广泛、争议焦点难以集中和争议处理难度增大是其显著的特点。

2008 年 5 月 1 日起实施的《中华人民共和国劳动争议调解仲裁法》第二条规定了我国劳动争议的范围：

❶ 因确认劳动关系发生的争议。

❷ 因订立、履行、变更、解除和终止劳动合同发生的争议。

❸ 因除名、辞退和辞职、离职发生的争议。

❹ 因工作时间、休息休假、社会保险、福利、培训以及劳动保护发生的争议。

❺ 因劳动报酬、工伤医疗费、经济补偿或者赔偿金等发生的争议。劳动报酬争议包括工资拖欠争议、工资偏低争议、工资扣发争议。

⑥ 法律、法规规定的其他劳动争议。如没有订立书面劳动合同，但已形成劳动关系后发生的纠纷；退休后，与尚未参加社会保险统筹的原用人单位因追索社会保险费而发生的纠纷。

除了上述六大类的争议外，企业中劳动关系双方还会在奖金的支付、津贴的发放等方面发生争议。

（2）劳动争议产生的原因

通常，上述各种劳动争议的产生大致可归结为以下几种原因：

❶ 无契约、法规，因而当事人各自从自己利益出发，引起纠纷。

❷ 有契约、法规，但过于笼统，不能具体界定双方责任、义务、权利，或已不适应新的形势。

❸ 契约、法规不合理，使一方或双方均不能接受，或无法执行。

❹ 对契约、法规理解不同，引起争执。

❺ 不承认契约、法规的约束，一方提出无理要求。

❻ 有关管理机构工作失误造成纠纷。

2. 解决劳动争议的基本原则

根据我国劳动法的规定，劳动争议处理应当遵循下述原则。

（1）着重调解、及时处理的原则

调解是指在双方当事人自愿的前提下，由劳动争议处理机构双方之间进行协调和疏通，目的在于促使争议双方相互谅解，达成协议，从而结束争议的活动。劳动争议发生之后，当事人可以先向本单位劳动争议调解委员会依法申请调解。调解委员会也应积极主动地进行调解，努力促成双方达成调解协议。当调解确实无效时，才由劳动争议仲裁机构和人民法院加以解决。劳动争议仲裁委员会处理劳动争议时，也必须先进行调解，调解不成的，方能进行仲裁裁决。人民法院受埋劳动争议案件，在不同审判阶段都应先进行调解，尽量争取双方协商解决争议，调解不成，才进行判决。

处理劳动争议，还应遵循及时处理的原则，防止久调不决。劳动争议案件具有特殊性，它关系到职工的就业、报酬、劳动条件等切身利益问题，如不及时迅速地予以处理，势必影响职工的生活和生产秩序的稳定，而且容易激化矛盾。所以，《中华人民共和国劳动争议调解仲裁法》规定，自劳动争议调解组织收到调解申请之日起 15 日内未达成调解协议的，当事人可以依法申请仲裁。劳动争议申请仲裁的时效期间为 1 年，仲裁时效期间从当事人知道或者应当知道其权利被侵害之日起计算。劳动争议仲裁委员会收到仲裁申请之日起 5 日内做出是否受理决定；劳动争议仲裁委员会受理仲裁申请后，应当在 5 日内将仲裁申请书副本送达被申请人；被申请人收到仲裁申请书副本后，应当在 10 日内向劳动争议仲裁委员会提交答辩书。劳动争议仲裁委员会收到答辩书后，应当在 5 日内将答辩书副本送达申请人；劳动争议仲裁委员会应当在受理仲裁申请之日起 5 日内将仲裁庭的组成情况书面通知当事人；仲裁庭应当在开庭 5 日前，将开庭日期、地点书面通知双方当事人。当事人有正当理由的，可以在开庭 3 日前请求延期开庭等。这些规定都是为保证争议及时处理，尽快化解矛盾。

（2）合法原则

即在查清事实的基础上，依法进行处理。劳动争议处理机构应当对争议的起因、发展和现状进行深入细致的调查，在查清事实、明辨是非的基础上，依据劳动法规、规章和政策做出公正处理。达成的调解协议、做出的裁决和判决，不得违反国家现行法律和政策规定，不得损害国家利益、社会公共利益或他人合法权益。

（3）公正原则

公正原则即当事人在适用法律上一律平等的原则，这一原则包含两层含义：一是劳动争议双方当事人在处理劳动争议过程中法律地位平等，平等地享有权利和履行义务，任何一方都不得把自己的意志强加于另一方；二是劳动争议调解人员、仲裁人员、审判人员在处理劳动争议时必须以事实为依据，以法律为准绳，公正执法，保障和便利双方当事人行使权利，对当事人在适用法律上一律平等，不得偏袒或歧视任何一方。

3. 劳动争议处理的程序和步骤

> **背景阅读**
>
> 目前，我国劳动争议处理所依据的法规和行政规章是《中华人民共和国劳动法》的有关内容、国务院1993年6月11日颁布的《中华人民共和国企业劳动争议处理条例》（以下简称《条例》）、劳动部1993年11月5日颁布的《劳动争议仲裁委员会组织规划》、劳动部1993年11月5日颁发的《企业劳动争议调解委员会组织及工作规则》（以下简称《工作规则》）、2006年10月1日起施行的《最高人民法院关于审理劳动争议案件适用法律若干问题的解释（二）》、2008年5月1日起施行的《中华人民共和国劳动争议调解仲裁法》（以下简称《仲裁法》）、中华人民共和国人力资源和社会保障部2008年12月17日颁布施行的《劳动人事争议仲裁办案规则》（以下简称《办案规则》）等。

按照《劳动法》第七十九条的规定，用人单位与劳动者发生劳动争议后，当事人可以向劳动争议调解委员会申请调解；调解不成，当事人一方要求仲裁的，可以向劳动争议仲裁委员会申请仲裁。当事人一方也可以直接向劳动争议仲裁委员会申请仲裁。对仲裁裁决不服的，可以向人民法院提起诉讼。

（1）劳动争议的调解

调解是由第三者居间调和，通过疏导、说服，促使当事人互谅互让，从而解决纠纷的方法。按照我国劳动争议处理的法律规定，劳动争议仲裁机构和人民法院在处理劳动争议的过程中，首先由用人单位设立的劳动争议调解委员会对争议进行调解。但是，这种调解仅仅是属于处理程序中一个步骤，而非一种劳动争议的处理制度。

调解委员会作为调解机构具有以下特点：

❶ 是第三者主持，但无公断权。调解是在第三者的参与下进行的，第三者是调解的组织者和主持人。没有第三者，争议双方达成的谅解和协议不能认为是调解。但调解人不具有公断权，调解人不能将自己的意愿强加于争议的当事人。因此，调解协议只是当事人双方的意愿。

❷ 是说服教育和劝导协商。调解的方法是说服教育和劝导协商，调解是以说服教育的方式进行的，使当事人从内心接受调解意见，从而缓解矛盾，解决纠纷。

❸ 是查明真相，相互谅解。调解是在分清是非的基础上相互谅解，而不是无原则的"调和"。调解人首先需要查明纠纷的事实真相，分清当事人的是非曲直。在这个基础上促使当事人相互谅解，达成调解协议。

❹ 是当事人双方自愿。调解是在双方当事人自愿申请的基础上进行的；调解协议也是双方当事人互谅互让、自愿协商的结果；调解协商又是在当事人自觉的基础上执行的。因此，调解活动自始至终以当事人的意愿为准。

通常，一旦劳动关系双方发生争议，要求调解委员会给予调解时，就要依据《条例》、《工作规则》、《仲裁法》和《办案规则》等的规定，按下列程序进行调解：

❶ 申请调解。劳动争议调解的申请是指劳动争议当事人以口头或书面的方式向劳动争议调解委员会提出调解申请，这种调解申请是自愿的。劳动争议发生后，如果当事人通过协商不能解决或者不愿意协商解决，可以申请调解。

劳动争议调解申请是有时间限制的，《工作规则》第十四条规定："当事人申请调解，应当自知道其权利被侵害之日起30日内，以口头或书面形式向调解委员会提出申请，并填写《劳动争议调解申请书》。"由于调解的基本原则是双方自愿，因此，调解委员会在收到调解申请后，应当征询申请对方当事人的意见。如果当事人不同意调解，调解委员会在3日内要以书面形式通知申请人。

❷ 案件受理。争议受理是指调解委员会在接到调解申请后，受理审查，接受申请的过程。按照《工作规则》第十五条规定，调解委员会应在收到调解申请后4日内对申请进行受理审查，做出受理或不受理申请的决定。调解委员会在受理审查中要审查的主要内容是：

第一，申请调解的事由是否属于劳动争议。发生争议的双方当事人是否一方是劳动者，一方是用人单位行政部门；争议的事项是否与劳动问题有关，即是否属于解除劳动关系、工资、保险、福利、培训、劳动保护、劳动合同的争议。申请调解的劳动争议是否符合条例规定的劳动争议调解委员会受理劳动争议案件的范围。

第二，调解申请人是否合格。调解申请人必须是与该劳动争议有直接利害关系，即与争议的标的（有关劳动的权利义务）有直接的关系。

第三，申请对方是否明确。在提出的请求中是否指明了权利侵害人（被告）。申请对方是劳动争议调解活动中不可缺少的当事人。只有在申请对方明确的情况下，争议的事实方能查清，申请人的请求才能有人承受，调解活动才能开展。

第四，调解请求和事实根据是否明确。申请人在申请中必须提出明确的调解请求，即要求调解委员会通过其调解工作使申请对方同意完成某种义务。调解请求应当详细、具体，在请求明确的同时，还应审查申请人是否提供了与请求相联系的事实依据。通常这些事实根据应包括争议发生的时间、地点、周围的环境、争议的经过、调解请求所依据的有关法律文书（如劳动合同、规章制度等）。

❸ 进行调查。在案件受理以后，调解委员会的首要任务是做好调查工作，了解争议的原因，掌握有关证据和详细材料，为今后的案件分析和调解的顺利进行打下基础；调查争议所涉及的其他有关人员、单位和部门及他们对争议的态度和看法；查看和翻阅有关劳动法规以及争议双方签订的劳动合同或集体合同等。

❹ 实施调解。在事实清楚的基础上，依法律、政策、劳动合同以及其他法律文书确定当事人的责任，对当事人进行宣传、教育，促进当事人互相谅解，达成协议。《仲裁法》第十四条规定："自劳动协议调解组织收到调解申请之日起15日内未达成调解协议的，当事人可以依法申请仲裁。"

❺ 调解协议的执行。调解协议由调解协议书具体体现。经调解委员会调解达成的调解协议，争议双方当事人都应自觉履行。但是，有时会出现当事人一方或双方反悔而不能自觉地履行协议的情况。引起当事人反悔的原因可能有多种：或者是主观原因，如当事人认为协议的有关内容不利于己方，受到来自他人的消极影响；或者是客观原因，如实际履行有较多的困难。对于当事人来说，在执行调解协议时反悔是允许的。因为调解委员会的调解协议与仲裁委员会及人民法院的调解意见书不同，不具备法律效力，当事人可以执行，也可以不执行。因此，不管当事人的反悔是何种原因引起的，调解委员会只能劝解、说服当事人继续履行协议，无权强制当事人履行协议或限制当事人向劳动争议仲裁委员会申请仲裁。

《仲裁法》第十六条规定，因支付拖欠劳动报酬、工伤医疗费、经济补偿或者赔偿金事项达成调解协议，用人单位在协议约定期限内不履行的，劳动者可以持调解协议书依法向人民法院申请支付令。人民法院应当依法发出支付令。为了使调解最终依法达到满意效果，调解委员会在调解时还应遵守以下几条原则：❶当事人自愿申请，依据事实及时调解。❷当事人在适用法律上一律平等。❸同当事人民主协商。❹尊重当事人申请仲裁和诉讼的权利。

（2）劳动争议的仲裁

仲裁又称"公断"，它是指发生争议的双方当事人自愿把争议提交第三者审理，由其做出判断或者裁决，从而使争议得到处理的一种方式。

按照劳动争议处理程序，如果当事人直接要求以及调解委员会调解不成功时，当事人可以向劳动争议仲裁委员会申请仲裁。在我国，劳动争议仲裁委员会一般设在各级政府劳动部门。

❶ 仲裁制度的特点。首先，当事人自愿提出仲裁请求。仲裁是在当事人发生争议之后，由当事人按照争议之前的约定或者争议之后的协议，自愿地向仲裁人提出仲裁请求。

其次，仲裁人从事第三者的行为。仲裁人在仲裁活动中不介入任何一方，立足于第三者的地位。这一特点决定了仲裁人的公正性。在仲裁活动中，仲裁人必须始终站在第三者的立场上，从维护双方当事人的合法权益出发，做出公正的裁决。

再次，仲裁人对争议有公断权。这是仲裁的基本特点，也是仲裁与调解的主要区别。仲裁人在受理了争议之后，要对争议的事实进行调查，对双方的责任加以议定；在此基础上，仲裁人要对争议的处理做出裁决，争议的当事人也要执行仲裁人的裁决。

最后，仲裁活动具有较强的专业性。这一特点决定了争议要由专门的仲裁机构或者仲裁人处理，仲裁人通常要具有处理争议的专业知识，在处理争议中要适用专门的法规或者惯例。

❷ 劳动争议仲裁的基本原则。劳动争议仲裁作为第三者的劳动争议仲裁机关，要根据劳动争议当事人的申请，依照法定的程序，按照劳动法律法规，对劳动争议做出裁决。为了得到公正的处理，仲裁机构应遵循以下原则：a. 以争议事实为依据，以劳动法律政策为准绳。以争议事实为依据，就是要求劳动争议仲裁机关在处理争议案件时，必须首先取得与本议案有关的一切证据材料，全面、客观地了解案件发生的原因、过程、后果，在此基础上分清是非，明确当事人的责任。以劳动法律为准绳，就是要求仲裁机关根据国家的法律法规，对劳动争议做出裁决，在没有相应的劳动法律的时候，要以现行的劳动政策作为裁决的依据。在仲裁活动中，任何个人和组织均无权对仲裁机关的活动与裁决加以干扰。b. 先行调解。我国劳动争议引起的矛盾性质大多属于人民内部矛盾，这就决定了大量的劳动争议可以通过调解的方式得到解决。同时，为了维持劳动者与用人单位之间长期和谐的劳动关系，也应尽可能地通过调解的方式，使争议得以解决。因此，在仲裁活动中，仲裁机关首先应充当调解人，使劳动争议尽可能地通过仲裁机关的调解得到处理。c. 及时仲裁。仲裁机关对所受理的劳动争议案件，不应久拖不决，而应尽可能地通过调解或者裁决的方式依法及时处理，尤其是对当事人不愿调解或调解不成的案件，仲裁机关应及时做出裁决。这一原则能否得以实现，关系到当事人双方的合法权益能否得到保证，企业正常的生产秩序能否得以维持。d. 当事人在适用法律上一律平等。在仲裁中，争议当事人双方适用法律上一律平等的原则表现在两个方面：

第一，劳动争议的双方当事人，申请仲裁的权利是平等的。无论当事人是劳动者个人还是用人单位，发生争议后，或者争议在单位内部调解不成时，均有权申请仲裁，只要当事人的申诉符合仲裁受理的条件，仲裁委员会应当受理。因此，仲裁委员会必须为双方当事人提供平等的申诉机会和条件。

第二，在仲裁活动中，劳动争议的双方当事人的举证义务平等、行使辩论条件平等、接受和拒绝调解意见平等、履行调解协议平等、执行仲裁裁决平等。

劳动争议仲裁机关，是按照有关劳动争议处理的法律规定而设立的，采用调解仲裁方式处理劳动争议的机关。根据《条例》的规定，劳动争议仲裁机关是各县、市、市辖区设立的劳动争议仲裁委员会。《劳动法》第 81 条规定："劳动争议仲裁委员会由劳动行政代表、同级工会代表、用人单位代表组成。劳动争议仲裁委员会主任由劳动行政管理部门代表担任。"仲裁委员会的代表由三方组织选派，委员的确认或更换，须报同级人民政府批准。

参加劳动争议的人有严格的法律规定，它包括以下三种人：

首先，是当事人。劳动争议当事人是指在劳动争议发生之后，能够以自己的名义向仲裁机关提起仲裁程序，并受仲裁机关裁决约束的利害关系人。在仲裁活动中，当事人被称为申诉人和被诉人。

其次，是第三人。第三人是指对当事人所争议的标的，主张全部或一部分独立请求权，或者虽不主张独立请求权，但是因为案件的处理结果同他有法律上的利害关系，而参加到他人已经进行的仲裁活动中去的人。

再次，是代理人。劳动争议仲裁活动代理人是指能以被代理人的名义，在代理权限内代理当事人进行各种仲裁活动行为的人。

　　在劳动争议仲裁活动中，代理人可以分为法定代理人、指定代理人和委托代理人。法定代理人是根据法律规定行使代理权的人。指定代理人是在没有法定代理人的情况下，由仲裁委员会指定其为代理人参加仲裁活动的人。委托代理人是在仲裁活动中，受当事人、指定代理人的委托，在授权范围内代为进行仲裁活动的人。

　　❸ 劳动争议仲裁的程序。a. 仲裁申请和受理。发生劳动争议的当事人应当自劳动争议发生之日起1年内向仲裁委员会申请仲裁，并提交书面申诉书。仲裁委员会应当自收到申请书之日起5日内做出受理或不受理的决定。b. 调查取证。在受理申诉人的仲裁申请后，仲裁委员会就需要进行有针对性的调查取证工作，其中包括拟订调查提纲，根据调查提纲进行有针对性的调查取证，核实调查结果和有关证据等调查取证的主要目的是收集有关证据和材料，查明争议事实，为下一步的调解或仲裁做好准备工作。c. 进行调解。仲裁庭在查明事实的基础上要先进行调解工作努力促使双方当事人自愿达成协议。协议以"调解书"形式体现，具有法律效力。d. 实施裁决。经仲裁庭调解无效或仲裁调解书送达之前当事人反悔，调解失败，这时仲裁庭应及时实施裁决；仲裁庭裁决劳动争议案件，应当向劳动争议仲裁委员会受理仲裁申请之日起45日内结束。e. 调解或裁决的执行。仲裁调解书自送达当事人之日起生效，仲裁裁决书送达15日内当事人不起诉的即发生法律效力。生效的上述法律文书等同人民法院的法律文书，责任人逾期不履行生效法律文书的，另一方当事人可申请强制执行。仲裁文书的执行权由人民法院行使。人民法院对确有错误的裁决可不予执行，并将裁定书送达当事人和仲裁机关。裁决不予执行的，视同未曾仲裁，当事人可重新申请仲裁。f. 部分劳动争议的终局仲裁。过去的劳动争议处理机制主要问题之一是劳动争议处理周期长、效率低、劳动者维权成本高。许多劳动者往往因拖不起时间、打不起官司，使得合法权益难以得到有效维护。为了使劳动争议仲裁实现便捷高效，《劳动争议调解仲裁法》第四十七条赋予了劳动者决定"一裁终局"的权利。"一裁终局"能让大量的劳动争议案件在仲裁阶段就得到解决，不用再拖延到诉讼阶段，能够有效地缩短劳动争议案件的处理时间，提高劳动争议仲裁效率，保护当事人双方的合法权益。《仲裁法》第四十七条规定，下列劳动争议，除本法另有规定的外，仲裁裁决为终局裁决，裁决书自作出之日起发生法律效力：追索劳动报酬、工伤医疗费、经济补偿或者赔偿金，不超过当地月最低工资标准12个月金额的争议；因执行国家的劳动标准在工作时间、休息休假、社会保险等方面发生的争议。

　　❹ 仲裁费用。《仲裁法》第五十三条规定，劳动争议仲裁不收费。劳动争议仲裁委员会的经费由财政予以保障。这也是《中华人民共和国劳动争议调解仲裁法》中的一大亮点，对于鼓励劳动者积极通过法律程序维护自己的合法权益具有十分显著的效果。

　　（3）劳动争议的诉讼

　　劳动争议的法律诉讼又叫劳动争议的法律审判，是指法院依照法律程序，以有关劳动法规为依据，以争议案件的事实为准绳，对企业劳动争议案件进行审理的活动。

　　❶ 人民法院受理劳动争议案件的条件。a. 劳动关系当事人间的劳动争议，必须先经过劳动争议仲裁委员会仲裁。当事人一方或者双方向人民法院提出诉讼时，必须持有劳动争议仲裁委员会仲裁裁决书。b. 必须在接到仲裁裁决书之日起15日内向人民法院起诉，超过15日，人民法院不予受理。c. 受理的案件属于受诉人民法院管辖。

②　人民法院受理劳动争议案件的范围。a. 劳动者与用人单位在履行劳动合同过程中发生的争议；b. 劳动者与用人单位之间没有订立书面劳动合同，但已形成劳动关系后发生的争议；c. 因未执行国家有关工资、保险、福利、培训和劳动保护的规定发生的争议。

③　劳动争议的诉讼程序。a. 起诉受理。起诉是指争议当事人向法院提出诉讼请求，要求法院行使审判权，依法保护自己的合法权益。受理是指法院接收争议案件并同意审理。b. 调查取证。法院的调查取证除了对原告提供的有关材料、证据或仲裁机构掌握的情况、证据等情况核实外，自己还要对争议的有关情况、事实进行重点调查，包括查明争议的时间、地点、原因、后果、焦点问题以及双方的责任和态度等。c. 进行调解。法院在审理劳动争议案件时，也要先行调解。法院的调解要在双方当事人自愿的基础上，法院不得强迫调解。d. 开庭审理。开庭审理是在法院调解失败的情况下进行的，这一阶段主要进行这样一些活动：法庭调查、法庭辩论、法庭判决等。e. 判决执行。法庭判决书送达当事人以后，当事人在规定时间内不向上一级法院上诉的，判决书即行生效，双方当事人必须执行。当事人不服一审判决的有权向上一级法院上诉。

# 第三节　案例分析：他们是怎么得上尘肺病的

记者的报道让我们看到这样一些场景：

——"张平躺在床上，佝偻着身体，骨瘦如柴、双目无神，剧烈地咳嗽，很少能说几句完整的话。尽管只有 43 岁，他却已经再不能下地干活了。张平患的是'尘肺病'。"

——31 岁的夏高云从 1993 年开始，年年都和老乡一起前往沈阳打工。1997 年刚发现咳嗽带血时，他认为没什么大不了的，只不过是太累了，便一直在工地上硬挺着。后经医院检查，属尘肺病。1999 年 10 月因没钱洗肺才回家，丧失劳动能力的他已是尘肺Ⅲ期，每天在家输液。瘦得像芦柴棒一样的夏高云躺在床上，涨红着脸，很少能说几句完整的话。

——同在沈阳得上"怪病"的王运奎说："洞中干粉就像蒸气炉放气时一样，什么都看不见。"王运奎 1995 年每天都要在这样的环境中干上七八个小时，而且连最起码的口罩都没戴。

现在，仅仅在浙江省温州市泰顺县三魁镇下溪坪村，像王运奎一样得了病无法治愈的村民就有 50 多人。这些人大都是青壮年，为了治病，他们花光了几乎所有的积蓄，

**小资料**

> "尘肺病"是人体呼吸时大量含游离二氧化硅的粉尘进入肺部所引起的职业病。该病常在空气中硅尘浓度较高的采矿、凿岩等工种中发生。在发病早期，病人胸闷、气短，部分病人会有干咳，出现肺功能衰竭；后期呼吸困难，极易气喘，全身无力，并伴有结核病等并发症。对于尘肺病患者，尤其在患病晚期，国内目前还没有有效的治疗方法。

但依然有人死去，依然有人妻离子散。王长云自 1993 年到沈阳，1996 年发现胸闷、气促，即到沈阳大学附属医院诊治，确诊为尘肺病。后因缺医疗费，加上治疗效果不明显，放弃治疗，1997 年 2 月撇下结发妻子和两个未成年子女而去。一位受害者家属面对记者的采访，痛

哭失声，她说她家为治疗尘肺病已花去了 12 万元。

这些人，都是跟随下溪坪村的陈益校、王运福、张万民这几位职业包工头去打工后开始生这种怪病的。

1993 年 7 月，陈、王、张三人先后以泰顺县隧道工程公司、泰顺县地方建筑工程公司的名义，从沈阳市矿务局矿建工程处等两个转包人手中转包到沈阳至本溪一级公路吴家岭隧道工程，并在老家泰顺"招兵买马"。此前，陈益校等人在下溪坪村还颇有口碑：能赚钱、讲义气、不拖工钱。所以，当陈益校等人一声召唤，村里的年轻人都十分开心地跟他们到远在北方的辽宁"淘金"去了。老乡介绍老乡，泰顺民工此去共有几百人。

陈益校等人承接的辽宁吴家岭隧道工程地质系石英砂岩，二氧化硅含量高达 97.6%。在二氧化硅含量如此之高的地质岩层进行隧道作业，危险性相当高，人体一旦吸入二氧化硅粉尘，就会像水泥遇水后沉淀一样，沉积在肺里，引发难以治愈的尘肺病。因此，在这种环境里作业，劳动安全保护显得十分重要。

"陈益校不会亏待老乡的。"泰顺民工当初跟陈益校出去打工时都这样认为，然而，事实上，几百名温州民工在辽宁吴家岭隧道的施工现场，尽管尘土飞扬，噪声刺耳，粉尘弥漫，工作环境很差，公司却没有给工人做安全培训，提供的安全措施仅是每个人一个防护口罩。按照安全要求，开凿岩石时需要带水作业，但公司一直没有提供盛水设备，更没有提及这施工中漫天飞舞的粉尘的伤害性。

"干粉就像蒸气炉放气一样往外冒"，然而，缺乏安全知识的工人没有意识到危险，甚至常常连最起码的口罩都没戴，每天在这样的环境中干上七八个小时，有的人还加班加点。干了几个月后，有些人就感到体力不支，呼吸急促，却还不知道自己是得了早期尘肺病。两年后，隧道工程临近结束时，经常感到胸闷气急的人越来越多，有人甚至走几步路也会喘不过气来。

1997 年，随着承包工程完工，村民们陆续回到家乡。不久接连有人生起 "怪病"，甚至死亡。2000 年 9 月，浙江省职业病诊断鉴定委员会对泰顺民工的鉴定结果表明，泰顺 500 多名到辽宁从事隧道作业的人中有 196 名民工被确诊患上了职业性尘肺病，其中，尘肺病 I 期患者有 110 名，II 期 71 人，III 期 15 人。劳动部门对他们进行工伤鉴定认为，这些人已分别构成 2～7 级伤残。

该村尘肺病患者及其家属与泰顺县其他村镇的共计 143 名患者去年集体向温州市中级人民法院提起诉讼，要求泰顺县隧道工程公司、泰顺县地方建筑工程公司以及包工头陈益校、王运福、张万民等赔偿他们因工致残（或死亡）医疗费、护理费、伤残补助金、抚恤金等共计 2.08 亿元。如此巨大的索赔金额，如此众多的原告，使该案成为全国最大的工伤索赔案。原告们认为，工程业主、承包人、分包人对此案负有连带责任。而且，泰顺县隧道工程公司由泰顺县乡镇局组建，公司 1500 万元的注册资金由泰顺县财政局所属泰顺县会计师事务所虚假验资，而该验资机构现已撤销。鉴于此，他们认为泰顺县乡镇局、泰顺县财政局对此负有连带责任。由此，共有 8 家单位、5 名包工头计 13 个主体成为本案被告。温州市中级人民法院于 2001 年 5 月 8 日进行了庭审。被告中泰顺县隧道工程公司及陈益校认为，原告将公司和投资人同时作为被告不当；辽宁省交通厅、东北煤炭建设总公司、沈阳矿务局矿建工程处、七台河矿业精煤矿集团建设工程总公司也认为自己不应属于被告之列。法院对此案将继续审理。

陈益校目前已经被逮捕，法院已对被告 600 多万元的财产采取了保全措施。但相对于两亿元的索赔额来说，这实在是杯水车薪。然而，对于那些得上了"尘肺病"，甚至已经死去了的打工者来说，即使向老板讨回了公道，拿到了应该得到的钱，但失去了生命和健康，又有什么意义呢？陈益校说："干粉作业，我只知道会产生尘肺，真不知道会有这样严重的后果。"

（资料来源：张德. 2001. 人力资源开发与管理. 北京：清华大学出版社.）

【案例讨论】

1. 在该案例中，民工的哪些权利受到了侵犯？
2. 如何才能使"尘肺病"的悲剧不再重演？

# 练 习 题

## 一、单项选择题

1. 《中华人民共和国劳动法》开始实施的时间为（　　）。
　　A. 1949 年　　　　B. 1978 年　　　　C. 1992 年　　　　D. 1995 年
2. 劳动者在企业内处于（　　）。
　　A. 主导地位　　　B. 主体地位　　　C. 从属地位　　　D. 被动地位
3. 劳动者的劳动权利体现为劳动者拥有（　　）。
　　A. 职业技能　　　　　　　　　B. 志趣和爱好
　　C. 选择职业的权利　　　　　　D. 民主的权利
4. 劳动者持续行使劳动权必不可少的物质保证是（　　）。
　　A. 自主选择职业　　　　　　　B. 享受社会保险
　　C. 获取劳动报酬　　　　　　　D. 接受职业技能培训
5. 在西方工会的核心作用是（　　）。
　　A. 切实代表员工和组织员工参加国家和社会事务的决策和管理
　　B. 联合起来与资方进行集体谈判
　　C. 在公众中、政府机构中和政党中寻求同情
　　D. 代表劳动者的利益，平衡雇主的经济实力
6. 劳动争议也叫劳动纠纷，在西方叫"劳资争议"，它是指（　　）。
　　A. 劳动关系当事人之间因劳动的权利发生分歧而引起的争议
　　B. 领导不尊重员工意见而引起的争议
　　C. 经济分配不公引起的争议
　　D. 对员工过失处理过重而引起的争议
7. 由劳动争议仲裁委员会仲裁生效的仲裁决定书和调解书具有（　　）。
　　A. 道德约束力　　　B. 政治说服力　　　C. 法律强制力　　　D. 行政规范性
8. 下列不属于劳动合同订立程序的是（　　）。
　　A. 要约和承诺　　　B. 相互协商　　　C. 签约　　　　　　D. 履行

9. 劳动合同变更是指（　　）。

A. 既指主体变更，又指内容变更　　B. 仅指主体变更

C. 仅指内容变更　　D. 仅指期限变更

10. 用人单位不可以以开除、除名的形式单方面解除劳动合同的情形是（　　）。

A. 劳动者在试用期被证明不符合录用条件的

B. 劳动者严重违反劳动纪律的

C. 劳动者严重失职、营私舞弊，对用人单位利益造成重大损失的

D. 劳动者被追究刑事责任的

11. 用人单位须提前 30 天以书面形式通知劳动者，并承担经济补偿责任的解除劳动合同的情形是（　　）。

A. 劳动者严重失职、营私舞弊，对用人单位利益造成重大损失的

B. 劳动者被追究刑事责任的

C. 劳动者患病或者非因工负伤在规定医疗期内的

D. 劳动者不能胜任工作，经过培训或者调整工作岗位，仍不能胜任工作的

12. 在集体合同内容的构成中处于核心地位的是（　　）。

A. 劳动条件标准　　B. 一般性规定

C. 过渡性规定　　D. 其他规定

13. 劳动争议的处理一般要经过协商、调解（调解委员会的调解）、仲裁、诉讼四个阶段，其中属于劳动争议处理非必经阶段的是（　　）。

A. 协商和调解　　B. 协商和诉讼

C. 调解和诉讼　　D. 仲裁和诉讼

14. 下列劳动争议的处理程序中，哪一项是必经程序（　　）。

A. 协商　　B. 调解　　C. 仲裁　　D. 诉讼

15. 工资协议与集体合同相比较（　　）。

A. 前者的法律效力大于后者　　B. 后者的法律效力大于前者

C. 具有同等的法律效力　　D. 法律效力具有不确定性

16. 劳动争议的仲裁时效为（　　）。

A. 15 日　　B. 30 日　　C. 60 日　　D. 90 日

17. 可以安排妇女从事的工作是（　　）。

A. 矿山井下工作　　B. 森林伐木工作

C. 第三级体力劳动强度的作业　　D. 建筑业脚手架的组装和拆除

二、多项选择题

1. 我国职代会具有的职权包括（　　）。

A. 听取和审议行政负责人工作报告或有关重要问题的报告

B. 审查同意或否决工资、资金分配方案及重要规章制度

C. 审议决定有关员工福利的重大事项

D. 评议监督各级领导干部，提出奖惩或任免建议

E. 选举或推荐行政领导人

2. 劳资协商和谈判的主要内容是（　　）。

    A. 激励方式　　　　　　　B. 工资标准　　　　　　　C. 劳动条件

    D. 就业培训　　　　　　　E. 解雇人数

3. 劳资协商和谈判的主要内容是由国家宏观层次上的劳资双方谈判决定的国家有（　　）。

    A. 美国　　　　B. 新加坡　　C. 瑞典　　　D. 挪威　　　E. 德国

4. 劳资协商和谈判的主要内容是由产业中观层次劳资双方谈判决定的国家有（　　）。

    A. 美国　　　　B. 荷兰　　　C. 瑞典　　　D. 瑞士　　　E. 德国

5. 劳资协商和谈判的主要内容是由企业微观层次劳资双方谈判决定的国家有（　　）。

    A. 美国　　　　B. 法国　　　C. 意大利　　D. 瑞士　　　E. 日本

6. 根据劳动法的规定，我国目前的劳动争议处理机构有（　　）。

    A. 工会　　　　　　　　　　B. 劳动争议调解委员会

    C. 劳动争议仲裁委员会　　　D. 人民法院

    E. 人民检察院

7. 劳动争议调解委员会调解劳动争议的步骤包括（　　）。

    A. 申请　　　　　　　　　B. 受理　　　　　　　　　C. 调查

    D. 调解　　　　　　　　　E. 制作调解协议书

8. 确认劳动合同无效的机构有（　　）。

    A. 签订劳动合同的劳动者　　　　B. 签订劳动合同的用人单位

    C. 劳动争议调解委员会　　　　　D. 劳动争议仲裁委员会

    E. 人民法院

9. 劳动合同的必备条款包括（　　）。

    A. 劳动合同的试用期　　　　　　B. 劳动合同的期限

    C. 工作内容　　　　　　　　　　D. 劳动报酬

    E. 劳动纪律

10. 劳动争议仲裁的原则一般包括（　　）。

    A. 以事实为依据，以劳动法律政策为准绳

    B. 先行调解

    C. 及时仲裁

    D. 当事人在适用法律上一律平等

    E. 协商一致

11. 劳动争议的参加人包括下列哪三种人（　　）。

    A. 雇主　　　　B. 雇员　　C. 当事人　　D. 第三人　　E. 代理人

12. 劳动争议仲裁的程序是（　　）。（按顺序排列）

    A. 仲裁申请和受理　　　　　　　B. 调查取证

    C. 进行调解　　　　　　　　　　D. 实施裁决

    E. 调解或裁决的执行　　　　　　F. 部分劳动争议的终局裁决

13. 劳动争议的诉讼程序是（　　）。（按顺序排列）

    A. 起诉受理　　　　　　　　　　B. 调查取证

    C. 进行调解　　　　　　　　　　D. 开庭审理

    E. 判决执行

14. 劳动争议处理的程序是（　　）。

    A. 调解　　　B. 仲裁　　　C. 诉讼　　　D. 协商　　　E. 受理

15. 解决劳动争议的基本原则主要有（　　）。

    A. 着重调解、及时处理原则　　　B. 合法原则

    C. 公正原则　　　　　　　　　　D. 诚实守信原则

    E. 互谅互让原则　　　　　　　　F. 协商一致原则

## 三、名词解释

1. 劳动关系　　　　　2. 劳动争议　　　　　3. 劳动争议仲裁

4. 劳动者地位　　　　5. 劳动者权利　　　　6. 劳动争议调解

7. 劳动争议诉讼

## 四、简答题

1. 劳动关系包括哪些内容？

2. 劳动关系的法律特征是什么？

3. 在我国工会和职代会的地位和作用是什么？

4. 在国外流行的劳资协商和谈判制度有哪几种类型？

5. 处理劳动争议的途径和方法有哪些？

6. 劳动争议调解委员会如何组成？

7. 劳动争议仲裁委员会如何组成？其性质和职能是什么？仲裁应遵循哪些原则？

8. 劳动争议仲裁的步骤是什么？

9. 劳动争议处理三种方法的程序各是怎样的？

10. 试述《劳动法》规定的劳动者所拥有的权利。

11. 试述劳动者的地位。

12. 解决劳动争议的原则有哪些？

13. 试述在改革开放过程中，我国劳动关系变化引起的问题应如何加以解决。

# 培训与开发

## 8 Chapter

## 知识目标

- 掌握培训与开发的概念、原则、内容及程序;
- 了解培训与开发的地位与意义;
- 掌握培训需求分析的层面及方法;
- 了解如何设计、实施培训项目;
- 掌握培训与开发的具体方法;
- 掌握培训效果评估的方法: 柯氏模型及投入产出分析法。

## 案例导入

### 沃尔玛的交叉培训

所谓交叉培训,就是一个部门的员工到其他部门学习,培训上岗,使得这位员工在对自己从事的职务操作熟练的基础上,又获得了另外一种职业技能,从而使这位员工在整个商场的其他系统、其他角落都能够提供同事或者顾客希望他给予的帮助,促使他能够完美、快速地解决他们所面临的问题,从而避免了他的同事或者顾客浪费宝贵的时间,既提高工作效率和缓解顾客的购物心理压力,又让其轻松愉快地度过购物时间。用人们常说的一句话就是一才多用。

交叉培训有以下几大优势:

优势一: 有利于员工的工作态度向积极的方向转变。

摒弃以往只从事一种单调的缺乏创新和变革的职务所造成的不利心理因素。零售业是人员流动性很大的一种职业。之所以产生这种现象的原因是员工对本身职务的厌烦;还有一种人认为他所从事的职务没有发展前景，就会选择离开。

优势二：这种交叉培训，可以化解员工之间的利益冲突。

很多员工往往开始工作积极性很高，后来发现自己虽然和同事一样努力、学历一样高，然而只因为职务不高，工资就会低别人很多，于是慢慢就出现了等级分化，工作态度也明显消极，长期下去，公司的发展就会受到阻碍，员工处于混日子的状态，不求上进、不求创新。而沃尔玛针对这一问题的做法不仅做到了优势互补，而且融洽了上下级关系。沃尔玛的"直呼其名"就是很好的证明。员工不再有上下之间的隔阂，让员工有一种思想认识，我和总经理是同事，所以我也就是总经理，同时我也就是老板，这家店我也就有了股份，从而全心全意地投入经营，处理事件正当，为沃尔玛更加茁壮成长打下基础。这是因为一个很简单的道理，没有一个人会让自己的投资付诸东流。

优势三：可以让员工在全国的任何一家店相互支援。

这种优势也就是沃尔玛的骄傲所在，因为它是世界零售巨头，开的店多，开新店也如家常便饭。比如要到新的城市去开店，假如通过招聘新员工为开店做准备，常常会由于新员工处理事件不够老练，让公司的品牌贬值，同时也无法提高工作效率。而让老员工去支援，就不会出现此种情况。

优势四：有利于不同部门的员工从不同角度全面考虑其他部门的实际情况，减少公司的损耗，达到信息共享。

很好地证明这一点的是，假如你是采购部门的同事，而你没有从事过销售，就无从了解哪种商品很畅销，以及哪种商品的顾客需求量大，假如现在你从采购部门转到销售部去学习和了解销售知识，就能够在以后采购时从不同角度全盘考虑，减少公司的损耗，达到信息共享。

（资料来源：赵光忠. 2004. 人力资源管理模板与操作流程. 北京：中国经济出版社.）

培训是一个包括获取技能、观念、规则和态度以提高员工绩效的学习过程。随着人力资本概念的深入人心，培训已经成为现代企业人力资源管理系统活动中非常重要的一个组成部分。通过培训，能够有效提高员工的知识、技能水平，改善员工的工作态度，最终提高员工特征和工作要求之间的配合程度。员工培训是一个系统工程，是一种重要的人力资本投资形式。本章从员工培训与开发的基本概念、原理出发，按照员工培训的一般流程，即分析培训需求、设计培训项目、实施培训计划、评估培训效果四个阶段，对员工培训进行系统阐述。

# 第一节　培训与开发概述

## 一、培训与开发的概念

培训与开发是指组织为实现自身目标和员工个人发展的目标，采用一定方式有计划、系统地对全体人员进行培养和训练，使之提高与现在或将来工作相关的知识、技能及态度等素质，以改善员工现有或将来的工作业绩。

要充分理解员工培训与开发的概念，需要把握以下四个要点。

### 1. 培训与开发的最终目的是为了实现组织自身和员工个人发展的双重目标

组织对员工进行培训可以实现组织与员工个人的双赢。通过培训，可以有针对性地提高员工个人的知识、技能及态度，最终提高员工自身素质，为员工个人全面发展创造有利的条件，使员工能够充分实现自我价值。在员工实现自我发展的同时，组织也实现了自身的发展。处在组织中的员工，要想实现自身价值，必须充分发挥自己的积极性、主动性及创造力，为组织发展贡献自己的全部。如此一来，组织通过培训与开发员工，最终达到了员工个人与组织自身的共同发展。

### 2. 培训与开发的直接目的是为了提高员工的素质，使之与工作相适应并能够胜任

组织培训开发员工的直接目的就是提高员工的知识、技能水平，改进员工的工作态度等，从而提高员工的综合素质，使之能够更好地适应并胜任职位工作。随着组织所面临的内外环境的快速变化，知识技术更新加快，员工的知识老化日趋明显，为了培育市场竞争中的人才制高点，组织必须不断更新其员工知识、技术，改善其态度和行为，具体体现在育道德、树观念、传知识和培能力四个方面。

### 3. 培训与开发是一项涉及全体员工的制度化的人力资源管理活动

培训与开发具有广泛性，并非只与组织中的部分人员相关，而是涉及组织中所有层次和类别的员工。在企业中，不仅决策层如总经理需要培训，而且中间管理层、一般员工也需要进行不同层次不同类型的培训，只不过不同职位培训的侧重点有所区别。因此，组织应该而且也必须建立涉及全体员工的内部培训网络。现代的培训应该是一种全员的培训。这是每一位决策者都必须具备的观念。

要保证全员培训能够真正地贯彻实施，必须建立相应的执行、监督制度。通过制度来规范组织的培训行为，使所有员工都牢固树立这种意识：培训不是随意的、权宜的、一次性的活动，而是有计划的、战略性的、经常性的重要活动。

### 4. 培训与开发是一项需要精心筹划的系统工程

员工培训与开发是组织开展的有目的、有计划、有针对性、有步骤的系统管理行为。要想取得实效，必须对培训项目进行精心筹划，必须确立特定的培训目标，提供特殊的资源条件，遵循科学的培训方法和步骤，进行专门的组织和管理。在人力资源管理活动中，培训是一项与组织的其他活动相联系且本身又很复杂的系统工程。就与组织其他活动的联系而言，培训既服务于组织发展战略的需要，同时又与组织其他活动密切相关，如各部门的新进人员岗前培训、销售部门的推销员素质提升等。培训本身又涉及诸多决策问题，如确定接受培训的员工、选择培训讲师、设计课程内容、选择培训方法等，所有这些都需要统筹安排。

## 二、培训与开发的意义和原则

### 1. 培训与开发的意义

从根本上说，人是生产力诸要素中最活跃、最重要的因素。实践表明，一个组织小到家庭、企事业单位，大到国家，其命运如何归根到底取决于人员素质的高低。现代意义上的竞争主要依靠人，并最终决定于人。因此，从战略高度认识培训与开发的意义，加强培训工作已势在必行。

进一步讲，技术进步和员工发展是组织开展培训工作的动力。技术的不断进步使员工的知识技能逐渐老化；同时员工也对自身的成长发展提出了更高的要求，这些都推动组织对员工进行培训。

**➤ 拓 展 阅 读**

长期以来，国际上许多著名的跨国公司都非常重视员工培训工作。如在 20 世纪 90 年代初，美国摩托罗拉公司每年在员工培训上的花费达到 1.2 亿美元，这一数额占公司工资总额的 3.6%，每位员工每年参加培训的时间平均为 36 小时。美国《财富》杂志曾经把摩托罗拉公司称为公司培训的"金本位"。有资料显示，美国 100 名员工以上的组织在 1998 年的培训开支为 450 亿美元，比 1992 年增长了 12%。美国联邦快递公司每年花费 2.25 亿美元用于员工培训，这一费用占公司总开支的 3%。美国前总统克林顿在任期间，政府要求美国企业至少把工资总额的 1.5%用于培训。法国企业的员工培训费用在 1990 年的平均水平为工资总额的 3%，2000 人以上的组织的这一比例达到 5%。法国政府要求 100 名员工以上的公司将工资总额的 1.5%用于培训，或者把这一额度与实际花费之间的差额注入培训基金[①]。

21 世纪将是科技更加迅速发展、全面进入信息社会与知识经济的时代，信息和知识是绝大多数组织前进的推动力量，而培训与开发则是提供信息、知识及技能的重要途径。因此，要跟上时代的发展，必须建立学习型组织，开展全员培训。具体而言，培训的意义有如下几个方面。

（1）培训是提高员工素质和增强组织竞争力的根本途径之一

第二次世界大战以后，科学技术飞速发展，组织所面临的外界环境发生了翻天覆地的变化，人类已经进入知识经济时代。现代社会快速发展的一个重要趋势就是新知识、新技术、新工艺、新产品不断涌现，特别是知识、技术的更新速度明显加快，这导致组织所拥有的人力资本相对贬值，员工不能更好地胜任工作；与此同时，市场需求变化多端、商机稍纵即逝，市场竞争日益激烈，这对员工的素质和职业能力提出了更高的要求。在这种情况下，组织必须进行员工培训，以提高员工的素质，使其知识、技能、工作态度等跟上时代发展的步伐，适应工作岗位发展变化的新要求，提高自身的人力资本储备。

组织竞争力来源于四个方面：人才、技术、产品及市场，而人才是最根本的因素。因此，只有通过培训，才能提高员工整体素质，为组织竞争力的建立创造基础条件。

（2）培训是提高劳动生产率和工作效率的重要途径

员工通过有效的培训，在生产过程中，能减少所需工作时间，从而降低人力及推销

---

① 张一驰. 2001. 人力资源管理教程. 北京：北京大学出版社.

成本；减少材料的浪费或不良产品的产生，从而降低了生产成本。可见生产的数量、品质与效率跟员工的知识、技术与能力有绝对的相关性。而通过培训可增加其知识、提高其能力，最终体现为劳动生产率和工作效率的提高。

 拓展阅读

　　摩托罗拉公司素质良好的雇员们通过技术革新和节约操作为公司创造了 40 亿美元的财富。摩托罗拉公司前培训部主任比尔·维思豪说："据对美国 155 家制造企业的调查表明，对员工进行培训的企业劳动生产率比没有培训的企业有明显的提高。我们有案可查，由于培训员工掌握了统计过程控制法和解决问题的方法，我们节约了资金。我们的（培训）收益大约是所需投资的 30 倍，这就是为什么我们会得到高层经理大力支持的原因。"[①]

　　（3）培训是实现员工个人发展的必要措施

　　现代的培训执行组织与员工个人双赢的理念，即组织在谋求整体利益、追求最佳绩效的同时，也要把员工个人的成长、员工自身人力资本增值和员工个人的职业发展放在同等重要的地位。从员工自身发展来看，随着经济的发展，在组织中工作的员工所追求的目标已经或正在超越报酬、安全等低层次需要，逐渐迈向高层次的目标，强烈要求实现自身价值。组织的培训工作恰恰能够满足员工自身发展的这一要求。员工通过参加培训，自身的知识、技术、能力等得到提升，随着自身素质的提高，员工能够更好地适应环境变化所提出的挑战，能够跟上时代发展的步伐，从而实现自我成长和自我价值。

　　2. 培训与开发的原则

　　培训与开发的原则是组织在培训工作过程中应遵循的基本指导思想和指导方针，一般包括以下几个方面。

　　（1）激励原则

　　培训与开发是一种重要的人力资本投资方式。它不仅可以满足组织发展的需要，而且可以使受训者个人的人力资本增值，从这个角度来讲，培训可使员工个人受益，增强其自身价值，从而对员工产生一种激励作用。从组织角度讲，要从全局出发，充分运用激励手段来强化培训效果。一般地，组织可把培训与员工个人的任职、晋升、奖惩、薪酬福利等衔接起来。当员工受训完毕达到预期效果后，可通过增加报酬或职务晋升来鼓励员工，让员工充分了解培训对自己的益处，进一步调动员工的积极性、主动性和创造性，最大限度地发挥自身潜能。

　　（2）因材施教原则

　　组织内工作岗位众多，不同岗位的内容、性质及要求差别较大，而且员工在知识水平、兴趣、经验、能力等方面也存在明显的个体差异。因此，组织在进行员工培训工作时，既要掌握集体培训的总原则，同时更要针对员工的个体特点和具体岗位的要求科学地确定培训内容及方法，进行因材施教。

　　（3）实践原则

　　培训要想真正实现其目标，就必须始终坚持实践的原则，具体而言，就不能仅仅依靠简单的教学，而要为受训者提供实践操作的机会，使他们在实践中体会，从实际操作

① 于秀芝. 2002. 人力资源管理. 北京: 经济管理出版社.

中提高能力，尤其是一些涉及工作技能的培训，对实施的条件要求更高。通过实践检验，才能够切实提高培训的效果，达到组织与个人双赢的结果；同时通过员工亲自动手，能够发现培训过程中存在的偏差及问题，便于为下一次培训提供改进措施。

（4）理论联系实际、学用一致原则

员工培训的直接目的是为了改变员工态度、提高员工素质和工作技能，使员工更好地与工作相适应，因此，培训必须做到理论联系实际，切实做到学用一致。培训要有明确的针对性，要紧紧围绕培训目标，从实际工作需要出发，与岗位要求相联系；同时做到培训与使用不脱节，组织发展需要什么，员工缺少什么理论与技术，培训就要及时、准确地跟进，予以体现和实施。

（5）明确培训目标原则

目标管理是企业管理的有效手段之一，培训与开发作为人力资源管理活动中非常重要的一个环节也必须遵守这一原则。管理实践表明，为受训人员设置明确的、有一定难度的培训目标，可以有效提高培训效果。培训目标的确定非常重要，必须合理、适中，太难或太容易都会失去培训的价值。所以，培训目标的设置要与每个人的具体工作相联系，使受训者了解到培训的目标源于工作，又高于工作，是自我提高和发展的高层次延续。

三、培训与开发的特点与内容

1. 培训与开发的特点

（1）培训与开发的广泛性

培训的广泛性在此有两层含义：首先是指组织的培训是一种全员培训，即组织内所有人员都要接受培训；其次是指培训的内容具有广泛性，不仅涉及一般管理知识，如计划、组织、领导的培训，还包括技术、财务、统计、销售等各个经营环节的内容，甚至包括面向未来的新知识、先进经验等。

（2）培训与开发内容的层次性和针对性

组织内部员工的培训虽然是全员培训，但是这种培训具有明显的针对性、层次性。对于不同的培训对象（员工个体）、不同的工作岗位要求，培训的内容和侧重点应有所不同。高层决策者重点进行经营意识、理念及战略等方面的培训；中间管理者主要解决拓宽知识面、掌握管理技能等执行能力的培养；一线员工侧重于一般操作知识及基本管理技能等的培训。

（3）培训与开发组织形式和方法的灵活性、多样化

员工培训的具体组织形式和实施方法应根据实践需要来确定，同时要注意根据实际情况进行及时调整。在时间上，可长可短；在培训组织上，既有职前教育，也要有岗位培训；既包括在职培训，又包括脱产培训；既有定期培训，也有非定期的临时培训等；在培训方法上，要根据受训者个体情况及成人学习规律，灵活运用多种方法，包括讲座、视听技术、角色扮演、商业游戏及案例教学法等，提高培训效果。

2. 培训与开发的内容

员工培训与开发是围绕工作需要和提高工作绩效展开的。总体而言，影响工作行为进而影响工作绩效的因素可分为三大类。

（1）知识的培训

与本组织、工作相关的各方面知识（基础理论知识和业务知识）是员工培训的首要内容，组织应通过培训使员工具备完成本职工作所需要的基本知识，了解本组织的基本情况。内容主要包括：❶经济学、心理学、社会学、文化与伦理学等相关理论知识；❷管理学、市场营销学、战略管理、财务管理、人力资源管理、组织行为学等业务知识；❸组织的发展战略、发展目标、经营方针、规章制度、组织文化等组织的基本情况。需要注意的是，针对不同的培训个体和不同的培训目标在上述内容上应有所侧重。

（2）技能的培训

员工从事本职工作需要掌握一定的技能，如人际交往、沟通、协调等，具体来说，主要包括各项业务操作技能即技术能力、人际交往能力、谈判技能、计算机运用技能、管理技能等。其目标是使员工掌握从事本职工作的必备技能，并以此培养、开发员工的潜能。

◆图 8.1　培训与开发内容

（3）态度的培训

员工工作态度是影响员工的士气及组织绩效的重要因素。一般而言，每个组织都有自身特定的文化氛围及与此相适应的行为方式，如价值观、组织精神及组织风貌等。要想最大限度地提高组织绩效，必须使全体员工认同并自觉融入这一氛围之中，即实现态度的转变。组织应该也必须通过有针对性的态度培训，使员工个体逐渐融入组织整体，建立起组织与员工以及员工之间的相互信任关系，培养员工对组织的忠诚及积极的工作态度，增强组织观念和团队意识等。培训与开发的内容具体如◆图 8.1＜所示。

## 四、培训与开发的基本程序

员工培训与开发通常分为培训需求分析、培训计划的制定与实施、培训效果评估三个阶段，如◆图 8.2∨所示。

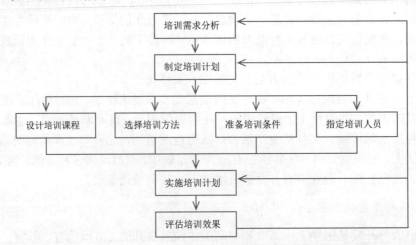

◆图 8.2　培训与开发的基本程序

1. 需求分析阶段

需求分析阶段又称需求评估阶段，是整个培训开发工作开展的基础。根据组织所面临的内外条件，通过科学的分析方法评定组织员工培训的质的要求和量的需求，即解决培训的原因、内容及目标的问题。员工培训需求分析一般从组织层面、任务层面和个人层面进行。

2. 设计实施阶段

该阶段包括培训项目设计与组织实施两个小阶段。在完成上述培训需求分析之后，就可以根据培训要解决的问题制定周密的培训计划，设置培训课程，选择培训方式和落实培训人员（教员和员工），拟定培训时间和地点，并进行成本核算。在实施过程中，要注意具体落实计划中的各部分内容，同时加强管理和监督，以确保培训工作有序进行。要对培训实施过程进行动态管理，及时进行信息反馈并调整。该阶段解决的是怎样教、怎样学及教与学的条件保障等问题。它是整个培训过程的中心环节。培训质量的高低主要取决于该阶段。

3. 效果评估阶段

主要包括对课程设计、培训方式和授课效果的评估，以及对受训者返回岗位后工作状况的定期跟踪反馈。一般从定性和定量两个角度进行评价。从定性角度，主要通过柯氏模型从四个层面对培训项目进行评价；从定量角度，主要是界定培训成本、培训收益，计算投资回报率。该阶段是解决培训得如何这一问题。根据本次培训效果评价，提供反馈信息，用于再次培训需求分析，为下一轮的员工培训做好准备工作。

# 第二节　培训需求分析

培训需求分析作为培训系统工程的基础环节，发挥着日益重要的作用。所谓培训需求分析是指在规划实施每项培训活动之前，由培训组织者、主管人员等采取一定方法，对组织及其成员的目标、知识、能力等方面进行系统的鉴别与分析，以确定是否需要培训及培训内容的一种过程。它是确定培训目标、设计和实施培训项目的前提，也是进行效果评估的依据。

在实践操作中，培训需求分析往往从组织分析、任务分析、人员分析这三方面展开。

一、组织分析

组织分析是指根据组织所面临的环境、组织发展战略及培训资源的可获得性，来确定组织范围内的培训需求，以保证培训计划符合组织的整体目标与战略要求。可以说组织层面的需求分析反映的是某一企业的员工在整体上是否需要进行培训。

组织所面临的环境发生变化往往会产生培训需求。例如，我国加入世界贸易组织后，国内市场逐渐向整个世界开放，国内企业不但要面对国内外竞争对手，同时也存在"走出国门"，参与世界市场的国际化竞争问题，因此，很多企业都有了 WTO 知识及国际惯例培训的需求。组织的战略导向不同以及变化都会引起不同的培训需求。例如，如果企业采取低成本领先、抢占市场份额战略时，培训需求主要集中在团队建设、人际关系培训上。如果企业采取开发新产品、新市场的内部成长战略时，其培训需求往往集中于文化培训，以创建鼓励创造性思维的组织文化。

组织所拥有的各种培训资源的存量与变化也会对培训需求产生影响。具体包括：

❶ 组织人力资源的整体素质直接决定培训的需求。

❷ 组织的财务状况为培训活动提供财务支撑。

❸ 组织拥有的时间资源也会对培训需求产生影响。如果企业的员工总是处于繁忙的劳动之中，培训需求也可能会出现，但不具备现实性。

## 二、任务分析

这一层面的分析需要确定培训的内容，即员工达到理想的工作绩效所必须掌握的知识和技能。

### 1. 内容

从每一岗位的工作说明书、工作规范着手，分析从事某一具体工作的内容及从事该工作所需具备的各项知识、技能和能力。

### 2. 步骤

❶ 选择待分析的工作岗位。

❷ 罗列出该工作岗位所需执行的各项任务的基本清单。

❸ 通过访问、问卷调查等方法明确胜任一项具体任务所需要的知识、技术或能力。

### 3. 方法——工作盘点法

工作盘点法是一种比较好的任务分析法，它以表格的形式列出了某一岗位的员工所需要从事的各项具体任务、各项任务的重要性及执行时相对花费的时间。根据上述信息，培训组织者就能够从整体上掌握某一岗位的任职人员的培训内容、侧重点及顺序安排，如表 8.1 所示。

表 8.1  轮胎商店主管的工作盘点表

| 说明：根据每个工作活动，选择代表其重要程度和花费时间的代码。 | 重要程度<br>1—不重要；2—有点重要；3—相当重要；4—很重要；5—极其重要 | 与其他工作比较而言所花费的时间<br>0—从未做过；1—很少；2—少一点；3—差不多；4—多一些；5—多很多 |
|---|---|---|
| （1）为所有新进员工分配工作任务 | 1  2  3  4  5 | 0  1  2  3  4  5 |
| （2）每月盘点仓库的库存 | 1  2  3  4  5 | 0  1  2  3  4  5 |
| （3）指定各个业务员到供货商处进货 | 1  2  3  4  5 | 0  1  2  3  4  5 |
| （4）监督加班费支领情况 | 1  2  3  4  5 | 0  1  2  3  4  5 |

续表

| 说明：根据每个工作活动，选择代表其重要程度和花费时间的代码。 | 重要程度<br>1—不重要；2—有点重要；3—相当重要；4—很重要；5—极其重要 | 与其他工作比较而言所花费的时间<br>0—从未做过；1—很少；2—少一点；3—差不多；4—多一些；5—多很多 |
|---|---|---|
| (5) 在报纸和电台安排广告事宜 | 1 2 3 4 5 | 0 1 2 3 4 5 |
| (6) 维护建筑物内外的整洁 | 1 2 3 4 5 | 0 1 2 3 4 5 |
| (7) 客户上门时做礼节性招待 | 1 2 3 4 5 | 0 1 2 3 4 5 |
| (8) 安排新员工的实习训练并定期考核其业绩 | 1 2 3 4 5 | 0 1 2 3 4 5 |
| (9) 指导会计人员申请赔偿损失 | 1 2 3 4 5 | 0 1 2 3 4 5 |
| (10) 必要时签发支票到客户的银行 | 1 2 3 4 5 | 0 1 2 3 4 5 |
| (11) 安排卡车的最佳运输路线 | 1 2 3 4 5 | 0 1 2 3 4 5 |
| (12) 召开安全会议 | 1 2 3 4 5 | 0 1 2 3 4 5 |
| (13) 打电话给客户招揽生意 | 1 2 3 4 5 | 0 1 2 3 4 5 |
| (14) 确保广告上的产品能够及时供货 | 1 2 3 4 5 | 0 1 2 3 4 5 |
| (15) 与员工讨论前途问题 | 1 2 3 4 5 | 0 1 2 3 4 5 |

## 三、个人分析

个人分析是指将员工目前的实际工作绩效与员工的绩效标准进行比较，或将员工现有的技能水平与预期未来对员工技能的要求进行比照，发现差距，从而确定哪些员工需要培训，哪些不需要培训。

在实际操作过程中，主要从以下两个角度进行分析。

### 1. 绩效分析

通过绩效评估，以检查员工当前的实际绩效与理想的目标绩效之间是否存在偏差，进而决定是否需要通过培训来矫正偏差。如果通过绩效评估，发现员工目前实际绩效是令人满意的，就转入前瞻性培训需求分析；如果员工当前绩效与绩效标准存在差距，那么首先要进行成本收益分析，以判断此种偏差是否值得组织投入一定资源进行纠正；如果答案为是，则要具体问题具体分析，以明确此偏差是否可用培训来进行矫正。如果偏差的出现，确实是由于员工缺乏完成工作所需的知识、技能或态度的原因，就应该安排相应培训。但要注意：不能片面地将培训当成解决员工绩效问题的唯一手段。从◆图 8.3＞中我们可知，员工绩效出现问题可能的原因是多方面的，在寻找原因时，一定要把培训与组织的评价、报酬、惩罚系统结合起来进行分析。

### 2. 前瞻性培训需求分析

随着技术进步及员工个人成长，即使员工目前的工作绩效是极佳的，也可能会由于以下原因而产生培训的需求。由于这种培训需要具有明显的超前性，因此，我们称其为前瞻性培训需求分析。这些原因主要有工作岗位调动、组织内部晋升及环境变化导致的工作要求发生变化等，由于上述原因，对于原岗位的员工在工作知识、技能等方面提出了新的要求，培训需求也自然就产生了。

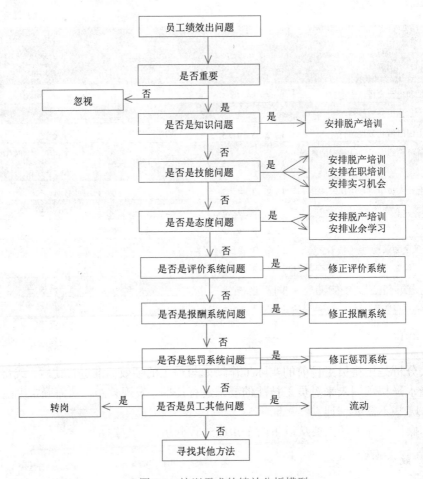

◆图 8.3　培训需求的绩效分析模型

## 四、培训需求分析的方法

培训需求分析是一项较为复杂、技术性高的工作。要想进行准确的需求分析，必须拥有充分的资料，因此，掌握有效收集资料的方法是非常重要的。具体方法如下。

### 1. 观察法

观察法，即分析人员到工作现场直接观察工作人员的实际工作行为进而做出培训需求评估。该方法对分析人员的要求比较高，观察者要具备一定的观察问题、发现问题的能力，同时掌握一定的技巧；而且应该熟悉职位工作情况，可以是该工作主管人员，或是有关方面的专家。观察的时间长短依据工作特点而定，通常观察一个工作周期，以便完整地了解任职者的工作行为。观察一般是在非正式的情况下进行的，观察者与员工一起工作，否则会造成被观察者的紧张和不适应。观察者在现场观察时，要做出详细的书面记录，为以后的需求分析提供翔实的资料。观察记录表的样式如◆图 8.4＞所示。

| 观察职位： | 员工姓名： | 所在部门： |
|---|---|---|
| 编号： | 日期： | 类别： |
| 1. 时间安排 | | |
| 2. 工作完成情况 | | |
| 3. 存在的不足 | | |
| 4. 拟改善的内容 | | |
| 观察人： | | |

◆图 8.4　观察记录表

观察法也存在着一些缺点，如观察过程中容易受观察者自我成见的主观影响而有损观察的客观公正性；由于自己成为观察对象，被观察者可能会产生不同寻常的行为，或者因为过于紧张而绩效不如寻常，或者因为对工作更谨慎而绩效好于平常。这些偏离常规的行为使观察者难以获得真实的信息。有一些岗位工作周期较长，观察者难以作全盘观察。为了避免上述缺点，在实践中一般是辅之以其他方法，结合使用。

2. 问卷法

用设计好的问卷向任职者本人或有关人员调查培训需求。这种方法在实践过程中使用广泛，采集信息的效果也较好。其难点在于要根据所要调查的工作及人员具体情况事先设计好问卷。具体操作过程如下：首先由分析人员根据组织相关文件如工作说明书，列出调查项目，制作成问卷；然后发放给被调查者，由其对问卷进行认真填写；最后回收问卷，由专家进行分析整理，得出培训需求。

该方法的优点是可以同时针对多人实施调查，信息量大，来源广泛；能够节省信息收集的时间；所得资料容易进行分类汇总处理等。

其缺点是问卷设计需求花费大量的时间和资金成本；有时问卷回收率太低，问卷回答存在夸大或缩小的问题，真实性有所欠缺等。

3. 面谈法（访问法）

该方法是指通过与有关人员面对面地交谈来了解其培训需求。分析人员可以通过与工作人员本人或其相关人员进行访谈，通过谈话的方式收集相关信息，以确定培训需求。面谈法可以采取个别面谈或集体面谈两种形式。

该方法为访谈对象提供了阐述其真实想法的机会，能够了解到工作人员最新的问题、产生原因及解决建议，是一种常用的方法。这种方法的不足之处在于花费时间成本较多；面谈结果的书面处理工作量较大；对面谈者自身要求较高，如要求较强的语言表达、人际沟通能力等，有时需要聘请外部专家来实施访谈。

4. 文件资料法

文件资料法即通过对组织内外的相关资料进行分析、研究，获取培训需求的有关信息。工作人员可以运用一定技术方法，有目的地对组织内外的资料如专业期刊、某些消息、报纸、贸易杂志、政府机构出版物及人力资源规划文件、工作说明书、会计记录等进行分析、研究，由此确定现职者的培训需求。

该方法的主要优点是耗时少，成本低廉；缺点是资料可能存在过时的风险；同时要从繁杂的技术性强的原始资料中整理出清晰的合乎需要的信息，对分析人员的要求较高，一般需要聘请技术专家。

培训需求评估技术的优缺点如表 8.2 所示。

表 8.2　培训需求评估技术的优缺点

| 技术 | 优点 | 缺点 |
|---|---|---|
| 观察法 | （1）得到有关工作环境的数据 | （1）需要水平高的观察者 |
| | （2）将评估活动对工作的干扰降至最低 | （2）雇员的行为方式有可能因为被观察而受影响 |
| 问卷法 | （1）费用低廉 | （1）时间长 |
| | （2）可从大量人员那里收集到数据 | （2）回收率可能会很低，有些答案不符合要求 |
| 文件资料法 | （1）有关工作程序的理想信息来源 | （1）可能不了解技术术语 |
| | （2）目的性强 | （2）材料可能已过时 |
| | （3）有关新的工作的理想信息来源 | （3）不够具体 |
| 面谈法 | 有利于发现培训需求的具体问题及问题的原因和解决办法 | （1）费时 |
| | | （2）分析难度大 |
| | | （3）需要水平高的访问者 |

（资料来源：Based on S.V.Steadham,"Learning to Select a Needs Assessment Strategy," Training and Development.）

# 第三节　培训方案设计与实施

在培训需求分析的基础上，以学习理论及成人学习规律为指导，拟订培训方案（制定培训计划）并组织实施。该阶段是整个培训活动的核心环节，其完成的质量如何影响到整个培训过程的效果。培训方案的设计具体包括设计培训课程、选择培训方式及准备培训条件（人员、资金、设备及场地等资源）等。它是培训活动据以进行的、用以指导和规范具体培训活动的行动指南。在整个培训方案中，培训方式的选择具有非常重要的地位。本部分对各种培训方式进行详细阐述。

## 一、学习规律以及员工学习的特殊性

此处所谓的学习，指的是由经验引起的在知识、技能、理念、态度或行为方面发生的相对持久的变化，而不仅仅是指能够陈述事实或知识。而且员工的培训更主要是一种成人的学习。成人的学习有其自身的特点及规律性，如成人需要知道他们为什么要学习；成人要进行自我指导；成人通常是带着一定的问题去学习等。在培训计划的制定及组织实施过程中，必须要自觉遵守并严格按照成人学习规律执行，以取得良好的培训效果。

现代培训需要注意以下几个方面：❶设定学习目标、明确学习意义及要点；❷尽可能提供有意义的学习材料，如来源于实践的实例；❸多安排行为示范，通过正确行为的模仿和错误行为的纠正使员工明确如何去行动；❹积极提供机会让员工参与实践；❺通过积极的反馈与检查来激发员工的学习动力；❻通过及时的鼓励使员工产生成就感以强化学习成果。

## 二、制定培训计划

培训计划一般应包括以下几个方面的内容。

### 1. 确立培训目标

根据培训需求分析结果，指明员工接受培训后组织期望达到的效果。具体来说，培训目标要明确说明预期课程结束后，学员可以拥有哪些知识、信息及能力。培训目标为培训计划提供明确的方向，为确定培训对象、内容、时间、教师、方法等具体内容提供依据，同时它又可作为培训结束后效果评估的依据。

### 2. 安排课程计划

根据培训对象及培训目标要求，确定培训项目的形式、学制及课程设置，拟定培训大纲及具体内容，选择教科书与参考教材、任课教师、培训器材与设施，为学员提供具体的日程安排和详细的时间安排，主要包括安排课程、选择教师及教材、准备培训设备等三方面。

（1）课程时间安排

以书面形式详细描述培训课程的主要内容及时间使用的计划，如表8.3所示。

表8.3 课程计划举例

| 项目 | 内容 | | |
|---|---|---|---|
| 项目名称 | ISO9000 中统计技术的应用 | | |
| 课程名称 | 控制图 | | |
| 学习目的 | （1）了解控制图的原理和方法<br>（2）准确应用控制图解决质量问题 | | |
| 目标学员 | 质量管理人员 | | |
| 先决条件 | 具有基本的数理统计知识，了解正态分布的特性 | | |
| 培训教师 | 熟悉统计技术原理及在工厂质量管理中的运用 | | |
| 所需资料和设备 | 幻灯片、投影仪、铅笔 | | |
| 备注 | 在培训前三周发详细资料 | | |
| 课程活动内容 | 培训教师活动 | 学员角色 | 时间安排 |
| （1）课程介绍 | 主讲 | 倾听 | 8:00～8:50am |
| （2）介绍各种控制图的原理和方法及其在生产、质量管理中的应用 | 主讲 | 倾听 | 9:00～9:50am<br>10:00～10:50am<br>11:00～11:50am |
| （3）到生产第一线去亲身学习和体验 | 辅助 | 参与 | 2:00～2:50pm<br>3:00～3:50pm |
| （4）结束 | 回答提问 | 参与 | 19:00～19:50pm |

（2）选择培训讲师

在员工培训中，培训讲师的优劣在某种程度上决定了培训的质量，因此，要进行成功的培训必须选择一位高素质的培训讲师。一位优秀的培训讲师既要有渊博的理论知识，又要有丰富的实践经验，同时要具备良好的人际沟通协调能力。在实践中，大部分培训完全可以由组织自身人员来承担；而有些内容如领导技能、压力管理、团队建设等通用知识则需要聘用外部的培训讲师。寻找优秀的培训讲师可以通过多种途径如熟人介绍、专业协会介绍、参加培训班、联系专业培训公司等。

（3）挑选培训教材

教材可分为书面形式及影像形式。书面教材来源于公开出售的教材、本组织内部的书面材料、培训公司及培训讲师编写的教材。影像资料主要来源于外部，成本较高，针对性有所欠缺。

（4）准备培训设备

根据培训的内容及活动安排，事先由专人负责准备好培训所需的设备器材，如电视机、投影仪、屏幕、黑板、纸、笔等。培训设备的配备一般说来是与培训场匹配的，因此，多数情况下在选择培训场地时应同时考虑设备器材。除非是特殊的培训，需要一些特殊的设备，才由培训组织自己设法配备。

### 3. 设计培训方法

根据学员的特点（知识层次、岗位类型等）、培训内容及条件许可，选择若干方法组合使用，以取得良好的培训效果。在培训实践中，有多种方法可供选择，如讲授法、案例法、视听技术法、角色扮演法、网络培训法等。这些方法各有优缺点，各有适用的条件，因此，在使用时应采取以一两种方法为重点，多种方法组合运用的方式。实践证明，这种方式的效果是非常明显的。

### 4. 培训经费预算

组织培训员工的形式主要有：❶派员工参加外部培训；❷组织内部培训。员工培训的组织形式不同，其经费预算也不同。具体来说，派员工参加外部机构组织的培训，其费用的支出一般按组织机构的收费标准来计算。本组织内部培训的经费预算需要根据具体项目的实施情况来制定，主要包括培训讲师及受训员工的工资、场地费、设备材料的损耗费、教材及资料费用等。

### 5. 确定培训地点

培训场地应当是舒适、安静、交通便利的，并且配有教学的一般工具。在选择培训场地时需要综合考虑如下因素：视觉效果、听觉效果、温度控制、教室大小及形状、座位安排、生活条件等，如◆图8.5＞所示。

### 6. 选择培训时间

依据培训内容的难易程度和培训所需总时间合理确定时间。一般而言，内容相对简单的短期培训可以集中学习；内容复杂较难的时间较长的学习，则宜采用分散学习的形式。

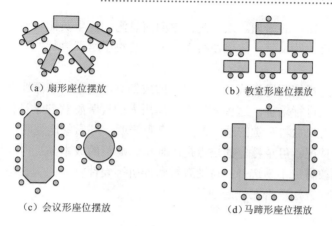

（a）扇形座位摆放　　　　（b）教室形座位摆放

（c）会议形座位摆放　　　　（d）马蹄形座位摆放

◆图 8.5　四种座位摆放方式

## 三、实施培训

在制定培训计划并经领导批准后，培训计划负责人就要严格按照计划组织实施，对培训活动进行动态管理。实施阶段需要完成的任务如下：❶课前准备工作。包括将培训的时间、地点及注意事项通知受训者（学员）；保持与培训讲师的联系；准备并印制课程所需的材料；检查培训设施等。❷课程进行中。学员的登记注册；保持与培训讲师、学员的积极联系，进行动态管理；提供全部后勤支持。❸课程结束后。分发评估资料（调查问卷、效果反馈表等），收集有关信息；学员培训信息的入档等。

## 四、培训方式

### 1. 在职培训与脱产培训

（1）在职培训

在职培训是通过聘请有经验的工人、管理人员或专职教师指导员工边学习边工作的培训方式。在职培训是一种普遍采用的比较经济的培训方式。主要包括职前教育、教练法、助理制、工作轮调等。在职培训的优点是：❶节约训练成本；❷学员能迅速得到工作绩效的反馈，实践性显著。其缺点是，虽然在职培训不发生直接成本，但可能存在一些潜在风险，如可能会损坏机器设备、生产出不合格产品、浪费原材料等。

（2）脱产培训

脱产培训是有选择地让部分员工在一段时间内离开原工作岗位，进行专门的业务学习与提高的培训方式。其形式有选送员工到正规院校或国外进修、派员工参加专业机构组织的短期培训、开办业余学校等。这种方式的培训花费较高，但收益也是非常明显的。

### 2. 传统与现代培训方法

（1）讲授法

讲授法有时也称课堂教学法，是由培训讲师借助一定形式（以语言为主）向学员传授课程内容的传统培训方法。该方法的优点是：在时间、资金、人力上都很经济，成本较低；适于理念性知识的培训。缺点是：单向信息沟通，学员比较被动，参与程度低；缺少实践机会，反馈效果差；效果在很大程度上取决于培训讲师的演讲水平。

（2）视听教学法

视听教学法是指把要讲授或示范的内容做成幻灯、电影、录像等声像资料，通过现代视听技术对学员进行培训。这种方法主要运用人的视听感官向学员传授知识或技能。其优点如下：运用视觉与听觉的感知方式，直观鲜明；可形象地说明一些难以用语言或文字描述的特殊情况；可重播。其缺点是：制作和购买的成本高；内容易过时；适合本组织员工特点的教材也不易选择；易受教材和场所等硬件资源的制约等。该法很少单独使用，往往与其他方法结合在一起使用。

（3）讨论法

讨论法是通过学员之间的讨论来解决疑难问题。一般而言，先由讲师介绍一些基本概念与原理，然后由学员根据教师提供的有关材料讨论并回答问题。该法并不注重知识的传播，其重点在于意识的培养和灵感的激发。这种方法的优点是：学员参与程度高，学习兴趣浓厚；鼓励学员积极思考，促进能力开发；能提高学员口头表达能力和与他人交流的能力。其缺点是：不利于学员系统地掌握知识和技能。

（4）案例法

案例法是通过向培训对象提供相关的背景资料，让其进行分析并提出合适的解决方法。在对特定案例的分析、辩论中，提高学员发现问题、分析问题并解决问题的能力。该方法费用低，反馈效果好；但该法需要较多的时间，对培训讲师及学员双方的要求比较高；好的案例很难编写。

（5）角色扮演法

角色扮演法就是给学员创设一个接近真实情况的培训情境，由学员扮演其中的一定角色，以角色的身份去处理各种问题和矛盾，由此增强其对所扮演角色的感受，并培养和训练其解决问题的能力。该方法提供机会让学员实践其所学，并通过亲自实际操作加深对技能的理解和掌握，实践性非常突出，效果明显；费用相对较低，多用于人际关系能力的培训。其缺点是：更强调个体，不重视集体，不利于学员团队精神、集体意识的培养；实施操作复杂。

（6）观摩范例法

该方法是指由培训讲师进行现场演示，学员观察并模仿的一种方法。它结合成人学习的特点，经济实用，适用于操作性知识的学习。此法存在监督性差的缺陷。

（7）网络培训法

网络培训法即以多媒体和互联网技术为媒介，依靠单机、局域网或互联网提供的交互式环境进行员工培训。这种方法使用灵活，符合分散式学习的新趋势，节省学员集中培训的时间与费用；信息量大，尤其适用新知识、新理念的传递。其最大缺点是需要投入大量成本进行建设，中小企业难以承担；需技术支撑。

（8）虚拟现实

虚拟现实指通过使用专业设备和观看计算机屏幕上的虚拟模型，向受训者提供三维学习方式，受训者可以感受模拟的环境并同各种虚拟的要素进行沟通。同时，还可利用技术来刺激受训者的多重知觉。例如，可以通过可视界面、可真实传递触觉的手套、踏轮或运动平台来创造一个虚拟环境。利用各种装置，将受训者的运动指令输入电脑。这些装置可以让受训者产生身临其境的感觉（即到达某种特定的环境）。受训者获得的知觉信息的数量、对环境传感器的控制力以及受训者对环境的调适能力都会影响到这种身临其境的感觉。

该方法的优点在于它可使雇员在安全的环境情况下进行危险性操作。研究表明，当工作任务较为复杂或需要广泛运用视觉提示时，虚拟现实培训最有成效。虚拟现实的另一优点是可以让受训者进行连续性学习。

发展虚拟现实培训的障碍在于劣质的设备会影响人们身临其境的真实感（例如，触觉反馈不佳，感觉和行动反应的时间间隔不合理）。由于受训者的感觉被歪曲，因此，有时他们可能会产生模拟病（如恶心、头痛等）。

➡ **拓 展 阅 读**

### 拓 展 训 练

拓展训练是近年来兴起的一种非常有趣的户外体验式模拟训练方式。

拓展训练，又称外展训练（outward bound），原意为一艘小船驶离平静的港湾，义无反顾地投向未知的旅程，去迎接一次次挑战。这种训练起源于"二战"期间的英国。当时大西洋商务船队屡遭德国人袭击，许多缺乏经验的年轻海员葬身海底，针对这种情况，汉思等人创办了"阿伯德威海上学校"，训练年轻海员在海上的生存能力和船触礁后的生存技巧，使他们的身体和意志都得到锻炼。战争结束后，许多人认为这种训练仍然可以保留。于是拓展训练的独特创意和训练方式逐渐被推广开来，训练对象由最初的海员扩大到军人、学生、工商业人员等各类群体，训练目标也由单纯的体能、生存训练扩展到心理训练、人格训练、管理训练等。

拓展训练通常利用崇山峻岭、瀚海大川等自然环境，通过精心设计的活动达到"磨练意志、陶冶情操、完善人格、熔炼团队"的培训目的。

拓展训练的课程主要由水上、野外和场地三类课程组成。水上课程包括：游泳、跳水、扎筏、划艇；野外课程包括：远足露营、登山攀岩、野外定向、伞翼滑翔、户外生存技能等；拓展场地课程是在专门的训练场地上，利用各种训练设施，如高架绳网等，开展各种团队组合课程及攀岩、跳越等心理训练活动。

拓展训练有非常重要的现实意义。

❶ 强化个人心理素质。拓展训练是一项旨在协助企业提升员工核心价值的训练过程，通过训练课程能够有效地拓展企业人员的潜能，提升和强化个人心理素质，帮助员工建立高尚而有尊严的人格；同时让团队成员能更深刻地体验个人与企业之间，下级与上级之间，员工与员工之间唇齿相依的关系，从而激发出团队更高昂的工作热诚和拼搏创新的动力，使团队更富凝聚力。

❷ 进行团队合作训练。拓展训练是一套塑造团队活力、推动组织成长的不断增值的训练课程，是专门配合现代企业进行团队建设需要而设计的一套户外体验式模拟训练，也是当今欧洲、美洲及亚洲大型商业机构所采纳的一种有效的训练模式；训练内容丰富生动，寓意深刻，以体验启发作为教育手段。通过拓展训练，员工在以下方面将有显著的提高：认识自身潜能，增强自信心，改善自身形象；克服心理惰性，磨练战胜困难的毅力；启发想象力与创造力，提高解决问题的能力；认识群体的作用，增进对集体的参与意识与责任心；改善人际关系，更为融洽地与群体合作；学习欣赏、关注和爱护自然。

❸ 现实的社会意义。现代社会是一个高度人际互动的社会，是一个团队英雄主义的时代。

如何实现团队的整体优势和优势互补？在这个生活节奏越来越快、工作分工越来越细、工作压力越来越大、人与人的情感交流越来越困难的竞争环境中，企业、组织和个人更需要团队。拓展训练糅合了高挑战及低挑战的元素，学员从中在个人和团队的层面，都可通过危机感、领导、沟通、面对逆境和辅导的培训而得到提升。拓展训练强调学员"感受"式学习。研究资料表明，传统课堂式学习的吸收程度大约为 25%，而要求学员参与实际操作的体验式学习吸收程度高达 75%，能更加有效地将资讯传授给学员。

以体验、分享为教学形式的拓展训练的出现，打破了传统的培训模式，它并不灌输给你某种知识或训练某种技巧，而是设定一个特殊的环境，让你直接参与整个教学过程。它吸收了国外先进的经验，在参与、训练中通过设计富有挑战性与思想性的户外活动，培养人们积极的生活态度与团队合作精神。教官充分调动学员的积极性，投入到每个项目中，让学员体验、面对各种不同的环境及挑战，学习如何去解决问题。通过看、听、行动、体验、分享交流与总结相结合的"立体式"培训，以小组讨论、角色的模仿、团体互动、脑力激荡等方式让学员切身地感受、体会和领悟。

通过拓展训练、整合团队，发掘每个人的最大潜力，这就是拓展训练的真正意义。

## 五、培训与开发的风险防范

### 1. 培训与开发风险的类别

组织的员工培训工作也是有其自身风险的。如何对员工培训的风险有一个正确的认识，并且怎样将风险发生的可能性降至最低，是培训工作组织者需要认真考虑的问题。一般来说，员工培训的风险主要有以下几方面。

（1）培训导向风险

培训工作的导向是培训活动的整体指导方针。如果培训工作的指导思想和具体目标定位发生偏差，就会导致培训工作走上歧途：所培训的内容并不是员工所需要的，或者培训方式是不能够为员工所接受的。这样的培训，虽然花费了大量的人力物力，却达不到预期的目的，更为严重的是会让员工对企业的培训工作产生怀疑而萌发抵触情绪，给以后的培训工作带来极大的阻力。

（2）培训时滞风险

培训效益的体现具有一定的时滞性。组织如果过于急功近利，由于短时期看不到培训所产生的直接效益，就对培训产生怀疑，进行经营战略或者经营范围调整，如大规模产品转产、各个职能部门的大调整或重要人事变动等就会使培训完全没有回报。

（3）学员选拔风险

受训人员的选择是整个培训工作中非常重要的一个环节。培训人员的素质高低直接决定了培训工作所能取得的成效的大小。如果学员的素质很低，很可能导致其对培训工作产生怀疑，从而失去积极性。这会使组织花费培训费用而收不到预期的效益。

（4）学员流失风险

现代社会，人才的流动性越来越强。培训后的人才流失，由于对本企业的经营和运作情况非常了解，如果其为竞争对手所用就会对本组织产生极大的威胁。而且员工经过培训后自身的素质必然会相应提高，具有更强的适应能力，一旦个人要求得不到完全满足，就会出现员工流失情况。结果，不仅投入的培训经费和时间没有回报，还会危及本组织的人才稳定。

2. 风险防范措施

培训风险的防范可以从以下几个方面入手。

（1）依法建立劳动、培训关系

根据《劳动法》及有关法规，与员工建立相对稳定的劳动关系，明确企业与员工的权利、义务及违约责任。在此基础上，根据《职业教育法》和员工劳动合同时间长短以及所在工种、岗位的实际情况，制定相应的培训计划，签订相应的劳动合同，明确服务期限以及与违约赔偿有关的条约。通过法律来规范与员工关系，防范人员流失风险。

（2）加强企业文化教育，增强组织凝聚力

加强企业文化教育，采取多种途径培养集体精神、团队意识；尊重知识、尊重人才，以事业吸引人、留住人，增强组织凝聚力。

（3）建立有效的激励机制

人具有很大的复杂性与不确定性，要想充分发挥其能量，组织必须较好地运用激励手段。组织应该根据自身的实际情况，建立一套切实可行的激励机制，对真正的人才和学有所长的专门人员实施有效的激励。只要激励有效，必能留住人才，同时也能激励其他人员不断学习，努力提高。

（4）加大考核力度，提高整体素质

员工整体素质的提高，对稳定员工队伍和优秀人才脱颖而出具有非常重要的作用。而加大考试考核力度是促进组织员工整体素质提高的非常有效的途径。这要求必须建立一套完善的考试考核标准和制度，做到既切合企业的实际，又客观、公正。

（5）完善培训制度，提高培训质量

为保证学员的质量，组织必须建立一套完善的人员选拔制度和长远的规划。培训哪类人，送哪些人去培训，人力、培训部门应做到心中有数、有针对性、有的放矢。同时对培训后人员应有一套考核、评价办法，以保证培训质量，提高培训回报率。

# 第四节　培训效果评估

培训效果评估是整个培训系统工程的最后一个环节。所谓培训效果，是指通过培训活动学员所获得的知识技能状况、态度改变程度、工作绩效提高程度及组织受益程度。培训效果评估就是通过一定技术方法（定性及定量）对学员在培训过程中所获得的知识、技能及应用于工作中的程度进行客观评价。

通过评估培训效果，了解培训活动是否达到预定的培训目标，并总结经验与教训，以改进培训，提高培训实效。

## 一、柯氏模型

关于培训效果评估，最常用的评估模式是由美国威斯康辛大学的柯克帕特里克教授（D.L.Kirkpatrick）提出来的四层次分析模式，被称为"柯氏模型"。培训效果的评估可分为四个层面：

❶ 反应层，评估学员对培训的反应。通过该层面的评估，了解学员对培训项目（培训方式、课程、讲师等）是否满意（基本态度）。这一层面的分析是培训效果测定的最低层次，通过问卷或面谈的方式来获取学员的反馈意见。如学员是否喜欢这次培训？是否认为培训讲师很出色？课程有用吗？有哪些改进建议？

❷ 学习层，评估学员所学的知识技能，即学习效果。该层次的评估可通过考试、绩效测试或实地操作等方式来进行，主要测定学员受训前后相比，是否掌握了更多的知识，是否学到了更多的技能，是否改善了工作态度。

❸ 行为层，评估学员工作行为在培训后是否发生变化。该层面主要测定受训者在受训前后行为是否有改善，是否把学到的知识、技能运用到实际工作中，是否改善了工作态度。行为变化的测定可以通过上级、同事、下级、客户等相关人员对学员的绩效评估来进行。

❹ 结果层，评估培训效果，即组织的生产经营是否因培训而得到改善。这是培训效果测定的最高层次。一般通过事故率、产品合格率、离职率、产量、销售量、成本、利润等指标进行测定，主要测定员工受训后是否促进了组织绩效的改善。

上述评估模式总的规则是：一级评估主要是观察学员的反应；二级评估则侧重于检查学员的学习结果；三级评估衡量学员培训前后的工作表现；四级评估衡量培训是否有助于组织业绩的提高。其中，对反应和学习效果的评价主要是主观感受，所以有时也称为内部标准；对行为和培训后果的衡量则主要是客观结果，因此，被称为外部标准。一般而言，要使培训工作取得实效，必须要对部分培训课程进行三级、四级深层次的评估。深层评价不仅能够发现培训活动对组织有多大贡献，而且可显示出培训内容在工作中难以运用的障碍。

> **小资料**
>
> 英特尔公司通过对英特尔大学的全部商务课程进行三级或四级评估，发现了许多问题。结果是，5%的课程被取消，20%的课程进行了大幅度的改进[①]。

## 二、培训与开发的投入产出分析

投入产出分析是一种培训效果的量化评价方法。作为一项重要的人力资源管理活动，培训必然要发生相应的费用支出，同时取得一定的收益。因此，该方法就是从定量的角度，通过考察培训的成本与收益是否平衡以进行培训效果的评估。在市场经济条件下，一个组织尤其是企业，要想生存、发展，就必须对自身的每一项活动进行成本收益衡量，以最小的成本支出取得最大的收益为原则开展活动，培训开发也不例外。因此，对组织的员工培训活动必须进行投入产出分析。

---

① 赵曼. 2002. 人力资源开发与管理. 北京：中国劳动社会保障出版社.

### 1. 培训开发成本

员工培训开发的成本包括直接成本和间接成本。

#### （1）直接成本

直接成本是由于培训活动的开展组织所需要负担的全部实际发生的费用。它直接反映在财务账户上，是一种显性的成本。具体包括：受训者的工资；培训讲师的报酬；培训教材、辅导资料的费用及打印、复印、装订费用；培训场地租借费用；培训器材的折旧费、维护与修理费用；因培训而发生的交通费用、食宿及电话费用；其他费用等。

#### （2）间接成本

培训的间接成本是培训活动的机会成本，是指同样的资源和时间用于培训而未用于其他活动给组织带来的无形损失，可用人均利润率来间接计算。这种费用并没有实际发生，在财务账户上也不能显示。

### 2. 培训开发收益

由于培训活动所带来的收益体现在员工个人和组织整体两方面。对员工个人而言，受训后知识、技能得到提高，工作态度得到改善，自身综合素质得到提升，为自我价值的实现创造了条件。员工个人的提高，最终可归结到组织整体。由于员工素质的提高，组织的绩效因此得到明显改善，如提高了劳动生产率、改进了产品质量、扩大了产品销售量、降低了成本、减少了事故、增长了利润、服务质量得到提高等方面。具体来说，培训收益可分为两部分：一部分是可用货币衡量的货币收益；另一部分为不能用货币直接衡量的非货币收益。

### 3. 投资回报率

关于投资回报率的计算，目前在学术界有争议，有许多不同的观点。可以利用下面的公式来进行计算，即

$$总投资回报率＝培训收益÷培训成本$$
$$净投资回报率＝（培训收益－培训成本）÷培训成本$$

通过计算投资回报率对培训活动进行成本收益分析，为组织培训工作的开展提供实证数据材料。根据这些资料，可以采取有效措施以控制培训成本，提高培训收益。

## 三、培训效果评估的其他方法

### 1. 测试比较评价法

培训开始和结束时分别用难度相同的试卷或实际操作对受训者进行测试，然后将两次测试成绩进行比较。如果受训者在培训后的测试成绩较培训之前高很多，表明培训是非常有效的。

### 2. 工作绩效评估法

比较员工培训前后的工作绩效情况，以了解受训者在工作数量和质量方面的改进情况。如果通过培训，其工作数量明显增加，工作质量显著改进，则说明培训效果较好。

### 3. 工作态度考察评价法

运用一定形式如调查表等对受训者参加培训前后工作态度的变化情况进行调查研究。如果经过培训后，员工的责任心、对组织的忠诚度、遵守工作纪律和规章制度等情况明显改善，则说明培训对于员工态度转变的效果是良好的；反之，则表明培训效果不佳。

### 4. 工作标准对照评估法

通过了解受训者在工作数量、质量、工作态度等方面能否达到组织规定的工作标准来判定培训的成效。如果受训者在培训后，与既定的绩效标准的差距显著缩小或已经基本达到组织的要求，则说明培训的效果较好。

## 第五节　案例分析：海尔集团：激励与考核并重的员工培训体系

青岛海尔集团从 1988 年兼并青岛电镀厂开始，1991 年相继兼并青岛空调厂、青岛冷柜厂，1992 年兼并冷凝器厂，1995 年 7 月兼并青岛红星电器集团，1995 年 12 月兼并武汉蓝波希岛公司，到 1997 年 7 月兼并莱阳电熨斗厂止，共兼并企业 14 家，投入资金 7000 万元，扭亏 5.5 亿元，盘活资产 14 亿元，1996 年年底净利润达 8000 多万元，集团资产已从 10 年前的几千万元扩张到 39 亿元，成为中国第一家家电特大型企业。海尔集团的成功与海尔重视人力资源开发紧密相关。海尔集团从始至终贯彻"以人为本"、提高人员素质的培训思路，建立了一个能够充分激发员工活力的人才培训机制，最大限度地激发每个人的活力，充分开发利用人力资源，从而使企业保持了高速稳定发展。

### 一、海尔的价值观念培训

海尔培训工作的原则是"干什么学什么，缺什么补什么，急用先学，立竿见影"。在此前提下首先是价值观的培训，"什么是对的，什么是错的，什么该干，什么不该干，"这是每个员工在工作中必须首先明确的内容，这就是企业文化的内容。对于企业文化的培训，除了通过海尔的新闻机构《海尔人》进行大力宣传以及通过上下灌输、上级的表率作用之外，重要的是通过员工互动培训实现。目前，海尔在员工文化培训方面进行了丰富多彩的、形式多样的培训及文化氛围建设，如通过员工的"画与话"、灯谜、文艺表演、找案例等方式，用员工自己的画、话、人物、案例来诠释海尔理念，从而达成理念上的共识。

"下级素质低不是你的责任，但不能提高下级的素质就是你的责任！"对于集团内各级管理人员，培训下级是其职责范围内必需的项目，这就要求每位领导亦即上到集团总裁、下到班组长都必须为提高部下素质而搭建培训平台、提供培训资源，并按期对部下进行培训。特别是集团中高层人员，必须定期到海尔大学授课或接受海尔大学培训部的安排，不授课则要被索赔，同样也不能参与职务升迁。每月进行的各级人员的动态考核、升迁轮岗，就是很好的体现；部下的升迁，反映了部门经理的工作效果，部门经理也可据此续任或升迁、轮岗；反之，部门经理就不称职。

为调动各级人员参与培训的积极性，海尔集团将培训工作与激励紧密结合。海尔大学每月对各单位培训效果进行动态考核，划分等级，等级升迁与单位负责人的个人月考核结合在一起，促使单位负责人关心培训，重视培训。

## 二、海尔的实战技能培训

技能培训是海尔培训工作的重点。海尔在进行技能培训时重点是通过案例法、到现场进行"即时培训"的模式来进行。具体来说，是抓住实际工作中随时出现的案例（最优事迹或最劣事迹），当日利用下班后的时间立即（不再是原来的停下来集中式的培训）在现场进行案例剖析，针对案例中反映出的问题或模式，来统一人员的动作、观念、技能，然后利用现场看板的形式在区域内进行培训学习，并通过提炼在集团内部的报纸《海尔人》上进行公开发表、讨论，形成共识。员工能从案例中学到分析问题、解决问题的思路及观念，提高员工的技能，这种培训方式已在集团内全面实施。对于管理人员则以日常工作中发生的鲜活案例进行剖析培训，且将培训的管理考核单变为培训单，利用每月8日的例会、每日的日清会、专业例会等各种形式进行培训。

## 三、海尔的岗位轮换制度

通过岗位的轮换，人员的流动，使干部与员工保持工作的创造性与敏感性，防止疲钝倾向的产生，这是海尔永葆企业活力的重要措施。海尔认为，如果工作内容空洞、乏味，工作者的才能就要退化。长期在一个无聊岗位上工作，人的本事就会越来越小，道理就在于用进废退。岗位轮换制度就是使员工不断接受挑战，培养其职业生涯发展的本领，累积晋升的本钱，同时也使工作更加丰富化、多彩化；对于管理人员来说，要求他们有对企业工作的全面了解和对全局性问题的分析判断能力，而这种能力显然只在狭小部门内做自下而上的纵向晋升是远远不够的。因此，必须让管理人员在不同部门横向移动，开阔眼界，扩大知识面，并且与企业内不同部门的同事有更广泛的交往接触。

海尔集团在岗位轮换制度中规定了有些岗位的工作年限，到了时间就需换岗。制度刚开始执行之时，有的干部提出异议，认为专业性强的岗位没法换岗，比如说一个会计还需换什么岗位，干一辈子也凑合。于是海尔上下就会计岗位问题展开了一场大讨论，许多员工纷纷发表了自己的看法："如果一名记账员或出纳员，在一个岗位上长期工作，他或许也会感到乏味、无聊，工作就没有意思了"；"一个大学毕业生一天到晚记账，眼前摆着那么一大堆票据，折、整、订，日复一日，年复一年，三年下去就可能变麻木了"……真理越辩越明，不久反对的声音就消失了。

当集团出台了岗位轮换制度之后，一位进出口的人员很激动地找到人力资源中心的同志谈了他的感想："我在一个岗位一干就是6年，同年同月进厂的大学生，有的轮换了多个岗位且学到了许多知识，升迁到了中层岗位，现在又到省外的一个企业去独当一面地工作，越干劲头越大。可我越干路越窄，越干越没劲，一个岗位干得久了，在业务上又没有新拓展，多次有要离开企业的想法。现在出台了岗位轮换制度，我看到了希望，同时感到更多的机遇与挑战在等待着自己，相信将来一定会有更大的发展。"

## 四、海尔的个人生涯培训

海尔集团自创业以来一直将培训工作放在首位，上自集团高层领导，下至车间一线操作工，集团根据每个人的职业生涯设计为每个人制定了个性化的培训计划，搭建了个性化发展的空间，提供了充分的培训机会，并实行培训与上岗资格相结合。

在海尔集团发展的第一个战略阶段（1984~1992 年），海尔集团只生产冰箱，且只有一到两种型号，产量也控制在一定的范围内，目的就是通过抓质量、抓基础管理、强化人员培训，从而提高了员工素质。

海尔的人力资源开发思路是"人人是人才"、"赛马不相马"。在具体实施上给员工搞了三种职业生涯设计：一种是对着管理人员的，一种是对着专业人员的，一种是对着工人的。每一职业生涯设计都有一个升迁的方向，只要是符合升迁条件的即可升迁入后备人才库，参加下一轮的竞争，跟随而至的就是相应的个性化培训。

❶ "海豚式升迁"，是海尔培训的一大特色。海豚是海洋中最聪明最有智慧的动物，它下潜得越深，则跳得越高。如一个员工进厂以后工作比较好，但他是从班组长到分厂厂长干起来的，主要是生产系统；如果现在让他干一个事业部的部长，那么他对市场系统的经验可能就非常缺乏，就需要到市场上去。到市场去之后他必须到下边从事最基层的工作，然后从这个最基层岗位再一步步干上来。如果能干上来，就上岗，如果干不上来，则就地免职。

❷ "届满要轮流"，是海尔培训技能人才的一大措施。一个人长久地干一样工作，久而久之形成了固化的思维方式及知识结构，这在海尔这样以"创新"为核心的企业来说是难以想象的。目前海尔已确定明确的制度，规定了每个岗位最长的工作年限。

❸ 实战方式也是海尔培训的一大特点。如海尔集团常务副总裁柴永林，是 20 世纪80 年代中期在企业发展急需人才的时候入厂的。一进厂，企业没有给他出校门进厂门的适应机会，因为时间不允许。一上岗，在他稚嫩的肩上就压了重担，从国产化、引进办，后又到进出口公司的一把手，领导们看得出来他很累，甚至压得他喘不过气来，有一阶段工作也上不去了，但领导发现，他的潜力还很大，只是缺少了一些知识，需要补课。为此就安排他去补质量管理和生产管理的课，到一线去锻炼（检验处长、分厂厂长岗位），边干边学，拓宽知识面，积累工作经验。在较短的时间内他成熟了，担起了一个大型企业副总经理的重任。由于业绩突出，1995 年又委以重任，接收了一个被兼并的大企业，这个企业的主要症结是：亏损、困难较大、离市场差距较远。他不畏困难，一年后就使这个企业扭亏为盈，企业两年走过了同行业 20 年的发展路程，成为同行业的领头雁，也因此成为海尔吃"休克鱼"的典型，被《海尔人》誉为"你给他一块沙漠，他还给你一座花园"的好干部。

### 五、海尔的培训环境

海尔为充分实施全员的培训工作，建立了完善的培训软环境（培训网络）。

❶ 在内部，建立了内部培训教师师资网络。首先对所有可以授课的人员进行教师资格认定，持证上岗。同时建立了内部培训管理员网络，以市场链 SST 流程建立起市场链索酬索赔机制及培训工作考核机制，每月对培训工作进行考核，并与部门负责人及培训管理员工资挂钩，通过激励调动培训网络的灵活性和能动性。

❷ 在外部，建立起了可随时调用的师资队伍。目前海尔以中国海洋大学海尔经贸学院的师资队伍为基本依托，同时与瑞士 IMD 国际工商管理学院、上海中欧管理学院、清华大学、北京大学、中国科技大学、法国企顾司管理顾问公司、德国莱茵公司、美国 MTI 管理咨询公司等国内外 20 余家大专院校、咨询机构及国际知名企业近百名专家教授建立起了外部培训网络，利用国际知名企业丰富的案例进行内部员工培训，在引入国内外先进的教学和管理经验同时，又借用此力量，利用这些网络将海尔先进的管理经验编写成案例库，成为 MBA 教学的案例，也成为海尔内部员工培训的案例，达到了资源共享。

海尔集团除重视"即时"培训外，更重视对员工的"脱产"培训。在海尔的每个单位，几乎都有一个小型的培训实践中心，员工可以在此完成诸多的生产线上的动作，从而为合格上岗进行充分的锻炼。

为培养出国际水平的管理人才，海尔还专门筹资建立了用于内部员工培训的基地——海尔大学。海尔大学目前拥有各类教室 12 间，可同时容纳 500 人学习和使用，有多媒体语音室、可供远程培训的计算机室、国际学术交流室等。为进一步加大集团培训的力度，使年轻的管理人员能够及时得到新知识，海尔国际培训中心和一期工程已于 2000 年 12 月 24 日在国家风景旅游度假区崂山仰口投入使用，该中心建成后可同时容纳 600 人的脱产培训，且完全是按照现代化的教学标准来建设，并拟与国际知名的教育管理机构合作，举办系统的综合素质培训及国际学术交流，办成一座名副其实的海尔国际化人才培训基地，同时向社会开放，为提高整个民族工业的素质做出海尔应有的贡献。

## 练 习 题

### 一、单项选择题

1.（　　）是培训系统工程的基础环节。
　　A. 制定培训规划　　　　　B. 培训规划实施
　　C. 培训效果评估　　　　　D. 培训需求分析
2.（　　）的需求分析反映的是企业的员工在整体上是否需要进行培训。
　　A. 组织分析　　　　　　　B. 任务分析
　　C. 人员分析　　　　　　　D. 战略分析

3. 通过（　　）可以检查员工当前实际绩效与理想的目标绩效之间是否存在偏差，进而决定是否通过培训进行矫正。

    A. 组织分析　　　B. 任务分析　　　C. 人员分析　　　D. 绩效分析

4.（　　）是通过向培训对象提供背景资料，让其进行分析并提出合适的解决方法。

    A. 讲授法　　　　　　　　　B. 讨论法

    C. 案例分析法　　　　　　　D. 虚拟现实

5. 讲授法的缺点是（　　）。

    A. 单向信息沟通　　　　　　B. 缺少实践机会

    C. 学员学习被动　　　　　　D. 风险大

6. 培训需求分析所用问卷法的缺点是（　　）。

    A. 时间长　　　　　　　　　B. 回收率低

    C. 目的性强　　　　　　　　D. 信息量少

7. 柯氏模型中的（　　）是评估学员工作行为在培训后是否发生变化。

    A. 学习层面　　　　　　　　B. 反应层面

    C. 行为层面　　　　　　　　D. 结果层面

## 二、多项选择题

1. 培训工作是为提高劳动者的（　　）所开展的一项经常性工作。

    A. 思想政治素质　　　　　　B. 业务技术素质

    C. 工作相关知识　　　　　　D. 工作态度

2. 培训需求分析包括（　　）方面的内容。

    A. 组织分析　　　　　　　　B. 人员分析

    C. 任务分析　　　　　　　　D. 动机分析

3. 培训需求分析的常用方法包括（　　）。

    A. 观察法　　　　　　　　　B. 文件资料法

    C. 面谈法　　　　　　　　　D. 问卷法

4. 培训计划的实施包括（　　）。

    A. 课前准备　　　　　　　　B. 课程进行中动态管理

    C. 课程评估　　　　　　　　D. 培训信息归档

    E. 后勤支持

5. 培训的方法主要有（　　）。

    A. 视听教学法　　　　　　　B. 讲授法

    C. 案例研究法　　　　　　　D. 角色扮演

    E. 讨论法

6. 员工培训的主要风险包括（　　）。

    A. 培训时滞风险　　　　　　B. 培训导向风险

    C. 学员流失风险　　　　　　D. 学员选拔风险

7. 培训效果评估评估的主要内容包括（　　　）。

    A. 受训者的行为变化　　　　　　B. 受训者的考试

    C. 受训者的意见反馈　　　　　　D. 投入产出分析

    E. 效用的控制

8. 培训的直接成本包括（　　　）。

    A. 培训讲师的报酬　　　　　　　B. 场地租借费用

    C. 受训人员的工资　　　　　　　D. 培训教材费用

9. 培训收益包括（　　　）等常见方面。

    A. 减少了事故　　　　　　　　　B. 非货币收益

    C. 服务质量的提高　　　　　　　D. 利润的增加

    E. 产品合格率的上升

10. 培训效果评估的方法主要有（　　　）等。

    A. 柯氏模型　　　　　　　　　　B. 工资绩效评估法

    C. 工作态度考察评价法　　　　　D. 测试比较评价法

    E. 工作标准对照评估法

## 三、名词解释

1. 员工培训　　　2. 培训需求分析　　　3. 学习

4. 培训效果　　　5. 培训投资回报率

## 四、简答题

1. 员工培训的特点及内容是什么？

2. 如何进行培训需求分析？

3. 培训需求分析的具体方法有哪些？

4. 在培训实践中，主要有哪些培训方式？其优缺点如何？

5. 如何进行培训效果评估？

6. 员工培训的基本程序是什么？

7. 培训的原则是什么？

8. 培训计划包括哪几方面的内容？

# 职业生涯规划

**Chapter 9**

## 知识目标

- 掌握职业生涯规划的含义、性质及作用；
- 了解职业生涯发展的阶段；
- 掌握职业锚理论、职业生涯维度理论；
- 了解人生三大周期理论及有关职业选择理论；
- 掌握个人职业生涯规划步骤；
- 了解有关人员在职业生涯管理中的角色、职业路径。

## 案例导入

### 职务的终结

　　某君是个电脑顾问，他频繁地为各公司提供技术服务，其月收入也因别人对其服务需求的不同而上下波动。他的行李箱里总是装着各季的衣服和35磅重的技术手册，笔记本电脑里的电池也总在充着电。

　　这就是一个顾问典型的生活写照。随着公司不断进行精简性裁员，产品生命周期的缩短及各种课题项目要求的日益增多，这种不同于传统工作方式的趋势还将继续，顾问职业也正日益流行。传统意义上的全职工、合同工和顾问按项目要求来组成团队，项目一旦结束，这种团队也就不复存在，顾问们则会开始其另一份工作。顾问可能一年中有几个月远离亲友，还可能会没有经济保障。尽管其顾客很重视其技能，但当他们开始工作时，往往会受到共事的全职雇员的疏远。其原因是全职雇员认为顾问的存在是对自身的一种威胁。

聘请顾问的做法在信息服务领域尤为盛行。许多公司认为只要自己需要，就能找到高素质的雇员，从而雇员的数量正日益减少。结果，许多高素质的技术专家成了顾问。随着许多公司从计算机中央系统向个人电脑应用的转变，它们觉得没有必要拥有太多的资深信息系统人员了，因为这些人员的职业主要是建立计算机中央系统，进行语言设计、操作和维修工作，他们往往会按照雇主们的想法来行事，而不像外部顾问更有抱负，更敢于冒险，也更能提出自己的想法①。

作为人力资源管理重要活动之一的职业生涯规划，兴起于 20 世纪 70 年代。最初是组织运用一定方法制定计划以满足员工追求满意职业的需求。20 世纪 80 年代，工作生活质量运动在西方发达国家推广开来，对职业生涯规划产生了巨大的推动作用。职业生涯规划被认为是激发员工最大职业本能的工具，通过对它的合理运用，能够使组织在合适的时间找到合适的高水准的人才。进入 20 世纪 90 年代，职业生涯规划已经被纳入组织的战略体系，有效的职业生涯管理可以激发员工最大的职业动机，并促成组织的整体成功。

# 第一节　职业生涯规划概述

## 一、职业生涯规划的含义

### 1. 职业

职业一般是指人们在社会生活中所从事的相对稳定的、以获取报酬为目的的专门的工作。从微观角度来看，职业不仅是人们谋生的手段，更重要的它是个人存在意义或价值的社会证明。也可以说，职业是人的社会角色。现代管理学越来越讲求一定社会文化背景下的组织成员"人"的地位的逐步回归。对组织而言，组织目标的实现离不开个人的职业活动。在现代人力资源管理中，员工的职业发展问题日益引起组织者的关注。

### 2. 职业生涯

职业生涯又称职业发展，是指一个人在其一生中遵循一定道路（或途径）所从事工作的历程。职业生涯分为狭义和广义两种。狭义的职业生涯是指个人直接从事职业工作的这段时间，从上岗前的接受职前教育开始；广义的职业生涯是指从职业能力的获得、职业兴趣的培养、选择职业，直至最后完全退出职业劳动这样一个完整的职业发展历程，其上限从 0 岁人生起点开始。

下面从四个方面详细阐述其含义：

❶ 职业生涯只是表示一个人一生中在各种职业、组织、岗位上工作的整个经历。此概念不涉及成败、进步速度等主观价值判断。

---

① 雷蒙德・A. 诺伊（Raymond A. Noe），徐芳译. 2001. 雇员培训与开发. 北京：中国人民大学出版社.

❷ 职业生涯由外显部分的行为活动与内在部分的态度、价值两方面构成。外职业生涯是指一个人一生工作经历中所包括的一系列活动和行为，它反映了职业生涯的客观特征。内职业生涯是指一个人一生中的价值观、态度、需要、体验、发展取向等内在部分的发展变化，它表示职业生涯的主观特征。职业生涯是指一个人一生中的所有与工作相联系的行为与活动，以及相关的态度、价值观、愿望等的连续性经历的过程。

❸ 职业生涯是一种动态过程，是一种与工作相关的经历。此经历可以是间断的，也可以是连续的。

❹ 职业生涯是个人主观选择与社会客观因素共同作用的结果。职业生涯受多方面的影响，如自身条件、家庭情况、组织的需要与人事计划、社会环境的变化都会对职业生涯有所影响。

3. 内职业生涯与外职业生涯

近年来，国内有关专家提出了"内职业生涯"与"外职业生涯"的概念，这称得上是职业生涯研究的又一次创新和突破。

❶ 内职业生涯是指职业生涯发展中通过提升自身素质和职业技能而获得的个人综合能力、社会地位及荣誉的总称，这是他人无法替代和窃取的人生财富。

❷ 外职业生涯即传统意义的职业生涯，是指在职业生涯过程中经历的职业角色（职位）及获取的财富的总和，它依赖于内职业生涯的发展。

具体而言，外职业生涯是从事某一种职业的工作时间、地点、工作内容、职务、工资待遇等因素的组合及变化过程，显然这些因素是外在的，其发展空间是有限的，并且具有可剥夺性，因此，基于此种职业生涯的规划大多是失败的，只有少数是成功的。而内职业生涯是某一职业的知识、观念、经验、能力、心理素质等因素的组合及其变化过程，这些因素可以通过他人的帮助而获得，但是主要在于自己的努力和实践，具有不可剥夺性，并且其开发的空间无限广阔。内外职业生涯理论的提出，解决了以往许多传统职业生涯管理中出现的无法解决的难题，解决的策略从以往以外职业生涯为主的职业生涯设计管理转变为以内职业生涯设计为主的管理模式。

内职业生涯和外职业生涯是职业生涯不可分割的两个方面，外职业生涯的发展以内职业生涯的发展为基础，但同时又能推动内职业生涯的发展；内职业生涯是外职业生涯的基础，又是外职业生涯发展的成果展示。

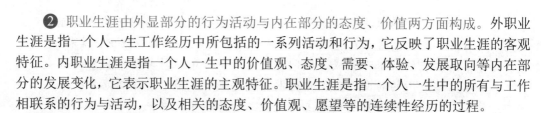

**拓 展 阅 读**

有学者认为，外职业生涯与内职业生涯相比，超前恰当时有动力，超前较多时有压力，超前太多时有毁灭力；内职业生涯与外职业生涯相比，超前恰当时很舒心，超前较多时很烦心，超前太多时要变心。因此，在组织对员工职业生涯管理的同时，要注重员工内外职业生涯的协调发展，具体体现在把合适的人放在合适的位子上，实现能级匹配，这对于组织和个人最为有利。

4. 职业生涯规划

职业生涯规划又称职业计划，是指组织和员工个人为实现个人和组织的共同成长和发展，在对个人职业生涯的影响因素（个人、组织及社会因素等）分析基础上，共同制定员工个人事业发展战略及具体计划安排的活动或过程。

简言之，它是指对员工的职业生涯的计划和安排。其主体是组织和员工个人双方，其主要内容包括选择职业、选择组织、选择组织内的工作岗位、生涯通道设计；此外还包括长期的生涯发展战略及与之相配套的短期生涯发展策略。

职业生涯计划的实施就是员工职业生涯发展。生涯发展的实质是通过组织的支持使员工个人得到全面发展。生涯计划制定好之后，当事员工要着手在组织内部或组织之间实施该计划。在计划实施的过程中，员工将根据原来设计的发展通道，通过在工作中素质的提高、职位的变动、层次的上升，直到生涯目标。伴随着岗位和层次的变化，员工必须不断接受新的挑战，不断提高自身素质，改善工作绩效，最终在组织职业生涯管理体系中实现个人职业生涯目标与组织目标。

## 二、职业生涯的特点

❶ 独特性。个体不同，其自身条件如智力、兴趣、性格、理想、后天努力等也就不同；再加上客观环境的影响、制约，致使每一个人的职业生涯历程与他人差异明显，具有显著的"个性"。

❷ 动态性。个体的职业生涯，是根据内外条件不断发展、演进的动态过程。

❸ 阶段性。在个体的职业生涯发展过程中，根据时间进程可以划分为显著不同的若干个时期或阶段。

❹ 整合性。社会属性是人的本质属性。个体的职业或工作与生活紧密结合在一起，难以分开；而且随着个体工作历程的变化，其人生会发生整体变化，因此，职业生涯具有整合性，涵盖人生整体发展的各个层面。

❺ 互动性。个体的职业生涯，都是个体与他人、个体与环境、个体与社会互动的结果。在个体的主观选择与社会环境客观因素的互相影响共同作用下，个体的职业生涯才得以形成。

## 三、职业生涯发展的阶段

人在职业生活中的不同时期会有不同的需要，根据人在职业生涯中普遍遇到的典型问题和经历不同，可以将职业生涯划分为若干个不同的阶段。由于理论界对阶段划分的问题有不同的认识，由此形成了不同的职业生涯发展阶段理论。影响较大的有"四分法"和"三分法"。个人经历职业生涯的时间可能不尽相同，但是在各阶段中所面临的主要任务和问题却带有很大共性。研究表明，工作特性（如不同的任务，为完成任务所需要的责任）影响着员工对工作的认识，而这种影响程度在职业生涯阶段的早期要大于晚期。

### 1. 四分法

将职业生涯划分为四个阶段，即职业探索阶段、立业阶段、维持阶段和离职阶段。

（1）探索阶段

在探索阶段，个人通过多种渠道（如家人、朋友、老师、同学等）搜集关于职业、岗位的信息。根据有关信息，同时结合自身的条件（如兴趣、价值观等），尝试着选择职业。一旦找到自己感兴趣的工作或职业类型，他们就开始接受必需的教育或培训。探索阶段一般为 15～20 几岁（高中、大学或技校的学习阶段）。在这一阶段，由于个人条件与职业要求之间协调需要一个过程，因此，个人常不满足某种固定的工作，工作调换频繁，流动率较高。同时当个人开始新工作时，由于缺乏实际经验、他人的帮助，往往难以完成工作任务。在很多工作中，新员工都被看作学徒。对组织而言，应充分认识到该阶段员工的特点，引导其正确进行职业选择，有效缩短职业探索的过程。具体来说，组织要对其进行岗前培训和社会化活动，以帮助其尽快适应社会和新的工作。

（2）立业阶段

立业阶段的年龄一般在 30～45 岁，是大多数人职业生涯的核心阶段。在该阶段，个人会在组织中找到适合自己的位置，而且在工作岗位上努力做出贡献，使自身不断成长、发展，以充分实现自我价值。在这一时期，员工主要关心的是工作中的成长、发展和晋升。对组织来说，要给处于此阶段的员工提供挑战性的工作任务，并鼓励其自我管理、自我决策；同时要做好"后勤"支持工作，如提供咨询、充分授权及客观及时绩效反馈等，给他们的工作提供咨询和各方面的支持，为其出成果创造良好条件，促使他们在完成工作任务中成长。

（3）维持阶段

维持阶段的年龄一般在 46～60 岁之间。处于此阶段的员工关注自身知识、技能的更新、提高，期望在职业方面获得永久性的发展。在自身丰富的工作经验、知识的基础上，他们制定相应的计划，以获得更多的成果；同时更新自己的知识和技能，并学习一些其他领域的知识和技能。从组织角度来说，要关心他们并为他们提供有利于更新或学习知识、技能的机会。

（4）离职阶段

离职阶段，一般年龄范围在 60 岁以后。处于该阶段的员工主要是准备退休。对组织而言，该阶段主要是制定并实施退休计划和合理分流。有些员工开始为退休做准备，他们调整工作活动和非工作活动时间比例，并为适应退休而有意识地培养自己某一方面的兴趣。组织要为这些人创造有利条件，培养或促进其兴趣和爱好。

随着社会的发展，很多员工离职后并不完全不工作。有些人以某种方式留在原组织，只是减少一部分工作时间。有些人由于组织或个人方面原因选择离开原组织。离开原组织的员工通常会回到探索期阶段，通过了解潜在的职业领域，重新进行职业选择。对于这部分员工，组织通过提供咨询、返聘等多种方式支持员工重新就业，如表 9.1 所示。

表 9.1　职业生涯阶段的四分法

| 阶段 | 员工对任务的需求 | 员工对情感的需求 | 年龄 | 与同事的关系 |
|---|---|---|---|---|
| 探索阶段 | （1）变化的工作活动<br>（2）自我探索 | （1）做出最初的工作选择<br>（2）稳定 | <30 岁 | 学徒<br>下级 |
| 立业阶段 | （1）工作的挑战性<br>（2）在某领域形成技能<br>（3）开发创造力和革新精神 | （1）处理混乱和竞争，面对失败<br>（2）处理家庭和工作的冲突<br>（3）支持<br>（4）自主性 | 30～45 岁 | 同事 |

续表

| 阶段 | 员工对任务的需求 | 员工对情感的需求 | 年龄 | 与同事的关系 |
|------|------------------|------------------|------|--------------|
| 维持阶段 | （1）技术更新<br>（2）培训和指导别人（年轻员工）的能力<br>（3）转入需要新技能的新工作<br>（4）开发更开阔的工作视野和个人在组织中的角色 | （1）表达中年的感受<br>（2）重新思考自我与工作、家庭之间的关系<br>（3）减少自我陶醉和竞争性 | 46～60 岁 | 导师 |
| 离职阶段 | （1）计划退休<br>（2）从权力角色转向咨询和指导<br>（3）确认和开发继承人<br>（4）开始从事组织之外的活动 | （1）支持和咨询：看到自己的工作成为别人的平台<br>（2）在组织外部活动中找到自我统一性的感觉 | >60 岁 | 元老 |

### 2. 三分法

三分法是将职业生涯发展阶段分为早期、中期、后期三个阶段，详见表 9.2。

表 9.2　职业生涯阶段的三分法

| 阶段 | 所关心的问题 | 应开发的工作 |
|------|--------------|--------------|
| 早期职业生涯 | （1）第一位是要得到工作<br>（2）学会如何处理和调整日常工作中所遇到的各种麻烦<br>（3）要为成功地完成所分派的任务而承担责任<br>（4）要做出改变职业和调换工作单位的决定 | （1）了解和评价职业和工作单位的信息<br>（2）了解工作和职位的任务、职责<br>（3）了解如何协调与上级、同事和其他人工作方面的关系<br>（4）开发某一方面或更多方面的专门知识 |
| 中期职业生涯 | （1）选择专业和决定承担义务的程度<br>（2）确定从事的专业，并落实到工作单位<br>（3）确定生涯发展的行程和目标等<br>（4）在几种可供选择的生涯方案中，做出选择（如技术工作还是管理职位） | （1）开辟更宽的职业出路<br>（2）了解如何自我评价的信息（如工作的成绩效果）<br>（3）了解如何正确解决工作、家庭和其他利益之间的矛盾 |
| 后期职业生涯 | （1）取得更大的责任或缩减在某一点上所承担的责任<br>（2）培养关键性的下属和接班人<br>（3）退休 | （1）扩大个人对工作的兴趣及所掌握技术的广度<br>（2）了解工作和单位的其他综合性成果<br>（3）了解"合理安排生活"之道，避免完全被工作所控制 |

职业生涯周期反映了随着生理年龄的变化，个人职业生涯发展的一般规律。掌握这一规律可以针对员工在职业生涯不同阶段的特点，赋予相应的职责、任务，以有效地调动积极性，使员工的潜力得以发挥，从而起到更大的激励功能。

## 四、职业生涯规划的作用

### 1. 职业生涯规划对个人的作用

在个人的职业生涯中，要进行自我变革就必须进行职业生涯规划。它是员工充分挖掘自身潜能，自觉进行自我管理的有效工具。具体而言，其作用如下。

（1）帮助个人确定职业发展目标及路径

职业生涯规划的重要内容之一，是对个人进行自我分析。通过分析，使个人充分了解自己，全面认识自己的能力、智慧、性格、兴趣等；明确自身的优势，衡量自身的差距；获取有关工作机会的信息。由此个人才能确定符合自己兴趣与特长的职业发展路线，正确设定自己的职业生涯目标，并通过制定实施行动计划，使自己的才能得到充分发挥，使自己得到恰当的发展，实现自己的人生理想。

（2）鞭策个人努力工作

具体可行的规划制定后，能够起到两方面的作用：它是努力的依据，也是对个人的有力鞭策。规划确定了个人努力的方向。在规划的指引下，个人向着生涯目标不断努力、前行。随着规划逐步变为现实，个人就会产生强烈的成就感，从而进一步促进个人努力实现规划。

（3）引导个人发挥潜能

缺乏职业生涯规划的个人，精力分配会产生重大失误：容易把大量精力放在小事情上，反而导致自身潜能与力量难以发挥。切实可行的规划能帮助个人集中精力，全神贯注于自己有优势且有高回报的方面，这样有助于发挥个人尽可能大的潜力，走向成功。

（4）评估当前工作成绩

职业生涯规划为自我评估提供了重要手段。如果规划是具体的，规划的实施结果是看得见摸得着的，就可以根据规划的进展情况评价目前取得的成绩。很多人认识不到自我评估的重要性，极少评估自己在职业生涯中所取得的进展，致使规划成为空想，难以取得实际效果。

### 2. 职业生涯规划对组织的作用

从组织角度来说，职业生涯规划主要是组织对员工职业生涯的管理，通过对员工职业生涯的管理，不但能保证组织未来人才的需要，而且能使组织的人力资源得到有效的开发。职业生涯规划对组织的作用主要有以下几个方面。

（1）保证组织未来人才的需要

组织由于不能有效地鼓励员工进行职业生涯规划，导致出现职位空缺时找不到合适的员工来填补，员工对组织忠诚度的降低以及培训和开发资金使用缺乏针对性。组织可以根据发展的需要，通过对员工的职业生涯规划，为员工提供发展空间、人员开发的鼓励政策以及与职业发展机会等相关的信息，从而引导员工将自身的职业发展与组织的发展结合起来，以有效地保证组织未来发展的人才需要。

（2）确保组织留住优秀人才

现代社会主要是人才的竞争，尤其是优秀人才。优秀人才的流失会给组织带来重大损失。实践表明，人才流失的非常重要的原因就是组织缺少对员工职业发展的相应安排，缺少对员工职业生涯的管理。

对优秀人才来说，其最关心的是自己的事业的发展、理想的实现；如果在组织中自身的才能得到充分发挥，发展得到应有的重视，他就不会轻易地转换组织。因此，组织只有重视员工职业生涯规划，不断给员工提供具有挑战性的工作任务，为其成长、发展创造机会，增加员工满意度，才能留住和吸引优秀人才。

（3）使组织人力资源得到有效开发

组织对员工的职业生涯进行有效管理，重视员工的兴趣、特长，能够极大地提高员工的积极性，合理挖掘员工的潜能，从而有效开发组织的人力资源。

# 第二节　职业生涯规划的有关理论

## 一、职业锚理论

职业锚理论又称职业生涯系留点理论，是由美国管理学家施恩（E.H.Schein）教授提出的。所谓职业锚，是指一种编组并指导、制约、稳定和整合个人职业决策的职业自我观[①]。具体是指"自省的才干、动机和价值的模式"，包括：

❶ 自省的才华与能力。以各种作业中的实际成功为基础。

❷ 自省的动机和需要。以实际情景中的自我测试和自我诊断的机会，以及他人的反馈为基础。

❸ 自省的态度与价值观。以自我与雇佣组织和工作环境的准则和价值观之间的实际碰撞为基础。

施恩对一批大学毕业生进行了长期追踪研究，发现这批人在毕业时所持有的就业动机与职业价值观，与十多年后的实际状况——心理需求、就业动机、职业价值观和与之相关的实际岗位都有一定的出入。对于差异的形成原因，施恩认为，大学毕业生对自己的认识和对外界的认识有盲目之处和不准确之处，要经过相当长的时间，受到客观实践的矫正。

在经过长期的职业实践后，人们对个人的"需要与动机"、"才能"、"价值观"有了真正的认识，即寻找到了职业方面的"自我"与适合自我的职业，这就形成人们终身所认定的、在（假定的或实际的）再一次职业选择中最不肯舍弃的东西，即"职业锚"或"职业生涯系留点"。对其提前进行测定是很困难的，正如上文所指出的它是在个人不断的职业探索过程中产生的动态结果。

### 1. 职业锚的类型

施恩提出了五种"职业锚"，详见表9.3。

从表9.3可知，不同的人具有不同的"职业锚"，因此，组织应对具有不同"职业锚"的员工实施不同的管理方法，以保证个人职业成长与企业发展协调一致。

表9.3　职业锚

| 类型 | 典型特征 | 成功标准 | 主要职业领域 | 典型职业路径 |
| --- | --- | --- | --- | --- |
| 技术型（技术取向） | 职业选择时，主要注意力放在工作的实际技术内容或职能内容上。即使提升，也不愿到全面管理的位置，而只愿在技术职能区提升 | 在本技术/职能区达到最高管理位置，保持自己的技术优势 | 财务分析、营销计划、系统分析等 | 财务分析员→主管会计→财务部主任→公司财务副总裁 |

---

[①] 华茂通咨询. 2003. 现代企业人力资源解决方案——员工培训与开发. 北京：中国物资出版社.

续表

| 类型 | 典型特征 | 成功标准 | 主要职业领域 | 典型职业通路 |
|---|---|---|---|---|
| 管理型（管理取向） | 能在信息不全的情况下，分析解决问题，善于影响、监督、率领、控制组织成员，能为感情危机所激励，而不是拖垮，善于使用权力 | 管理越来越多的下级，承担的责任越来越大，独立性越来越大 | 政府机构、企业组织及其各部门的主要负责人 | 工人→生产组组长→生产线经理→部门经理→行政副总裁→总裁（总经理） |
| 稳定型（安全与稳定取向） | 依赖组织，怕被解雇，倾向于根据组织要求行事，高度的感情安全，没有太大抱负，考虑退休金 | 一种稳定、安全、良好合理的家庭、工作环境 | 教师、医生、幕僚、研究人员、勤杂人员等 | 更多地追求职称：助教→讲师→副教授→教授等 |
| 创造型（创新取向） | 要求有自主权、管理能力、能施展自己的特殊才能、喜好冒险、力求新的东西、经常转换职业 | 建立或创造某种东西，它们是完全属于自己的杰作 | 发明家、风险性投资者、产品开发人员、企业家等 | 无典型职业通路，极易变换职业或干脆单挑 |
| 自主型（自由与独立取向） | 随心所欲、制定自己的时间表、生活方式与习惯，认为组织生活是不自由的，侵犯个人的 | 在工作中得到自由与欢愉，活得舒服 | 学者、职业研究人员、手工业者、工商个体户 | 在自己领域中发展自己的事业与个人 |

**2. 职业锚的自我评价**

美国管理学家加里·德斯勒在施恩等人研究的基础上，给出了职业锚的自我评价方法，即回答以下几个问题来判断自己的职业锚。

① 你在高中时期主要对哪些领域比较感兴趣（如果有的话）？为什么会对这些领域感兴趣？你对这些领域的感受是怎样的？

② 你在大学时期主要对哪些领域感兴趣？为什么会对这些领域感兴趣？你对这些领域的感受是怎样的？

③ 你毕业之后所从事的第一份工作是什么（如果相关的话，服役也算在其中）？你期望从这种工作中得到些什么？

④ 当你开始自己的职业生涯的时候，你的抱负或长期目标是什么？这种抱负或长期目标是否曾经出现过变化？如果有，那么是在什么时候？为什么会变化？

⑤ 你第一次换工作或换公司的情况是怎样的？你期望下一个工作能给你带来什么？

⑥ 你后来换工作、换公司或换职业的情况是怎样的？你怎么会做出变动的决定？你所追求的是什么？

请根据你每一次更换工作、公司或职业的情况来回答这几个问题。

① 当你回首自己的职业经历时你觉得最令你感到愉快的是哪些时候？你认为这些时候的什么东西最令你感到愉快？

② 当你回首自己的职业经历时你觉得最令你感到不愉快的是哪些时候？你认为这些时候的什么东西最令你感到不愉快？

③ 你是否曾经拒绝过从事某种工作的机会或晋升机会？为什么？

④ 现在请你仔细检查自己所有的答案，并认真阅读五种职业锚的描述。根据你对上述这些问题的回答，分别将每一种职业锚赋予 1~5 之间的某一分数，其中 1 代表重要性最低，5 代表重要性最高。

技术型_____  管理型_____

稳定型_____  创造型_____

自主型_____

## 二、人生三大周期理论

人既具有社会属性，又具有生物属性，因此，其一生要经历除职业生涯周期以外的其他周期和阶段，如家庭、生物、社会周期等。这些周期与阶段之间相互作用，对个人的职业生涯会产生非常重大的影响。

### 1. 生物/社会周期

生物/社会周期即人的生理成长和社会成熟的过程。随着人的成长和发展，身体的生物化学方面出现了预期的变化，这些是与生物性相关的存在。同时，人们的社会性和文化意识受一种复杂的"年龄层"系统影响，即个人应当做什么和他或她在不同的年龄阶段应当如何行事的一系列预期。如"儿童"被预期是耍性子、好冲动和贪玩的；"青少年"被预期是不定型的和精力旺盛的；"老年人"则被预期"逐渐衰退"等。这些生物特征和与年龄相关的社会或文化预期共同构成了人的生物/社会周期。

### 2. 家庭周期

家庭是重要的社会细胞，也是人的社会属性的一个重要体现。个体成长到一定阶段后就面临着结婚、组建家庭、养育后代的需求。家庭的存在会产生各种各样的要求和压力，同时也提供了养育、欢乐和成长的机会。来自家庭周期方面的问题与生物/社会问题互相作用，共同对个人的职业周期产生影响。

### 3. 工作/职业周期

工作/职业周期即职业生涯。对于大多数人来说，工资薪金是个人维持自身和家庭生存的基本手段，因此，是全部生活的重要组成部分。工作/职业周期包括早期职业意向、工作预备期、含许多亚阶段的工作过程和最终的退休。

三大周期之间有重叠并相互影响着。如一个人被预期要建立家庭之际，也正是通过工作为社会做出最大贡献的时期，同时也是个人体力、智力高峰阶段。再如老年和退休必然与精力衰退和体弱多病相联系。这种相互影响对个人可能有益，也可能造成问题。例如，如果一个人在结婚之际找到了第一份工作，此时他正面临两项主要任务——一项属于工作/职业周期，另一项属于家庭周期，而二者都要求投入时间和精力，两者兼顾是个人力不能及的。在这种情况下，个人采取的对策可能是减少参与其中某个周期，以此来解决工作与家庭之间的冲突。

## 三、职业生涯选择理论

### 1. 霍兰德人业互择理论

这一理论由美国著名职业指导专家霍兰德提出。该理论依据一定标准将性格与职业分别划分为不同的类型，依次为现实型、研究型、艺术型、社会型、企业型、传统型共六种基本类型，如表 9.4 所示。

表9.4　霍兰德的人格类型与职业范例

| 类型 | 人格特点 | 职业范例 |
|---|---|---|
| 现实型偏好需要技能、力量、协调性的体力活动 | 害羞、真诚、持久、稳定、顺从、实际 | 机械师、钻井操作工、装配线工、农场主 |
| 研究型偏好需要思考、组织和理解的活动 | 分析、创造、好奇、独立 | 生物学家、经济学家、数学家、新闻记者 |
| 社会型偏好能够帮助和提高别人的活动 | 社会、友好、合作、理解 | 社会工作者、教师、议员、临床心理学家 |
| 传统型偏好规范、有序、清楚明确的活动 | 顺从、高效、实际、缺乏想象力、缺乏灵活性 | 会计、业务经理、银行出纳员、档案管理员 |
| 企业型偏好那些能够影响他人和获得权力的活动 | 自信、进取、精力充沛、盛气凌人 | 法官、房地产经纪人、公共关系专家、小企业主 |
| 艺术型偏好那些需要创造性表达的模糊且无规则可遵循的活动 | 富于想象力、无序、杂乱、理想、情绪化、不实际 | 画家、音乐家、作家、室内装饰家 |

每一种性格类型的人各有长短，从全社会的角度来看却是中性的，无所谓哪一种好哪一种差，而只有与职业类型是否协调和匹配的问题。当性格与职业相匹配时，则会产生最高的满意度和最低的流动率。如社会型的个体应该从事社会型工作，传统型的个体应该从事传统型的工作，依此类推。

需要注意的是：社会中的人是复杂的，往往不能用一种类型来简单概括，而是兼有多种性质，以一种类型为主同时具备他种类型的特点。因此，职业问题专家提出了若干种中间类型或同时具备三种类型特性的职业类型群方法。

2. 气质与职业匹配理论

气质是人的心理活动的动力特征。这主要表现在心理过程的强度、速度、稳定性、灵活性及指向性上。研究表明，气质与职业选择存在着很大的相关性，不同职业工作有与之相适应的气质类型。个人的气质特征是制定职业生涯规划时考虑的相当重要的因素。传统上，人们一般把气质分为四种，即多血质、胆汁质、黏液质和抑郁质，四种不同的气质类型具有不同的心理特征。每种气质类型期有其相应的职业范围，详见表 9.5 所示。

表9.5　气质与其相适应的职业

| 气质类型 | 相应职业 |
|---|---|
| 多血质 | 适合从事与外界打交道，灵活多变、富有刺激性和挑战性的工作，如外交、经商、管理、记者、律师、驾驶员、运动员等。他们不太合适做过细的、单调的机械性工作 |
| 胆汁质 | 喜欢从事与人打交道，工作内容不断变化，环境不断转换并且热闹的职业，如导游、推销员、节目主持人、公共关系人员等，但明显不适合长期安坐、持久耐心细致的工作 |

续表

| 气质类型 | 相应职业 |
| --- | --- |
| 黏液质 | 适合做稳定的、按部就班的、静态的工作,如会计、出纳员、话务员、保育员、播音员等 |
| 抑郁质 | 适合安静、细致的工作,如校对、打字、排版、检查员、化验员、登记员、保管员等 |

在一些特殊职业中,工作对从业者的气质特征有非常高的要求,而且无法用其他心理特点来弥补。如飞行员、宇航员、大型动力系统调度员以及运动员,他们都要求身心的高度紧张、反应敏感、具有顽强的耐力等,这些气质要求都不是一般人所能达到的。就这些职业来说,气质成了职业适应性的最主要的决定因素。

# 第三节　个人职业生涯规划

个人职业生涯规划,亦称为职业生涯的自我管理。

## 一、职业生涯规划的影响因素

个人在进行职业生涯规划时,不是盲目进行的,它是其自身条件及周围环境共同影响的结果。具体而言,包括以下几个方面。

1. 个人自身方面

(1) 个人的需求、心理动机及兴趣爱好

由于个人对不同职业的评价和价值取向不同,再加上其当时的需求、动机、兴趣爱好等不同,其职业生涯选择、路线设计等也会有很大的不同。就一般情况而言,人在年轻时意气风发,成功的目标和择业的标准都较高。人到中年,就越来越现实。

(2) 教育背景

现代社会中,教育奠定了个人的基本素质,对个人的社会活动生涯有着巨大的影响:❶受教育程度不同的人,其职业生涯的开端不同,其以后在职业发展方面差异也明显。❷个人所接受教育的专业、职业种类不同,对于其职业生涯有着决定性的影响。❸个人接受教育的程度、学科、院校、地区不同,受教育者的思维模式、意识形态、职业道德也就呈现出明显的不同。

(3) 家庭

家庭也是造就人的素质以至影响人的职业生涯的主要因素之一。人从幼年时期就开始受到家庭的深刻影响。长期潜移默化的结果,会使人形成特定的价值观和行为模式,甚至习得某些职业的知识和技能。这些从根本上影响着个人的职业理想、职业目标、职业选择及态度等。

2. 社会环境

社会环境,宏观层面是指社会的政治经济形势、管理体制、社会文化与习俗、职业的社会评价等大环境。这些环境因素决定着社会职业岗位的数量、结构，决定着其出现的随机性与波动性，进而决定了人们对不同职业的认定和步入职业生涯、调整职业生涯的决策。从这个角度看，社会环境决定着社会职业结构的变迁，从而也决定了人的职业生涯的变动规律性。

微观层面是指与个人相联系的学校、社区、家族关系、交际圈子等小环境。这些因素决定着个人具体活动的范围和内容，也在一定程度上决定了个人生涯的具体际遇。

3. 机会

机会是一种随机出现的、具有偶然性的事物。这种机会，既包括社会各种就业岗位对于一个人展示的随机性，也包括一个人所在的组织给个人提供的培训机会、发展条件和向上流动的职业情境。机会虽然具有偶然性，但如果认为机会对于个人是"可遇而不可求"的，也未免过于消极。素质与机会有着一定的联系。大千世界中机会本身是客观存在的，个人的高素质、个人的能动性可能导致寻求到新的发展机会，自己也可能开拓和创造更多机会。

二、职业生涯规划的步骤（设计过程）

根据职业生涯规划的定义，职业生涯规划首先要对个人特点进行分析，再要对所在组织环境和所在社会环境进行分析，然后要根据分析结果制定个人的事业奋斗目标，选择实现这一目标的职业，编制相应的工作、教育和培训的行动计划，并对每一步骤的时间、顺序和方向做出合理的安排。

一般来说，员工职业生涯设计由自我分析、环境分析、职业选择、目标抉择、职业生涯路线的选择、制定行动规划与措施、评估与调整七个步骤所构成。

1. 自我分析

自我分析是指员工通过一定方法确定自己的兴趣、价值观、能力以及行为倾向等。通常采用心理测验方法，如职业性向测试、多重能力倾向测验、职业锚的自我评价等。职业性向测试可以帮助雇员确定自己人格类型与当前的工作是否相互匹配，多重能力倾向测试（编制一套测验同时测量几种能力）可以帮助雇员确定自己的能力与当前工作是否相匹配，职业锚的自我评价可以帮助雇员确定自己适合于从事哪种类型的工作等，如表9.6所示。

表9.6　自我评估练习举例

| 活动 | 内　容 |
| --- | --- |
| 第1步 | 我现在处于什么位置？（了解目前职业现状）<br>思考一下你的过去、现在和未来。画一张时间表，列出重大事件 |
| 第2步 | 我是谁？（考察自己担当的不同角色） |
| 第3步 | 我喜欢去哪儿？我喜欢做什么？（这有利于未来的目标设置）<br>思考你目前和未来的生活。写一份自传来回答三个问题：你觉得已经获得了哪些成就？你未来想要得到什么？你希望人们对你有什么样的印象？ |

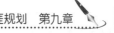

续表

| 活动 | 内 容 |
|---|---|
| 第4步 | 未来理想的一年（明确所需要的资源）<br>考虑下一年的计划。如果你有无限的资源，你会做什么？理想的环境应是什么样的？理想的环境是否与第3步相吻合 |
| 第5步 | 一份理想的工作（设立现在的目标）<br>现在，思考一下通过可利用资源来获取一份理想的工作。考虑你的角色、资源、所需的培训或教育 |
| 第6步 | 通过自我总结来规划职业发展（总结目前的状况）<br>● 是什么让你每天感到心情愉悦？<br>● 你擅长做什么？人们对你有什么样的印象？<br>● 为达到目标，你还需要什么？<br>● 在向目标进军的过程中，你会遇上什么样的障碍？<br>● 你目前该做什么，才能迈向你的目标？<br>● 你的长期职业生涯目标是什么？ |

（资料来源：Based on J.E.McMahon and S.K.Merman,"Career Development,"in The ASTD Training and Development Handbook，4th ed，R.L.Craig（New York：McGraw-1996）：pp. 679-697.）

## 2. 环境分析

环境分析具体包括对组织环境和社会环境的分析，即分析各种环境因素对自己职业发展的影响，以确定自己是否适应组织或者社会环境的变化，以及怎样来调整自己以适应组织和社会的需要。在进行职业生涯规划时，要深入分析环境发展变化的情况、环境条件的特点、个人与环境的关系（包括自己在环境中的地位、环境对自己的要求以及环境中的有利和不利因素）等。通过对组织环境的分析评估发现短期的发展机会，为短期的职业规划提供依据，通过对社会环境的分析，结合自己的具体情况，评估有哪些长期的发展机会，为长期的职业规划提供支持。通过职业生涯机会的评估可以进一步确定职业和职业发展目标。

## 3. 职业选择

清楚地认识自己与分析环境只是个人职业生涯规划的开始。个人还应当确认自己的职业性向、技能、职业锚以及偏好。职业的选择直接关系到人生事业的成败，是非常关键的一步。在选择职业时，需注意：❶职业锚与职业的匹配；❷性格与职业的匹配；❸兴趣与职业的匹配；❹特长与职业的匹配。

## 4. 目标抉择（设定职业生涯目标）

目标抉择是指预先设定职业的发展目标，这是个人职业生涯规划的核心步骤。它是在充分考虑个人自身条件（需求、性格、能力、兴趣等）及环境因素等信息综合做出的。职业生涯目标通常可分为短期目标（1～2年）、中期目标（3～5年）和长期目标（5年以上）。

在制定职业发展目标时，需要注意：❶符合社会与组织的需求；❷适合自身特点；❸高低恰到好处；❹长短期目标配合恰当；❺同一时期目标不宜太多；❻目标要明确具体，留有余地。

#### 5. 职业生涯路线的选择

在确定职业和发展目标后，就面临着职业生涯路线的选择。职业应向哪条路线发展，是向行政管理路线发展，还是走专业技术路线，或者走经营路线等。个人必须要考虑三个问题：想走？能走？可以走？个人选择不同的路线，具体的职业发展要求也不同。因此，在进行职业生涯规划时，必须做出抉择，以便为自己的学习、工作及各种行动措施指明方向，使职业沿着预定的路线即预先规划的职业路径发展。

#### 6. 制定行动计划与措施

行动计划指员工为达到长短期职业生涯目标准备采取的具体措施。它包括参加培训课程和研讨会，开展信息交流或申请公司内的空缺职位等。具体来说，行动计划应包括具体计划、具体措施、起讫时间以及组织考核指标等内容。

#### 7. 评估与调整

在规划执行的过程中，随着员工所面临的内外环境发生重大变化后，原有规划已经严重脱离实际情况或者说不可能实现了，在这种情况下，就需要对该规划进行调整。有一点需要指出：职业生涯规划在制定时，要经过反复的论证，慎重制定；一旦制定后，就轻易不要进行变化，除非情况发生重大变化才能进行调整；此时应以微调为主，尽量不要进行重大改动。

### 三、职业生涯规划文书

职业生涯规划的最终结果一般以职业生涯表或者职业生涯规划报告的形式呈现。这使职业生涯规划的信息一目了然，简洁明了。

职业生涯规划表如表9.7所示。

表9.7　职业生涯规划表

| 姓名 | | 性别 | | 年龄 | | 学　历 专　业 | |
|---|---|---|---|---|---|---|---|
| 工作部门 | | 现任职务 | | 到职年限 | | | |
| | | 现任职称 | | 到职年限 | | | |
| 自我分析结果 | | | | | | | |
| 环境分析结果 | | | | | | | |
| 职业选择 | | | | | | | |
| 职业生涯目标 | | 长期目标 | | 起讫时间 | | | |
| | | 中期目标 | | 起讫时间 | | | |
| | | 短期目标 | | 起讫时间 | | | |
| 生涯路径选择 | | | | | | | |
| 完成短期目标计划与措施 | | 具体计划 | 具体措施 | 起讫时间 | | 考核指标 | |
| | | | | | | | |
| 完成中期目标计划与措施 | | 具体计划 | 具体措施 | 起讫时间 | | 考核指标 | |
| | | | | | | | |
| 完成长期目标计划与措施 | | 具体计划 | 具体措施 | 起讫时间 | | 考核指标 | |
| | | | | | | | |

以下是职业生涯规划报告实例。

# 个人职业生涯规划报告

**一、题目：赵梅 10 年职业生涯规划**

××年×月～××年×月

**二、职业方向和总体目标**

职业目标方向：机械行业职业经理人

总体目标：使机械行业集团化，涉足党政机关、国家企事业单位的后勤事务改革，个人成为行业中知名人士，参与行业法规的建设。

**三、社会环境、职业环境分析结果**

（略）

**四、企业分析结果**

××机械是××投资集团在机械服务业中的重要环节，秉承了××集团整体资源优势，打造××立体品牌。××机械在短短三年的时间里，在狠抓内部建设的同时，积极拓展，2003 年已成功地接管了两个新项目。按公司规划要求，5 年内××机械将跻身机械一级企业的行列。

随着××机械企业规模的不断扩大，人才的培养与管理尤为重要，培养一批懂业务、讲效益、勤奉献、重效率的职业经理人队伍，是企业的当务之急。

**五、角色及其建议**

直接上级：××机械公司总经理×××

建议：以实际实验为基础，不断学习，丰富专业知识，综合提升自身素质，逐步走向成功。

同事：××机械公司副总经理×××

建议：通过终身教育和内职业生涯的不断提高，以实现自己职业经理人的梦想。

**六、目标分解、组合及实现时间**

1. 实现时间：××年×月～××年×月

职务目标：××机械公司副总经理、常务副总经理

内职业生涯目标：全面熟悉和掌握××集团的管理体系；

系统学习机械知识；

获得 ISO9000 外部质量审核员的资质；

能够将掌握的知识熟练运用到实际工作之中。

外职业生涯目标：每年到国内先进企业参观考察一次；

每年有一个在管项目被评为市级优秀示范单位；

××年达到年收入 25 万元。

2. 实现时间：××年×月～××年×月

职务目标：××培训学校校长

内职业生涯目标：完成机械本科学业的学习；

系统学习机械开发与管理知识；

总结实践经验，收集并编写案例及生产实务。

外职业生涯目标：所管学校成为行业培训定点学校；

　　　　　　　　个人成为行业培训客座讲师；

　　　　　　　　××年达到年收入 40 万元。

3. 实现时间：××年×月～××年×月

职务目标：××机械集团经营发展公司总经理

内职业生涯目标：熟知固有企事业单位后勤体制改革的政策；

　　　　　　　　熟知相关法律法规并能够灵活运用。

外职业生涯目标：参与国有企事业单位的后勤事务改革；

　　　　　　　　扩大经营面积和经营利润；

　　　　　　　　成为机关后勤事务改革的专家；

　　　　　　　　××年达到年收入 60 万元。

4. 实现时间：××年×月～××年×月

职务目标：集团人力资源部门轮岗半年，××机械集团核心成员，行业协会兼职

内职业生涯目标：熟练掌握人力资源管理技能；

　　　　　　　　能灵活运用培训、考核、激励等方式培养职业经理人；

　　　　　　　　具备高素质的演讲能力。

外职业生涯目标：在机械行业中拥有一定的知名度；

　　　　　　　　在全国机械行业中进行轮回讲座；

　　　　　　　　成为市级人大或政协委员；

　　　　　　　　年薪 100 万元以上。

## 七、成功的标准

1. 成为企业品牌的维护与发展的先锋官。
2. 用企业规范来推动行业规范的执行者。
3. 对行业和社会有突出贡献的成功人士。

## 八、自身条件及潜力测评结果（略）

## 九、差距

1. 缺乏全面管理经验。
2. 缺乏敏锐的洞察力和发展的眼光。
3. 缺乏广博的社会知识和创造意识。

## 十、缩小差距的方法及实施方案

1. 系统学习行业知识：

××年～××年机械系统知识的学习，并获得机械学士学位。

××年～××年机械开发与管理、财务管理、人力资源开发与管理。

××年开始 MBA 课程。

2. 沟通与交流：定期与行业知名人士学习交流，每年不少于 2 次；

定期到先进企业考察交流，每年不少于 2 次；

××年后定期发表行业分析文章，每年不少于一篇。

3. 实践与锻炼：定期到业务部门或职能部门挂职锻炼，每年不少于 10 天；

定期召开客户恳谈会，发现问题及时改进工作中的不足，每年员工恳谈、客户恳谈各不少于 1 次。

（资料来源：赵楠，施晨越. 2006. 职业生涯开发与管理操作手册. 北京：经济管理出版社. 82~86. ）

# 第四节 员工职业生涯管理

对于员工来说，有效的职业生涯管理可以使他们认识到自身的兴趣、价值、优势和不足，从而能够根据组织提供的有关工作机会与信息，确定职业发展目标，实施行动计划。有效的职业生涯管理有利于促进员工的成长和发展，增加他们对工作、对组织的满意度，有利于激发员工的最大职业动机，实现员工们的自我价值的不断提升与超越。

## 一、职业生涯管理的含义

个人职业生涯规划的成功，在很大程度上取决于组织支持、配合的力度。职业生涯管理就是指组织提供的用于帮助员工的行为过程。具体来说，职业生涯管理是一种组织和个人相互结合的连续互动过程：在职业生涯管理过程中，组织应以个人职业生涯发展作为组织发展的关键因素，结合组织发展目标，在组织资源的最大允许范围内，帮助员工制定其生涯发展计划和支持其生涯发展，最终使组织、员工都受益，从而促成员工与组织目标的共同实现。

其主要内容包括：❶提供必要的信息，帮助员工建立切实可行的职业生涯规划；❷采取措施，提供资源以支持员工职业计划的实施；❸协调员工职业发展目标与组织目标；❹对员工职业发展情况进行考核、评估、反馈；❺建立员工职业生涯发展档案，对组织的所有员工进行统一管理。

## 二、职业生涯管理与员工培训的关系

培训是指组织有计划地实施有助于员工学习与工作相关能力的活动。它的目的是强调某些知识、技能与行为，并让员工应用到工作中去。培训可以是组织职业生涯管理的方式和手段之一。相对于培训而言，职业生涯管理包含着更广的含义。职业生涯管理已经不仅仅是人力资源部的职责，它是整个组织的行为，也是员工自身的行为。职业生涯管理的范畴与职能比培训宽泛得多。

职业生涯管理是组织设计的用来帮助员工职业发展的计划。通过制定职业生涯管理，可以使员工明确组织中职业发展路径和可能的发展机会。它能为员工的发展创造条件，同时也为员工的培训和员工的自我教育提供了基础。

现代残酷的市场竞争，要求组织进行全员培训；但是在培训结束后组织如何留住员工，减少人才的流失，增强员工对组织的忠诚度，以最大限度地发挥培训效益呢？组织要实现上述目标，必须做好员工职业生涯管理，即结合员工个人所面临的主客观条件，协助员工制定职业发展规划，使员工个人的才能和追求与组织的发展目标有机地结合起来，以实现员工与组织的共同发展。在实践中，组织有义务也愿意最大限度地利用员工的能力，并且应该也必须为员工提供不断成长、发挥个人潜能、建立成功职业的机会。组织与员工的成长和发展是相互依赖、相互促进的，而职业生涯管理是沟通双方、协调目标的最有力、最有效的工具。

### 三、职业生涯管理中的角色

职业生涯管理中的角色及有关人员的责任如表 9.8 所示。

表 9.8　职业生涯管理中组织及有关人员的责任

| 组织与人员类型 | 责任 |
| --- | --- |
| 雇员 | 做好本职工作，与经理、同事交流，明确自身职业发展需要，确定未来职业生涯发展方向 |
| 直接上司 | 在职辅导，咨询与沟通，获取职业路径信息，提炼并传达 |
| 人力资源部经理 | 提供职业信息与建议，提供专业服务（测试、咨询、研讨） |
| 组织 | 开发职业生涯路径，开发职业生涯支持系统，培育能支持职业生涯管理的组织文化 |

#### 1. 员工个人

员工在职业生涯管理中扮演着重要角色，要对自己的职业生涯承担主要责任。

具体来说，员工个人必须做到：❶ 主动从直接上司与同事那里获取有关自身优势及不足的信息；❷ 明确自身的职业生涯发展阶段和开发需求；❸ 了解存在哪些学习与培训的机会，并与组织内外不同工作群体的雇员进行接触（如专业协会、项目小组）。

#### 2. 直接上司

直接上司的主要作用在于减轻下属职业发展中的困难。大多数情况下，员工将从直接上司那里获取职业发展的建议。因为直接上司一般会对员工的工作调动（晋升）资格进行评估，并提供关于职位空缺、培训课程和其他开发机会等方面的信息。表 9.9 列举了直接上司在下属的职业生涯规划与发展中可能扮演的角色。

表 9.9　直接上司在下属的职业发展中可能扮演的角色

| 角色 | 具体内容 |
| --- | --- |
| 沟通者 | 与员工进行正式或非正式的沟通，倾听并理解员工真正关心的事<br>与员工形成清晰、有效的相互影响关系<br>营造一个开放的相互影响的环境 |
| 职业顾问 | 帮助员工明确与职业相关的技能、兴趣及价值<br>帮助员工明确各种职业选择并评价其适宜性<br>帮助员工设计策划实现已达成一致的职业目标的策略 |
| 评价者 | 明确关键的工作要素并与员工商讨一套评价绩效的指标体系<br>评价员工与目标相关的工作绩效并与员工沟通绩效评价<br>围绕未来工作目标制定发展计划，强化有效的工作绩效，不断地回顾已制定的发展计划 |

续表

| 角色 | 具体内容 |
|---|---|
| 教练 | 传授特定的、与工作有关的技术上的技能<br>提出改进的具体意见并明确传达组织的目标 |
| 辅导员 | 安排员工参加组织内外举行的有关职业发展的活动<br>通过展示自身成功的职业行为为员工的职业发展树立典范<br>支持员工与组织内外部的其他人交流 |
| 顾问 | 与员工沟通组织的正式与非正式的职业发展进展状况<br>提议有益于员工的合适的培训活动<br>为员工职业发展提出合适的策略 |
| 经纪人 | 帮助员工团结那些在他们的职业生涯中需要相互帮助的人<br>帮助把员工与合适的受教育及工作机会联结在一起<br>帮助员工明确改变目前情况的障碍<br>帮助员工明确能够改变职业发展的方法 |
| 推荐人 | 指出员工存在的问题（如职业、个人情况）<br>指出适当的解决员工遇到的问题的方法<br>向员工提供和帮助寻找推荐人<br>提高所提供证明材料的有效性 |
| 支持者 | 与员工一起设计在更高管理水平上的具体问题的修正计划<br>如果管理部门的修正调整策略不成功，与员工一起制定替代策略<br>代表员工的利益与高层管理人员修正具体问题 |

（资料来源：Lioyd L. Byars 等. 2002. 人力资源管理. 李业昆译. 北京：华夏出版社.）

### 3. 人力资源经理

人力资源经理应提供培训与开发机会的信息或建议；同时，人力资源经理还应该提供专业服务，如对员工的价值观、兴趣、技能进行测评，帮助员工做好找工作的准备，并经常提供与职业相关问题的咨询。

### 4. 组织

在职业发展中组织应采取措施，创造有利于员工个人职业生涯规划开发的环境，并为员工提供成功的职业生涯规划所必需的资源。表 9.10 给出了组织在职业生涯管理中应履行的职能。此外，组织还必须对以上活动进行监督控制，以确保组织的资源不被浪费。

表 9.10  组织在职业生涯管理中应履行的职能

| 项目 | 内容 |
|---|---|
| 职业生涯研讨会 | 让员工、上司与专业人士一起讨论员工的职业计划，主题有自我评估、目标选择等 |
| 职业路径信息 | 提供有关职业与工作机会的信息，建立职业管理中心或建立信息系统，建立数据库及网址，方便员工搜寻有关职位空缺和培训计划等方面的信息 |
| 职业生涯规划手册 | 对与职业生涯规划有关的问题进行说明，通过练习和讨论等方式为员工提供指导 |
| 职业生涯咨询 | 由人力资源部职员、专门的人事咨询员或外部专家与员工就其个人岗位、职业目标、个人技能进行交流并提供建议，一起解决职业生涯问题 |
| 职业生涯发展路径 | 规划好工作序列，明确在工作领域内部和跨领域发展所必备的资格 |

### 四、职业路径

职业路径是指员工在组织支持下职业发展道路。通过它，员工可以在组织的帮助下沿着一条职位变换路线获得职业发展。此外，它通过帮助员工胜任工作，确立组织内晋升的不同条件和程序对员工职业发展施加影响，使员工的职业目标和计划满足组织的需要。

#### 1. 传统职业路径

传统职业路径又称纵向职业路径，是指在组织中员工沿职位纵向发展的路径。员工由下至上，一级接一级地从下一个职位到上一个职位进行变动，并在此过程中获得必要的技术、解决问题的能力及责任心。传统职业路径为员工设置的目标是晋升。员工的个人发展很大程度上依赖于经验积累及培训。传统职业路径包括一系列等级。这些等级是线性的，较高等级意味着较大的权力和较高的报酬。

#### 2. 横向职业路径

近年来，由于管理岗位的减少以及员工个人兴趣的变化、锻炼技能的需要，组织越来越多地采用横向调动员工职位的方法来激励员工。这种横向职业路径是指组织中各平行部门之间的职务调动。例如，由工艺工程转至采购和市场销售等。员工沿着横向技术路径发展可以使自身获得更丰富的专业技术知识及经验，增强员工可雇佣性。对组织而言，员工职业发展的横向技术路径可以激励员工接受新的挑战，增强员工对组织价值观的认同。最重要的一点是组织获得了拥有多种专业知识与技能的员工，这将大大增强企业或组织满足顾客需求的能力。

#### 3. 网状职业路径

网状职业路径，包括纵向职位序列、横向发展机会及核心方向的发展路径。在组织中职业发展道路，除垂直、水平方面运动外，还有一种非正式的、但影响颇大的运动方向，即沿"核心度"方向的运动。这是指员工虽然未获正式授职晋升，仍处于较下层级，但却通过某种获得更多的责任或上层人物的信任等方式，得以进入组织决策的核心圈层从而增大影响力。这种跨越核心圈内、外边界的运动，对员工职业发展的影响不容忽视。所谓"网状"，是指个人在组织内部的职业发展兼具上述三种方向。具体而言，在不同时期个人职业路径的方向是不同的。其缺点在于没有一条固定的职业发展路线，会使员工在职业发展上感到困惑，使他们难以确立长远的发展目标。由于员工的资质、知识、技能、学历和工作背景都不同，这使得难以对何时应该纵向发展，何时应该横向发展及何时沿核心方向发展做出决策。

#### 4. 双重职业路径

这是西方发达国家组织激励和挽留专业技术人员的一种很普遍的做法。传统的留住专业技术人员的做法是将其提拔到管理层，这种做法有严重的弊病。管理工作可能不符合某些技术人员的职业目标，强迫他们走上管理岗位，一方面，会因为无兴趣干不好管理工作；另一方面，又脱离了技术工作，使他们多年积累的技术和经验都不能发挥作用。这是人力资源的巨大浪费。

为了有效解决这一问题，双重职业生涯路径体系应运而生。这种体系提供两条或多条平等的升迁路径，包括管理路径以及技术路径。各种路径层级结构是平等的，每一个技术等级都有其对应的管理等级，不同路径中相同级别的人地位和薪水待遇是相同的。此体系的产生，不但解决了专业技术人员晋升的问题，而且使组织资源得到充分利用。没有管理兴趣或能力的专业技术人员可以在技术路径上升迁，既保证了对他们的激励，又使他们能充分发挥自己的技术特长，详见◆图 9.1∨。

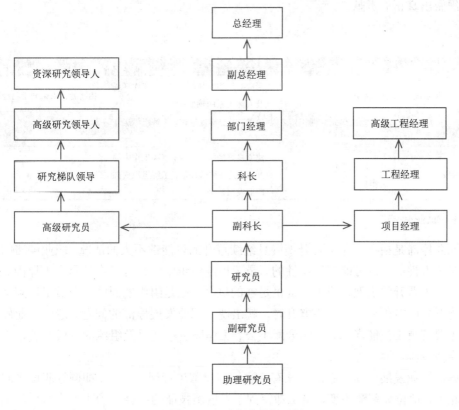

◆图 9.1 双重职业路径示例

双重职业路径体系需要管理人员、技术人员和人力资源管理人员共同参与设计。第一步要制定工作说明书，以说明管理职位和技术职位所需要的技能和绩效水平。第二步是要建立技能考核制度。技能考核制度应描述各条职业生涯路径中每种职位所需的技能，通过技能考核可以了解员工应该改进什么绩效，接受何种培训及积累什么样的经验，以达到目前职务的要求，并为将来职务晋升做准备。

五、职业生涯管理面临的问题与对策

随着社会经济发展，组织所面临的内外环境发生了重大变化，由此导致组织职业生涯管理遭遇了一些新问题，如组织社会化、职业停滞以及工作和家庭之间平衡等。

## 1. 组织社会化

组织社会化是指使新员工转变为高绩效的组织成员的过程。社会化包括三个阶段：预期社会化阶段、磨合阶段和适应阶段。各阶段的具体内容如表 9.11 所示。有效的社会化包括知晓组织的发展目标、价值观、文化传统及行为准则；熟悉组织独有的行业术语、专用技术用语和独有的俚语；学习怎样通过正式和非正式的工作关系以及组织的职能部门来获取信息；与组织其他员工建立良好的关系；有效地获取和运用工作所需的知识、技术和能力。员工只有完成社会化进程的三个阶段后，才能真正成为组织的正式员工，为组织做出真正的贡献。

表 9.11　组织社会化的三个阶段

| 阶段 | 时段 | 内容 | 关键人 |
|---|---|---|---|
| 预期社会化阶段 | 进入组织之前 | 形成对组织所从事的工作、工作环境及人际关系的预期 | 招聘者、未来同事与经理 |
| 磨合阶段 | 开始新工作到胜任工作之前 | 熟悉工作，接受培训，了解组织运作程序 | 经理与同事 |
| 适应阶段 | 开始胜任工作到完全胜任工作 | 建立良好的社会关系，解决工作中的冲突，关注绩效评估，了解组织内部职业发展机会 | 同事和经理 |

## 2. 职业停滞

职业停滞是指在工作中晋升缓慢且继续晋升的可能性不大的情况。职业停滞的原因可能是个人性的，也可能是组织性的。员工拒绝组织中的晋升机会就是个人原因。组织忽视了员工晋升的需要，或无法提供足够的机会，则是组织的原因。当员工达到某一职位，他不太可能在未来进一步晋升时，就出现了职业发展停滞的问题。造成职业停滞的原因主要有员工技能老化、组织分配不公、工作职责不清以及组织的低成长性带来的发展机会减少等。

解决职业发展停滞问题的方法有：❶组织内部进行岗位调换。即同等职位之间进行岗位轮换，地位和薪酬不变，员工却得到了发展新技能的机会。❷工作丰富化与工作扩大化。通过增加员工承担的责任，增加工作挑战性，赋予工作更多意义，给员工以更强的成就感来激励员工。❸采取措施督促员工更新知识与技能，防止老化。

## 3. 工作与家庭之间的平衡

家庭对员工有重大的意义。员工在不同的场合（工作场所、家庭）必须承担不同的角色（职员、父母、子女），因此，工作和家庭的角色很可能会发生冲突。工作需求如夜间办公、加班、出差会与家庭活动的时间安排有冲突。当员工工作角色的行为和非工作角色的行为不一致时，就会发生行为冲突，如作为一名经理，工作时必须要理性、公正而富有权威；而在与亲友相处时又要求他热情、友好、富有人情味。

组织通过制定并实施工作—家庭平衡计划，以帮助员工调和工作与家庭之间的矛盾，缓解工作家庭关系失衡而给员工造成的压力。该计划主要包括向员工提供家庭问题和压力排解的咨询服务，为员工提供弹性的工作时间和地点，创造参观或联谊等机会促进家庭成员对其工作的理解和认识，将部分福利扩展到员工家庭范围以分担员工家庭压力等。

# 第五节　案例分析

## 一、某企业职业生涯开发与管理工作流程

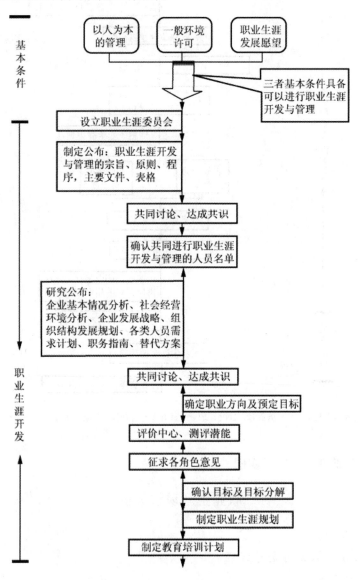

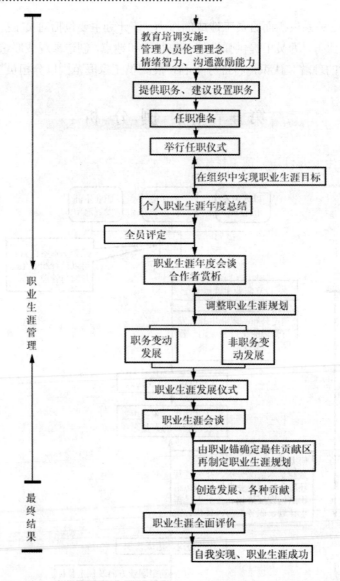

（资料来源：赵楠，施晨越. 2006. 职业生涯开发与管理操作手册. 北京：经济管理出版社. 77～78.）

## 二、某企业员工职业生涯管理实例

### 职业生涯现状分析

姓名：赵梅

职务：北京××公司副总经理

（一）职务职责

1. 负责公司质量保证体系的有效性和可持续性，并根据公司中长期及年度经营管理目标，制定相应的公司品质管理目标。

2. 负责总经理办公会报告公司质量保证体系运行情况，审批公司程序文件及作业指导书，组织开展公司质量保证体系内、外审工作。并积极策划各类品质活动，提高公司全员品质意识。

3. 负责组织相关部门对产生不合格服务的原因的调查及采取纠正和预防措施的实施，并对其有效性负责。

4. 负责公司重大质量事故的善后处理及事故原因的调查，并将调查结果和拟采取的相应措施报总经理办公会通过，最后负责跟踪措施的有效性。

5. 负责代表公司处理顾客投诉及回应，并对处理结果负责。负责公司顾客满意度及员工满意度调查后的改进提高措施及组织实施，并对其结果负责。

6. 负责对物资及其供应商、合格承包方评价的审核，并负责每年定期复查"合格"物资供应商的资质。

7. 履行品质管理办公室主任职责。

（二）职务能力要求

1. 领导能力：在改造客观世界的同时改造主观世界，加强职业修养，带领团队努力奋斗。

2. 组织能力：通过设计、指挥、协调、控制等手段，完善企业结构，明确责、权、利关系，整合人、财、物等资源优势，为整体目标服务。

3. 分析能力：通过对社会环境、行业发展，政策形式的现实把握和未来判断，为企业发展方向和目标确定提供理论依据。

4. 落实能力：将上级领导的行动计划作为自己的工作目标，制定具体的工作计划并落实完成。

5. 沟通能力：努力创造良好的沟通环境，充分有效地与上级部门、社会相关机构、企业内部、客户群体进行信息交流。

6. 综合能力：通过对企业发展趋势的分析，整合企业优势资源，为企业发展服务。

7. 预测能力：培养高度的敏感性与洞察力，运用定量预测、定性预测等方法，对企业的市场前景、内部发展、政策趋势、客户需求等方面的未来变化进行把握。

8. 创新能力：更新产品改造服务，创立新的管理模式，使企业在市场竞争中取得优势。

9. 规划能力：将企业目标进行分解，制定具体可行的行动计划，确保总体目标的实现。

10. 激励能力：人才是企业的资本，运用精神、物质激励等手段，增强企业凝聚力，激发员工潜能。

（三）现有能力及欠缺程度分析

现有能力及欠缺程度分析如表 9.12 所示。

表 9.12　职务能力分析表

| 序号 | 应具备能力 | 现具备程度 | 欠缺程度分析 | 对工作的影响 |
|---|---|---|---|---|
| 1 | 领导能力 | 80% | 整体把握不够全面 | 缺乏对决策者建设性的支持 |
| 2 | 组织能力 | 80% | 组织设计能力欠缺 | 多为量的积累，缺乏质的飞跃 |
| 3 | 分析能力 | 60% | 对现实把握不够充分 | 影响对未来发展趋势的分析效果 |
| 4 | 落实能力 | 80% | 对整体目标分解不够细致 | 导致完成结果对目标缺乏决定性的帮助 |
| 5 | 沟通能力 | 90% | 缺乏广度和深度 | 沟通略显苍白影响最终效果 |
| 6 | 综合能力 | 60% | 行业态势了解不深、知识匮乏 | 对某些业务缺乏有效的指导和监督 |
| 7 | 预测能力 | 60% | 对行业发展缺少敏感度和洞察力 | 对战略方向的制定缺少有效支持 |
| 8 | 创新能力 | 60% | 循规蹈矩缺乏跳跃性的创造思维 | 缺乏行业竞争优势 |
| 9 | 规划能力 | 60% | 对影响整体目标的分析不够全面 | 导致行动计划不够详尽、完成结果不令人满意 |
| 10 | 激励能力 | 80% | 激励手段运用缺乏实践性 | 不能及时发现和激发员工的潜能 |

## （四）改进方法及实现时间

改进方法及实现时间如表 9.13 所示。

表 9.13　职务能力提升计划表

| 序号 | 需重点提升能力 | 提升方法 | 具体措施 | 时间安排 |
|---|---|---|---|---|
| 1 | 分析能力 | 学习、培训、研讨、交流 | 加强行业沟通，向业界知名人士请教；系统学习行业理论，到优秀企业学习参观，增强感性认识 | 持续学习，每年 2 次交流，4 次参观 |
| 2 | 综合能力 | 拓宽知识层面、重点研究与机械及服务业有关的业务 | 制定个人 5 年读书计划，每年读专业书籍不少于 8 册，社会书籍不少于 4 册；5 年后开始个人著书 | ××年×月起 |
| 3 | 预测能力 | 把握政策、了解市场、掌握规律 | 通过网络、媒体及专业刊物了解政策，通过考察调研了解市场，通过总结、分析、交流把握规律 | 每年 2 次政策学习，每年 4 次总结分析 |
| 4 | 创新能力 | 学习先进经验、勇于实践，但应规避风险 | 在学习先进的基础上发挥创造，举一反三，重点实践，全面推广 | 每月总结分析，每 2 个月制定一项管理新举措 |
| 5 | 规划能力 | 加强沟通、取长补短、源于实践、杜绝闭门造车 | 定期学习交流，集思广益，总结经验反思不足，找出差距细化工作 | 每月 1 次内部专业交流会，总结修正目标计划 |

（资料来源：赵楠，施晨越. 2006. 职业生涯开发与管理操作手册. 北京：经济管理出版社. 79～81.）

# 练 习 题

## 一、单项选择题

1. 职业生涯规划最初是组织运用一定方法制定计划以满足（    ）的需求。
   - A. 企业增长利润
   - B. 员工追求满意职业
   - C. 企业降低成本
   - D. 员工薪酬提高

2. 在职业生涯划分的四个阶段中，（    ）是个人通过多种渠道（如家人、朋友、老师、同学等）搜集关于职业、岗位的信息。
   - A. 探索阶段
   - B. 立业阶段
   - C. 维持阶段
   - D. 离职阶段

3. 在职业生涯划分的四个阶段中，（    ）是大多数人职业生涯的核心阶段。在该阶段，个人会在组织中找到适合自己的位置，而且在岗位岗位上努力做出贡献，使自身不断成才、发展，以充分实现自我价值。
   - A. 探索阶段
   - B. 立业阶段
   - C. 维持阶段
   - D. 离职阶段

4. 在职业生涯划分的四个阶段中，处于（    ）的员工关注自身知识、技能的更新、提高，期望在职业方面获得永久性的发展。
   - A. 探索阶段
   - B. 立业阶段
   - C. 维持阶段
   - D. 离职阶段

5. 在职业生涯划分的四个阶段中，处于（    ）的员工主要是准备退休。对组织而言，该阶段主要是制定并实施退休计划和合理分流。
   - A. 探索阶段
   - B. 立业阶段
   - C. 维持阶段
   - D. 离职阶段

6. 在职业生涯划分的四个阶段中，（    ）员工主要关心的是岗位中的成长、发展和晋升。
   - A. 探索阶段
   - B. 立业阶段
   - C. 维持阶段
   - D. 离职阶段

7. 职业锚理论是由美国管理学家（    ）提出的。
   - A. 加里·德斯勒
   - B. 霍兰德
   - C. 舒尔茨
   - D. 施恩

8. 施恩提出（    ）种"职业锚"。
   - A. 四
   - B. 五
   - C. 六
   - D. 七

9. 美国著名职业指导专家（    ）提出人业互择理论。该理论依据一定标准将性格与职业分别划分为不同的类型，依次为现实型、研究型、艺术型、社会型、企业型、传统型共6种基本类型。
   - A. 霍兰德
   - B. 加里·德斯勒
   - C. 舒尔茨
   - D. 施恩

10. （    ）路径是员工由下至上，一级接一级地从下一个职位到上一个职位进行变动，并在此过程中获得必要的技术、解决问题的能力及责任心。
   - A. 传统职业路径
   - B. 横向职业
   - C. 网状职业
   - D. 双重职业

11. （　　）是指组织中各平行部门之间的职务调动。

    A. 传统职业路径                B. 横向职业路径

    C. 网状职业路径                D. 双重职业路径

12. （　　）是指员工虽然未获正式授职晋升，仍处于较低层级，但却通过某种获得更多的责任或上层人物的信任等方式，得以进入组织决策的核心圈层从而增大影响力。

    A. 传统职业路径                B. 横向职业路径

    C. 网状职业路径                D. 双重职业路径

13. （　　）是提供两条或多条平等的升迁路径，包括管理路径以及技术路径。各种路径层级结构是平等的，每一个技术等级都有其对应的管理等级，不同路径中相同级别的人地位和薪水待遇是相同的。

    A. 传统职业路径                B. 横向职业路径

    C. 网状职业路径                D. 双重职业路径

14. 西方发达国家组织激励和挽留专业技术人员的一种很普遍的做法是（　　）。

    A. 传统职业路径                B. 横向职业路径

    C. 网状职业路径                D. 双重职业路径

15. 在职业生涯管理中（　　）扮演着重要角色，要对职业生涯承担主要责任。

    A. 组织                        B. 直接上司

    C. 员工个人                    D. 人力资源经理

16. 个人在进行职业生涯规划中，受其自身及周围环境的共同影响。属于个人自身方面影响因素的是（　　）。

    A. 教育背景      B. 社会文化      C. 习俗      D. 机会

17. 根据职业生涯规划的定义，职业生涯规划首先要对（　　）进行分析。

    A. 环境      B. 自我      C. 职业选择      D. 设定职业生涯目标

18. 下列对职业生涯表述正确的是（　　）。

    A. 以获取报酬为目的进行岗位选择      B. 又称职业发展

    C. 又称职业计划                D. 职业生涯具有稳定性

19. 下列对职业表述正确的是（　　）。

    A. 人们所从事的相对稳定的、以获取报酬为目的的专门岗位

    B. 是一个人在一生中遵循一定途径选择岗位的历程

    C. 具有阶段性特点

    D. 具有互动性特点

20. 以下不属于职业生涯特点的有（　　）。

    A. 相对稳定性      B. 阶段性      C. 互动性      D. 整合性

21. 在职业生涯划分的四个阶段中，立业阶段的年龄大约在（　　）。

    A. 30 岁以下    B. 30～45 岁之间    C. 46～60 岁之间    D. 60 岁以上

22. 早期职业生涯阶段所关心的首要问题是（　　）。

    A. 选择职业                    B. 开辟更宽的职业出路

    C. 确定生涯发展的行程和目标      D. 得到岗位

23. 独特性是（　　）的特点。

　　A. 职业　　　　　　B. 职业生涯　　　C. 职业生涯规划　D. 职业通道

24. 职业生涯选择理论有（　　）等。

　　A. 霍兰德人业互择理论　　　　　　B. 施恩的职业锚理论

　　C. 人生三大周期理论　　　　　　　D. 职业生涯系留点理论

25. 职业生涯管理（　　）。

　　A. 就是职业生涯规划

　　B. 可鞭策个人努力工作

　　C. 是组织和个人相互结合的连续互动过程

　　D. 注重职业生涯路线的选择

26. 在职业生涯管理中人力资源经理的角色之一是（　　）。

　　A. 了解存在哪些学习和培训机会

　　B. 传授特定的、与岗位有关的技术上的技能

　　C. 为员工提供成功的职业生涯规划所必需的资源

　　D. 为员工提供专业服务（价值观、兴趣、技能的测评）

27. 在职业生涯管理中组织的角色之一是（　　）。

　　A. 了解存在哪些学习和培训机会

　　B. 传授特定的、与岗位有关的技术上的技能

　　C. 为员工提供成功的职业生涯规划所必需的资源

　　D. 为员工提供专业服务（价值观、兴趣、技能的测评）

28. 在职业生涯管理中直接上司的角色是（　　）。

　　A. 自省者　　　　　B. 辅导员　　　　C. 活动组织者　　D. 测评者

29.（　　）体系提供了两条或多条平等的升迁路径，包括管理路径、技术路径。

　　A. 双重职业路径　　　　　　　　　B. 传统职业路径

　　C. 横向职业路径　　　　　　　　　D. 网状职业路径

30.（　　）包括纵向职位序列、横向发展机会及核心方向的发展路径。

　　A. 双重职业路径　　　　　　　　　B. 传统职业路径

　　C. 横向职业路径　　　　　　　　　D. 网状职业路径

## 二、多项选择题

1. 职业生涯规划，是指组织和员工个人为实现个人和组织的共同成长和发展，在对个人职业生涯的影响因素分析的基础上，共同制定员工个人事业发展战略及具体计划安排的活动或过程。以下属于职业生涯特点的有（　　）。

　　A. 独特性　　　　　B. 时代性　　　　C. 阶段性

　　D. 整合性　　　　　E. 互动性

2. 在职业生涯中的不同时期会有不同的需要，根据人在职业生涯中普遍遇到的典型问题和不同经历，可以将职业生涯划分为若干个不同的阶段。四分法将职业生涯划分为四个阶段，包括（　　）。

A. 探索阶段　　　　B. 立业阶段　　　　C. 维持阶段　　　　D. 离职阶段

3. 个人的职业生涯中，要进行自我变革就必须进行职业生涯规划。它是员工自觉进行自我管理的有效工具，具体而言，其作用有（　　　）。

A. 确定个人职业目标及路径　　　　B. 取得合理经济报酬

C. 引导个人发挥潜能　　　　D. 评估当前岗位成绩

4. 从组织角度来说，职业生涯规划主要是组织对员工职业生涯的管理，通过对员工职业生涯的管理，不但能保证组织未来人才的需要，而且能使组织中的人力资源得到有效的开发。职业生涯规划对组织的作用主要有（　　　）。

A. 保证组织未来人才的需要　　　　B. 确保组织留住优秀人才

C. 使组织人力资源得到有效开发　　　　D. 提高考核精确度

5. 人既具有社会属性，又具有生物属性，因此人生三大周期理论认为人的一生要经历除职业生涯周期以外的其他周期和阶段，它们是（　　　）。

A. 生物周期　　　　B. 家庭周期　　　　C. 社会周期　　　　D. 学习周期

6. 职业锚理论由美国著名职业指导专家霍兰德提出。该理论依据一定标准将性格与职业分别划分为不同的类型，除企业型、艺术型之外还有（　　　）。

A. 伦理型　　　　B. 研究型　　　　C. 社会型　　　　D. 传统型

7. 气质是人的心理活动的动力特征。这主要表现在心理过程的强度、速度、稳定性、灵活性及指向性上。传统上，人们一般把气质分为（　　　）。

A. 多血质　　　　B. 黏液质　　　　C. 高胆质　　　　D. 抑郁质

8. 个人在进行职业生涯规划时，不是盲目进行的，它是由其自身条件及周围环境共同影响的结果。具体而言这些因素包括（　　　）。

A. 个人自身方面　　B. 社会环境　　C. 组织环境　　D. 企业效益

9. 职业生涯设计步骤由多个步骤组成，除自我分析、环境分析、职业选择以外，其他步骤是（　　　）。

A. 目标抉择　　　　B. 职业生涯路线的选择

C. 制定行动规划与措施　　　　D. 评估与调整

10. 正确保持个人的职业是重要的。这就要求个人在职业生涯中努力做到自我管理。职业保持需要（　　　）。

A. 不断学习　　　　B. 重视沟通　　　　C. 善于理财　　　　D. 决策果断

11. 职业生涯管理中的有关人员有（　　　）。

A. 员工个人　　　　B. 直接上司

C. 人力资源管理者　　　　D. 组织

12. 职业路径是指员工在组织支持下的职业发展道路。通过它员工可以在组织的帮助下沿着一条职位变换路线获得职业发展。职业路径类型有（　　　）。

A. 传统职业路径　　　　B. 横向职业路径

C. 网状职业路径　　　　D. 扁平职业路径

13. 随着社会经济发展，组织所面临的内外环境发生了重大变化，由此导致组织职业生涯管理遭遇了一些新问题，这些问题有（　　）。

    A. 组织社会化             B. 职业停滞

    C. 岗位和家庭之间的平衡    D. 企业破产

14. 组织社会化，是指新员工转变为高绩效的组织成员的过程。组织社会化包括的阶段有（　　）。

    A. 预期社会化阶段         B. 磨合阶段

    C. 适应阶段               D. 自我实现阶段

15. 职业停滞，是指在岗位中晋升缓慢且继续晋升的可能性不大的情况。造成职业停滞的原因主要有（　　）。

    A. 员工技能老化         B. 组织分配不公

    C. 岗位职责不清         D. 组织的低成长性

16. 解决职业发展停滞问题的方法有（　　）。

    A. 组织内部岗位调换      B. 岗位丰富与扩大化

    C. 合理裁员              D. 更新员工知识与技能

17. 职业是（　　）。

    A. 人们在社会生活中所从事的基本稳定的并获取报酬的专门岗位

    B. 人们谋生的手段

    C. 人的自然角色

    D. 个人存在价值的社会证明

18. 下列表述正确的有（　　）。

    A. 狭义的职业生涯是其上限从 0 岁人生起点开始

    B. 职业生涯不涉及成败、进步速度等主观价值判断

    C. 职业生涯受个人主观选择与社会客观因素共同影响

    D. 内职业生涯是指一个人一生岗位经历中所包括的一系列活动和行为，它反映了职业生涯的客观特征

19. 下列表述错误的是（　　）。

    A. 员工必须独立自主地建立自己的职业生涯体系，不断接受挑战、提高自身素质，最终实现个人职业生涯目标

    B. 职业生涯规划是指对员工的职业生涯的计划和安排

    C. 职业生涯规划的主体是组织，员工必须遵循组织为其制定的发展道路前进，只有这样才能实现"双赢"

    D. 员工在职业生涯管理中扮演着重要角色，要对自己的职业生涯承担主要责任

20. 关于职业生涯发展阶段的划分，下列说法中正确的有（　　）。

    A. 根据人在职业生涯中普遍遇到的典型问题和经历不同，可将职业生涯划分为若干个不同的阶段

    B. 处于立业阶段的员工关注自身知识、技能的更新、提高，期望在职业方面获得永久性的发展

C. 四分法将职业生涯划分为职业探索、立业、维持和离职四个阶段

D. 在探索阶段，个人常不满足于某种固定的岗位，岗位调换频繁，流动率较高

21. 职业生涯规划对个人的作用有（　　）。

    A. 使组织人力资源得到有效开发    B. 评估当前的岗位成绩

    C. 鞭策个人努力工作    D. 确保组织留住优秀人才

22. 下列关于职业锚理论的论述正确的有（　　）。

    A. 由美国管理学家施恩教授提出

    B. 所谓职业锚是指一种编组并指导、制约、稳定和整合个人职业决策的职业自我观

    C. 施恩给出了职业锚的自我评价方法

    D. 技术型职业锚是指能在信息不全情况下，分析解决问题，善于影响、监督、率领、控制组织成员

23. 下列关于职业生涯选择理论的表述，错误的是（　　）。

    A. 人业互择理论由美国著名职业指导专业霍兰德提出

    B. 对于某些职业来说，气质成为最主要的决定因素

    C. 现实型性格偏好那些能够影响他人和获得权力的活动

    D. 该理论认为人的性格是中性的，无好坏之分

24. 职业生涯规划的影响因素主要有（　　）。

    A. 机遇

    B. 个人的需求、心理动机及兴趣爱好

    C. 社会环境

    D. 家庭

25. 员工职业生涯设计的一般步骤包括（　　）。

    A. 个人分析    B. 组织决定    C. 职业选择    D. 行动计划

26. 进行职业保持要注意（　　）。

    A. 不断学习    B. 重视沟通

    C. 重视生活的其他方面    D. 不断"跳槽"

27. 职业生涯管理是（　　）。

    A. 主要为实现组织的目标

    B. 组织提供的用于帮助员工的行为过程

    C. 组织和个人相互结合的连续互动过程

    D. 组织的单方行动

28. 关于职业生涯管理与员工培训的关系，下列说法中正确的有（　　）。

    A. 相对培训而言，职业生涯管理包含着更广的含义

    B. 职业生涯管理可以是培训的方式和手段之一

    C. 职业生涯管理是整个组织的行为，培训仅是员工自身的行为

    D. 职业生涯管理为员工的培训和员工的自我教育提供了基础

29. 直接上司在下属的职业发展中可能扮演的角色是（　　）。

　　A. 沟通者　　　　B. 评价者　　　　C. 支持者　　　　D. 指挥者

30. 职业路径（　　）。

　　A. 主要有纵向、横向、双重及网状等形式

　　B. 主要表现为员工在组织的帮助下沿着一条职位变换路线获得职业发展

　　C. 网状职业路径是西方发达国家组织激励和挽留专业技术人员的一种普遍做法

　　D. 指员工在组织支持下的职业发展道路

31. 下列关于职业路径的表述，错误的是（　　）。

　　A. 网状职业路径是西方发达国家组织激励和挽留专业技术人员的一种普遍做法

　　B. 双重职业路径包括纵向职位序列、核心方向的发展路径

　　C. 传统职业路径又称纵向职业路径，是指在组织中员工沿职位纵向发展的路径

　　D. 横向职业路径是指组织中各平行部门之间的职务调动

32. 组织社会化（　　）。

　　A. 指使新员工转变为高绩效的组织成员的过程

　　B. 磨合阶段指开始胜任岗位到完全胜任岗位这一时段

　　C. 包括三个阶段：预期社会化阶段、磨合阶段和适应阶段

　　D. 是随着社会经济发展，组织所面临的内外环境发生重大变化后产生的新问题

33. 下列说法中正确的有（　　）。

　　A. 组织社会化，是指使新员工转变为高绩效的组织成员的过程

　　B. 职业停滞，是指在岗位中晋升缓慢且继续晋升的可能性不大的情况

　　C. 职业停滞的原因主要是个人的

　　D. 组织通过制定并实施岗位—家庭平衡计划，以帮助员工调和岗位与家庭之间的矛盾

34. 根据职业生涯规划的发展阶段，对职业生涯进行分类的方法有（　　）。

　　A. 二分法　　　B. 三分法　　　C. 四分法

　　D. 五分法　　　E. 六分法

### 三、名词解释

1. 职业　　　　　2. 职业生涯　　　　3. 职业生涯规划
4. 职业锚　　　　5. 职业生涯管理　　6. 职业路径
7. 组织社会化　　8. 职业停滞

### 四、简答题

1. 职业生涯具有什么特点？
2. 职业生涯规划的主要内容包括哪些？
3. 职业生涯发展一般可分为哪几个阶段？各有何特点？各阶段组织要做哪些方面的工作？

4. 在职业生涯发展的各阶段，员工对任务的需求有哪些？

5. 职业生涯规划对员工个人、对组织有何作用？

6. 简述职业锚理论。

7. 试述职业生涯选择理论。

8. 简述霍兰德人业互择理论。

9. 试述气质与职业匹配理论。

10. 典型的职业路径有哪几类？

11. 个人如何设计职业生涯规划？

12. 职业生涯管理有何作用？

13. 人生三大周期是什么？请对其进行简述。

14. 个人的职业生涯规划有哪些影响因素？

# 社会保障制度

**10**

## 知识目标

■ 了解建立社会保障制度的基本原则;
■ 掌握社会保障制度的含义和特点;
■ 掌握我国社会保障制度的基本内容;
■ 理解建立新型社会保障制度的意义。

## 案例导入

### 社会保险费可以直接发给员工吗

2007 年年初,某电子有限公司因开发一新项目,就通过猎头公司从外地高薪聘请了资深软件开发工程师王先生,月薪 18 000 元。王先生一到任,小岳就根据有关规定为其办理了社会保险登记手续。然而,在发放第一个月工资时,王先生看到自己的养老、失业、大病统筹保险费等项目竟被扣掉 600 多元时,就找到小岳,提出不愿缴纳社会保险费,放弃社会保险的权利。王先生解释说,自己现在还不到 30 岁,离法定退休还有 30 多年,谁知道将来的社会保险会是什么样子?并且,像自己这种情况,即使不参加社会保险,也不必担心将来的养老问题,失业一说就更不存在了。在王先生的一再坚持下,小岳同意不再为王先生缴纳社会保险费,还将公司应当缴纳的部分发给了王先生本人。

但是为了"保险"起见,小岳让王先生写了一份申请书,内容是王先生主动放弃参加社会保险的权利,并将有关社会保险费用支付给本人。在王先生的带动下,公司又有 4 名员工主动提出退保,要求将有关费用发给个人。小岳经请示公司后,一一予以批准。孰料,该做法实施不到 3 个月,就被逮个正着,劳动监察部门不但要求该公司在规定的时间内进行整改,还必须补缴前 3 个月的社会保险费。

# 第一节 社会保障制度概述

社会保障是社会发展到一定历史阶段人的必然需求。社会保障制度是工业社会的产物，是人类社会文明进步的表现。18 世纪欧洲产业革命爆发，机器大生产取代手工生产方式之后，在全社会范围内建立安全保障体系才有了可能，并成为现实。在将近 200 年的历史长河里，社会保障制度从一棵弱小的幼芽，到形成、发展为一项社会安全体系，经历了若干历史阶段；同时，世界大多数国家已逐步建立了较为完善的社会保障体系。

社会保障制度是为了保障劳动者的基本权利而设立的。建立新型的社会保障制度是市场经济发展的客观需要，也是维护劳动者合法权益、实现社会安定的根本性措施。社会保障制度的建立具有重大历史意义和现实意义。

## 一、社会保障制度的基本含义

关于社会保障制度的定义，在世界各国的政策文献和有关论著中的具体表达方式不尽相同，各国都依据自己的特点和认识来描述社会保障制度的含义。但就一般而言，可以表述为：社会保障制度是以国家或政府为主体，依据法律规定，通过国民收入再分配，对公民在暂时或永久失去劳动能力以及由于各种原因生活发生困难时给予物质帮助，保障其基本生活的制度。

而国际劳工组织的定义是：社会通过一系列公共设施，为其成员提供保护，以防止因疾病、产期、工伤、失业、年老和死亡致使停止或大量减少收入造成的经济和社会困难；提供医疗、为有子女的家庭提供补助金。

我国对社会保障的定义是：国家和社会根据立法，对由于社会和自然等原因造成生活来源中断的社会成员给予一定的物质帮助，从而保证其依法赋予的基本生活权利，维系社会稳定的社会安全制度。在理解和掌握社会保障制度这一定义时应注意以下五个方面：

❶ 社会保障的对象是社会的全体成员。它既包括聋哑伤残、鳏寡孤独的不幸者，也包括遭遇生、老、病、死等风险的全体社会成员。

❷ 社会保障的物质基础是一定时期的国民收入。

❸ 社会保障制度的主体是国家、社会。任何个人、单位和团体都不能扮演社会保障的角色。

❹ 社会保障制度的实施方式是由国家立法加以保护，使其成为国家和社会的一种责任和制度。

❺ 社会保障制度的主要功能是建立以社会化为标志的生活安全网。以此来消除市场经济建立过程中产生的社会不安定因素，防止社会动荡。

每一个劳动者，在其一生中总会遇到如生、老、病、死、伤、失业等风险，承担这些风险，除了靠个人和家庭的力量外，还必须依赖国家举办的社会保障制度。既然社会保障的对象是全体社会成员，那么它必然牵动着千家万户，涉及每个公民的切身利益。

## 二、社会保障制度的基本内容

社会保障制度一般包括社会保险制度、社会救助制度、社会福利制度和社会优抚制度等内容。

### 1. 社会保险

所谓社会保险，是指国家通过法律强制实施，为工薪劳动者在年老、疾病、生育、失业以及遭受职业伤害的情况下，提供必要的物质帮助。社会保险是社会保障制度中最基本、最核心的内容，它主要包括养老保险、医疗

> **小资料**
>
> 在我国，党的十四届三中全会通过的《中共中央关于建立社会主义市场经济体制若干问题的决定》指出："建立多层次的社会保障体系……社会保障体系包括社会保险、社会救济、社会福利、优抚安置和社会互助、个人储蓄积累保障。"十六届六中全会提出：到2020年要基本建立社会保险、社会救助、社会福利、慈善事业相衔接的覆盖城乡居民的社会保障体系。

保险、失业保险、工伤保险、生育保险和疾病、伤残、遗属津贴，即"五大保险"和"三种津贴"。保险的对象是正在劳动或不能再劳动的劳动者。社会保险属于政府举办的政策性保险，是社会保障体系的核心部分。

### 2. 社会救助

所谓社会救助，是指政府对生活在社会基本生活水平以下的贫困地区或贫困居民所给予的基本生活保障。社会救助的主要对象是孤老、孤儿、无赡养人又无劳动能力的残疾人以及因某些原因造成生活困难的人等。社会救济历来被看作是政府或社会团体帮助经济困难者解决生活困难的一项重要措施。社会救济是属于低层次的社会保障。我国目前的社会救济包括两种：一是对长期无法解决生活困难的社会贫困成员的定期救助；二是对遭受意外灾害的社会成员的临时救助。

### 3. 社会福利

所谓社会福利，是指政府为社会成员举办的各种公益性事业及为各类残疾人、生活无保障人员提供生活保障的事业。换句话说，是指除工资、社会救济以外，社会（包括企业、事业单位）为其成员提供的各种福利性补贴、举办的各种福利事业的总称。

社会福利一般包括：❶员工福利（如兴办各种集体福利设施，食堂、浴室、理发室、图书馆、俱乐部、托儿所等；建立各种补贴：取暖费、冷饮费、交通费等以及组织业余文化娱乐活动等）。❷公共福利（如国家和社会有关部门兴办社会文化教育卫生事业及市场建设、服务网点、社会服务等）。❸特殊福利（如政府或团体为残疾人举办的福利工厂、孤儿院、养老院等）。

### 4. 社会优抚

所谓社会优抚，是指政府对军属、烈属、复员转业军人、残废军人所实行的优待抚恤制度；也包括对因公致残或牺牲的英雄模范人物及其家庭给予的物质上的帮助或照顾。社会优抚是一种特殊的社会保障方式。

### 三、建立社会保障制度的基本原则

#### 1. 有利于社会生产和保障基本生活并重原则

有利于社会生产是指过高的社会保障水平会造成政府负担过重（社会保障制度所需资金是国民收入的一部分），进而影响社会生产发展，而社会生产的发展又是进行社会保障的物质基础。保障基本生活是指保障社会成员的最基本生活，是建立社会保障制度的最直接的目的。过低的社会保障水平会损害劳动者的积极性。因此，要正确处理好既要有利于社会生产，又要保障社会成员基本生活的关系。

#### 2. 权利和义务相统一原则

在社会保险方面，劳动者既有获得社会保障权利的一面，又有履行缴纳社会保险费义务的一面。劳动者应该在履行规定义务的前提下，享有获得社会保险待遇的权利，做到权利和义务的统一。每一个劳动者都应认识到：社会保障所需费用要由国家、单位和个人共同承担。单位和个人都有依法缴纳社会保险费的义务。如我国的养老保险制度，采取的就是基本养老保险、企业补充养老保险和个人储蓄养老保险相结合的方式。又如，我国的医疗保险制度实行的是国家、单位、个人三方面合理负担的原则。社会保险体现了这一原则。对那些有能力履行义务而不履行者，社会有权利把他们排除在社会保险之外。当然，对那些没能力参加社会保险或生活在贫困线以下的人，则可由国家出面给予必要的社会救助。

#### 3. 福利原则

社会保障的福利原则是指社会和国家要保证全体社会成员个人及其家庭的基本生活需要，乃至提高生活水平。

#### 4. 普遍原则

社会保障的对象是全体公民，这是出社会保障社会化的特点和作为社会安全网的作用所决定的。凡是社会成员都应平等地享有社会保障的权利，这是社会保障制度的一项重要原则。

#### 5. 公平与效率相结合原则

保证公平，即在社会保障制度下，每一个社会成员或劳动者，在失去生活来源或收入极低时，应有获得基本生活资料的权利。这也是社会保障在高低收入之间进行再分配的功能。同时要考虑效率，特别是实施社会保险制度，在劳动者缴纳保险费以及享受社会保险待遇时，都要与自己的劳动收入挂钩，体现差别。

### 四、社会保障制度的作用

社会保障是现代社会的一项基本制度，是市场经济运行的必要条件，是市场经济的重要组成部分。具体而言，社会保障制度的作用可以概括为以下几个方面：

**❶** 社会保障是促进和保证经济发展的一个关键因素。

**❷** 社会保障是减少贫困、改善生活和促进社会进步的重要工具。

**❸** 社会保障是实现社会收入再分配、促进社会公平的手段。

**❹** 社会保障是促进经济稳定发展的"调节器"。

**❺** 社会保障是经济体制改革的"稳定器"、"安全网"。

**❻** 社会保障是促进社会精神文明进步的基础。

# 第二节　社会保障基金

## 一、社会保障基金的概念及分类[①]

基金是指通过国民收入的分配和再分配形成的具有特定用途的资金。国民收入中用于社会成员基本生活的资金，就是社会保障基金。具体来讲，社会保障基金是指为实施各项社会保障制度，通过法定的程序，以各种方式建立起来的用于特定目的的货币资金。

要把社会保障事业作为一种社会政策推行下去，没有丰厚的社会保障基金是不可想象的。社会保障金主要掌握在政府或其委托的社会组织手中，通过特定的方式，帮助那些暂时或永久丧失劳动能力以及那些需要得到社会帮助的公民。社会救助基金、社

> **小资料**
>
> 《社会保险法》（2010年10月28日通过）第七十一条规定：国家设立全国社会保障基金，由中央财政预算拨款以及国务院批准的其他方式筹集的资金构成，用于社会保障支出的补充、调剂。全国社会保障基金由全国社会保障基金管理运营机构负责管理运营，在保证安全的前提下实现保值增值。

会保险基金、社会福利基金和社会优抚基金各自的来源与形成方式不同。社会保险基金又由基本养老保险基金、基本医疗保险基金、失业保险基金、工伤保险基金、生育保险基金等构成。

根据不同的标准，社会保障基金可分为不同种类。

1. 按基金运营管理方式分类

按基金运营管理方式分，社会保障基金可分为财政拨款形成的社会保障基金、强制性征缴形成的社会保障基金和多元组合形成的社会保障基金。

（1）财政拨款形成的社会保障基金

财政性社会保障基金直接来源于国家经常性预算和财政拨款而形成，其结构和功能通常取决于国家的社会保障规模及财政体制与相关社会保障制度的结合程度。一般情况下，社会救助基金、社会福利基金和社会优抚基金以国家财政拨款为主导，甚至完全由国家财政拨款形成。社会保险基金则因体制不同会有所区别：部分国家其基金通过税收的形式缴纳形成，纳入国家财政预算，属于财政性社会保障基金，部分国家以缴费方式

---

① 孙光德，董克用主编，《社会保障概论》（第三版），中国人民大学出版社，2008.12.

形成，不属于财政性社会保障基金。由此可以看出，政府总是社会保障制度的直接责任者。

（2）强制性征缴形成的社会保障基金

强制性征缴形成的社会保障基金是政府依照社会保障或相关立法，强制要求用人单位、员工或规定范围的国民按规定的费率缴纳社会保障费（税）形成的社会保障基金。任何单位、个人不得以任何理由拒绝缴纳这个费用，否则属于违法。强制性征缴形成的社会保障基金主要是社会保险基金，国家也要给予一定的资助，是国家、单位、个人在社会保险方面责任共担机制的具体表现。

（3）多元组合形成的社会保障基金

多元组合形成的社会保障基金是国家和政府通过多种渠道筹集到的社会标准基金。这些渠道主要有国家财政拨款、社会服务收费、接受社会捐赠、发行福利彩票等。社会福利基金是多元组合形成的社会保障基金的典型代表。

2. **按社会保障项目的专门用途及其功能分类**

按社会保障项目的专门用途及其功能分，社会保障基金可分为社会救助基金、社会保险基金、社会福利基金和社会优抚基金。

（1）社会救助基金

社会救助基金是国家和社会用于对无劳动能力的人或因自然灾害的原因造成生活困难的人，为维持其最低生活水平而向其提供的援助基金。资金一般来源于国家财政（中央、地方）、社会团体及个人捐赠，国家财政预算始终占绝大比重。民间捐赠主要用于那些急需得到帮助的人们。

（2）社会保险基金

社会保险基金是指为了实施各项社会保险制度，按照国家法律、法规，通过社会力量，而筹集建立的专项基金，按社会保险险种分别建账、分账核算，专款专用。社会保险基金是社会保障基金中最主要的部分。资金来源于国家、单位和个人，是本章研究的主要内容。

（3）社会福利基金

社会福利基金是国家和社会用于保障和维持社会成员一定的生活质量，满足其物质和精神生活的基本需要而提供设施和相应服务的基金。在广泛的社会保障中，社会福利具有高层次保障的意义。基金主要来源于中央和地方财政，用于资助为老年人、残疾人、孤儿、革命伤残军人等特殊群体服务的社会福利事业，帮助有特殊困难的人，支持社区服务、社会福利企业和其他社会公益、慈善事业的发展；用于对老化、陈旧社会福利设施和社会福利事业单位的维修和更新改造予以适当资助；用于对公众关注、有利于弘扬社会主义精神文明、能体现扶弱济困宗旨的其他社会公益事业给予适当资助。按规定投放的社会福利基金，必须专款专用，任何单位和个人不得以任何形式挤占和挪用。

（4）社会优抚基金

社会优抚基金是国家和社会筹集的用于按照规定对法定的优抚对象，提供确保其一定生活水平的带有褒扬和优待抚恤的特殊社会保障基金。目前各国社会优抚资金的来源有：❶国家财政拨款；❷社会募集统筹；❸个人投保。我国优抚资金主要来源于财政拨款，资金的管理使用由各级政府的民政部门及基层政府派出机构的有关部门负责。国家财政划拨的社会优抚经费的使用范围是：牺牲病故抚恤费、残废抚恤费、烈军属及复员退伍军人的生活补助费、退伍军人安置费、优抚事业单位经费、集体优抚事业单位补助费、烈士纪念建筑物管理及维修费等。

此外，保障基金还有一部分补充基金，如企业年金、企业补充医疗保险基金、社会互助保障基金、个人储蓄积累保障基金等。

## 二、社会保障基金的特征

（1）法定性

社会保障基金是依据国家法律、法规设立的，严格按照法律的规定筹集、运营、管理和使用。任何单位和个人都不得逃避缴纳保障费用的责任，保证社会保障基金来源的稳定。社会保障基金要依法合理使用，不得挪用、占用。

（2）目的性

社会保障基金是专项基金，必须专款专用，必须根据特定的用途筹集、运用和管理。特别是社会保险基金，它是劳动者在遇到生、老、病、死、伤残、失业等风险后，赖以生存的物质基础，是他们的"养命钱"。所以，各项保障基金都必须专门设立，并保证专款专用。

（3）基础性

社会保障基金是社会保障制度得以顺利推行的物质基础。社会保障制度建立的目的非常明确：对失去生活来源者、遭遇不幸者、贫者提供救助，保障其最低生活水平，保证其生存权利；保障劳动者在遇到生、老、病、死、伤残、失业等风险后，维持其基本生活水平；保障全体公民改善生活水平、提高生活质量；对军人及其家属、烈属、生活困难的退伍者进行优待、抚恤，解除军人的后顾之忧。没有或缺乏足够的保障资金，上述目的的实现都将成为一句空话，社会保障制度也将形同虚设。

（4）互济性

在国民收入的分配与再分配中，社会保障费用由国家、用人单位和个人三方共同负担，基金来源于社会统筹，用于社会成员，体现了"一人为众，众人为一"的互助互济性。

（5）政府干预性

社会保障基金的筹集、精算、测定都体现了政府应承担的社会保障责任。这种责任不仅体现在三方负担的筹资方式和出资比例上，而且体现在政府以隐性债务方式承担的劳动者代际收入在分配的责任。根据这一特点，一方面，基金的运营不能完全任由市场波动，而必须由政府给予宏观指导并承担最后无限责任。另一方面，通过专门的渠道和方式筹措的基金，运用法律的形式保证，必须专门用于社会成员的生活保障，不能挪作他用。

## 三、社会保障基金的筹集

社会保障基金主要包括社会保险基金、社会救助基金、社会福利基金和社会优抚基金等。社会救助基金、社会福利基金和社会优抚基金，主要来源于国家财政预算，还有一部分社会筹资，社会筹资的渠道主要有社会捐赠和发行彩票，以及其他渠道，如社会福利服务收费、基金运营收益，发行特种国债、国际援助等。所以，社会保障基金筹集，实则主要指社会保险基金的筹集。

社会保险基金筹集，是指由专职的社会保险管理机构按照法律规定的比例和计征对象征收社会保险费（税）的一种行为，是社会保险制度的核心内容，是首要环节。

### 1. 筹集渠道

一般来说，投保制的国家，社会保险基金由个人、用人单位、政府三方共同负担。用人单位定期缴纳，按用人单位职工工资总额和当地政府规定的比例在税前提取，由用人单位开户银行按月代为扣缴，逾期不缴，按规定加收滞纳金，滞纳金并入社会保险基金。这是社会保险基金的主要组成部分。

❶ 职工个人定期缴纳。按照职工工资收入和当地政府规定的比例缴纳保险费，由用人单位在发放工资时代为扣缴，由国家强制执行。随着个人工资的增长，缴费比例也相应提高。

❷ 国家给予资助，这是社会保险基金正常运转的可靠保证。社会保险是国家举办的社会事业，国家自然责无旁贷，应在其中发挥重要作用，成为社会保险制度运行的坚强后盾。国家的资助体现为给予优惠的税收政策、利率政策和财政政策。税收政策上的优惠，表现为社会保险费按税前收入提取，结果是劳动者和用人单位收入中的一部分未被课征所得税，而这部分既是国家有意让予的财政收入，又是国家对社会保险基金的资助。利率政策上的优惠，表现为国家对社会保险基金储蓄（包括特种定向债券储蓄）给予高于一般储蓄的利率，这高出的部分显然是由国家财政专款拨付。财政政策上的资助，表现为当社会保险基金入不敷出时，国家从财政收入中拨出专款，用来弥补不足的差额，并负有无限责任。

实际上，社会保险基金还有一条来源渠道——投资运营收入，这一点越来越引起各国的重视。

### 2. 筹集模式

筹集社会保险基金，有一个基本原则，即"收支平衡"的原则。筹集的基金与按规定需支出的费用应大体平衡，否则社会保险制度的运行就会失去经济上的保证。对这个平衡原则有两种理解：横向平衡与纵向平衡。横向平衡，即当年（或近几年）内社会保险基金的累积总额与所需支出总额保持平衡，这是一种直观的、短期的平衡。纵向平衡，即对社会保险的某些项目，被保险者在整个投保期间投保积累的基金总和（包括银行利息和投资运营利润）应与其在整个享受待遇期间所需支付的费用总和保持平衡，这是一种专业性较强的长期平衡，在建立保险制度的初期往往被人们所忽视。

基于不同国家对平衡的不同理解以及不同保险项目的实际需要，形成了社会保险基金三种不同的筹集模式。

（1）现收现付式（统筹分摊方式、纳税方式）

这种方式以"横向平衡"原则为依据，先对近期所需保险费用的数量进行测算，然后以支定收，收缴社会保险费，不预先留出预备金，完全靠当前收入满足当前支出，其特点是收费率随支出需求扩大而提高。这种方式简便易行，可避免通货膨胀造成基金贬值的威胁。不足之处是以现实收支为基础，缺乏长期规划，且受经济发展和人口结构变化影响较大。以采取这种方式筹集资金的年金保险制度为例，许多国家在人口老龄化速度加快、经济不景气、失业率增加、在职人员相对减少的情况下，不得不频繁地调整保险费率。

（2）完全积累式（预提分摊方式、储备积累式）

这种方式以"纵向平衡"原则为依据，对有关指标进行长期的宏观测算，将被保险者在享受保险待遇期间的费用总和按一定的比例分摊到整个投保期间，并对已提取而尚未支付的保险基金进行有计划的运营和管理，即根据未来支出的需要确定当前基金收入。其特点是在较长时期内收费率保持不变，且在计划初期产生大量储备基金。这种方式体现了社会保险的储备职能，使社会保险能有一个较为稳妥的经济保证。但长期测算和科学管理有很强的专业性，难度较大，特别对半途采用这种方式的国家，由于过去未提留积累，新制度建立时势必面临偿还旧债和预提新款两方面的压力，且调整年金政策、改变年金水平比较困难，需重新进行长期测算。此外，还存在保险基金贬值的问题。

（3）部分积累式（混合式）

在满足一定时期支出需求的前提下，留有一定储备，支付保险金所需要的资金来源，部分靠投保人及所在单位的保险费的积累，部分来自下一代人交纳的保险费。部分基金制的优点在于：❶保险费率低于完全基金制，而保险费率的增长又比现收现付制缓慢、平稳；❷不需考虑长期费用，下一代人的负担相对少于现收现付制，有利于扩大储蓄和促进投资；❸受人口结构、通货膨胀和经济状况的影响也相对少些。

## 四、社会保障基金的投资运营

实行社会保障，筹集资金的活动非常重要，同样，如何对筹集和逐渐积累起来的社会保障基金进行运营、管理并保值增值，也十分重要。因为它是遭遇风险侵害的劳动者的"活命钱"，在波动的市场经济条件下，在物价上涨时最起码要保证基金不致贬值，并以其增值为目标。

社会保障基金的运营，往往需要采用投资方式，这样才能真正实现社会保障基金的保值增值目标。可供选择的投资方式有银行生息、投资于公债（公债：金边债券）、委托银行或直接贷款、直接投资实业等。投资方式不同，其风险与收益也不同。一般是投资风险越高，收益也越大；反之，投资风险越低，收益越小。不同国家由于国情各异，采用的方式也不尽相同，有些还超出了上述范围。

无论各国如何选择投资方式，进行投资必须遵循下列原则，这也是由社会保障基金的性质决定的：❶安全原则（首要原则）；❷收益原则；❸多方位投资原则（或称分散风险原则）；❹流动性原则；❺社会效益原则。

# 第三节  社会保险管理

社会保险是社会保障体系的核心部分，常被称为社会保障的基本纲领。保险对象是人口群体中的最主要部分——劳动者群体。劳动者在遭遇生、老、病、死、伤残、失业等风险，收入暂时或永久中断后，有权通过社会保险制度从国家或社会获得一定的收入损失补偿，保证其基本生活水平。

## 一、社会保险概述

现代社会保险制度，是在人类进入工业化社会以后，持续了几千年的家庭保障功能逐渐弱化，不能适应现代市场经济的要求，不能满足劳动力扩大再生产的需要才应运而生的。社会保险制度产生于 19 世纪 80 年代，始于德国的《疾病保险法草案》。社会保险制度的建立，在保障社会安定和促进社会进步等方面发挥了不可替代的作用。

### 1. 社会保险的含义

社会保险，是以国家为主体，通过立法，设立保险基金，对劳动者在年老、患病、生育、伤残、死亡等暂时或永久丧失劳动能力，或因失业失去生活来源时，由社会给予物质帮助和收入补偿的一种社会保障制度。

社会保险的这一表述有以下六层含义：

❶ 社会保险是国家举办和发展的一项社会事业。

❷ 社会保险以国家立法为保证和依据。这里强调的是：推行社会保险必须要有法律保障；实施社会保险必须依法进行。

❸ 社会保险以建立保险基金为物质基础。

❹ 社会保险的保障对象是劳动者。

❺ 社会保险的目的——保障当劳动者遭受劳动风险，即在劳动者暂时或永久丧失劳动能力以及失业丧失收入来源时，从社会得到基本生活的物质帮助和补偿。社会保险通过建立保险基金补偿收入损失，借以分散劳动风险，其实质是保证劳动者在特殊情况下参与社会分配。

❻ 社会保险是社会保障制度的一种，是社会保障的核心部分。社会保险政策是国家社会政策的重要组成部分。

**小资料**

我国政府在不断改革和完善城镇企业职工社会保险制度的同时，于 2009 年开始进行事业单位养老保险制度改革试点，探索建立完善城镇居民、农村居民养老保险制度和医疗保险制度，不断扩大就业保障覆盖面，将毕业两年的大学生及进城务工的农村居民纳入到这个制度体系中来，要将土地已被全部征用且未就业的农村居民纳入到城镇居民基本养老保险和基本医疗保险体系中来，这是社会进步的反映，也是国家综合实力增强的体现。

2. 社会保险的原则

社会保险具有其特殊的运行规律，其遵循的基本原则有以下几个方面。

（1）风险共担、互助合作、所得再分

首先，社会保险基金是用于解决风险问题的。基金的形成不是由某一组织或少部分人负担责任，而是由国家、社会经济组织和劳动者共担责任，共担风险。其次，社会保险基金的筹集手段与执行机构，要受国家委托，根据国家的法令法规，采取强制性手段统一筹集，用以解决社会性问题，体现了社会成员之间的一种互助合作性。再次，社会保险基金运转后，起到社会调剂和均衡作用，完成个人消费品的再分配。

（2）权利与义务对等

承担社会保险责任的用人单位和职工个人，必须首先尽到缴纳社会保险费的义务，才能据此获得享受社会保险待遇的权利。

（3）统一方法，强制执行

社会保险是以国家或社会为实施主体的，由社会保险机构组织管理。为充分发挥其社会保障功能，并使其公平合理，客观上要求统一管理。强制保险范围内的用人单位和员工不论是否自愿，都必须参加，并且一旦投保人具备享受待遇的条件时，管理机构必须按规定严格执行。

（4）社会保险基金筹集方法上实行"大数法则"和"平均法则"

社会保险是集合社会力量来保障社会安全，只有最大限度地集中全社会力量，才能解决和承担少数人或少数单位所发生的风险。因此，集中的人数和单位越多，就越能使保险分担的责任最大限度地均衡，越能发挥分散风险的作用，并充分发挥其社会调节功能的作用。

（5）社会保险待遇要体现公平合理原则

根据社会保险规则，只有符合享受待遇条件的人，才能按规定享受待遇，这对参加社会保险的企业和职工个人来说，确实是人人有权，机会均等。在待遇标准方面主要有如下规定：❶最低线规定；❷保证待遇标准随着经济发展和社会不断进步进行调整；❸计发各项待遇应相应地反映劳动者所尽义务的实际情况；❹既事后补偿也事先预防。

社会保险制度的建立和发展，为整个社会经济的正常运行创造了良好的环境，增加了社会经济的有序性，使国民经济和整个社会有机体得以持续、稳定、均衡、协调地发展，是一国社会经济发展的"稳定器"、"安全阀"。社会保险作为社会保障体系中的基本组成部分，由养老保险、失业保险、医疗保险、工伤保险、生育保险等项目组成。在人口老龄化的背景下，养老保险制度的改革和调整成为社会经济领域中的热点和难点之一。

**二、养老社会保险**

1. 养老社会保险的含义

养老社会保险是指按照国家法律规定，劳动者年老体衰、丧失劳动能力，并解除劳动义务，由国家和社会给予物质帮助的社会保障制度。养老社会保险的对象是社会中的老年公民，其所抵御的风险是一种确定性和不可避免的风险，是每个公民都会遭遇到的风险，其目的在于维持老年公民的基本生活水平。

### 2. 养老社会保险的基本原则

不同国家的生产力发展水平不一样，人口年龄结构各异，实行的养老保险模式也各不相同。但是，制定养老保险制度时都应遵循以下原则。

（1）权利与资格对应原则

在不同的养老保险模式下，实现这一原则的具体形式有以下四种：

❶ 权利与劳动义务相对等。实行国家统筹型养老保险模式的国家都采用这种方式。劳动者达到退休年龄以后，国家依据退休制度，一方面，依法解除其劳动义务。另一方面，保证他们获得社会的物质帮助和社会服务的权利。劳动者达到退休年龄之后，无论其实际劳动能力是否丧失，都必须按规定退出工作岗位。这是他们享有养老保险待遇的权利，同时又是必须履行的义务。

❷ 权利与投保相对等。实行投保资助型养老保险模式的国家大都采用这种方式。遵循这一原则的国家要求享受老年社会保险的人也承担保险费用。劳动者享受养老保险待遇权利的前提条件是达到退休年龄，并且缴纳了法定期限的保险费（税）。一般来讲，缴纳保险费的时间越长，享受到的养老保险待遇就越高，超过法定的投保年限就可享受更高的待遇。

❸ 权利与贡献相对应。现代养老保险制度都是在承认老年人对社会贡献的前提下实行的。很多"福利国家"老年人的社会福利水平较高，但在养老保险待遇的实际操作上，仍根据老年人的历史贡献而有所区别，这在经济发展水平较低的发展中国家更是如此。例如，我国离休人员的养老金和生活福利待遇高于退休人员的待遇。还有，对有突出贡献的科学技术人员实行政府津贴制度；对特殊工种实行一定的退休优惠政策。上述种种规定都体现了国家和社会对有特殊贡献的老年人的历史价值的承认，提高他们的待遇，也就是提高了他们的社会地位。

❹ 权利与国籍或居住年限相对应。实行这一原则的国家只要求是本国居民或在本国居住达到一定年限即可，而没有工作时间和投保时间的限制。实行这种规定的主要是新西兰和澳大利亚等实行公民保险的国家。

（2）保证基本生活水平原则

养老保险作为社会保险的项目之一，其基本目标是保证被保险人的基本生活水平，因此，退休金水平的确定一定要适度。由于养老保险是老年人终生享受的待遇，实际是按一定周期（通常按月）、一定标准连续不断领取的，所以，养老金水平的确定应考虑其实际社会购买力、社会经济因素等的影响。为了能够切实保障退休人员的基本生活水平，使之不受经济波动的影响，必须按通货膨胀率和物价指数适时调整养老金的水平，确保养老金水平保持在不贬值的状态。

（3）分享社会经济发展成果原则

养老金水平的高低是相对社会平均消费水平而言的。因此，养老金水平必须随其他社会成员收入和生活水平的提高而提高，尤其是随着在职职工工资水平的提高而相应地提高。这样调整的理由是：退休职工虽然已退出劳动领域，但在过去几十年劳动中，为社会生产做出了相当大的贡献,为当前经济发展奠定了基础,后人在此基础上发展新的成果,老年人理应分享;通过国民收入的再分配手段,防止贫富分化是社会保障的基本功能之一,而允许退休职工分享社会经济发展成果可以缩小退休者和在职者之间的收入差距,避免收入过于悬殊,避免产生大量的低收入人群;允许退休职工分享社会经济发展成果,不但可以对退休职工起到激励作用,提高退休后的生活质量,而且可以促进在职职工安心工作,努力生产,提高社会经济发展水平。

### 3. 我国企业职工基本养老社会保险制度的主要内容

中国共产党第十四届三中全会通过决议,提出要建立"多层次的社会保障制度"的基本任务。根据我国具体国情,我国的养老制度的未来发展目标是要建立起适应社会主义市场经济体制要求,适应城镇各类企业职工和个体劳动者的资金来源多渠道、保障方式多层次的社会统筹与个人账户相结合、权利与义务相对等的管理服务社会化的养老保险体系。

(1)我国的养老保险体制

1991年,国务院发布了《关于企业职工养老保险制度改革的决定》,明确要求建立社会统筹的基本养老保险制度,并提出逐步建立企业补充养老保险和个人储蓄养老保险制度;基本养老保险费用由国家、企业和个人三方负担,职工个人须缴纳保险费。

1995年国务院在多方论证和试点改革的基础上,颁布了《国务院关于深化企业职工养老保险体制改革的通知》,开始着手改革国家统筹型养老保险制度,建立适应市场经济体制要求的投保资助型养老保险制度改革方案。针对在推行过程中存在的制度不统一、企业负担重、统筹层次低、管理制度不健全等问题,于1997年颁布了《国务院关于建立统一的企业职工基本养老保险制度的决议》,进一步确立了我国养老保险制度的改革方向,统一了缴费率个人账户规模和养老计发办法,标志着我国新型养老计发保险制度模式的形成。

我国目前实行多层次的养老保险体制,即基本养老保险、企业年金和职工个人储蓄养老保险相结合的制度。❶基本养老保险。这是由国家通过立法强制实行的,保证劳动者在年老丧失劳动能力时,享有基本生活保障的制度。基本养老保险实行社会统筹与个人账户相结合的方式。❷企业年金。它是在国家法定基本养老保险的基础上,另由企业在提高本企业职工的养老保险待遇水平时用自有资金设立的一种辅助性的养老保险。企业年金应视企业效益情况经职工代表大会通过后实施,国家提倡企业为职工建立企业年金制度。❸个人储蓄性养老保险。这是由职工根据个人收入情况自愿参加的一种养老保险形式。个人储蓄性养老保险由职工个人自愿选择经办机构办理,个人储蓄性养老保险归个人所有。

(2)基本养老保险基金的筹集渠道

我国的基本养老保险实行投保资助模式,基本养老保险基金的筹集渠道有三:企业、个人和国家。即企业和职工个人向社会保险机构投保,国家给予财政资助。

《社会保险法》(2010年10月28日通过)第十一条规定:基本养老保险实行社会统筹与个人账户相结合。基本养老保险基金由用人单位和个人缴费以及政府补贴等组成。

《社会保险法》第十二条规定:用人单位应当按照国家规定的本单位职工工资总额的比例缴纳基本养老保险费,记入基本养老保险统筹基金。职工应当按照国家规定的本人工资的比例缴纳基本养老保险费，记入个人账户。

而对于无雇工的个体工商户、未在用人单位参加基本养老保险的非全日制从业人员以及其他灵活就业人员参加基本养老保险的，应当按照国家规定缴纳基本养老保险费，分别记入基本养老保险统筹基金和个人账户。

《社会保险法》第十三条规定：国有企业、事业单位职工参加基本养老保险前，视同缴费年限期间应当缴纳的基本养老保险费由政府承担。同时基本养老保险基金出现支付不足时，政府给予补贴。❶ 企业缴纳基本养老保险费（以下简称企业缴费）的比例。一般不得超过企业工资总额的 20%，具体比例由省、自治区、直辖市人民政府确定（例如，河北省 1995 年的比例为 18%）。个别省、自治区、直辖市因离退休人数较多，养老保险负担过重，确需超过职工工资总额 20% 的，应报劳动与社会保障部和财政部审批。❷ 个人缴纳基本养老保险费（以下简称个人缴费）的比例。1997 年不得低于个人缴费工资的 4%，1998 年起每两年提高一个百分点，最终达到个人缴费工资的 8%。随着个人缴费比例的提高，相应降低了企业缴费的比例。个人缴费的计费基数为职工本人上一年月平均工资，并采取国际上通用的"负担工资"投保的做法，即个人工资低于当地平均工资 60% 的，以当地职工平均工资的 60% 作为投保费的计算基础；个人工资超过当地职工平均工资 300% 的，仍以当地职工平均工资的 300% 作为个人投保费的计算基础。这一要求主要是为了保障离退休职工基本生活待遇和适当控制生活水平的过分悬殊。对于因承包、租赁、挂名等原因无法确定工资总额的职工，按上一年度当地月平均工资基数的一定比例缴纳基本养老保险费。个体工商户和与之形成劳动关系的城镇劳动者，以当地上一年度职工月平均工资为基数，按规定比例按月到当地社会保险经办机构定额缴纳养老保险费。依法缴纳养老保险费是企业和职工应尽的职责。企业不按期缴纳养老保险费的，从逾期之日起，按日加收欠缴金额 5‰ 的滞纳金，滞纳金并入养老保险基金。企业和职工不按规定缴纳养老保险费的，不计算缴纳费年限，不享受相应的养老保险待遇。

（3）社会统筹和个人账户相结合

按照国家相关政策的规定，社会保障结构从 1996 年 1 月起将职工个人和企业逐月缴纳的养老保险费用划作两个账户。一个是"基本养老个人账户"，另一个是"基本养老社会统筹账户"。为了和个人账户相衔接，从 2006 年 1 月 1 日起，个人账户的规模统一由本人缴费工资的 11% 调整为 8%，全部由个人缴费形成，单位缴费不再划入个人账户。同时，进一步完善鼓励职工参保缴费的激励约束机制，相应调整基本养老金计发办法。个人账户储存额，每年参考银行同期存款利率计算利息，个人账户储存额只用于职工养老，不得提前支取。职工调动时，个人账户全部随同转移，职工或退休人员死亡，个人账户中的余额可以继承。"统筹账户"中的储存部分作为社会保险机构用于调剂的养老基金。其费用主要来源于企业缴纳的养老保险费、基金的储存利息收入和运营收入。这部分费用用于支付新制度下员工的基础退休金，原有离退休人员的养老金，改革时已有一定工龄的职工离退休后的部分养老金，寿命长，或收入低职工的部分养老金，以及根据在职职工工资增长调整养老金水平所需的资金等。

（4）我国企业职工基本养老保险待遇

❶ 退休条件的规定。无论何种模式下，符合退休条件都是领取养老金的必要条件。

根据国务院国发[78]104号文件，符合下列条件之一的应该退休：男年满60周岁，女工人年满50周岁，女干部年满55周岁的，连续工龄超过10年的；从事井下、高空、高温，特别繁重体力劳动或其他具有伤害身体健康的工作，男年满55周岁，女年满45周

岁，连续工龄超过10年的；男年满50周岁，女年满45周岁，连续工龄超过10年的，有医院证明，并经劳动鉴定委员会鉴定，完全丧失劳动能力的；因公致残有医院证明，并经劳动鉴定委员会确认，完全丧失劳动能力的。

➤ **拓 展 阅 读**

我国还对特殊工作岗位的退休年龄作了延长：中央、国家机关的部长，省、自治区、直辖市的党委书记、省长、主席和相当职务的干部，离退休年龄可延长至65周岁；教授、研究员以及相当这一职称的高级专家，经单位报请省、自治区、直辖市政府或中央国家机关部委批准，可延长离退休年龄，但最长不得超过70岁。

❷ 养老金的计发方法。我国当前的养老保险制度处于改革调整阶段，不同时期退出工作岗位的老人，计算养老金的方法也是不一样的，目前我国大多数地方采用"新人新办法、中人中办法、老人老办法"，采取"新人新制度、老人老办法、中人（本决定实施后退休的参保人员）逐步过渡"的方式来改革基本养老金计发办法。

➤ **深 度 阅 读**

2005年12月15日，国务院发布《完善基本养老保险制度决定》（简称"新政"）重新划定了三种人——老人、中人、新人。

❶ 老人：指"新政"实施前，即2006年1月1日前已经退休的人员，仍按照国家原有规定发给基本养老金，并随以后基本养老金调整而增加养老保险待遇。

❷ 中人：指1997年之前，即国务院颁布的《国务院关于建立统一的企业职工基本养老保险制度的决定》（国发[1997]26号）（简称"国发"）之前参加工作，"新政"实施后缴费年限累计满15年的人员，由于他们以前个人账产的积累很少，退休后在发给基础养老保险金和个人账户养老金的基础上，国家将发给过渡性养老金。

❸ 新人：指1997年后，即"国发"实施后参加工作的人员，他们的缴费累计满15年的，退休后将按月发给基本养老金。

养老金的计算公式：

❶ "中人"："中人"的基本养老金＝基础养老金＋个人账户养老金＋过渡性养老金。具体算法为退休前一年全市职工月平均工资×20%（缴费期限不满15年的按15%）＋个人账产本息和÷120＋过渡性养老金。但是，对于过渡性养老金的制定和发放标准新政尚未明确。

❷ "新人"：《国务院关于建立统一的企业职工基本养老保险制度的决定》实施后参加工作的参保人员属于"新人"，缴费年限（含视同缴费年限，下同）累计满15年，退休后将按月发给基本养老金，基本养老金待遇水平与缴费年限的长短、缴费基数的高低、退休时间的早晚直接挂钩。他们的基本养老金由基础养老金和个人账户养老金组成。退休时的基础养老金月标准以当地上年度在岗职工月平均工资和本人指数化月平均缴费工资的平均值为基数，缴费每满1年发给1%。个人账户养老金月标准为个人账户储存额除以计发月数，计发月数根据职工退休时城镇人口平均预期寿命、本人退休年龄、利息等因素确定。

按照新的基本养老金计发办法，参保人员每多缴1年，养老金中的基础部分增发一个百分点，上不封顶，能够形成"多工作、多缴费、多得养老金"的激励约束机制，而且个人账户养老金的计发考虑了退休人员平均寿命的实际情况。

4. 其他人员的养老保险制度

（1）事业单位职工养老保险制度

2009 年 1 月 28 日，人力资源和社会保障部宣布，事业单位养老保险制度改革方案已正式下发，上海、浙江、广东、山西、重庆 5 省市今年将试点。虽然目前改革方案仍没有正式公布，但改革的大体方向和思路是：事业单位要分为两类，有行政职能的要纳入公务员的劳动保障体系；另一部分具有经营性质的事业单位，将参照企业职工保障制度进行改革。

（2）农村居民养老保险制度

20 世纪 80 年代之前是没有农民养老保险的，50 年代，只是五保户及"三无"对象，也就是陷入了贫困的人才有社会救济，并没有惠及普通的农民大众。

1986 年，国家"七五计划"提出建立农保，当时开始有农民外出打工，收入有所增加，先在江浙一带的乡村试点，建立了养老基金。

1991 年，民政部向国务院报告，提出在一些县进行农村养老保险试点，并选择了山东的五个县进行试点。

1992 年 1 月，民政部在理论研究和总结试点经验的基础上，制定《农村社会保险基本方案》，以县为农村社会养老保险管理工作的基本单位：对农村居民实行强制储蓄型的医疗保险制度，资金筹集以个人缴费为主，集体补助为辅，国家给予政策支持；建立个人账户；基金预筹、储备积累。《基本方案》明确了个人、集体、国家三者的关系，强调个人是承担主体，有利于培养农村居民的自我保障意识。

1995 年到 1997 年，全国 2900 个县中有 2123 个县引进了此项制度，参保人数达到8200 多万人，参保率为 9.47%。农保制度的覆盖范围和参保人数都达到了新的水平。

但是农村养老面临着严峻的资金难题，政府没有补贴，农民的收入不稳定，难以投入更多养老保险资金，也与城镇养老保险制度脱节，必须进一步改革、完善，建立统一的国民社会养老保险制度，并在此前提下设计和建立农村社会保险基本制度框架，特别是建立农保可转换为城保的通道和机制。党的十七大报告指出，要探索建立农村养老保险制度。2008 年全国"两会"上，温家宝总理在政府工作报告中也提到：鼓励各地开展农村养老保险试点。

**► 拓 展 阅 读**

据了解，《关于开展新型农村社会养老保险试点的指导意见》（简称《指导意见》）将上报国务院审议。2009 年 2 月 19 日，人力资源和社会保障部称，2009 年将开展新型农村养老保险试点，中央财政支出没有一分钱用于农民养老的现实状况将会改变。即，农村居民的养老金由两部分组成，一部分是基础养老金，另一部分是个人账户养老金。基础养老金由政府承担，个人账户养老金则是到 60 岁时，参保人可以根据个人账户里的资金总额和当时的平均寿命，来确定养老金的领取标准。《指导意见》勾勒出未来农村社会养老保险推进计划：2009 年试点，2012 年参保率达到 50% 以上，2017 年参保率达到 80% 以上，2020 年基本实现全面覆盖。此方案一旦获得国务院通过，意味着我国新型农村养老保险制度的初步建立。

### 三、失业社会保险

失业是现代市场经济运行的必然结果，普遍存在于商品经济发达的一切现代国家。因此，实施失业社会保险是必要的。失业保险是就业社会保障体系中最重要的项目，它对保障失业者的基本生活、促进再就业、弱化失业负效应、稳定社会秩序起着重要作用。目前，失业保险制度正朝着"就业导向型"发展。①

#### 1. 失业社会保险的含义

失业是指具有劳动能力、又有就业要求的人员在劳动年龄内不能就业的状况。一般来讲，对是否失业有明确的界定，构成失业有以下几个条件：❶在劳动年龄内；❷具有劳动能力；❸有就业愿望；❹在一定期限内没有找到工作。对失业含义的界定是制定失业社会保险制度的前提条件。

失业社会保险是劳动者由于非本人原因失去工作、收入中断时，由国家和社会依法保证其基本生活需要的一种社会保障制度。

这个概念包含七层含义，其核心是社会建立失业保险基金，对象是法定范围内的工资劳动者，状态是失业，宗旨是提供就业服务、激励失业者再就业，保障形式是物质帮助与就业服务相结合，保障有法定时限，保障水平是保证失业者在法定期限内的基本生活水平。

#### 2. 失业社会保险的性质

（1）社会救济性质

当劳动者由于失业而收入中断时，由社会给予一定的物质帮助，以保证其失业期间的基本生活；另外，国家通过颁布有关法规，在社会范围内按照统一的失业救济标准实施，既不受企业经济效益高低和企业间工资福利水平不同的影响，也不以个人缴费数额为标准。

（2）社会就业服务性质

失业社会保险制度不仅仅给予失业者失业期间的生活救济，而更重要的、更关键的是与职业介绍、转业训练、生产自救、就业指导、提供就业信息等就业服务工作相互配合，为失业者提供再就业服务。

#### 3. 失业社会保险待遇享受条件

（1）享受待遇的条件

并不是所有失业者都能够取得享受失业社会保险待遇的权利，而是必须要具备一定的资格和条件。一般来讲，具备下列条件的全部才能有享受失业社会保险待遇的权利：❶失业者必须处于劳动年龄阶段；❷失业者必须是非自愿失业，而不是自愿失业。在此

---

① 孙光德，董克用.《社会保障概论》（第三版）. 北京：中国人民大学出版社.

基础上，首先要到政府指定的劳动就业介绍机构登记，表示愿意接受职业指导和就业介绍；其次是失业者本人要有再就业的劳动能力；再次，失业前必须工作过一段时间，或投保过一定时日，我国规定，失业前用人单位和本人已缴纳失业保险费满 1 年。

总之，失业者必须具备上述资格和条件的全部，才有权享受失业社会保险待遇，缺一不可。

（2）不能享受待遇的情况

对有些情况造成的失业或对有些失业者，则不能给予失业保险待遇。这些情况包括以下几个方面：由于失业者个人品行不端，严重过失而被劳动教养、判刑、除名、革职、开除的；表示不愿意接受或者有意失掉就业机构介绍的职业；拒绝接受就业机构为其提供的再就业培训；如果出于经济或政治原因，直接参与反对企业主、反对政府的罢工和游行的。

4. 失业社会保险待遇

（1）保险待遇水平的确定原则

为了正确设计失业保险给付标准，应遵循一定的原则。即给付标准的上限应低于（或不高于）其失业前的工资收入；给付标准的下限应高于（或不低于）享有最低生活水平所需的收入。具体讲，失业津贴应以失业者原工资或投保费用作为制定依据；失业津贴宜界定在失业者原工资的 50% 以上；失业津贴可规定一个上限。一般而言，发达国家确定为原工资的 50%～60%，发展中国家确定为原工资的 40%～50%。

（2）失业津贴给付标准

❶ 按比例制确定标准。在根据原工资规定失业津贴时，为了贯彻社会保险的公平原则，可以规定失业津贴与原工资呈逆相关，即原工资越低，失业津贴占原工资的比例越高；反之亦然。失业津贴标准也可以与失业日数呈逆相关，即失业津贴占原工资的比例，随失业日数延伸而愈益降低。这样，有利于促进失业者尽快就业或接受职业介绍机构的工作推荐，于国于己都有利。

❷ 按均一制确定标准。在确定标准时，不考虑原工资水平，而是规定一个统一的、以绝对金额形式表示的失业津贴。

❸ 比例制和均一制相结合确定津贴标准。这是上述两者的结合，既可以保障失业者的基本生活，也考虑到了公平原则，以及多劳多得原则的实现。

5. 津贴给付期限

失业的当天就给予失业津贴，以及失业津贴可以无限期领取，显然是不可取的。失业者何时开始领取失业津贴，以及领取期限应该延续多久，这是我们应该研究的。对失业者领取失业津贴的等待期，1988 年举行的国际劳工大会第 75 届会议通过决议，原则上不得超过每次失业后三天的期限，或者不得超过每次失业后六天的期限，建议等待期可延长至七天。所以，迄今各国规定的等待期一般均在七天之内。只有极个别国家超过了七天。对失业津贴的享受期限，国际劳工组织综合各国失业情况和工人生活，确认失业津贴给付期限每年为 156 个工作日，作为上限，至少也得 78 个工作日，作为下限。所以，不少国家把每年失业津贴给付期限的上限界定为 26 周，下限界定为 13 周。如果是投保制国家，则失业津贴给付期限与缴纳失业保险费期限挂钩。

6. 我国失业社会保险制度

在我国的经济改革过程中，随着企业制度的变革和劳动力市场的发育，失业以及失业人员的保障问题已成为社会经济生活中的重要问题，在一定的时期甚至成为非常严重的社会问题。为此，我国政府在借鉴国外经验的基础上，根据中国的实际情况，开始逐步建立失业保障制度。经过十余年的建立、发展和完善，我国已初步形成了失业保障体系，建立了行之有效的失业保险制度。

**背景阅读**

1986 年 10 月国务院发布了《国营企业职工待业保险暂行规定》，明确规定对国有企业职工实行待业保险制度，初步建立起失业保险制度。1993 年 4 月国务院发布了《国营企业职工待业保险规定》，对失业保险制度进行了进一步改革。失业保险的适用范围在 1986 年规定的四种人的基础上扩大到七种人，同时开始建立失业保险基金。1999 年 1 月国务院颁发了《失业保险条例》，标志着我国的失业保险制度改革走进入一个新阶段。

按照《失业保险条例》和《社会保险法》，我国的失业保险制度已具有了较全面的内容和完整的管理体系。

❶ 实施范围。目前我国失业保险的实施范围已包括所有的城镇企业事业单位的职工。这里所指的城镇企业是指国有企业、城镇集体企业、外商投资企业、城镇私营企业以及其他城镇企业。

❷ 失业保险的资金来源。主要有四方面的来源：城镇企事业单位及其职工缴纳的失业保险费、失业保险基金的利息、财政补贴、依法纳入失业保险基金的其他资金等。其中，财政企事业单位按照本单位工资总额的 2% 缴纳失业保险费，城镇企事业单位职工按照本人工资的 1% 缴纳失业保险费。但城镇企事业单位招用的农民合同制工人本人不缴纳失业保险费。

❸ 保险金的领取期限。失业人员失业前所在单位和本人按照规定累计缴费时间满 1 年不足 5 年的，领取失业保险金的期限最长为 12 个月；累计缴费时间满 5 年不足 10 年的，领取失业保险金的期限最长为 18 个月；累计缴费 10 年以上的，领取失业保险金的期限最长为 24 个月；重新就业后，再次失业的，缴费时间重新计算，领取失业保险金的期限与前次失业应当领取而未领取的失业保险金的期限合并计算，但最长不得超过 24 个月。

❹ 发放标准。失业保险金的发放标准，按照低于当地最低工资标准、高于城市居民最低生活保障标准的水平，由省、自治区、直辖市人民政府确定。单位招用的农民合同工连续工作满 1 年、本单位已缴纳失业保险费、劳动合同期满未续订或者提前解除劳动合同的，由社会保险经办机构根据其工作时间长短，对其支付一次性生活补助。补助的办法和标准由省、自治区、直辖市人民政府规定。

❺ 支付项目。失业保险金的支付项目有失业保险金、领取失业保险金期间的医疗

补助金、领取失业保险金期限内死亡失业人员的丧葬补助金和其供养的配偶、直系亲属的抚恤金、领取失业保险金期间接受职业培训和职业介绍的补贴、国务院规定或批准的与失业保险有关的其他费用等。

⑥ 享受条件。按照规定参加失业保险，所在单位和本人已按规定履行缴费义务满1年；非本人原因中断就业的；已办理失业登记并有求职要求。

⑦ 权利的丧失（同时停止享受其他失业保险待遇）。有以下情形者，即丧失了享受失业社会保险待遇的权利：重新就业的；应征服兵役的；移居境外的；享受基本养老保险待遇的；被判刑收监执行或者被劳动教养的；超过享受期上限的；无正当理由，拒不接受当地人民政府指定部门或者机构介绍的适当工作或者提供的培训的；有法律、行政法规规定的其他情形。

建立失业保险制度的同时，我国全面展开了就业服务工作，包括职业介绍、提供就业信息、就业咨询指导、定期和不定期的人才市场等，为就业求职和人才交流牵线搭桥。[①]

1998年6月22日，中共中央、国务院发出《关于切实做好国有企业下岗职工基本生活保障和再就业工作的通知》，进一步推动了我国的就业保障制度建设。

2002年9月，中共中央、国务院发出《关于进一步做好下岗失业人员再就业工作的通知》，再次推出一系列强化失业预防和就业扶助，促进再就业的政策和配套措施，包括再就业指导和培训，开发社区就业岗位，再就业扶持，鼓励自谋职业、自主创业，鼓励灵活就业，鼓励服务型企业吸纳下岗失业人员，国有企业主辅分离安置本企业富余人员等。配套措施主要有社会保险补贴、再就业岗位补贴、税收优惠、小额担保贷款、个体经营收费优惠、职业介绍和培训补贴、"再就业优惠证"等，初步形成了有中国特色的、积极的就业政策框架。

2005年，国务院下发了《关于进一步加强就业再就业工作的通知》，对原有政策进一步延续、扩展、调整和充实，进一步完善了我国积极的就业政策。

2007年8月30日通过，2008年1月1日正式施行《中华人民共和国就业促进法》，就是为了促进就业、促进经济发展与扩大就业相协调、促进社会和谐稳定而制定和实施的，标志着我国就业保障制度建设的又一大进步。

四、医疗社会保险

医疗社会保险是涉及面最广、内部关系最复杂的一项保险，它与养老、失业社会保险共同构成三大社会保险项目，在社会保障体系中占有重要地位。

1. 医疗社会保险的含义

医疗社会保险是指在劳动者因疾病、非因工受伤需要治疗时，由社会提供必要的医疗服务和物质帮助的一种社会保障制度。医疗社会保险是社会保险体系的重要组成部分，它与其他社会保险既有联系，又有区别。医疗社会保险保障公民的身体健康，与养老、失业、工伤、生育等险种一起，共同对劳动者的生、老、病、死、残起着保障作用。

① 孙光德，董克用. 《社会保障概论》（第三版）.

但由于疾病风险的特征和医疗保健服务需求与供给的特殊性，又使得医疗保险与其他社会保险险种有着明显的区别，具有自身的特点。

**2. 医疗社会保险的特点**

❶ 具有普遍性。医疗社会保险的覆盖对象原则上应是全体公民，因为疾病的风险是每个人都难以回避的，而养老、失业、工伤、生育风险的对象主要是劳动者，不是每个人都会遇到失业，发生工伤的概率更小。因此，医疗社会保险是社会保险体系中覆盖面最广、作用最频繁的险种。

❷ 涉及面广，具有复杂性。医疗社会保险不仅与国家的经济发展阶段及生产力发展水平有关，还涉及医疗保健服务的需求和供给。为了确保医疗保险基金的合理使用和正常运转，医疗社会保险还存在着设计必要的制度机制，以便对医疗服务的享受者和提供者的行为进行合理引导和控制的问题。这些是其他社会保险所没有的。

❸ 属于短期性、经常性的保险。由于疾病的发生是随机的、突发性的，医疗社会保险提供的补偿也只能是短期性、经常性的，不像其他社会保险如养老保险或生育保险那样是长期性的、可预测的或一次性的。因此，医疗社会保险在财务处理方式上也与其他社会保险不同。

❹ 医疗费用难以预测和控制。医疗费用因受多种因素影响，其费用变化较大，难以掌握。

❺ 基金实现专款专用。按一定方式筹集起来的医疗保险基金，只有当被保险人患病、非因工负伤等需要支付医疗费时，才按享受待遇的有关规定进行结算，同时享受医疗服务，并且享受的医疗服务待遇与其工资水平无关，只与实际病情有关，绝对不得提现使用，真正实现了专款专用。

医疗保险的特点决定了医疗社会保险必须建立保险基金，以集中社会力量，由社会保险机构统筹并运用互济手段向疾病患者提供医疗服务，增强承担风险的能力。同时，必须加强对医疗保险基金的管理，控制支出，避免浪费。

**3. 建立医疗保险必须遵循的原则**

医疗保险制度的建立，必须遵循以下原则。

❶ 医疗保险待遇，实行机会均等原则。凡被保险人符合享受医疗保险待遇的条件，其患病就医、伤残用药的待遇完全依据病伤情况来决定。这里不存在经济收入、职业、性别的限制和影响。享受的前提条件是患病与伤残，特别强调对弱者的保障，即对退休人员、因工残废者、长期病号和危重病人的优先照顾。

❷ 建立医疗保险基金的专款专用制度。医疗保险基金必须确保用在患者身上，不得挪作他用。因此，必须加强管理，遵循规章制度，以实现"保证医疗、克服浪费、有利生产、节约开支"的目标。

❸ 医疗保险必须遵循"风险共同分担"原则。个人必须承担一部分医疗保险费。医疗保险具有物质帮助和救济性质，采用政府、单位、员工共同负担的方式，有助于医疗保险基金的筹集和合理使用，有助于医疗风险的互助互济。

4. 我国城镇职工医疗社会保险制度

我国的医疗保险制度建立较早，但作为与计划经济体制相适应的医疗保险制度，其内在的弊端是极为明显的。随着我国经济体制改革的深化和市场经济制度的建立，社会医疗保险制度也在不断改革。近年来，社会保险制度改革的各种试点工作取得了较好的效果，我国新的社会医疗保险制度已在逐步建立中。

> **背景阅读**
>
> 20世纪50年代初建立的公费医疗与劳保医疗制度，在实施过程中逐渐显现出许多弊端，如国家财政和单位包揽过多，职工缺乏自我保障意识，国家和企业不堪重负；对医患双方缺乏有效的制约机制；医疗保险筹资机制不健全；医疗社会保险覆盖面窄；管理和社会化程度低等。这与市场经济体制不相适应，与我国社会主义初级阶段经济发展水平不相适应。20世纪80年代以来，对免费医疗制度进行了卓有成效的改革探索。进入20世纪90年代，这种探索进一步深化，特别是1994年在"两江"（江苏镇江、江西九江）改革试点的基础上总结经验，于1996年扩大了改革试点范围，为1998年国务院颁发《关于建立城镇职工基本医疗保险制度的决定》（国发[1998]44号）奠定了基础。
>
> 医改试点中提出了实行"统筹基金账户和个人账户"相结合的医疗保险模式，取得了一定成效：建立了合理的医疗保险基金筹措机制和医疗费用制约机制，保障了职工的基本医疗；抑制了医疗费用的过快增长；促进了医疗机构改革。但仍然存在"两低一高"、"两困难"的问题，即统筹层次低、企业参保率低、筹资比例高，以及基金征缴困难、医疗费用支出控制困难。所以，1998年12月14日，国务院颁发了《关于建立城镇职工基本医疗保险制度的决定》（国发[1998]44号），标志着我国医疗保险制度改革走上了一个新台阶。

（1）覆盖范围

医疗保险的覆盖范围，包括城镇所有用人单位及其员工。企业包括国有企业，集体所有制企业，股份制企业，外商投资企业，港、澳、台商投资企业以及城镇私营企业等。员工包括本市及外埠城镇劳动者，农民合同制工人。退休人员包括按国发[1978]104号文件办理退职并按月领取退职生活费的退职人员（下同）。外商投资企业员工是指中方员工。港、澳、台商投资企业员工是指内地员工。

（2）资金来源

与养老保险基金的来源渠道有所不同，医疗保险费只由用人单位和员工个人缴纳，国家资助表现为税收政策和利率政策的优惠，但没有医疗保险基金支出赤字时国家从财政的直接拨付资助。

基本医疗保险费由用人单位和员工个人共同缴纳。无雇工的个体工商户，未在用人单位参加职工基本医疗保险的非全日制从业人员以及其他灵活就业人员可以参加职工基本医疗保险，由个人按照国家规定缴纳基本医疗保险费。用人单位缴费率控制在职工工资总额的6%左右，员工缴费率一般为本人工资收入的2%。随着经济发展，用人单位和个人缴费率可作相应调整。

个人缴费，一般采用"负担工资"方式，即员工以本人上年工资收入为缴费基数。员工工资收入高于当地职工平均工资300%的，以当地职工平均工资的300%为基数缴费；低于当地职工平均工资 60% 的，以当地职工平均工资的 60% 为基数缴费。

（3）统筹基金账户和个人账户相结合

要建立基本医疗保险统筹基金和个人账户。基本医疗保险基金由统筹基金和个人账户构成。职工个人缴纳的基本医疗保险费，全部计入个人账户。用人单位缴纳的基本医疗保险费分为两部分：一部分用于建立统筹基金，另一部分划入个人账户。划入个人账户的比例一般为用人单位缴费的 30% 左右，具体比例由统筹地区根据个人账户的支付范围和职工年龄等因素确定。

（4）统筹基金和个人账户的管理和使用

统筹基金和个人账户划定各自的支付范围，分开核算、分别管理，不得互相挤占。统筹基金主要支付参保者的大病或住院费用，个人账户主要支付门诊或小额医疗费用。具体方式有三种：

❶ 按发生医疗费用的数额划分支付范围。个人账户支付小额医疗费用，统筹基金支付大额医疗费用。

❷ 按门诊和住院划分支付范围（"板块"式）。个人账户支付门诊医疗费用，统筹基金支付住院医疗费用。

❸ 按病种划分支付范围。

（5）统筹基金的支付

统筹基金的起付标准原则上控制在当地职工年平均工资的 10% 左右，最高支付限额原则上控制在当地职工年平均工资的 4 倍左右。起付标准以下的医疗费用，从个人账户中支付或由个人自付。起付标准以上、最高支付限额以下的医疗费用，主要从统筹基金中支付，个人也要负担一定比例。超过最高支付限额的医疗费用，可以通过商业医疗保险等途径解决。统筹基金的具体起付标准、最高支付限额以及在起付标准以上和最高支付限额以下医疗费用的个人负担比例，由统筹地区根据以收定支、收支平衡的原则确定。统筹基金支付的部分，由社会保险经办机构与医疗机构、药品经营单位直接结算，并且可以异地结算就医医疗费用。

5. 新型农村合作医疗保险制度

（1）新型农村合作医疗保险制度的含义

所谓新型农村合作医疗制度，主要是由政府组织、引导、支持，农民自愿参加，个人和政府多方筹集，以大病统筹为主的农民医疗互助共济制度，重点解决日益突出的农民因患大病而出现的因病致贫、因病返贫问题。

（2）合作医疗的发展历程

合作医疗是由我国农民自己创造的互助共济的医疗保障制度，在保障农民获得基本卫生服务、缓解农民因病致贫和因病返贫方面发挥了重要的作用。它为世界各国，特别是发展中国家所普遍存在的问题提供了一个范本，不仅在国内受到农民群众的欢迎，而且在国际上得到好评。在 1974 年 5 月的第 27 届世界卫生大会上，第三世界国家普遍表示热情关注和极大兴趣。联合国妇女儿童基金会在 1980～1981 年年报中指出，中国的"赤脚医生"制度在落后的农村地区提供了初级护理，为不发达国家提高医疗卫生水平提供了样本。世界银行和世界卫生组织把我国农村的合作医疗称为"发展中国家解决卫生经费的唯一典范"。

合作医疗在将近 50 年的发展历程中，先后经历了 20 世纪 40 年代的萌芽阶段、50 年代的初创阶段、60～70 年代的发展与鼎盛阶段、80 年代的解体阶段和 90 年代以来的恢复和发展阶段。面对传统合作医疗中遇到的问题，卫生部组织专家与地方卫生机构进行了一系列的专题研究，为建立新型农村合作医疗打下了坚实的理论基础。1996 年年底，中共中央、国务院在北京召开全国卫生工作会议，江泽民同志在讲话中指出："现在许多农村发展合作医疗，深得人心，人民群众把它称为'民心工程'和'德政'。"

但是，随着农村经济体制改革，农村实行土地联产经营责任制、包产到户，原有的"赤脚医生"制度逐渐弱化，甚至几乎退出医疗保障体系。后来各级政府试图恢复这种具有中国特色的农村合作医疗制度，但是效果不好，究其原因则是资金严重不足，制约了农村合作医疗保障体系的顺利推行，与城镇职工的医疗保障水平差距进一步拉大，不利于全面医疗保障体系的建立。

随着我国经济与社会的不断发展，越来越多的人开始认识到，"三农"问题是关系党和国家全局性的根本问题。而不解决好农民的医疗保障问题，就无法实现全面建设小康社会的目标，也谈不上现代化社会的完全建立。大量的理论研究和实践经验也已表明，在农村建立新型合作医疗制度势在必行。

在中共中央、国务院《关于卫生改革与发展的决定》（中发[1997]3 号）中强调要加强农村卫生工作，实现初级卫生保健规划目标，明确积极稳妥地发展和完善合作医疗制度。合作医疗对于保证农民获得基本医疗服务、落实预防保健任务、防止因病致贫具有重要作用。举办合作医疗，要在政府的组织和领导下，坚持民办公助和自愿参加的原则。筹资以个人投入为主，集体扶持、政府适当支持。要通过宣传教育，提高农民自我保健和互助共济意识，动员农民积极参加。要因地制宜地确定合作方式、筹资标准、报销比例，逐步提高保障水平。预防保健保偿制度作为一种合作形式应继续实行。要加强合作医疗的科学管理和民主监督，使农民真正受益。力争到 2000 年在农村多数地区建立起各种形式的合作医疗制度，并逐步提高社会化程度；有条件的地方可以逐步向社会医疗保险过渡。

2002 年 10 月，中共中央、国务院下发《关于进一步加强农村卫生工作的决定》，明确指出：要逐步建立以大病统筹为主的新型农村合作医疗制度（以下称新农合），积极组织引导农民建立以大病统筹为主的新型农村合作医疗制度，重点解决农民因患传染病、地方病等大病而出现的因病致贫、返贫问题。"到 2010 年，新型农村合作医疗制度要基本覆盖农村居民"，经济发达的农村可以鼓励农民参加商业医疗保险。同时建立医疗救助制度，对农村贫困家庭实行医疗救助，医疗救助对象主要是农村五保户和贫困农民家庭。

这是我国历史上政府第一次为解决农民的基本医疗卫生问题进行大规模的投入。从 2003 年开始，本着多方筹资、农民自愿参加的原则，新型农村合作医疗的试点地区正在不断地增加，通过试点地区的经验总结，为将来新型农村合作医疗在全国的全面开展创造了坚实的理论与实践基础，到 2004 年 12 月，全国共有 310 个县参加了新型农村合作医疗，有 1945 万户 6899 万农民参合，参合率达到了 72.6%；2005 年参合农民达 1.8 亿人，2006 年 4.1 亿人，2007 年 7.2 亿人，2008 年全面覆盖农村地区，2009 年第一季度参合人数达到 8.3 亿人，使农村居民医疗负担得到减轻，农民因病致贫、因病返贫的状况得到缓解。

随着新型农村合作医疗规模的不断扩大，农民的基本医疗卫生需求得到了一定程度的保障，对解决"三农"问题，以至中国小康社会的全面实现必将起到推动作用。

和我国旧有的合作医疗制度相比，新型农村合作医疗有新的特点：一是以政府为主导，由政府负责和指导建立新农合组织协调机构、经办机构和监管机构；二是靠政府投入为主的多方筹资方式，大部分地区都实行中央政府、地方政府和农民个人各承担一定比例；三是以农户自愿参加为原则，以县为单位进行统筹管理；四是以"大病统筹"为主，重点解决农民因患大病造成的负担。

（3）新型农村合作医疗保险制度的实施

为建立和完善我国新型农村合作医疗保险制度，重点解决农民因病致贫、因病返贫的问题，缓解农民的后顾之忧，促进农村经济和社会的协调发展，中共中央、国务院发布了《关于进一步加强农村卫生工作的决定》（中发[2002]13 号）、《国务院办公厅转发卫生部等部门关于建立新型农村合作医疗制度意见的通知》（国办发[2003]3 号）等，建立农村新型合作医疗保险制度。主要内容包括以下三点：

❶ 实施原则。一是自愿参加，多方筹资。农民以家庭为单位自愿参加新型农村合作医疗，遵守有关规章制度，按时足额缴纳合作医疗经费；乡（镇）、村集体要给予资金扶持；中央和地方各级财政每年要安排一定专项资金予以支持。

二是以收定支，保障适度。新型农村合作医疗制度要坚持以收定支、收支平衡的原则，既保证这项制度持续有效运行，又使农民能够享有最基本的医疗服务。

三是先行试点，逐步推广。建立新型农村合作医疗制度必须从实际出发，通过试点总结经验，不断完善，稳步发展。要随着农村社会经济的发展和农民收入的增加，逐步提高新型农村合作医疗制度的社会化程度和抗风险能力。

❷ 资金筹集。新型农村合作医疗制度实行个人缴费、集体扶持和政府资助相结合的筹资机制。

农民个人每年的缴费标准不应低于 10 元，经济条件好的地区可相应提高缴费标准，农民为参加合作医疗、抵御疾病风险而履行缴费义务不能视为增加农民负担；有条件的乡村集体经济组织应对本地新型农村合作医疗制度给予适当扶持，鼓励社会团体和个人资助新型农村合作医疗制度；地方财政每年对参加新型农村合作医疗农民的资助不低于人均 10 元，经济较发达的东部地区，地方各级财政可适当增加投入。从 2003 年起，中央财政每年通过专项转移支付对中西部地区除市区以外的参加新型农村合作医疗的农民按人均 10 元安排补助资金。地方财政对参加新型合作医疗的农民补助每年不低于人均 10 元。

2009 年 7 月初，五部委联合下发了《关于巩固和发展新型农村合作医疗制度的意见》，意见稿中最引人注目的一点就是 2009 年全国新农合筹资水平要达到每人每年 100元人民币。其中，中央财政对中西部地区参合农民按 40 元标准补助，对东部省份按照中西部地区的一定比例给予补助；地方财政补助标准不低于 40 元，农民个人缴费增加到不低于 20 元。从 2010 年开始，全国新农合筹资水平提高到每人每年 150 元，其中，中央财政对中西部地区补助标准增加到 60 元，对东部省份按照中西部地区一定比例给予补助；地方财政补助标准相应提高到 60 元；农民个人缴费由每人每年 20 元增加到 30 元，困难地区可分两年到位。卫生部官员表示，到 2010 年、2011 年如果新农合筹资水平能达到 150 元的情况下，就力争能够使农民看病，特别是住院部分能够报销一半。这样农民就医自费部分大幅降低，农村患者将受惠多多。

为让参合农民得到更多实惠，从 2009 年下半年开始，新农合补偿封顶线（最高支付限额）达到当地农民人均纯收入的 6 倍以上。同时适当提高基层医疗机构的门诊补偿比例，扩大对慢性病等特殊病种大额门诊医疗费用纳入统筹基金进行补偿的病种范围。年底基金结余较多的地区，可开展二次补偿或健康体检，使农民充分受益。

农村合作医疗制度应与当地经济社会发展水平、农民经济承受能力和医疗费用需要相适应，坚持自愿原则，反对强迫命令，实行农民个人缴费、集体扶持和政府资助相结合的筹资机制。有条件的地方要为参加合作医疗的农民每年进行一次常规性体检。要建立有效的农民合作医疗管理体制和社会监督机制。各地要先行试点，取得经验，逐步推广。

❸ 资金管理。农村合作医疗基金是由农民自愿缴纳、集体扶持、政府资助的民办公助社会性资金，要按照以收定支、收支平衡和公开、公平、公正的原则进行管理，必须专款专用，专户储存，不得挤占挪用。

> **深度阅读**
>
> 陕西神木，一个中国西北富含煤炭资源的县，于 2009 年 3 月 1 日正式在县域内推行"全民免费医疗"制度，凡拥有神木籍户口的城乡居民患者，在定点医疗机构进行医疗，都将成为该制度的受惠者。
>
> 神木县实施的"全民免费医疗"制度突出城乡一体化思路。根据《神木县全民免费医疗实施办法》，在神木籍户口的城乡居民中（未参加城乡居民合作医疗和职工基本医疗保险的人员除外），实行门诊医疗卡和住院报销制。规定门诊中实行医疗卡制度，每人每年可享受 100 元门诊补贴，门诊医疗卡节余资金可以结转使用混合继承。住院报销设定有起付线，乡镇医院为每人次 200 元，县级医际为每人次 400 元，县境外医院为每人次 3000 元。起付线以下（含起付线）的住院医疗费用由患者自付，起付线以上的费用按规定由县财政支付。安装人工器官、器官移植等特殊检查费、治疗费和材料费也列入报销范围，每人每年报销上限为 30 万元。
>
> 同时，《实施办法》对特殊病报销都规定有相应的报销比例，如癌症、肝硬化、肾病和严重消耗性疾病等不能进食，需要靠营养液维持生命的，或者某些特殊疾病必须用生物制剂治疗的，使用营养药品费用报销 80%；血液系统疾病、其他疾病引发严重贫血或者各种手术中大出血，必须使用血液制品的，费用报销 90%。
>
> 这是继神木县实施 12 年免费教育工程之后的又一次大胆创新，被称为"神木模式"。尽管这种"全民免费医疗"模式进入操作过程时就遭遇了困惑，但无论如何，这种"看病不要钱"的模式，为我们今后在新医改方案的实施过程中，体现公共医疗的福利性质，起到了先行和借鉴作用。[1]

---

① 参见 2009 年 5 月 8 日《燕赵都市报》12 版：《陕西神木：全民免费医疗》。

### 6. 城镇居民基本医疗保险制度

党中央、国务院高度重视解决广大人民群众的医疗保障问题，不断完善医疗保障制度。1998 年我国开始建立城镇职工基本医疗保险制度，之后又启动了新型农村合作医疗制度试点，建立了城乡医疗救助制度。目前没有医疗保障制度安排的主要是城镇非从业居民。为实现基本建立覆盖城乡全体居民的医疗保障体系的目标，国务院决定，从今年起开展城镇居民基本医疗保险试点。

非从业城镇居民坚持低水平起步、坚持基本保障、统筹协调、自愿参加的原则，以家庭缴费为主，政府给予适当补助，形成城镇居民基本医疗保险基金；对试点城市的参保居民，政府每年按不低于人均 40 元给予补助，其中，中央财政从 2007 年起每年通过专项转移支付，对中西部地区按人均 20 元给予补助。在此基础上，对属于低保对象的或重度残疾的学生和儿童参保所需的家庭缴费部分，政府原则上每年再按不低于人均10 元给予补助，财政补助的具体方案由财政部门和劳动保障、民政等部门研究确定，补助经费要纳入各级政府的财政预算；国家对个人缴费和单位补助资金制定税收鼓励政策；城镇居民基本医疗保险基金重点用于参保居民的住院和门诊大病医疗支出；保险基金的使用坚持以收定支、收支平衡、略有结余的原则。

在 2007 年选择部分城市试点城镇居民基本医疗保险，总结经验的基础上，2008 年2 月 15 日由国务院城镇居民基本医疗保险部级联席会议认定 2008 年城镇居民基本医疗保险扩大试点城市（地区）名单，共 229 个。

## 五、工伤社会保险

工伤保险是社会保险的一个重要分支，也是社会保险最早实施的险种之一。它与养老保险和医疗保险的保障对象不同，工伤保险是针对特殊人群的保险，即那些最容易发生工伤事故和职业病的工作人群。由于工业伤害经常引发大量的法律和道德方面的问题，进而产生劳资争议和冲突，所以世界各国普遍重视工伤保险制度的建立和完善。

### 1. 工伤保险的含义

工伤保险是指国家通过立法建立工伤保险基金，向因工负伤（职业病）而部分或全部丧失劳动能力，因而在某段时间或终生中断生活来源的职工和因工死亡职工供养的直系亲属提供物质帮助的一种社会保障制度。

工伤保险中的"伤"包含两层含义，一是因工负伤，即劳动者在生产、工作中发生意外事故致使身体某些部位或生理功能受损甚至死亡，引起暂时、永久性劳动能力部分或全部丧失。二是职业病，即劳动者在生产环境中由工业毒物、生产性灰尘、噪声、震动、放射性生物病原体等职业性危害因素而引起的疾病。

### 2. 工伤保险的功能

在社会主义现代化进程中，国家建立起工伤保险制度很有必要，因为工伤保险可以发挥其重要的多元功能。

❶ 劳动权保护功能。对在劳动过程中因工受损伤或发生职业病的劳动者实行工伤保护，是国家、社会、企业对劳动者权利的有力保护。

❷ 劳动补偿功能。劳动者参与企业及国家的生产经营活动，是个人劳动能力的消耗磨损过程，因工负伤或发生职业病后，劳动能力全部或部分丧失。因此，企业及国家给予其工伤保险，是对其劳动能力损伤的一种经济补偿。

❸ 人道救助功能。在劳动过程中发生意外伤害和患职业病，是对劳动者生理上的重创和精神上的沉重打击，劳动者的生活会出现很多困难。这时企业及国家给予及时的工伤保险，客观上起到人道主义的救助，有利于劳动者勇敢面对人生的转折点。

❹ 激励和教育功能。劳动者发生工伤和职业病后，企业单位不仅要及时、快速地给予救济、给予工伤保险，还要从总结经验教训入手，找出事故的原因、职业病原因，然后提出改进、预防措施。这是一个进行安全生产和爱护劳动者的教育过程，可以有效地发挥激励、教育劳动者积极生产、安全生产的功能。

**3. 工伤保险制度的基本原则**

❶ 无责任补偿原则。无责任补偿原则又称无过错补偿原则，是指工伤事故发生后对劳动者进行医疗和经济补偿时，无论事故的责任在于雇主还是劳动者本人或第三者，均应依法及时给付法定标准的工伤保险待遇。

按照这一原则，工伤事故的责任即使完全在于劳动者本人，也应对受伤者给予极大的关怀和收入补偿，甚至给予必要的救助。这不但完全符合人道主义，也有利于社会凝聚力的增强。对于工伤事故责任的追究应与保险待遇的给付分开进行，不能因为事故责任的归属而影响保险待遇的给付。

❷ 社会统筹共担风险原则。国家以立法的形式要求社会保险机构依法征收工伤保险费，建立工伤保险基金，实行社会统筹，统一管理，统一支付。同时，实行社会调剂，在法定范围的各单位之间实现工伤风险合理分担，使工伤事故造成的损失降到最低点，保证社会经济的正常运行。

❸ 个人不缴费原则。工伤保险费用完全由企业或雇主承担，劳动者不需要缴纳保险费。这是世界各国通行的准则，也是工伤保险区别于其他保险项目的标志之一。因为职业伤害是在生产过程中发生的，而且直接造成劳动者身体器官和生理功能的受损。这种损失是劳动者为企业创造财富过程中所付出的代价，雇主替代劳动者缴纳工伤保险费，在某种程度上可视为一种对生产要素的投入，如同投资购买和修理生产设备一样。

❹ "特定资格条件"原则。作为一种独立的社会保险项目，工伤保险具有特定的覆盖范围，进行补偿之前须进行严格的资格审查，划定因工受伤的范围，区分因工受伤和非因工受伤的界限。因工受伤或其职业病与劳动者从事的工作或职业有直接关系，是劳动者为国家、企业工作所付出的代价，享受工伤保险待遇是为这种代价所作的补偿。因此，只要符合工伤保险范围，不受年龄和缴费年限的限制。而因病或非因工受伤，基本上与工作无直接关系。保险待遇的享受受年龄和个人缴费年限的限制，而且待遇水平也较工伤保险待遇水平低。

❺ 补偿与预防和康复相结合原则。劳动者遭受职业伤害后，劳动能力部分或全部丧失，工资收入必然减少，工伤保险须对劳动者的工资损失进行补偿，但是，这种补偿仅仅限于对工资损失的补偿，劳动者的其他收入不在补偿之列。职业伤害的发生会对劳动者的肢体或器官造成损伤，甚至生命的丧失。因此，工伤保险实行补偿、预防和康复相结合，以便有效地维护劳动力的再生产。

### 4. 我国现行的工伤社会保险制度

（1）实施范围

《工伤保险条例》明确规定：工伤保险的适用范围包括中国境内各类企业、有雇工的个体工商户以及这些用人单位的全部职工或者雇工，各类企业包括国有企业、私营企业、乡镇企业、中外合资和合作企业、外商独资企业。

> **拓 展 阅 读**
>
> 我国政府在多方论证和地方改革实践的基础上，于1996年颁布了《企业职工工伤保险试行办法》（以下简称《试行办法》），并于1996年10月1日起开始试行。2003年4月16日国务院颁发《工伤保险条例》，自2004年1月1日起实施。该《条例》将工伤保险作为一种相对独立的制度加以体系化、规范化，表明我国工伤保险制度的建设进入了一个新的阶段。

（2）工伤保险基金

工伤保险基金是工伤保险制度顺利实施的物质基础，正确建立工伤社会保险基金，能够最有效地促使"共担风险，互偿灾害损失"原则的实现，而使任何用人单位一旦发生了工伤事故乃至工伤致残、致死事故，都不致因工伤津贴给付过少而陷于困境，都能够及时获得全社会的帮助，并且伤者、残者以及亡者家属也可及时获得工伤津贴给付。

工伤保险制度要求建立工伤保险基金，其筹集原则是"以支定收，收支平衡，并留有一定的风险储备金"。工伤保险费完全由企业负担，按照本企业职工工资总额的一定比例缴纳，职工个人不缴费。而且工伤保险费缴纳不实行统一费率，而是实行行业差别费率和浮动费率。行业差别费率是指根据各行业的伤亡事故风险和主要危害程度划分职业伤害风险等级，并据此制定不同的收费率，平均费率一般不超过企业工资总额的1%，实行差别费率的地方要根据各行业或企业安全生产状况和费用收支情况，定期调整收费率。浮动费率是指工伤保险管理部门每年对企业的安全卫生状况和工伤保险费用的支出情况进行评估，根据评估结果，在行业差别费率的基础上适当提高或降低费率的制度。调整的幅度为本行业标准费率的 5%～40%，调整的依据是企业当年实际发生的工伤事故频率，即取死亡、重伤、轻伤中的最高值，来确定该企业次年上（下）浮动值。浮动费率体现了对企业安全工作的奖励和惩罚，可以起到促进企业重视安全生产，加强安全工作的作用。

（3）工伤认定

工伤认定是享受工伤保险待遇的前提条件。《工伤保险条例》第十四条明确规定，职工有下列情形之一的，应当认定为工伤：

❶ 在工作时间和工作场所内，因工作原因受到事故伤害的。

② 工作时间前后在工作场所内，从事与工作有关的预备性或收尾性工作受到事故伤害的。

③ 在工作时间和工作场所内，因履行工作职责受到暴力等意外伤害的。

④ 患职业病的。

⑤ 因公外出期间，由于工作原因受到伤害或者发生事故下落不明的。

⑥ 在上下班途中，受到机动车事故伤害的。

⑦ 法律、法规规定应当认定为工伤的其他情形。

同时《工伤保险条例》第十五条规定，职工有下列情形之一的，视同工伤：在工作时间和工作岗位，突发疾病死亡或者在 48 小时之内经抢救无效死亡的；在抢险救灾等维护国家利益、公共利益活动中受到伤害的；职工原在军队服役，因战、因公负伤致残，已取得革命伤残军人证，到用人单位后旧伤复发的。

《工伤保险条例》第十六条和《社会保险法》第三十七条规定，有下列情形之一的，不得认定为工伤或者视同工伤：因犯罪或者违反治安管理伤亡的；酗酒导致伤亡的；自残或者自杀的；法律、行政法规规定的其他情形。

正确合理地制定工伤保险待遇，是工伤保险制度的核心内容，它不仅关系到大批因工负伤致残者的生活安排、心理平衡，也关系到在职职工的心理状态。《工伤保险条例》确立目前的工伤待遇由几大部分组成，即医疗待遇、伤残待遇、死亡待遇和职业康复。

① 工伤医疗待遇。医疗待遇是指职工因工负伤治疗期间，享受工伤医疗待遇，包括工伤津贴和医疗费全额报销等待遇。工伤保险基金支付：工伤医疗费，康复治疗费，安装假肢、矫形器、假眼、假牙和配置轮椅等辅助器具所需费用。单位支付：住院伙食补助费（出差补助的 70%），转院交通、食宿费（按出差标准补助）。

② 工伤停工留薪期内工资福利待遇。工伤保险基金支付：评残以后的护理费。单位支付：停工期间的护理费，工资福利费。

③ 因工致残待遇。伤残待遇是指护理费、辅助器具费和伤残抚恤金及补助金等。《工伤保险条例》规定，工伤医疗期满或者评定伤残等级后应当停发工伤津贴，改为伤残待遇。一般由工伤保险基金支付。具体标准如表 10.1 所示。

表 10.1　因工致残待遇

| 伤残等级 \ 待遇 | 一次性伤残补助金（本人工资） | 按月支付伤残津贴（本人工资的%） | | 备注 |
|---|---|---|---|---|
| 1 级 | 24* | 90 | | |
| 2 级 | 22 | 85 | 保留劳动关系、退出工作岗位 | 不可解除或终止劳动合同 |
| 3 级 | 20 | 80 | | |
| 4 级 | 18 | 75 | | |
| 5 级 | 16 | 70 | 保留劳动关系、原单位安排适当工作 | 可解除或终止劳动合同 |
| 6 级 | 14 | 60（原单位按月支付） | | |

续表

| 伤残<br>等级 | 一次性伤残补助金<br>（本人工资） | 按月支付伤残津贴<br>（本人工资的%） | 备注 |
|---|---|---|---|
| 7 级 | 12 | 原单位支付一次性工伤医疗<br>补助金和伤残就业补助金 | 劳动合同期满<br>终止或职工提<br>出解除合同 |
| 8 级 | 10 | | |
| 9 级 | 8 | | |
| 10 级 | 6 | | |

注：24*指 24 个月本人工资。

❹ 因工死亡待遇。工伤死亡待遇是指因工死亡，发给丧葬补助金、供养亲属抚恤金和一次性工伤、死亡补助金，由工伤保险基金支付。具体情况如表 10.2 所示。

表 10.2    因工死亡待遇

| 待遇 | 依据 | 受益人 | 本人工资 | 当地上年度职工月平均工资 |
|---|---|---|---|---|
| 丧葬补助金 | | | | 6 个月 |
| 抚恤金 | | 配偶 | 40% | |
| | | 其他亲属 | 30% | |
| | | 孤寡老人或孤儿 | 加 10% | |
| 一次性工亡补助金 | | | | 48～60 个月 |

### 5. 职业康复

职业康复是指综合运用医学、教育、心理等方法，对伤残人员进行治疗、训练，尽可能地提高他们的职业生活能力和日常生活能力。《工伤保险条例》规定，各地应根据实际经济和社会条件，逐步发展职业康复事业，如组织专门培训，帮助伤残人员恢复或学习新的劳动能力，恢复或补偿身体的功能。还可以与有关医院、疗养院等机构联合开展职业康复工作，建立工伤康复中心。职业康复在我国还是一项新的事业，许多工作还没有开展，需要大力推进。

当然，如果工伤职工有下列情形之一的，应停止享受工伤保险待遇：丧失享受待遇条件的；拒不接受劳动能力鉴定的；拒绝治疗的；被判刑正在收监执行的。

### 6. 工伤鉴定与评残标准

工伤鉴定是工伤保险制度运转的重要环节，职工因工负伤，医疗终结或医疗期满必须作工伤鉴定，评定伤残等级。工伤鉴定由劳动鉴定委员会专门负责。劳动鉴定委员会分为省、市、县三级，由当地劳动、卫生等行政部门和工会组织的主管人员组成，日常工作由设在同级劳动行政部门的劳动鉴定委员会办公室负责。具体的鉴定程度由省、自治区、直辖市的劳动鉴定委员会规定，一般分初级鉴定和复查鉴定。省级鉴定委员会具有最终鉴定的权力。县级或市级劳动鉴定委员会作出的最初伤残等级鉴定结论，如果职工或家属不服，可以向该县或市的劳动鉴定委员会办公室申请复查，也可以向市级或省级劳动鉴定委员会申请重新鉴定。如果最初的等级鉴定结论是由省级劳动鉴定委员会作出的，职工可以向省劳动鉴定委员会申请复查，但是否重新鉴定由各省决定。

评残标准是指各级劳动鉴定委员会进行工伤鉴定所应依据的标准。现在适用标准是于 1996 年 10 月 1 日起正式实施的《职工工伤与职业病致残程度鉴定》（GB/T 16180—1996），该标准依据器官缺损、功能障碍、医疗依赖和护理依据等四个方面，同时适当考虑一些特殊伤残情造成的心理障碍或生活质量的损失，进行综合评定。为实施方便，将伤残程度划分为 10 个等级。具体划分如表 10.3 所示。

**表 10.3 · 职工工伤与职业病致残程度分级表**

| 级　别 | 级别综合判定依据 |
|---|---|
| 一级 | 器官缺失或功能完全丧失，其他器官不能代偿，需特殊医疗依赖，完全或大部分不能自理 |
| 二级 | 器官严重缺损或畸形，有严重功能障碍或并发症，存在特殊医疗依赖，或大部分生活不能自理 |
| 三级 | 器官严重缺损或畸形，有严重功能障碍或并发症，需特殊医疗依赖，或生活部分不能自理 |
| 四级 | 器官中央缺损或畸形，有严重功能障碍或并发症，需特殊医疗依赖，生活可以自理 |
| 五级 | 器官大部分缺损或明显畸形，有较重功能障碍或并发症，需一般医疗依赖，生活能自理 |
| 六级 | 器官大部分缺损或畸形，有中等功能障碍或并发症，需一般医疗依赖，生活能自理 |
| 七级 | 器官大部分缺损或畸形，有轻度功能障碍或并发症，需一般医疗依赖，生活能自理 |
| 八级 | 器官部分缺损，形态异常，轻度功能障碍，有医疗依赖，生活能自理 |
| 九级 | 器官部分缺损，形态异常，轻度功能障碍，无医疗依赖，生活能自理 |
| 十级 | 器官部分缺损，形态异常，无功能障碍，无医疗依赖，生活能自理 |

## 六、生育社会保险

生育是社会行为，是妇女对人类做出的巨大贡献。在生育过程中，孕妇面临着身体、工作、家庭生活等多方面的风险。为了保障妇女及其所生子女的基本生活，确保劳动力再生产的顺利进行，提高人口素质，各国陆续实行了生育保险制度。实践证明，生育保险的实行，对社会的进步和家庭的稳定发挥了重要作用。生育保险已成为保护妇女权益的一个重要方面。

### 1. 生育社会保险的含义

生育保险是已婚妇女劳动者由于生育子女而暂时丧失劳动能力时，从社会得到必要的物质帮助的一种社会保障制度。其目的是为了保证处在生育期女职工的身心健康，补偿因繁衍后代中断劳动而失去或减少的收入。

### 2. 特点

❶ 生育引起的暂时丧失劳动能力属于正常的生理性改变。由于不是病理性改变，所以一般无需特殊治疗而重在休养与营养补充。因此，生育保险重在给予生育者足够的生育假期以保证其得到休养；同时，对生育引起的收入损失给予经济帮助，以保证生育者对生育带来的身体损失予以休养恢复。

❷ 不仅保障劳动力的简单再生产，也保障劳动力的扩大再生产。生育保险带有双

重性质，既是为了维持妇女劳动者的劳动力简单再生产，又是为了保障劳动力的扩大再生产，即劳动力数量的增加。所以生育保险较之其他保险有其特殊的意义。

❸ 生育保险的主要对象是已婚妇女劳动者。虽然生育子女是包括男性劳动者在内的整个家庭的事情，但一般只对妇女劳动者因生育造成的直接经济损失给予物质补偿。

❹ 生育社会保险实行"产前与产后都应享受"的原则。妇女怀孕后，在临产分娩前的一段时间内，由于行动不便和预产期的迫近，已经不能工作或不宜工作；分娩以后，更需要一段时间的休养，一方面，照顾婴儿；另一方面，恢复身体健康。所以，妇女劳动者的产假包括产前和产后两个阶段的假期。产假期间照发原标准工资。只有实行"产前和产后都应享受"的原则，才能更好地保护产妇和婴儿的健康，达到生育保险的目的。

3. 生育保险待遇

生育社会保险待遇，一般包括生育假期、生育津贴和医疗服务。

（1）生育假期

1952 年第 35 届国际劳工大会通过的《生育保护公约》规定，生育假期不应少于 12 周（84 天），并且产前产后都应该有假期，以使产妇和婴儿能够得到照顾。大多数国家都接受了国际劳工组织的产假建议。还有些发达国家，分别对不同胎次，规定不同长度的产假。除了保护母婴健康的因素外，产假的长度也与人口政策的性质紧密相关。

（2）生育津贴

生育津贴就是生育社会保险的收入补偿，它在一切险种中是最高的，相当于女性生育前的工资标准。国际劳工组织《生育保护公约（第 103 号）》规定为原工资的 2/3，绝大多数都超过了这个标准。

（3）医疗服务

医疗服务是为妇女生育提供的医疗帮助。该项目也可放在疾病或医疗保险的范围内，只不过是为妇女生育提供的医疗保险。

（4）其他待遇

怀孕期间减轻劳动量；在哺乳期间给予哺乳时间；不得解除劳动合同（孕、产、哺乳期）；实行晚育的，给予男方护理假；还有对子女的补助和对被抚养妇女的生育补贴。

4. 我国企业职工生育保险

我国的生育社会保险制度是在计划经济体制下建立起来的，在运作过程中，存在着环境和机制方面的问题。为了维护企业女职工的合法权益，保障其在生育期间得到必要的经济补偿和医疗保健，均衡企业间生育保险费用负担，1994 年 12 月 14 日劳动部颁发《企业职工生育保险试行办法》，明确提出了生育保险制度改革的主要内容。

（1）实施范围

所有城镇企业及职工都必须参加生育社会保险，即不分企业所有制性质，城镇所有企业均被纳入实施范围。按属地原则组织，不分企业的隶属关系，包括中央部属企业在内，一律参加所在地的生育保险改革，执行当地统一的缴费标准及有关政策规定。

（2）生育保险基金

生育保险根据"以收定支、收支平衡"的原则筹集资金，由单位按照其工资总额的一定比例向社会保险经办机构缴纳生育保险费，职工不缴纳生育保险费。生育保险费的提取比例由当地政府根据计划内生育人数和生育津贴、生育医疗费等项费用确定，并可根据费用支出情况适时调整，但最高不得超过工资总额的1%。企业缴纳的生育保险费作为期间费用处理，列入企业管理费用，在税前列支。具体做法是：各单位根据其工资总额，按规定比例提取一定数额的生育保险统筹金上缴社会保险经办机构，作为生育保险基金统一管理。当女职工生育时，社会保险经办机构再按需要将统筹的基金划拨给女职工所在单位，女职工生育期间仍在本单位领取生育保险费。

（3）生育保险待遇

生育保险待遇包括生育医疗费用和生育津贴。

《社会保险法》第五十四条规定：用人单位已经缴纳生育保险费的，其职工享受生育保险待遇；职工未就业配偶按照国家规定享受生育医疗费用待遇。所需资金从生育保险基金中支付。

生育医疗费用包括三项：❶生育的医疗费用；❷计划生育的医疗费用；❸法律、法规规定的其他项目费用。

《社会保险法》第五十六条规定，职工有下列情形之一的，可以按照国家规定享受生育津贴：❶女职工生育享受产假；❷享受计划生育手术休假；❸法律、法规规定的其他情形。

（4）生育津贴计发基数

由于各地经济发展不平衡，企业之间经济效益差别较大，《企业职工生育保险试行办法》和《社会保险法》规定以本企业上年度职工月平均工资计发 （对于一些困难企业，职工月平均工资低于当地最低工资标准的，按最低工资标准计发）。

# 第四节　案例分析：下班后洗澡受伤能否认定为工伤

张某是山西某煤矿的一名矿工，其工作性质是从事井下采煤。2003 年 5 月的一天，张某和往常一样，下班后前往单位职工浴室洗澡。在浴室洗澡时由于浴室地滑不慎摔到。经医院检查，张某被确诊为左侧胯骨骨折。

事故发生后，张某所在单位向当地劳动保障行政部门提出了工伤认定申请，认为张某工作结束后在洗澡过程中受伤，属于在生产工作的时间和区域内，由于不安全因素造成的意外伤害，按照劳动部《企业职工工伤保险试行办法》（[1996]266 号文）第八条第1 款第 4 项的规定，应认定为工伤。劳动保障行政部门受理后，经过调查认为张某摔伤纯属由于个人不慎造成，澡堂内不存在任何不安全因素，同时，张某摔倒的行为既没发生在生产工作的时间内也没发生在生产工作的区域内。因此，认为张某在洗澡过程中所受到的伤害不属于工伤。张某对劳动保障行政部门的这一认定结论不服，于是，向当地人民法院提起了行政诉讼。人民法院受理后认为张某所受到的伤害，属于工伤，张某所在单位及社会保险经办机构应按工伤的有关规定支付张某应享受的各项待遇。

（资料来源：劳动与社会保障法规政策专刊，http://www.clssn..com.）

【案例讨论】

1. 张某能否被认定为工伤?
2. 如果认定为工伤，依据是什么?

# 练 习 题

## 一、单项选择题

1. 世界首例社会保险建立于（　　）。
   A. 19 世纪 50 年代　　　　　　　　B. 19 世纪 70 年代
   C. 19 世纪 80 年代　　　　　　　　D. 19 世纪 90 年代
2. 始于中国商代的退休养老制度是（　　）。
   A. "致仕"制度　　　　　　　　　B. "义仓"制度
   C. 族田制度　　　　　　　　　　D. 学田制度
3. 社会保险的经营主体是（　　）。
   A. 企业　　　　B. 政治团体　　　　C. 国家　　　　D. 政党
4. 我国现行养老制度的雏形，始于（　　）。
   A. 1949 年　　　B. 1950 年　　　C. 1951 年　　　D. 1958 年
5. 在多层次的养老保险体制中，（　　）保险是核心。
   A. 个人储蓄性养老　　　　　　　B. 基本养老
   C. 福利性养老　　　　　　　　　D. 补充养老
6. 失业保险最早起源于（　　）。
   A. 德国　　　B. 英国　　　C. 美国　　　D. 法国
7. 我国的失业保险制度始于（　　）。
   A. 1978 年　　　B. 1980 年　　　C. 1986 年　　　D. 1992 年
8. 社会保险最早建立于（　　）。
   A. 德国　　　　B. 英国　　　　C. 美国　　　　D. 法国
9. 中国古代帮助农民救灾度荒的保险制度是（　　）制度。
   A. "致仕"　　　B. "义仓"　　　C. 族田　　　D. 学田
10. 《社会保险法》通过的时间是（　　）。
    A. 2009 年 10 月 28 日　　　　　　B. 2010 年 10 月 28 日
    C. 2010 年 7 月 1 日　　　　　　　D. 2009 年 7 月 1 日
11. 《社会保险法》实施的时间是（　　）。
    A. 2009 年 10 月 28 日　　　　　　B. 2010 年 10 月 28 日
    C. 2010 年 7 月 1 日　　　　　　　D. 2011 年 7 月 1 日
12. 我国基本养老保险制度实行（　　）模式。
    A. 强制储蓄型　　　　　　　　　B. 投保资助型
    C. 国家统筹型　　　　　　　　　D. 社会统筹和个人账户相结合

13. 基本养老保险个人账户的费用来源于（　　）。

    A. 个人缴纳               B. 单位缴纳和个人缴纳

    C. 单位缴纳                D. 国家拨款

14. 保险账户是否可以异地转移？（　　）

    A. 可以                   B. 不可以

    C. 在特定情况下可以        D. 不一定

15. 缴费满（　　），可享受基本养老保险待遇。

    A. 10 年        B. 15 年        C. 20 年        D. 5 年

## 二、多项选择题

1. 概括地说，社会保险有以下特性（　　）。

    A. 强制性        B. 福利性        C. 保障性

    D. 普遍性        E. 互助共济性

2. 1951 年，在《中华人民共和国劳动保险条件》中，退休条件的年龄规定是（　　）。

    A. 男满 55 岁，一般工龄 20 年      B. 男满 60 岁，一般工龄 25 年

    C. 女满 65 岁，一般工龄 25 年      D. 女满 50 岁，一般工龄 20 年

    E. 男满 60 岁，一般工龄 30 年

3. 多层次的养老保险体系包括（　　）。

    A. 福利性养老保险           B. 基本养老保险

    C. 普遍性养老保险          D. 补充养老保险

    E. 个人储蓄性养老保险

4. 与其他社会保险项目相比，失业保险制度的特点主要表现在（　　）。

    A. 针对的劳动风险不同       B. 直接目的不同

    C. 间接目的不同           D. 覆盖面不同

    E. 享受条件不同

5. 一般来说，失业保险的内容应包括以下项目（　　）。

    A. 失业基本津贴           B. 失业特殊津贴

    C. 失业社会福利基金       D. 失业救助金

    E. 补充失业津贴

6. 我国社会保险的内容包括（　　）。

    A. 养老保险        B. 疾病保险        C. 工伤保险

    D. 失业保险        E. 生育保险

7. 社会保险包含险种的多少取决于以下条件（　　）。

    A. 国家财政                B. 劳动者的多少

    C. 银行利率的高低        D. 劳动者保险的需要

    E. 资方与劳方负担保险费的能力大小

8. 基本养老保险有（　　）等几种主要模式。
 A. 强制储蓄型　　　　　　　B. 投保资助型
 C. 国家统筹型　　　　　　　D. 社会统筹和个人账户相结合
9. 基本养老保险统筹账户的费用来源于（　　）。
 A. 个人缴纳的一部分　　　　B. 单位缴纳和个人缴纳
 C. 单位缴纳　　　　　　　　D. 国家资助
 E. 运营收入
10. 我国生育保险待遇包括（　　）。
 A. 生育医疗费用　　　　　　B. 生育津贴
 C. 产假　　　　　　　　　　D. 护理费

## 三、名词解释

1. 社会保障　　　　2. 社会保险　　　　3. 社会救助
4. 社会福利　　　　5. 社会优抚　　　　6. 养老保险
7. 医疗保险　　　　8. 工伤保险　　　　9. 失业保险
10. 生育保险　　　11. 保险制度　　　　12. 社会保障基金
13. 社会保险基金

## 四、简答题

1. 建立社会保障制度的意义何在？
2. 建立社会保障制度应遵循哪些原则？
3. 如何筹集社会保障基金？
4. 怎样加强社会保障基金的监督和管理？
5. 社会保险的基本要求有哪些？
6. 养老保险的特点有哪些？
7. 养老保险有哪些基本类型？
8. 投保资助型养老保险及其优缺点是什么？
9. 强制储蓄型养老保险及其优缺点是什么？
10. 国家统筹型养老保险及其优缺点是什么？
11. 如何筹集基本养老保险费？
12. 我国医疗保险制度改革取得了哪些成效？
13. 医疗保险的意义是什么？
14. 我国医疗保险制度改革的目标是什么？
15. 如何认定工伤？
16. 失业保险有何特点？
17. 如何设计失业保险待遇？
18. 享受失业保险待遇需要具备哪些资格条件？

19. 生育保险的待遇有哪些？

20. 我国现行的养老保险、医疗保险的模式是怎样的？

21. 我国城镇居民和农村居民的养老保险和医疗保险的主要内容有哪些？

## 五、论述题

1. 社会保险的意义有哪些？

2. 我国现行养老保险存在哪些问题？

3. 试述我国养老保险制度改革的方向、原则、主要任务。

4. 我国失业保险制度的改革思路是什么？

5. 试述我国现行医疗保险制度存在的问题。

6. 试述我国医疗保险制度改革的方向。

# 主要参考文献

安鸿章. 1995. 现代企业人力资源管理. 北京：中国劳动出版社.

安鸿章. 1998. 工作岗位研究原理与应用. 北京：中国劳动出版社.

柴月姣. 2002. 社会保障基金管理教程. 北京：中国财政经济出版社.

谌新民，熊烨. 2002. 员工招聘方略. 广州：广东经济出版社.

谌新民，张帆. 2002. 工作岗位设计. 广州：广东经济出版社.

费梅苹. 1999. 社会保障概论. 上海：华东理工大学出版社.

何娟. 2000. 人力资源管理. 天津：天津大学出版社.

侯文若. 1994. 现代社会保障制度. 北京：中国经济出版社.

华茂通咨询. 2003. 现代企业人力资源解决方案. 北京：中国物资出版社.

江卫东. 2002. 人力资源管理理论与方法. 北京：经济管理出版社.

金延平. 2003. 人力资源管理. 大连：东北财经大学出版社.

康士勇. 2003. 社会保障管理实务（第二版）. 北京：中国劳动社会保障出版社.

劳动和社会保障部劳动书刊发行中心组织. 2001. 现代企业薪酬管理实务. 北京：中国人事出版社.

贾俊玲. 2008. 劳动法学（第二版）. 北京：北京大学出版社.

梁均平. 1997. 人力资源管理. 北京：经济日报出版社.

廖泉文. 1999. 人力资源招聘系统. 济南：山东人民出版社.

廖泉文. 2002. 人力资源考评系统. 济南：山东人民出版社.

廖泉文. 2003. 人力资源管理. 北京：高等教育出版社.

廖泉文. 2003. 招聘与录用. 北京：中国人民大学出版社.

林泽炎. 2002. 理论导师. 北京：中国国际广播出版社.

刘军胜. 2002. 薪酬管理实务手册. 北京：机械工业出版社.

刘昕. 2003. 薪酬福利管理. 北京：对外经济贸易大学出版社.

刘昕. 2003. 薪酬管理. 北京：中国人民大学出版社.

陆国泰. 2000. 人力资源管理. 北京：高等教育出版社.

马新建等. 2003. 人力资源管理与开发. 北京：石油工业出版社.

齐海鹏，金双华，刘明慧. 2000. 社会保障. 大连：东北财经大学出版社.

冉斌，王清，蔡巍. 2003. 薪酬方案设计与操作. 北京：中国经济出版社.

冉斌. 2002. 薪酬设计与管理. 深圳：海天出版社.

石金涛. 1999. 现代人力资源开发与管理. 上海：上海交通大学出版社.

孙光德，董克用. 2008. 社会保障概论（第二版）. 北京：中国人民大学出版社.

王长城. 2002. 薪酬管理. 深圳：海天出版社.

萧鸣政等. 2002. 工作分析的方法与技术. 北京：中国人民大学出版社.

姚艳虹，袁凌. 2003. 人力资源管理. 长沙：湖南大学出版社.

于秀芝. 2002. 人力资源管理. 北京：经济管理出版社.

余凯成. 1997. 人力资源开发与管理. 北京：企业管理出版社.

章达友. 2003. 人力资源管理. 厦门：厦门大学出版社.

张德. 2001. 人力资源管理与开发. 北京：清华大学出版社.

张德. 2002. 人力资源管理. 北京：企业管理出版社.

张一驰. 1999. 人力资源管理教程. 北京：北京大学出版社.

赵曼. 2002. 人力资源开发与管理. 北京：中国劳动社会保障出版社.

赵曙明，罗伯特·马希斯，约翰·杰克逊. 2003. 人力资源管理（第9版）. 北京：电子工业出版社.

郑晓明，吴志明. 2002. 工作分析实务手册. 北京：机械工业出版社.

郑晓明. 2002. 现代企业人力资源管理导论. 北京：机械工业出版社.

多米尼克·库珀，伊凡·罗伯逊著，蓝天星翻译公司译. 2002. 组织人员选聘心理. 北京：清华大学出版社.

加里·德斯勒. 2001. 人力资源管理. 刘昕译. 北京：中国人民大学出版社.

雷蒙德·A. 诺伊. 2001. 雇员培训与开发. 徐芳译. 北京：中国人民大学出版社.

雷蒙德·A. 诺伊等. 2001. 人力资源管理：赢得竞争优势. 刘昕译. 北京：中国人民大学出版社.

施恩, 1992. 职业的有效管理. 仇海清译. 北京：生活·读书·新知三联书店.

托马斯·G. 格特里奇, 2001. 有组织的职业生涯开发. 李元明等译. 天津：南开大学出版社.

亚瑟·W. 小舍曼等. 2001. 人力资源管理. 张文贤主译. 大连：东北财经大学出版社.

Lioyd L. Byars, Leslie W. Rue. 人力资源管理（第6版）. 李业昆译. 北京：华夏出版社.